教育的最高境界就是和谐。

——杨一青

·教育家成长丛书·

杨一青
与和谐教育

YANGYIQING YU HEXIE JIAOYU

中国教育报刊社·人民教育家研究院 组编

杨一青 著

北京师范大学出版集团
BEIJING NORMAL UNIVERSITY PUBLISHING GROUP
北京师范大学出版社

图书在版编目（CIP）数据

杨一青与和谐教育/杨一青著；中国教育报刊社人民教育家研究院组编. —北京：北京师范大学出版社， 2015.10 (2024.8 重印)
（教育家成长丛书）
ISBN 978－7－303－19138－3

Ⅰ.①杨…　Ⅱ.①杨…　②中…　Ⅲ.①小学教育－教学研究
Ⅳ.①G622.0

中国版本图书馆 CIP 数据核字（2015）第 134892 号

图 书 意 见 反 馈　　gaozhifk@bnupg.com　010－58805079
营 销 中 心 电 话　　010－58802135　010－58802786
北师大出版社教师教育分社微信公众号　京师教师教育

出版发行：北京师范大学出版社　www.bnupg.com
　　　　　北京市西城区新街口外大街 12－3 号
　　　　　邮政编码：100088
印　　刷：北京虎彩文化传播有限公司
经　　销：全国新华书店
开　　本：787 mm×1092 mm　1/16
印　　张：25.25
字　　数：407 千字
版　　次：2015 年 10 月第 1 版
印　　次：2024 年 8 月第 3 次印刷
定　　价：78.00 元

策划编辑：伊师孟　　　　责任编辑：陶　虹
美术编辑：焦　丽　　　　装帧设计：焦　丽
责任校对：陈　民　　　　责任印制：马　洁

教育家成长丛书

编委会名单

总 序

　　教育是国家发展的基石，教师是基石的奠基者。古人云："国将兴，必贵师而重傅。"兴国必先强教，强教必先重师。党中央、国务院高度重视教师队伍建设。2013 年教师节，习近平总书记在给全国广大教师的慰问信中指出："百年大计，教育为本。教师是立教之本、兴教之源，承担着让每个孩子健康成长、办好人民满意教育的重任。"2014 年，在第 30 个教师节前夕，习总书记到北京师范大学视察并发表重要讲话，指出："一个人遇到好老师是人生的幸运，一个学校拥有好老师是学校的光荣，一个民族源源不断涌现出一批又一批好老师则是民族的希望。"《国家中长期教育改革和发展规划纲要（2010—2020 年）》也明确提出，"有好的教师，才有好的教育"，要"努力造就一支师德高尚、业务精湛、结构合理、充满活力的高素质专业化教师队伍"。"倡导教育家办学"，要创造有利条件，鼓励教师和校长在实践中大胆探索，创新教育思想、教育模式和教育方法，形成教学特色和办学风格，造就一批教育家。"两个一百年"奋斗目标的实现、中华民族伟大复兴中国梦的实现，归根结底要靠人才、靠教育，而支撑起教育光荣梦想的，是千百万的教师。

　　时代呼唤好老师。有一流的教师，才有一流的教育；有一流的教育，才有一流的国家。出名师、育英才、成伟业，是时代赋予我们教育战线的神圣使命。"所谓大学者，非谓有大楼之谓也，有大师之谓也。"好学校、好教育的最重要标准，就是要有好老师。一所学校、一个地区，乃至一个国家，如果教师有理想、有爱心、有学识、有高超的教育艺术，那么即使硬件设施有些简陋，家长、学生也会心向往之。教师是中国梦的奠基者。教师的重要使命，就是为每个孩子播种梦想、点燃梦想，并帮助他们实现梦想。每一间平凡的教室，每一节朴实的课，都不仅是知识的传递，而且是人类文明精神的接续、人生梦想的起航。正是有亿万个孩子梦想的放飞、绽放，中国梦才更加光彩夺目。如果说中国梦最坚实的土壤是学校，那么教师就是最伟大的"筑梦师"，他们用默默无闻、孜孜不倦的智慧劳动，让每一颗年轻的心灵都与中国梦激情相拥。

倡导教育家办学，造就一批好老师，首先要尊重、珍惜我们的本土智慧、本土创造。教育家不是凭空产生的，而是扎根于自己的民族文化土壤，同时吸收人类文明成果，从而创造出独特而生动的教育实践、教育智慧和教育文明。五千年源远流长的中华文明，不但形成了有我们民族特色的教育理论体系，而且涌现出了千千万万优秀的教育家，有被推崇为"大成至圣先师""万世师表"的孔子，有"匹夫而为百世师，一言而为天下法"的韩愈，有"捧着一颗心来，不带半根草去"的人民教育家陶行知，等等。改革开放40年来，随着教育改革的不断深入，教育战线涌现出了一大批杰出教师。他们痴情于教育事业，坚守理想信念和教育良知，在三尺讲台上默默耕耘、刻苦钻研，同时以敢为天下先的精神大胆创新，不断进取、不断超越，形成了各具特色的教育思想和教学风格。正是他们的成功探索和实践，创造了具有中国风格的教育经验，丰富了具有中国特色的教育理论宝库。原由教育部师范教育司组织编写，现由中国教育报刊社人民教育家研究院组织编写的"教育家成长丛书"，就是要向这些宝贵的本土创造性的教育经验致敬。

当前，教育领域综合改革正在深入推进，考试招生制度改革的大幕已经拉开，立德树人、培育和践行社会主义核心价值观成为大中小学教育的头等任务。可以预见，中国教育将发生深刻的变革，将从"中国制造"向"中国创造"转变。"没有革命的理论，就没有革命的运动。"没有适合中国土壤、具有中国智慧的教育理论，就不可能为未来的中国教育改革提供有效的指导。我们的教育要向"中国创造"飞跃，必然要首先创造属于我们自己的教育理论，而不是"言必称希腊"或者老是贩卖欧美的教育理论。170 多年前，美国思想家、诗人爱默生发表了著名演说《美国学者》，号召美国知识界："我们依赖旁人的日子，我们师从他国的长期学徒期时代即将结束。在我们周围，有成百上千万的青年正在走向生活，他们不能老是依赖外国学识的残余来获得营养。"由此，美国迈入精神立国阶段。

如今，我们也面临与爱默生同样的情形。随着我国 GDP 已从世界第二向第一迈进，我们要自觉养成强烈的"中国意识"，独立的中国文化品格，并由此去环视世界，去改造本土实践，去创造属于我们自己的精神养料——这在教育界显得尤为紧迫。"教育家成长丛书"，旨在把我们本土教育实践中蕴含的中国智慧提炼出来，从而形成具有时代意义的中国特色的教育话语体系，再以此去观照、引领、改造中国的教育实践，为伟大的教育改革提供经验、理论支持，也为未来的教育家提供丰富、可资借鉴的精神养料。

让我们为中国教育的伟大未来一起努力吧！

2018 年 3 月 9 日

前　言

　　见证着中国基础教育半个世纪的春华秋实，代表着中国基础教育教学成果的最高成就——"首届基础教育国家级教学成果奖"，闪耀着李吉林、窦桂梅、吴正宪、张思明、洪宗礼、唐江澎、邱学华、于永正、孙双金、薄俊生、龚春燕等一大批优秀教师的名字。而上述这些教师杰出代表恰恰都是《人民教育》"名师人生"栏目中最受读者喜爱的名师，都是"教育家成长丛书"的作者。

　　"教育家成长丛书"（以下简称"丛书"），是在第 20 个教师节前夕，为了研究、总结、宣传和推广我国众多优秀中小学教师的先进教育思想和鲜活宝贵的教育教学经验，培养造就一大批德才兼备的优秀教师和杰出的教育家，促进教师队伍整体素质的提高，根据教育部党组安排，由师范教育司组织编写的一套凝聚着一大批教育家成长智慧的大型教育丛书。

　　"丛书"自 2006 年问世以来，不但得到国务院和教育部领导同志的高度重视，而且先后印刷多次尚不能满足广大读者的需求。这其中的奥秘何在？

　　当你翻开"丛书"，每一部著作都讲述着一位教育家成长的故事。这些著作主要从"成长历程""思想概述""课堂实录"和"社会反响"等方面全景式反映其教育思想、教育智慧、专业精神和专业人格的形成过程与教学实践过程。这是教育家成长的基本素质所在。

　　当你沿着教育家成长的足迹走近他们的时候，你会融入这些带有"草根色彩"、扎根中华教育实践大地、充满田野芳香的真实感人的教育故事中。

当你从"丛书"中，从这些当年和自己一样的普通教师，成长为今天受人尊敬的教育家的成长过程中受到启迪，当你触摸着自己的心，把学生的成长和祖国的未来紧紧连在一起的时候，你会真切地感受到教育家离我们并不遥远。

当你用整个身心蘸着自己的生活积累去品味"丛书"中的每一部著作的"成长历程"时，在一位位名师不断学习、不断超越自我、不断超越学科教学的求索足迹中，你会读懂"教育是事业，其意义在于奉献"的丰富内涵。

当你研读"丛书"中的每一部著作的"思想概述"，和每一位名师展开心灵对话的时候，都会深深地感受到，一名教师对教育独立的理解与执着的追求有多么重要。从一名普通的教师成长为受人尊敬的教育家的过程中，你会读懂"教育是科学，其价值在于求真"的深刻含义。透过"丛书"，你会看到一代代教师用爱与智慧塑造民族未来的教育理想。

随着我们从"知识核心时代"走向"核心素养时代"，教师教育教学活动的视野已拓展到人的生存与发展的方方面面。教师要结合自己的教学实践去感悟"教育理念是指导教育行为的思想观念和精神追求"，应该把爱化为自己的教育行为，让爱充盈课堂，触摸到一个个灵动的生命，让爱产生智慧，让爱与智慧在学生心中留下岁月抹不去的美好回忆，让教育者和受教育者都感受到教育的幸福。这是"丛书"给我们的启示，也是每位教师应有的胸怀和视野。

时代呼唤教育家。为了进一步把我们本土教育实践中蕴含的中国智慧提炼出来，从而形成具有时代意义的中国特色的教育话语体系，以此去观照、引领、创新中国的教育实践并在更大范围加以推广，"丛书"将由中国教育报刊社人民教育家研究院继续组织编写，希望能够在更广大教师的心田中播种教育家成长的智慧，从而出更多的名师，育更多的英才，成就中华民族复兴的伟业。这是时代赋予广大教育工作者的神圣使命。如果广大教师能在每位教育家成长、探索教育智慧的过程中受到启迪，形成自己的教育智慧，则实现了我们编辑这套"丛书"的初衷。

"教育家成长丛书"
编委会
2018 年 3 月

目 录
CONTENTS
杨一青与和谐教育

我的成长之路

和谐作文教学

和谐学校管理

和谐校长培训

社会评价

附录

我的成长之路

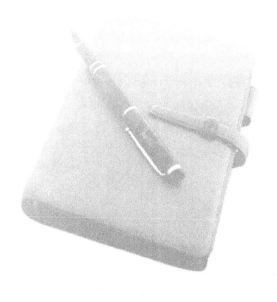

有人说我的一生用两个字可以概括："育人"。当教师时主要是育学生；当校长时主要是育教师。确实，我的生命简单而丰富。做教师，努力做个好教师，重点研究小学作文教学，让更多的孩子喜欢作文，写好作文；当校长，努力培养一支优秀的教师队伍，办一所理想中的中国城市小学，是我的理想与追求。我们文明古老的祖国，有着深厚的文化教育底蕴，我们中国的小学应该也完全能够与世界各国先进的小学媲美。几十年来，我和我的同事们用思考，用热情，用汗水，用创造为之奋斗着。我的成长与学校的发展紧密地联系在一起。

一、我留在了附小

我出生在富阳偏僻的山区农村，尽管当时的学校，无论小学还是初中都办在破庙里，条件很差，但是教我的老师都很好，他们教学认真，关爱学生，还组织我们讲故事、出墙报、远足、野餐、捡树种，给我留下了美好的印象。再加上读师范不仅学费不缴，连伙食费也免缴。于是，1957 年我就报考了杭州师范学校。1960 年 4 月，我作为杭州师范学校的毕业班学生，来到附属小学实习。记得当时我教的第一堂课是三年级语文《家乡的变化》，指导教师认真地帮助我分析教材以后，让我们自己设计教学方法。我想起了心理学老师讲的，儿童因为年纪小，抽象思维能力比较弱，而形象思维能力相对而言比较强。于是，我就根据教材内容画了两幅画，一幅画的是新中国成立前臭水浜的凄惨景象，一幅画的是新中国成立后臭水浜变成居民新区和绿化带的美好环境。指导教师对我的设计非常赞同。上课时，两幅画一拿出来，学生一阵赞叹声，收到了出乎意料的教学效果。课后学生围着我说："下一节课还是你上吗？"我第一次尝到了上课成功的喜悦。

教数学是我这位文科班学生的难点，第一堂课教《一个数是另一个数的几倍》，指导教师和我一起研究用什么方法让三年级的小学生理解这个对他们来讲比较抽象的概念。指导教师不马上表态，让我自己先想办法，设计教案。我想还是要运用形象直观的方法，把抽象的数学概念具体化。备课时，我想到师范部美术教研组有大卡车、小推车的模型，那是给师范生画画用的，教学时我就把它借来当教具。上课了，我一手拿着"大卡车"，一手拿着"小推车"，桌子上放着一堆沙子，我一边做实验，一边和学生讨论：大卡车装的货是小推车的几倍。学生非常兴奋，教学效果显著。指导教师高兴地说："你真会动脑筋，运用直观教具，把学生的学习积极性调动起来了。"

这次教育实习，使我初步感到实习指导教师认真负责，充分调动实习生的积极性是多么重要。因为师范生实习是他们第一次走上讲台给学生上课，面对即将终身从事的小学教育事业，给他的第一印象怎么样，实习的环境是否美好，指导教师是否热情，这对于他们能否热爱小学教育事业影响很大。所以，我工作以后一直比较重视教育实习的指导，还主编过《师范生实习与指导》一书，由浙江教育出版社出版。

师范部还没有进行毕业分配，附小已经安排我下学期当三年级班主任教语文。当年八月，我怀着对教师职业的美好憧憬，办理了留在杭州师范附小任教的报到手续。附小的实习，留在附小工作，为我这一生的发展打下了良好的基础。

真正地走上教坛，与教育初次接触，是我在附小工作的第一年，在三年级的一个班当班主任。这个班级集体意识比较涣散，班里有一位男同学非常好动，他不但自己不好好学习，还经常影响别人。更让我为难的是，他在同学中还有一定的号召力，常常带几个男同学违反纪律。一次，老师在教室里上课，他竟翻过窗子，叫了两个同学出去玩儿。面对这样的集体，一开始，我想要通过形象直观的方法来开展教育教学活动，经常利用星期天和学生一起到西湖边的儿童公园，到紫云洞外面的牛皋墓去搞活动，想通过活动把班集体建设好。但是，学生并不听我的话，还是经常有人违反纪律，我总觉得这些孩子在欺负我这个新老师。记得那是一个春暖花开的日子，下午上第一节课时，突然一位同学急促地跑到教室门口，一只手捂着嘴巴，轻轻地喊了声"报告"，我一看，是四组五号的 W 同学，就让他先进教室上课。下课后，我把他请到办公室，想了解一下情况，一看他的嘴唇红肿，便问他，为什么嘴巴肿起来了，他说，是被蜜蜂蜇的。当时学校东面是一大片农田，春天，油菜花一片金黄。W 同学听说蜜糖是蜜蜂制造出来的，就认为蜜蜂的肚子里有蜜糖，就去抓蜜蜂，吃蜜糖，结果不但没有吃到蜜糖，反被蜜蜂蜇了。看，孩子们就是这样的天真，真是又淘气，又可爱。

参加工作的第一年，我是带着美好的憧憬走上讲台，整个心思几乎全用在了教好学生上，甚至常常忙得来不及去吃早饭，顾不上理发，怪不得师范部教育学的方老师到附小来指导工作，见到我就说："杨一青，你的头发可以去理一下了。"但是，这个班我还是没有带好，没有把学生组织起来，形成良好的班集体。我反思自己，实习的时候上课比较顺手，主要是因为当时指导老师、班主任、原任课教师坐在教室里，他们在帮助我维持课堂秩序。等到自己独立担任班主任，开展教学活动时，就不那么容易了。

新教师走上小学工作岗位，往往首先碰到的是组织纪律关。看来这一关不过好，教育教学工作就很难进行下去。我与教育的初次接触是在忙碌、紧张和困惑中度过的。

也许是领导看到了我的问题，第二年把我从这个班调了出来，让我与有着丰富教育经验的方老师搭班。她当班主任教数学，我教这个班的语文，这有利于我向老教师学习。

方老师个子不高，40多岁，教学十分认真，在班主任工作和数学教学方面有丰富的经验。她平时总是随身带着一本小笔记本，随时记录着学生的情况，便于及时发现问题，记录问题，解决问题。她在教育教学工作中总是提前思考可能出现的问题，防患于未然。例如上劳动课的内容是组织学生给青菜施肥，她在上课前一定要到厕所去看过，到底有没有肥料。她组织开展班队活动，争创以英雄名字命名的"刘胡兰中队"，组织学生讲刘胡兰的故事，唱有关刘胡兰的歌曲，学习毛主席给刘胡兰的题词"生的伟大，死的光荣"。引导学生关心集体，从小学习为人民服务，做好事。全体学生积极性很高，一年后，被团区委命名为"刘胡兰中队"。她和教导主任徐珊老师经常来听我的课，帮我组织教学，提高管理学生的能力和教学水平。

俗话说："吃一堑长一智"。每个人都是在这一堑一智中逐步走向成熟的，我也不例外。第一年工作的失利，在第二年得到了一些收获。在与方老师搭班的一年中，我不仅学到了不少组织管理学生的理念和方法，还深深体会到年轻教师刚走上工作岗位时迫切需要有经验的老教师帮助引导。与方老师搭班使我逐步摆脱了忙乱、紧张和困惑的状况，走上了比较健康正常的教师成长之路，为以后的发展打下了良好的基础。所以，我当校长以后特别关心新教师，确定了师徒挂钩等一系列促进新教师成长的措施。

二、榜样的力量

20世纪70年代在学校操场上

在成长过程中，我受到许多老教师的鼓励和鞭策。他们对我的热心教育，使我成长迅速，更使我永生难忘。尤其是斯霞老师的影响最大。他们在我心目中塑造了教师的崇高形象，让我了解了好教师的标准，更知道了如何当一名好教师。

2005年1月12日，斯霞老师去世。在将近70年的执教岁月里，斯老师教书育人，桃李满天下。斯老师为教育思想宝库贡献了自己的聪明才智，其中最突出的就是她的"童心母爱"理论。她的童心母爱，影响了几代人。"童心母爱"理论，最浅显的解释就是：作为一名教师，不仅要掌握知识，更要有童心，有母爱。要与孩子打成一片，必须有童心；要把学生当作自己的孩子一样来看待，这就叫对学生的母爱。斯霞老师是以自己的行动来实践这一理念的。她说："敬业、爱生，我认为是教师职业道德的核心，也是成长为好教师的关键。我一辈子信奉这四个字。"斯老师上课为什么那么好？那都是平时下了功夫。她对孩子的爱也体现在教学上。一位老师说起斯老师在教学上的一件往事："我记得很清楚，有一篇语文课里说'兔子踢死了老鹰'，斯霞老师很困惑，兔子怎么会踢死老鹰的呢？老师自己都不信怎么跟学生讲？后来她就去查资料，但就是找不到这样的记录和相关知识。最后她请教了某大学的教授，最终明白了是怎么回事——斯老师备课就是这样的投入！"大家都知道，斯老师教得好——她创造出"字不离词、词不离句、句不离文"的小学语文随课文分散识字教学法，两年内就教学生认识了2000多个汉字，读了174篇课文，在国内小学教育界首屈一指。而且她拒绝当南京市教育局局长，钟情于小学教学一辈子，对我影响也很大。我后来拒绝当教育局局长也和斯霞老师的影响分不开。她是个让我终身学习的老师。

我身边也有这样的一位教师，他叫徐珊。1953年，他被评为全国优秀辅导员，那年全国共评出80余名教师，浙江省2名。1983年他再次获评全国优秀教师。他参与了浙江省小学语文教材的编写。他很敬业，人品极好，对语文教学十分务实。他生活清贫，仍不改热爱事业之志；他说作为一个老师要爱学生，推荐老师阅读斯霞老师的《童心母爱》等文章。常将有困难的、调皮的孩子留在家中进行辅导。学生小谷是建筑系统的职工子女。"文化大革命"中期，爸爸支援内地去贵州，母亲管不住他。为此，徐老师一次次劝告他，一次次进行家庭访问，还自己掏钱为他买课外书，单独为他布置个人的作业，使他对学习产生了兴趣。另一个学生叫小项，家中有兄弟四五个，父母的收入都不高，家中粮食不够吃。徐珊老师自己有5个孩子，在粮食供应紧张的年份里，他自己省下粮票给自己的学生，赢得了同学与家长的信任和爱戴。

这些也影响了我的教育行为。在多年教学中我发现，热爱学生是各种教学方法成功的基石。我有个学生小张，是个智障儿童。那一年我接班，小张已经六年级了，成绩很差。我去他家家访时家长惊呆了。因为孩子读书6年，从来没有一位教师上门家访。一位只教了一年的教师居然上门家访，家长感动得流下了热泪。自此，小张能竭力完成一些老师布置的作业，眼神中与老师更亲近了。我从此也更关心有困难的学生了。

我觉得，教师要有真正的爱心，包含两层意思。一是真诚的爱。对学生要有真诚的爱，发自内心的情感，否则任何理论、技巧、方法都无法奏效。二是负责的严格的爱。教师的"爱"具有特殊性，是一种有社会责任感的爱，这由于教育是准公共产品，由民族性和民主性所决定。教师的这种爱不同于父母之爱、朋友兄妹之爱、亲子之情、男女之爱等，这不是无原则的溺爱，应严而有格。宽容的爱，对学生不形成思维定式，理解学生是不完善的，是处于发展中的对象。是理想与感性统一的无选择的爱。要根据时代和社会特点了解学生，设身处地理解学生。教师面对学生是没有选择的，教师必须爱任何一个学生，这是教师的职责。

我发现所谓潜能生毕业后来看望老师，感谢老师的更多，反而优秀生"回头率"

不太高。原因可能是优秀生觉得成功是自己努力的结果，而潜能生则觉得老师的帮助很重要。从这个意义上说，教师应该更关注潜能生，对于他们来说，你的一份爱起的作用更大。要让孩子在有差异的情况下有差异地发展，而不是平均发展。

有教育家提到"爱护学生要像爱护荷叶上的水珠一样细心"，老师的言行一不注意，会给学生造成一辈子的心灵创伤，有碍于学生全面发展。师德的基础是爱和相互尊重。教师必须要学会与学生交流思想。若一位教师连学生的名字也叫不出来，怎么能说是已经爱学生了，怎么能教育好学生呢？教师必须要用心去爱自己的学生。

这就是教师职业的精髓所在。

那时，徐珊老师对我的教学指导很多，他说，课堂是提高教学能力的基地，爱学生也体现在教学上。如上《飞夺泸定桥》一课，他要求我首先了解历史背景，了解环境，如桥的形状，河的气势，两岸山峦的形态等，都要弄清楚。他还要求我制作教具，在试教时常常提出具体意见，让我改进。

徐珊老师还要求我不断写文章，上研究课。课后要不断总结，及时写课后体会。每年假期都对我进行科研文章写作的指导。要求我每年必须有两篇像样的文章。最多一次一学期我上了 26 节研究课，这样的鞭策让我成长得很快。

另一个给我留下深刻印象的是老书记邱碧君，她的事业心让人敬佩。1976 年粉碎"四人帮"后，她担任校长。1984 年我任校长后，她任书记。那时候，粉碎"四人帮"不久，正是学校的困难时期，她对事业的追求，对学生的责任感让我感触很深。比如，学校缺少资金办校办厂，她冒着酷暑几次去杭州大学借款两万元，为了学校的发展，求别人的帮助，办起了一个小型的面包厂，提高了教师们的福利待遇。她对事业执着，她对我的关心更是多方面，从她身上我感受到自己受到领导和老师们的扶持，成长加快了。她使我懂得，作为校长，要尽可能扶持教师，为教师服务。

还有一个老教师对我影响也很大，她就是顾培怡老师。她是一个"将自己一辈子都嫁给了小学教育"的教师。她一辈子没结婚，所有的心思都扑在了教育事业上。她是全国先进工作者、第三届全国人大代表，小学数学教学的专家。当时她的班级升学率高，学生的活动能力与思维能力都很强。印象最深的是她在学科教学中刻苦钻研，成为学科专家，那时她参与"提高学生计算能力"的课题研究极为执着，在全国很有影响。她使我懂得做教师一定要研究教学，努力成为所教学科的专家。

就这样，与许多人一样，我之所以在40多年的教育生涯中取得了一些成果，是因为我站在这些老教师的肩膀上。可以说，没有这些老教师的教育、扶持，绝没有今天的我。

三、第一次发表文章

倘若一个教师，只知埋头苦教书，不知教育教学效果如何，那么，他肯定成为不了一个出色的教师。只有不断总结，不断反思，不断改进，不断创新，才能在教育战线上有所作为。其实，我坚持写教师笔记的过程就是一个教学反思的过程。在漫长的教学生涯中，我始终自觉地坚持进行教学反思，这对我的成长发展具有明显的作用。我后来出版的《杨一青作文教学探新》大量内容就是教学反思的记录。

1962年下半年，我教五丙班的语文。一次，教导处老师通知我，杭州市小学语文教研员宋寿朝老师想听我的写字课。事前我并不知道。面对这一要求，我当然只能答应。好在我对写字教学比较重视，平时上课、批改就比较认真。那一天，我把笔、墨、纸、砚都带到教室，和学生一起学习写毛笔字，我和学生一起讨论字的间架结构，交流运笔方法，我在一块画有红色米字格的白色油漆水粉板上，当场用毛笔给学生示范写字。当时，教育部提出弘扬中华民族文化，加强中小学毛笔字教学。宋老师听了我的课以后和我交谈，对这堂课给予了很高的评价，他认为教师对毛笔字教学认识到位，指导到位，尤其是教师能当场示范更是难能可贵。事后，他写了一篇文章给《浙江日报》，介绍我怎样认真进行小学写字教学。

《浙江日报》的编辑张金庄同志把这篇稿子寄给了我，要我自己写一篇教儿童写好字的文章。我回顾了进行写字教学的情况，从引导学生认识写毛笔字的意义，到掌握毛笔字的书写要领，从培养良好的写字习惯到调动学生写字的积极性作了介绍。没过几天，《浙江日报》登载了我写的文章《教儿童写好字》，同时，还发表了我附去的学生任平写的一张毛笔字"勤学苦练，提高成绩"。这是我第一次在省级报刊上发表文章。当时不像现在这样报纸杂志那么多，能在省级党报上发表一位普通小学教师的文章是很难得的，这里要感谢这位热心的教研员的推荐，也要感谢这位热心编辑的器重，是他们首次为我搭建了发表文章的平台，使我尝到了在工作中写教学感受的好处。由此可见，教研员，报社、出版社的编辑，对教师的培养起着不可低估的作用。

这篇文章的发表，不仅对我，对当时才读小学五年级的任平同学也起着很大的激励作用。任平同学一直坚持学习中国书法，而且取得了出色的成绩，1984年任平获得全国青年钢笔字比赛一等奖。现在他担任浙江大学艺术学院教授，是著名的中青年书法家、博士生导师。当记者采访他时，他说："我的第一幅在省级报刊上发表的书法作品，是读小学的时候杨老师给我送去的。"

第一篇文章发表不久，1963年1月10日，《浙江日报》登载了我的第二篇文章《教师札记——一个问题的启发》。同年4月21日又登载了第三篇文章《毛亦薇的期终试卷》。这三篇文章的发表，在我个人成长的道路上起着重要的作用。首先，它给我这个初入教坛的青年教师一种成就感，激起了我不断努力、不断求知的欲望，使我进一步热爱人民小学教育事业；其次，这几篇文章的内容都是我在教育教学实践中的做法和体会，姑且不论文章水平的高低，单就从"反思""总结"的角度看，这也是不小的成功，绝不单是写文章的成功。我自觉地把自己的课堂教学实践，作为认识对象而进行全面深入的思考和总结，从而进入更优化的教学状态，使学生得到更充分的发展。我把自己的教学实践作为认识对象进行反观自照。这是提高教学水平的需要，是一种精神产品的再生产。而初次的成功鼓励了我，使我走向一个又一个成功。

因为这三篇文章的发表，我认识到教学反思的重要性，于是这个习惯就坚持下来。当时，我基本上每天都记，总结精彩片段，思考失败之处，反思自己的教育教学是否对学生有伤害，反思教育教学是否让不同的学生在教学中得到了不同的发展，反思自己的教育教学是否真正达到了教学目标。我特别注意自己在教学中，对课堂上不可预料的情况进行反思，在和学生互动交流中，根据学生的学习效果反馈，对教学计划进行调整。

教学反思是一种有益的思维活动和再学习活动。可以说，一个优秀教师的成长过程离不开不断的教学反思这一重要环节。教学反思可以进一步地激发教师终身学习的自觉冲动，不断地反思会不断地发现问题，"教然后而知困"。不断发现一个个陌生的领域，从而促使自己拜师求教，书海寻路。学习反思的过程也是教师人生不断辉煌的过程。教学反思可以激活教师的教学智慧，探索教材内容的崭新表达方式，构建师生互动机制及学生学习的新方式。

我做校长以后，反思笔记就加进了学校管理工作的内容。到现在我已经有了近百万字的笔记，成了后来写文章出书的资料。新教师进校后，我常向他们介绍自己写反思笔记的经验。后来学校更是建立了一套促使教师进行教学反思的制度。可以毫不夸张地说，学军小学的教师都习惯了对自己进行教学反思，这也是学军小学教师成长较快的原因。

现在实施新课程，把自我反思、同伴互助、专业引领作为校本教研的三个核心要素，它们构成了校本教研"三位一体"的结构。其中教师的自我反思与调整是参与教研活动的前提条件，极为重要。

四、一个问题的启发

20 世纪 60 年代初，我从杭州师范学校中师毕业参加小学教育工作，当时是响当当的合格学历，因为那时有不少中师毕业生到中学任教。但是，我在教育教学实践中感到小学教师绝对不能满足于已有的中师学历，必须向更高的学历努力。这种感悟，最初来源于一位学生对我的一个提问。

那是 1962 年下半年期中考试以后，章同学的造句，已经练过五次了，还是"我愿望成为一个优秀的祖国接班人"。有一天，这位向来不爱多问的章同学，大约因这一连串的"判错"憋不住了，她害羞地问我："为啥这里要用'希望'不能用'愿望'呀？"这一下，可把我问住了，我拿着她的本子，一时答不上来。

课后我不得不去查阅高等教育出版社的《汉语讲义》，看了同义词部分，上面写着："希望"是动词，"愿望"是名词，当时我豁然开朗。通过词性分析来教学这两个同义词，不就方便了吗？果然，通过分析以后，再叫学生练习，全班就没有一个人再错了。

看，同义词里还有那么多知识：同义词的产生，同义词的辨析，同义词的作用等。"房屋"与"房子"是因为范围的大小不同；"爱惜"与"爱护"是由于用的对象不同；还有由同义词组成的成语，如"奇形怪状""粗枝大叶"等。当我告诉学生"聚精会神"是由两个同义词组成的成语时，大家都感到很新奇。从他们明亮的、渴求知识的眼睛里，可以看出他们听得很有趣，诸葛萱小朋友举手就问："杨老师，'同甘共苦'是不是由两组同义词组成的?"

"对！风平浪静、平心静气也是啰?"

"还有上节课讲到的咬牙切齿!"

当时我想，要是我平时多读一点书，多学习一点知识，就不会有这样的尴尬事了。

这次同义词教学给了我很大的教育和启发，加强语文知识的学习对语文教师是多么重要。我真正体会到常说的"给学生一杯水，教师自己要有一桶水"的道理，深感自己知识不够。于是，我一边继续自学《汉语讲义》和其他高层次的语文书籍，一边争取到高校业余进修。

我把学习高层次的语文知识与语文教学结合起来。学习《汉语讲义》中句子部分以后我在教学《开国大典》一文时，就用排比句的知识，和学生一起讨论，"这庄严的宣告，这雄伟的声音，通过无线电的广播，传到……传到……传到……"这一段中，连用三个"传到"的作用。我在学习文章体裁的时候，就联系语文教材，研究教法。比如诗歌，就选《全靠部队哺育大》那一首，在学习诗歌知识的基础上，研究小学诗歌教学的方法，然后试教这篇课文。一学期下来，我对诗歌教学、故事教学、寓言教学都花了一点时间去研究，这样既学习了不同体裁文章的知识，又钻研了教材，学了教法，促进了教学质量的提高。

一次，我得知浙江师范学院要招收函授生。我抱着试试看的心态，参加了招生考试，出乎意料，我被录取了。当时被录取的基本上都是中学教师，我们中文专业四五十人中，只有少数几个是小学教师。我感到很荣幸，我能在高等院校学习中文了。

1963年开始的浙师院函授学习，对我以后的发展起着重要的作用。首先，它使我感到了继续学习的重要性，提高了我继续学习的自觉性。尤其是随着社会不断进步，知识的不断更新，教师只有不断学习，才能适应教育改革和发展的需要。其次，教育教学实践告诉我，只有把学习文化知识，学习教育理论，学习教育技术，学习教育方法和教育、教学工作紧密结合起来才能取得较好的学习效果。如学习王力先生的古代汉语后，我在浙师院《学与教》的书刊上发表了一篇题为《古汉语在小学里有用武之地》的文章，里面讲道："一年前教到六年级课文《平型关大捷》中'短兵相接'这一成语时，只是含糊地解释为'两支军队面对面地打肉搏战'，其原因是用现代汉语'兵'的意义去解这个成语，所以讲不通，古汉语告诉我们，古今词义是有变化的，'短兵相接'中的'兵'应解为'兵器、武器'，只有这样才能把词的解释落实到每一个字上去，使学生牢固地掌握知识。"再次，学习要有毅力。函授学习并不是一件轻松的事。平时的教学任务本身就繁重，我参加工作不久，业务还不太熟悉，再加上函授学习要完成大量的书面作业，每学期还有两次面授，时间很紧张，特别是到了每学期末，所教的学生要考试，自己也要考试，两头都不能放松。但我始终坚持利用业余时间，抓紧学习，还主动向我的学生家长请教，使我的学习取得了较好的成绩。函授不但提高了我的文化水平，还磨炼了我的意志，增强了我的毅力。

回顾自己业余进修的经历，再看看知识骤增的今天，学习对于每个教师是何等的重要。我们必须建立学习型的教师群体，鼓励教师积极参加各种形式的业余进修，让每个教师在学习中发展提高，这应该是当校长义不容辞的责任。

五、经历是一种财富

经历，对一个人来讲是一种财富，是一部辞典。一个教师能经历学校工作中的不同岗位，不同工作，应该说是一种收获。

我参加工作以后，担任过班主任、科任教师，教过语文、美术、历史、地理、自然常识，当过事务老师，负责财产、财务、学校维修建设，还当过少先队大队辅导员，负责学生思想工作。1973年至1978年，还到西湖区教育局当过教研员。粉碎"四人帮"以后，当过教导主任，负责过德育工作、教学工作、教务工作。我乐于做这些工作，因为经历也是财富。

新登县三溪完小小学毕业时的照片

（前排左一蹲者系作者）

　　当班主任是我工作中最愉快的回忆，因为我整天和我的学生在一起，和他们一起上课，一起活动，一起种玉米、南瓜，一起演文艺节目，特别是和学生一起野营拉练，大家背着棉被，带着行囊，从杭州走到绍兴，让人记忆犹新。班主任工作使我更加深入地了解了学生，逐步地学会了如何组织学生、管理学生，我和学生建立了深厚的感情。直到现在回忆起来，给我印象最深、感情最深的学生，就是我当班主任时候的学生。

　　小学班主任主要教自己一个班的学生，科任老师就不一样，教美术就得教十几个班的学生，与学生的接触当然就没有班主任对自己这个班学生接触多，往往是这个班课上完，马上又得到另一个班去上课，这一节教的是一年级，下一节可能马上到六年级上课，这就要求科任老师驾驭课堂、适应不同学生、组织不同学生的能力特别强。当时我抱着一个宗旨，尽量不要麻烦班主任，科任老师要自力更生教学，要以自己出色的教学艺术，吸引学生，提高教学质量，那么，如何吸引学生呢？教学实践中我深深感到，只有激发学生学习的浓厚兴趣，才能紧紧地吸引学生，于是我根据教学内容和学生兴趣爱好，经常变换教学方法，以激发学生的学习兴趣。记得我教美术课时，经常展示学生作品，"六一"节前后尽量让学生有美术作品在报刊上发表。我上历史课，听取学生意见，经常向学生推荐历史故事书，除了找有关课外书讲历史故事外，还引导学生自学，让学生也能讲有关的历史故事，记得我走到六年级教室门口，常常会出现学生鼓掌欢迎我上历史课的情景。

我感到困难最大的是当事务老师，当时学校条件很差，全校只有一个自来水龙头，学校没有食堂，搭伙在浙江教育学院食堂用餐，那时我国正处在三年困难时期，因缺乏营养，我还得了浮肿病，正是在这个时候，老师们推荐我当事务老师，为教学服务，为师生生活服务，负责采购教育教学用品，负责基建维修、设备添置等工作，还为大家买饭菜票。灯坏了要找你，门窗破了要找你，记得最麻烦的是给教学楼搞外墙粉刷。我从来没有做过这种事，也没有学过这方面的知识，但还得自己去找单位，自己找人搞设计，自己把质量关，整天忙忙碌碌的真觉得有点苦，但这对我是一种锻炼。我当校长以后就体会到后勤管理的烦琐和重要，搞基建的艰难和责任，因此，我总是信任他们、支持他们，尽量给他们以方便。

1969年，杭师附小属于拱墅区文教局管理，改名为学军小学。1973年由于区域调整，学校从拱墅区划归西湖区，由于西湖区是新建区教育局，局里急需干部，于是，把我借调到西湖区文教局工作。

当时的西湖区文教局只有七八个人，在岳王庙的大殿里办公。我作为文教局机关工作人员，和当时文教局的领导一起，骑着自行车到梅家坞、翁家山、杨梅岭、满觉陇等农村小学了解情况，到城区小学组织教育活动。在西湖区文教局的五年中，我参加局里召开的基层领导干部各种会议，参加了上级教育行政部门的有关会议，还参加了不少政府召开的各部门有关人员参加的会议。当时文教局的工作计划、工作总结、重要会议的领导报告和局里工作的一些简报，大多也由我负责起草。五年的文教局工作，使我从学校教师的层面提高到从县区教育局这一视野来了解社会，了解教育，看待学校，这对我后来担任学校领导工作无疑是大有好处的。

六、研究作文教学的起因

1980年，我教五年级一个班的语文。接班第一天，我告诉同学，从今天起我就是你们的语文老师，你们对我教语文，有什么要求，有什么希望，都可以说。一位男同学说："杨老师，你上课最好给我们多讲故事。"我说："故事可以讲，我们要培养大家讲故事的能力，希望大家不光听我讲故事，大家要人人学会讲故事。但是，语文课不是故事课，还有其他的学习任务。"另一位女同学举手说："杨老师，你教语文最好多给我们看课外书。"我说："你说得很对，书籍是人类进步的阶梯，我们从小要多看有益的课外读物，我也会想办法让大家多看课外书。"

当我问到你们在语文学习中感到最大的困难是什么时，同学们几乎异口同声地回答"作文"。于是我对这班学生进行了学习作文情况的问卷调查，全班 47 位学生中，竟有 40 个人怕作文，还有 4 个人"恨死作文"，只有两个人不怕作文，很难得有 1 个人喜欢作文。我问这位同学："你为什么喜欢作文？"她说："我长大想当新闻记者。"教师要教学生学好语文，写好作文，而学生中却有 86% 的人害怕作文，甚至痛恨作文，如果对这一情况不了解，或者了解了不去解决，要提高学生的作文水平显然是十分困难的。因此，我们要深入调查研究，为什么有那么多学生害怕作文，怕在何处？我特地找那几位"恨死作文"的同学交谈，问他们为什么恨作文，他们说，我们其他功课都可以，就是语文成绩上不去影响评上"三好"生，语文成绩里基础部分、阅读部分也都不错，就是作文部分老师扣分最厉害，作文不好，"三好"生评不上了。经了解，学生害怕作文的原因是多方面的：有的语文基础差，错别字、病句很多；有的不懂得观察生活，不会积累写作素材；有的学习态度不够好……其中多数学生反映主要困难是"没有东西好写"。"没有东西好写"，引起了我的深思，"巧妇难为无米之炊"，学生感到"没有东西好写"，当然就写不出好文章来了，这是值得我们研究的问题之一。

从教师的原因去分析，我也做了调查研究，从教学中反映出来主要有四个问题。

一是匆匆指导。教师、学生在思想准备十分不足的情况下进行作文教学。教师自己备课不充分，又没有把作文的内容、要求及早告诉学生，让学生有一个充分准备的时间，而是教师走进课堂，上作文课了学生还不知道今天写作的内容。比如，当一位老师提出今天作文是请大家写《记一次劳动》时，班里一片喧哗，少数学生能说"我写种菜""我写搬砖头"，但大部分学生由于事先没有思想准备，所以一时想不起来，有的干脆说："我没有东西好写。"

二是空洞指导。指导不具体，尽讲空话。比如写《记一次劳动》，老师指导时就讲，要写好记一次劳动嘛，一是中心明确，能反映劳动者的好思想，好品德；二是条理清楚，不要东拉西扯；三是重点突出，有详有略；四是句子通顺……第二次写《记一个熟悉的人》，也不过是那么几句话：中心要明确，条理要清楚，详略要得当……几乎所有的作文指导课，就是重复那么几句老调，这对学生有什么大的帮助呢？

三是孤立指导。作文不与学生生活结合，不引导学生观察生活，丰富生活，写的内容脱离学生生活实际。另外，作文不与课内外阅读中得到的写作内容、写作方法和丰富的词语结合。在作文教学中不去联系，把作文与阅读分成"两张皮"。还有作文的指导、批改、讲评，相互脱节，不是围绕一个统一的目标，形成一个系统的工程，使作文教学成为封闭式的孤立指导。

四是态度急躁。因为写是学生认识能力、思维能力和语言表达能力的体现，是字、词、篇的综合训练，所以学生作文水平的提高非一日之功，必须遵循儿童认识规律和写作规律进行。可是我们有的教师往往急于求成，对一般学生的作文，特别是基础差、困难大的学生，往往批评多、指责多，甚至训斥多，致使学生对作文缺乏信心，产生畏难惧怕情绪。

学生怕作文，认为作文难写；教师也怕作文，认为作文难教，外出听课很难听到有教师上作文公开课，这是当时小学作文教学的状况。

语文是最重要的交际工具，是人类文化的重要组成部分。口语交际、书面表达是人们社会交流的主要形式，随着社会的发展，人们之间的沟通、交流将更加密切，更加广泛。小学作文教学是小学语文教学的重要组成部分，它担负着培养学生表达能力的重任，如何让86％怕作文的小学生喜欢作文，提高小学生的作文水平，促使我下决心开始了作文教学的研究。1980年开始我从研究儿童写作心理入手，主攻作文教学，以后我上的研究课几乎全是作文课，1989年浙江教育出版社出版了我的专著《杨一青作文教学探新》。

七、前进路上的"加油站"

1986年的教师节，北京城阳光灿烂，中南海紫光阁前，古树成荫，风景如画。

党和国家领导人在这里接见我们各省市、自治区赴京参加全国教育系统劳动模范、先进集体表彰会的代表，并和我们合影留念。

在国务院礼堂，我作为浙江省的唯一代表登上主席台，从党和国家领导人手中接过金光闪闪的"人民教师奖章"和大红的"全国教育系统劳动模范证书"，当时我的心情非常激动。

记得就在赴北京前的几天，9月6日，我在省人民大会堂，刚接受了浙江省人民政府授予我特级教师的荣誉证书。四天后，又在首都接受了党和国家领导人的奖励，奖章、证书、鲜花、荣誉，这一切，使我心潮澎湃，思绪万千……

我始终认为，这荣誉不只是给我个人的，这荣誉也是各级领导的培养、全体教职工共同努力的结晶，这体现了党和政府对人民教师的尊重和关怀。

党和国家领导人高度评价教师的工作。他们说，"我国的教育还面临经费不足，师资缺乏的困难，我国过去有陶行知这样的教育第一线的勇士，现在你们在教育的第一线，也是勇士。感谢大家为我国教育事业做出的贡献。"

在北京的几天，我还了解到，我国还有不少贫困地区，教师的工作生活条件比我们困难得多，他们的敬业精神、艰苦奋斗的作风深深感动了我。我们真的要好好向他们学习，把教育工作搞得更好。

与会的安徽代表是一位民办教师。他所在的家乡经常闹水灾，他住的是茅棚。为了让孩子们能上学，他把自己家茅棚让出一间做教室，用给老父亲做棺材的木板做桌子给学生读书；当地农民很穷，交不起学杂费、书费，他给代付；有两个学生一度因父母判刑，无人抚养，他就收留下来；一次闹水灾，他住的茅棚也被洪水冲走。他坚持办学，晴天在树荫下上课，雨天在牛棚里上课，甚至连不理解他的老婆也离开他走了。为了孩子们能受教育，他艰难地战斗在教育第一线。在北京期间，全国政协召开的座谈会上，他没有别的要求，只希望自己的学生有个能学习的教室。

我们这次来北京开会，按照大会规定，可以在北京留住两天，到长城、故宫参观游览，也可以到北京学校参观考察，可是他只能早点回去，他说他是民办教师，家里还种着芝麻，已经成熟了，必须赶回去收获，如果迟了，成熟的芝麻掉在沙地里是捡不起来的。大会还规定返程可以乘飞机，也可乘软卧。可是他只带了三十几元钱赴京，连买普通火车的返程票的钱也不够了，是国家教委师范司设法给他买的返程票。望着他佝偻的背影，我感慨很多，那样的条件，还这样执着，我们的条件比他好多了，我们还有什么理由不好好干呢！

参加教师节全国表彰大会使我体会到党和国家对我们人民教师的关怀，看到了教育战线同行们艰苦奋斗的精神，增强了进一步搞好教育工作办好学校的决心。给予我这种巨大的荣誉以及人民的信任都是对我莫大的激励，2004年，我被评为浙江省功勋教师，在教师节表彰大会上，当时任省委书记习近平同志握着我的手时，我心中涌现的也是这种感觉。

又一次使我要更好地做好教育工作，办好学校的触动，是1989年访问日本和1992年访问德国。1964年日本东京举行了奥运会，我们知道，日本是个资源贫乏的岛国，可是它占有了很大的国际市场份额，在我国可以看到大量日本的汽车，本田、丰田、三菱、皇冠等；大量的家用电器，松下、日立、东芝等。是什么原因使资源贫乏的日本与广阔的国际市场联系起来的呢？是教育，是人才，是科技，是战后的日本狠抓了教育。教育对一个国家的发展，起着何等重要的作用！

同样，在德国三个星期的教育考察，使我感到，战后的德国"勒紧裤带抓教育"的成果。战后的德国留下的主要是妇女、儿童和老人，面临战后的困难，他们说："我们不像阿拉伯国家，他们的地挖下去，冒出来的是石油和天然气。我们国家的发展靠的是科学技术，靠的是教育与人才。"的确，战后的德国狠抓教育，促进经济发展，成为欧洲的首富。两个不同的国家，得出同样的结论：必须狠抓教育。我深深感到国家兴衰系于教育的道理，给我人生的道路上又一次加油，决心为办好学校做出努力。这是一种对国家、对民族的深厚感情，中华民族腾飞的基石就是要靠我们这些教师奠定的，这给我一种崇高的责任感！

八、谢绝教育局局长的职位

有人说，我这辈子在一所小学就干了一件事情：育人。这种坚持也是不容易的。一天上午，区委组织部的韦部长找我谈话，要我出任西湖区教育局局长兼党委副书记，等一年后老书记退休了，我再兼任党委书记。他说："你当教育局局长区委认可，人大认可，区政府认可，教育局机关也认可。如果你真的舍不得离开学军小学，校长可以兼着。"为了让我当局长，可以把我的爱人调到西湖区少年宫工作；为了工作方便，把我的住处安排到教育局附近的区政府宿舍，还给教育局配一辆汽车（当时区教育局和不少区级机关还没有配汽车）。我在学军小学工作了20多年，对小学教育很有感情，对作文教学所做的一些研究也有了一定的成果，对学校管理的研究正在进行。小学工作虽然清苦，但很有意义，我多希望自己能继续在学军小学的岗位上研究作文教学，研究学校管理。我深深感到，我们的教育需要这样的实践研究。

组织部部长找我谈话没有成功，过了几天，领导通知我，区委分管党群的章副书记找我谈话。我猜想，肯定还是要我当教育局局长的事。

西湖区委就在美丽的西子湖畔。春天的西湖是那样的平静美丽，垂柳吐绿，桃花争艳，加上温暖的阳光，和煦的春风是那样的诱人，可是我当时的心里是那样的不平静，无心去欣赏这一切。我暗暗对自己说，还是决心留在学校里吧。因为章副书记本来就是我学军小学的同事，她任教导主任时我任副主任，她任党支部书记时我任副校长。我说，我们学军小学有你出去当区委领导了，我就留在学校里吧，学校也需要我，我对学校有感情，对教育、教学工作有感情，我多次要求在学校第一线研究小学教育，办一所理想的中国城市小学，是我的愿望，决心谢绝教育局局长的职位。

为了这件事，我曾去请教当时省教委的邵主任，我说："西湖区要我当教育局局长，你看怎么办？"他没有正面回答我，说："我看，特级教师最好校长也不要当，就是做教师。"我明白了邵主任的态度，非常高兴，看来他的观点与我的想法是一样的。

过了几天，我出席杭州市第八届人民代表大会，和市教委金主任、西湖区人大凌主任一起，金主任得知西湖区要我去当教育局局长，他当着我的面对凌主任说："杨一青这样的校长，我们市里是派用场的，还是希望他在小学里发挥作用的。"由于我的坚持，领导最后同意了我的要求，我终于谢绝了教育局局长的职位，继续留在学军小学工作。这一留，给我"办理想中的中国城市小学"的愿望创造了条件，在一所学校20多年的校长岗位上，使我的理想和规划基本得以实现。

九、行动的思考者

学校工作的第一要务是发展。我提出"企业要找经济增长点，学校要找教育发展点"。学校的发展，应该是办学条件由差到好，竞争力由弱到强，社会影响力由小到大，学校环境不断优化，教学质量稳步提高，教师待遇不断改善的过程。

20世纪80年代初在老校门前

学校的发展要坚持超前思考。用先进的理念引领学校发展，发展规划是落实发展的蓝图。首先要整体规划，目标引路。我们从 1985 年开始制定第一个五年规划，至今已进入第五个五年规划的最后一年。每一个五年规划都根据当时的实际情况制定，教工们群体参与，教代会通过，成为大家共同的奋斗目标。每个五年规划，包括领导班子建设、教师队伍建设、校园环境建设、教育科研开展、教学质量的提高等方面，构筑成学校发展的蓝图。

通过教育科研促进教育理念更新，教育改革的深化，我校教育科研有着悠久的历史。早在 20 世纪五六十年代就有顾培怡、徐珊、邱碧君等一批省市教育界知名教师，开展学科教学研究和五年制的改革试点。党的十一届三中全会以后，学科教学改革日趋活跃。语文教学改革除了我重点研究作文以外，还有特级教师唐淑华的阅读教学研究，张胜乐、高荣法老师的数学教学研究，黄建明的常识教学研究，钱金林老师的体育教学研究，贾敏老师的民乐进课堂研究等。在他们的影响下，学校教改理念出现了两种转变：一是单纯的知识传授转变到知识与能力并重，二是单纯研究教如何转变到研究教与研究学并重。

1986年，我们在学科单项实验的基础上，开始了省级课题"小学班级管理整体优化实验"，该实验在整体性观念的指导下，用综合的方法把各种教育因素、教育途径、教育资源组成有机整体去影响学生，发挥教育系统整体功能，通过整合达到学生全面发展的目的。这一实验历时六年，它的最大成果是提炼出了我校教改的纲领：整体观念，主体思想，个性发展，和谐关系。十多年来这一纲领，引领着我校教育改革深入发展。这一纲领在1992年提出当时是有前瞻性的，它一直指导着我校的教育改革，这是我校教育改革中提炼出来的宝贵财富。从实践中体会到和谐是教育改革发展的保证。

1992年我校开展了"全日制小学创办业余艺术学校的探索"的省级课题研究。该项课题首先在办学体制上进行改革，它是国有公办全日制学校自己办的一所集体所有制的民办学校，它充分利用公办学校的场地资源、设备资源、教师资源、时间资源，满足孩子接受艺术教育的需要，它丰富和完善了学校活动课程体系，促进了学生个性发展，推动了素质教育的实施。学校以学生发展为本，"个性发展"的理念进一步落实，在办学体制上有了新的发展。

然而，在教育改革带来可喜变化的同时，我们也看到满堂灌、填鸭式的教学依然比较普遍，学生死记硬练，缺乏主动性的现象依然存在，1995年，我们提出，"让学生从过重的课业负担中解放出来，发挥学生的主体性，还学生学习的自主权"，决定开展"小学生主体参与教育模式的研究"实验。三年以后实验结题，以浙江教育学院教授骆伯巍为组长的专家组对课题作了如下鉴定。

1. 该研究以全面提高学生基本素质为目的，充分尊重学生主体性和主动精神，唤起人的主体意识，弘扬人的主体精神，发挥人的主体作用，抓住了现代社会人才素质的核心问题，对促进每一个学生的全面发展具有重要的现实意义。

2. 该研究在系统考察传统教学的基础上，以改革难度最大、占时最多的课堂教学为突破口，实现了从以教师教为主向学生学为主的转变，这种以课堂为主阵地的研究与实践抓住了问题的要害，意义深远。

3. 该研究以儿童认知发展等有关理论为依据，建立了主体参与课堂教学过程的教学模式及其操作程序，有一定的创造性和特色。它转变了教师的教育观念，带动了教师角色的转换，由"知识传授者"转变为"学生主动学习的帮助者和促进者"；学生主动参与教学活动，在互帮互学中提高，发展了思维，培养了能力，也提高了学习的效率；学校采取班级教学、小组教学和个别教学相结合的形式，使教学组织形式多样化。

4. 该研究完全由学军小学独立设计、独立操作、独立总结。研究的实验设计较规范、操作较严谨、总结提炼的理论层次也提高了。

5. 研究取得了良好的实际效果。三年来，学生全面素质显著提高，尤其是学生的独立性、主动性、创造性显著增强，学生学习能力强、潜力大、后劲足；研究还锻炼了教师，为培养学者型的教师队伍奠定了基础；一批课堂教学成果在省市教学观摩中引起同行的关注和好评，得到了推广。

鉴定组一致同意通过鉴定，建议申报省教育科研成果奖。

这一科研成果最终获得浙江省普教成果一等奖。

以计算机为中心的现代教育技术的发展，教育技术与教育手段的现代化，这是主体参与教育模式的深化，是个性化学习的发展，是当前教育改革必须抢占的制高点，是前瞻性的实验。于是我们决定开展教育部"运用现代教育技术改革课堂教学模式"的实验研究，省级课题"运用现代教育技术，培养学生创新精神"的实验研究。实验有力地促进计算机知识和技能的普及，此前，我校已于1991年开展了"小学语文'四结合'实验研究"。这一实验由北京师范大学现代教育技术研究所所长博士生导师何克抗教授主持，我校为浙江省首批参加这一实验的三所学校之一。这一实验为以后的现代教育技术实验研究打下了思想认识和设备技术的基础。

运用现代教育技术，改革课堂教学模式，培养学生创新精神的实验研究，提升了教师的教育理念，促进了教师掌握运用计算机的能力，促进了学校数字化发展的步伐，培养了学生的自主学习的能力与创新精神。

这个实验的成果主要在实现四个转变：教师由原来的处于中心地位和知识讲解员、传授员的角色，转变为学生学习活动的组织者、指导者、学生主动建构意义的促进者。学生由原来的被动接受转变为主动参与，成为知识探究者和学习的主体。

教学媒体由原来作为教师讲解的辅助工具转变为学生的认知工具，既作为感知对象，又作为认知工具。教学过程由原来基于归纳演绎的讲解式过程转变为基于"情境创设""协作学习""会话商讨""意义建构"等活动，开放性新型教学协作过程。

该实验成果由浙江电子音像出版社出版了《杭州市学军小学CAI课件集锦》光盘，一个小学正式出版课件当时在全省还是第一家。2001年，由浙江教育出版社出版我校的科研成果专著《小学多媒体网络环境教与学》。

学校发展的超前思考除了教育规划理念的超前，还需要教学环境的超前思考。学校硬件建设同样必须要有超前意识，使有限的资金用到最需要、最合理的地方，尽量避免不必要的重复建设和浪费。这一点，在我们学校的发展中有三个超前是很明显的。

一是超前思考搞校区扩建。学校本来只有10亩地，远远不能满足这一地区居民住宅建设发展、孩子上学的需求，不适应现代教育发展要求。早在2000年以前，我们就意识到土地对学校发展的重要性。于是，我与其他领导班子成员一起，为学校发展八次扩大土地，少的一次几十个平方米也要。从校内争到校外，在市郊祥符镇庆隆村征地4.98亩，最后一次是2002年在市长关心下征地6.14亩，使学校扩建工程顺利进行，建造完整了6环道200米塑胶操场。学校周围的地价，从10年前的10万元一亩，涨到现在的2000多万元一亩。由于在土地问题上的超前思考，超前争取，才有学校今天发展的基础。

在学校设施上，我校是杭州市第一家用管道煤气的小学。十多年前杭州市管道煤气兴办不久，学校已经设计用煤作燃料的食堂。当我们得知管道煤气已在逐步推广时，决定取消锅炉房的设计方案，改成管道煤气。虽然投资大了一些，但是使食堂上了一个层次，煤气清洁卫生、方便快捷的特点，使食堂成为西湖区的典型，成了当时参观考察者来校考察的一个亮点。

在最近校舍扩建工程时，我们坚持要造地下汽车库，这是我看到了发达国家普及小汽车以后的感受，新西兰300万人口的国家有250万辆的轿车。我们国家正在走向世界，走向现代化，我们的教师几年以后肯定要买汽车，开汽车上班，必须解决停车问题，于是我建议非设计建造地下汽车库不可。在上级领导支持下，杭州市小学第一个建有地下汽车库。建好以后，大家感到这一决策是正确的，而且市政府有关部门出台政策鼓励建设单位建造地下车库，以缓解杭州市的停车难问题。

1999 年当历史车轮即将进入 21 世纪时，我从教育理念上提出了学校的办学方向：个性化，现代化，国际化。引导全校师生向新的目标前进。

我认为"先进"，无非是比别人前进得早一点，快一点。这就需要我们校长超前思考，只有超前思考，才有超前的行动。

十、他山之石

从 1989 年 8 月第一次出国访问日本至今，我已多次出国考察访问，先后到过日本、德国、韩国、美国、澳大利亚、新西兰、芬兰、瑞典、挪威、丹麦、意大利和罗马等国，每一次出国考察自己都会有很大的收获。

日本的道德教育给我留下了深刻的印象。我们乘坐的飞机从大阪机场降落，来接我们的是一辆豪华巴士，上面有电视机，司机和翻译小姐都是日本人。车子从大阪机场开出，经过一段时间，司机通过翻译小姐告诉我们，对不起，他要下去问下路，请大家稍候一下。车停在一个路边的加油站前面，司机一下车，我们虽然听不懂日语，但在车上清楚地看到加油站走出了三个工人，一样的鸭舌帽、一样的衣裤、一样的鞋子。司机见了他们马上九十度鞠躬，向他们问路。三位工人中，一位指着前方，告诉司机怎么走，另一位工人还插话补充，非常热情，司机听后非常满意，鞠躬要与工人道别，三位工人居然一起脱帽向问路的司机鞠躬送别。加油站的工人并不知道车上坐着的是什么人。他们的这种文明礼貌的行为是出于自觉的行动，而且随处可见，非常值得我们借鉴学习。

福井市六条小学平成二年起，是日本文部省的家庭学校联手教育的道德实验小学，他们从道德教育的内容、形式、方法、评价等方面开展教育实验，有三年规划，也有每月每周的计划，非常具体地落实。从教育内容看主要有：惜时、守信、节约、勤劳、爱国心、爱自然、坚毅、孝敬、尊重生命、国际共荣。这些内容对我们来讲同样有借鉴意义。日本还注重民族精神、民族文化的教育。看了日本的道德教育，回国后我就考虑如何加强小学生的道德教育，尤其是内容更符合学生要求，形式更适应学生特点，我们提出了以爱国主义教育为主线，以"三好"为目标，以英雄人物为榜样，以良好的行为习惯为落脚点的德育工作基本方法。

在德国，我们看到了重视学生个性发展的教育，课内打基础、课外出人才，在德国非常明显。德国的小学一般是四年制，每天中午一点放学，下午不到学校，孩子到各种各样的课外艺术学校、体育俱乐部、博物馆、科学馆、展览馆等发展自己的兴趣特长。有的跳舞，有的打球，有的学器乐，有的学绘画……各选所好，发展特长。在慕尼黑国家艺术馆，有著名画家凡·高的作品《向日葵》的真品，可是这个艺术馆还拿出 1000 多平方米空间，用于少年儿童的美术教学活动。

德国学生的课外活动给我们以启示，坚定了我们办业余艺术学校的信心和决心。作为省教委普教科研课题的"全日制小学办业余艺术学校的探索"开始实施。充分利用我校现有的场地资源、设备资源、师资资源和师生时间资源，创办春华业余艺术学校，以补充课内教育的不足，对于满足学生个体特长发展的需求、丰富学生的课余生活都是非常必要的。春华艺校的兴办和发展，借鉴了德国教育的经验。

借鉴美国重视主体意识、培养创新精神的教育理念，我们开展了小课题研究和探究性学习的实验。

澳大利亚、新西兰的环境保护得到世界各国的称赞。无论是澳大利亚的布里斯班、墨尔本、堪培拉、悉尼，还是新西兰的惠灵顿、罗托鲁瓦、奥克兰，我们所到的城市，给人的感觉是充满绿色的城市，是森林城市。墨尔本是联合国最早公布的获最佳人居奖的城市。在新西兰，26 617 平方公里的国土，公园面积达 150 万公顷，国土的 30% 是森林，人工林占 50%，人工林出口量占世界前三位。为了保护环境，城市边的一些岛屿是禁止人们上去的。在澳大利亚和新西兰的公园，城市广场到处可见鸟类与人类和谐相处，鲜花和绿草争相辉映的景象。

此行，使我看到了人与自然和谐相处，协调发展的重要性，增强了对环境保护这一基本国策重要性的认识，看到了让我们的学生从小树立环境保护意识的必要性。我们着力推进绿色学校的创建，加大校园绿化建设的力度，创建环境优美的绿色校园，学校被评为省绿色学校。

十一、社会活动促进学校发展

改革开放的社会，改革开放的学校，需要有改革开放意识的校长。学校教育本身就应该融入社会。校长参与必要的社会活动，担任一定的社会职务，可以开阔视野、了解社会、研究社会、学习社会、服务社会，促进学校的发展。

办学水平督导通过优秀级评估

从 1987 年，我当选为杭州市人大代表开始，至今已连任第七、第八、第九、第十、第十一、第十二届人大代表。还担任杭州市人民政府专家咨询委员会委员，杭州市中级人民法院陪审员，杭州市城市文明督导员，还先后担任过杭州市交通警察支队、杭州市环保局、交通局等行风监察员等。这些社会职务，确实要花去我一些时间，但是认识到"人民代表是国家和地方国家权力机关的组成人员"，人民代表是"职务"。作为杭州市人民代表必须忠实履行"地方国家权力机关组成人员"的职务，否则是对人民的失职。20 多年来，我努力尽代表职责为人民服务，我提议案建议，为老百姓解决实际问题。

我当人民代表以来印象最深的一次视察活动，是我参加省、市、县三级人大代表联动视察，当时由省人大常委会副主任许行贯带队，从临安开始，沿苕溪向下到余杭区进行视察，而且决定苕溪水污染问题由我起草视察报告。苕溪，发源于临安市西北山区，流过临安、余杭和湖州市的德清等县市，流入太湖。

当我们视察组到达余杭镇下榻的西山宾馆时，已是傍晚时分。离宾馆还有一公里路就看到路上挂着横幅。数十位老人，手执小旗在道路两边迎接我们，小旗上写着"还我苕溪清水""我们要喝水，我们要活命""人大在行动，人民在期盼"的标语。我们顾不上吃饭，听取老人们的诉说。他们告诉我们，苕溪过去清澈见底，鱼虾很多，可是这些年来，河水变得乌黑发臭，不仅鱼虾绝迹，连自来水厂也早已被迫停止生产了。老人们讲，有条件的人买矿泉水，困难的人家只得买从山区斜坑、长乐拉来的三分钱一斤的山溪水。所以在余杭镇上出现了特有的买水的车子。买水车待在镇政府门口，镇长心里特别难受，他说："连老百姓的吃水问题都无法解决，我这个镇长怎么对得起全镇的父老乡亲？"老人们还讲，他们一早到远处去锻炼身体，回来从远处山沟里背5公斤山水回来，自己舍不得喝，要留给孙子、孙女喝，因为他们小，经不起水的毒害。一位省人大的工作人员去当地看望70多岁的姨夫，说："我工作到此，没带什么东西，今天看望你们，给你200元钱，你们可以去买点水吃吃。"离开西山宾馆时我发现旁边有一所小学，走廊上堆放着几十个塑料桶，这是老师们买水的水桶。小学老师上班下班还得买水回家，多么艰难的生活啊，我特地请电视台记者拍下了这一镜头，也要为教师呼吁。

老人们诉说着无水之苦，从他们渴望的眼神中我感到，老乡们受河水污染之苦太深。他们说有的曾提出拒绝参加余杭区人代会，有的提出要拦截临安市的过境车辆，但顾全大局，均未行动。

我们视察苕溪上游的临安化肥厂、造纸厂、皮革厂、纤维板厂等污染严重的工厂企业，深深体会到发展经济不能只讲经济效益，不讲环境效益和社会效益。政府官员是人民的公仆，要认真听取人民的呼声，解决人民的疾苦，为人民谋利益。连续两个晚上我写好了视察报告，把上面讲到的这些事实都写入报告中，我在报告中写道，"水是生命之源""水能载舟，也能覆舟"，如果我们的政府官员不为人民办事，人民就不会拥护你。

视察组反馈汇报大会上，市人大市政府主要领导和各县区主要领导和分管领导都参加了，视察组要我代表大家作大会汇报发言，我的发言激起了与会者的极大共鸣。会后一位领导对我说，你的发言我们听得眼泪都要流出来了，不少记者围着我，对我进行采访。

　　会上王永明市长要求政府官员必须认真听取人民代表的意见，我们不光要金山银山，更要绿水青山。要抓紧制定方案，落实治理措施，使苕溪水及早复清，使下游人民免除水污染之苦。

　　视察是有成效的，在各级党委人大政府的共同努力下，经过一年半的努力，临安人民做出了巨大牺牲，关、停、转产一大批污染企业，使苕溪水变清了。余杭镇的老人们，抬着自制的"治污救民"的巨幅匾额，敲锣打鼓来到省市人大常委会，对人大重视监督解决苕溪水污染问题表示感谢。他们还在余杭镇旁苕溪河畔立了一块"还清碑"，教育后人保护水源，保护苕溪，永志不忘。

　　这次视察活动到解决问题的全过程，我深深体会到我们办什么事都要以人为本，为民服务。这对我们办学校也是如此，关心教工，关心学生，尤其要关心有困难的人群，帮助其解决困难。对教师如此，对家长、学生也应该如此。

　　在这样的思想指导下，学校力求人性化管理，为解决学生吃饭不必再带餐具，学校宁可多投资几万元，多增加食堂工作人员，购制餐具，增加消毒设备。为解决雨天学生放伞的困难，走廊上特地安装了雨伞钩。为让学生上厕所洗手方便，每个卫生间安装洗手盆、大镜子、洗手液，参观的人讲："你们的厕所像宾馆里的一样。"

　　对确有困难的孩子，我们打破地域规定，让其到我校上学，如一位孩子父母是残疾人，语言交流有困难，他与他的父母都不在我学区范围，可是考虑到他外公外婆在我学区内，对他语言发展有利，在我校招生名额非常紧张的情况下，破例欢迎他在我校就读。家长写来感谢信，十分感激学校关爱弱势群体的孩子。

　　自我担任校长几十年来，凡是教工中有人住院治病，有人生孩子，除了学校工会会去看望以外，我个人也总会买些东西去看望，他们有困难，我都是尽力设法帮助解决，我觉得在别人困难时更需要给予人性化的关心。

　　当人大代表不仅是付出，它确实也提高了我的素质，促进了学校的发展。比如学校搞"首问责任制"是当行风监察员时从房管局学来的。青年教师要加强自身修养，处理学生的问题千万不能急躁过火，绝对禁止体罚、变相体罚。这是我从当人民陪审员审判一位青年与保安发生纠纷，驾车撞倒一位保安，致使保安身亡的案例中得出的启示。我也从其他行业人事制度改革的措施中，教育教师要努力珍惜自己的工作岗位。

　　当人大代表可以更多地接触市里的领导，反映情况得到领导的支持。一次我在市长主持的座谈会上反映杭州这一对外开放城市，应该有反映杭州水平的现代化的小学。我提出我们学校旁边有土地，有条件适当扩大面积，建省示范性实验小学。王市长认为我讲得有道理，要我写个材料送给他。我当天晚上就写好，第二天送去。

没过几天，王市长就批示：

> 学军小学创办省一级示范性实验小学的目标，应予支持。扩大学校用地，涉及许多方面，市、区政府要帮助协调。请陈忠同志召集教委、规划局等市级部门及西湖区政府、学军小学有关同志，先拟定意见，然后由市政府和西湖区政府一起研究确定。

抄告单送到市建委、土管局、规划局、市教委、西湖区人民政府。我拿着市长批示，经过 7 年的努力，2002 年 6 亩多地划入我校，学校扩建改建任务得以实现。

十二、从"支援"到"收获"

那是 1985 年 8 月初，应吉林省抚松县教育局和县教师进修学校邀请，我第一次出省到外地讲课。来邀请的刘主任、高老师恳切地说："我们这儿是长白山区，高寒地带，交通不便，从来没有外地专家肯来讲课，这次请您，希望您一定能去。"我真的被他们的纯朴和真诚所感动，原则上答应暑假去。

应邀在吉林抚松县讲作文教学

到了 7 月底，接到抚松来电，他们请我乘飞机从杭州出发，而且要派人到杭州来接我。我婉言谢绝他们派人到杭州来接我的决定，答应自己一个人乘飞机去。

飞机从杭州笕桥机场起飞，到沈阳机场降落已是傍晚时分，接我的刘主任已在机场出口处焦急地等着我，我们匆匆买了个馒头，马上赶赴朝阳镇的火车。凌晨 1 点到朝阳镇站下车，刚走出火车站，我就听到高老师焦急的问话声："杨老师来了没有，来了没有？"

"放心吧！来了！来了！"刘主任回答。

高老师见到我高兴地说："杨老师您辛苦了！终于把您盼来了！"

看着他们急切的眼神，当时我也很激动，长白山区的同志多么希望我去啊，我们马上上了一辆他们开来接我的工具车，向抚松县城开去。他们告诉我，来听我讲课的不仅是小学老师，初中教师也来了。小小县城里几乎所有的招待所被教师住满了。我越来越感到这次讲课的意义，长白山热情的老师们在等着我，我能不去吗？

也许是因为一夜未睡，也许是车辆在长白山区的颠簸，车到二道花园这个地方我吐了，而且吐得比较厉害。我下车在地上蹲了片刻，略加休息，继续上路。车到抚松，已是上午 8 点多了。

在抚松我作了一天半的作文教学讲座，与当地教师进修学校教研室和小学老师交流教学体会，参观了当地的县城和山区的几所小学，体会到了当地学校办学的艰辛，特别是漫长的冬天要解决取暖的问题，教师、学生艰苦奋斗，勤工俭学，用煤取暖。长白山茂密的森林，清澈的天地，好学的教师，给我留下了美好的印象，这不仅使我扩大了眼界，增加了知识，更感到外出讲课更重要的是一种学习，是一种收获。

从到东北长白山区开始，后来到广西、陕西、河南、四川、安徽、江苏、云南等全国各地讲课是一种学习，到高等学府讲课更是一种提高。

我应邀到杭州大学教育系、浙江教育学院、杭州师范学院等高校讲课，而且被浙江教育学院、杭州师范大学聘为兼职教授。在高等院校讲作文教学，讲现代教育技术的运用，讲教师职业道德，讲学校管理，讲国外教育考察感受。无论是大学的师生，还是继续教育学院的校长教师们，听课后我都可以得到他们的反馈，听取他们的意见。在杭大教育系，我得到了斐文敏、王炳仁等老师关于学校管理、德育工作等方面的指导，在杭州师范学院我进一步知道个案分析的具体做法。

1994年浙江省教育委员会下文，由浙江教育学院与杭州市学军小学，共同举办浙江省小学语文教坛新秀培训班，培训浙江省35岁以下优秀青年语文教师，每年一期，每期50人左右，学习3个月左右时间。浙江教育学院负责学员思想、生活等管理工作和教育理论课教学。我们学校负责进行教学法教学和教育实习，外出考察学习等内容的实施。

我和我校另一位语文特级教师唐淑华老师负责这一工作。来自全省的青年语文教师在这里学习，浙教院汪潮教授给他们讲授语文教学原理，其他教师给他们讲教育学、心理学、教育史等方面的理论。学员在我们学校实习、听课、上课、评课，还组织他们到扬州、南京、上海等地考察学习。至今已培训500多名学员，不少青年教师出去以后或担任学校领导工作，或担任教研员，还有不少评上了特级教师。在这些学员的身上，我们看到青年人朝气蓬勃、积极向上、勤奋好学的精神，这个班级在浙江教育学院是最守纪律的学员，受到了院领导的好评。平时，我每到省内各县、市，总会遇到新秀班的学员，他们已成为浙江省小学语文教学界的中坚力量。

到高等学府讲课，还搭建了我校与高校的交流渠道，促进了两校之间的合作与发展。高校教师帮助指导我校开展教育科研工作，如我校"小学生主体参与教育模式实验研究"得到了杭州大学教育系教授们的指导。

浙江省义务教育教材的编写是浙江省教材改革的一大举措。我参与了浙江省义务教育小学语文教材第一版的主审工作。1987年第二版开始由主审转为主编工作。有人说，你乘着教材改革的"东风"，拿着教材改革最新信息的"尚方宝剑"，推进了学校的教育改革，促进了教师的发展。

新课程改革使我们加深了对课程教材的认识，提高了课程意识，认识到课程是由"教学材料，教师与学生，教学情景，教学环境"构成的一种生态系统。课程不仅是文本课程，更是体验课程；课程不再只限于知识载体，而是教师和学生共同探求新知识的过程，尤其是每个学生都带着自己的经验背景和独特的感受来到课堂的，学生和教师参与课程开发，成为重要的课程创造者和主体。对课程的重新定位和含义放大，即课程不仅仅是教材上固定的内容，一切与学生的学习经验有关的内容都可以看作是课程资源。教师要利用当地的环境资源、地理特点以及网上信息创设探究情境，开发课程，丰富教材。

在学校教育教学管理中，我注重了对教师进行课程意识的教育，使教师不仅要重视"怎么教",还要考虑"教什么"的问题,教师要成为课程教材的开发者,这一意识的增强,与我长期参与浙江省义务教育教材编写工作是密切相关的。

　　另外,对浙江省义务教育整个小学语文教材编写体系、要求与教材的选用以及练习的设计,我都比较清楚,能比较全面地理解教材,研究教法,对提高全校教师语文教学能力是有帮助的。

　　从1999年开始,我又参与了浙江省义务教育小学语文教材CAI课件的编制工作。在省电教馆有关部门的直接领导下,一支包括我们学校在内的,由全省现代教育技术力量较雄厚的十几所学校组成的编制队伍开始运作。这支队伍中有优秀的语文教师、现代教育技术人才,所编制的CAI课件按分单元、分课文编制,每一篇课文所编制的内容、形式,甚至里面的画面、背景音乐都要一一研究,审查通过。

　　一次次CAI课件的制作,不仅使我对教材,对现代教育技术,特别是计算机网络技术、多媒体技术有了新的认识,更是培养了学校的一批骨干教师,包括语文教师、计算机教师,他们在参与制作CAI课件的过程中,带动了全校教师开展CAI课件的制作,促进了教学手段的现代化。2000年我校教师课件制作的人数就达到教师总数的85%,使用的人数达到100%。

十三、举办"杨一青校长工作室"

　　2005年,我从校长的岗位上退下来,只担任党总支书记,要我为新任校长"扶上马,送一程"。西湖区教育局领导还宣布让我任学军小学荣誉校长。2007年我从党总支书记的岗位上退下来。新任的汪培新校长挑起了学校管理的重任,现在他是校长兼党总支书记。

　　2009年下半年,浙江省教育厅名师名校长工作站成立了"杨一青工作室",要我负责培训全省各地有培养前景的年轻校长。

　　陶行知先生说过:"校长是一个学校的灵魂,要想评论一所学校,先要评论它的校长。"当今这个社会对学校教育质量越来越关注,学校在这种情况下争相创建现代化学校、品牌特色学校、名校……如此一来,对校长管理素质、人格魅力、教学造谐等各方面的要求也越来越高。目前出现一个说法：培养打造教育思想家型的校长。这一说法有着一定的道理。校长需要有教育家的情怀，这种情怀我以为包括敏锐的前瞻意识、勇于实践创新、坚定的育人信念。为了培养一批年轻的骨干校长，这是省教育厅对我的信任与期望。

当我接到这一任务时的第一感觉是这样的"校长工作室"培养校长的模式从来没有搞过，的确有难度。一是内容难选，学校管理涉及面广、量大，工作室活动选什么内容是个难题。二是形式难定，不像培训教师有明确的统一的学科，可以说课、备课、上课、评课，同课异构。培训校长怎么搞？三是时间难保，校长是单位的法人，真的很忙，不能占用太多的时间。四是要求较高，校长们参加过多次培训，例如，预备干部培训、上岗培训、骨干培训，听过不少学校管理的报告。我能搞出他们受欢迎的东西吗？有人说我是"一辈子在一个单位，干了一件事情——育人，当教师育学生，当校长育教师，不仅打造了一所名校，培养了大批优秀的学生，更重要的是培养了一批名师名校长"，想到领导的信任，学员的期望，应该把自己几十年当校长的点滴体会告诉年轻的校长们。这是浙江教育事业的需要，也是我的责任所在，于是我接受了这一任务，比较认真地对待这一工作，尽力而为，并在全省公开招收28名校长作为首批学员。

我深入调查研究，向学员发了三张表，一张是《学员基本情况表》，一张是《学员所在学校基本情况表》，还有一张是《学员对办这个班的期望与要求意见征询表》，在调查研究的基础上，制定了工作室培训方案。我把促进校长提高与促进校长所在学校的发展结合在一起，作为我们工作室的目标。11月24日举行了开班仪式，开始了第一期工作室的校长培训活动。每期活动一年半或两年，每隔一两个月活动一次，每次集中三到四天。每次一个主题，每次现场诊断一两所学校，帮助学校寻找发展点。

从2009年下半年到现在2014年一共办了三期，第三期刚结业。第四期即将开班。中途省教育厅师干训中心在萧山举行了"杨一青校长工作室培训成果现场会"，我作了工作室培训情况的汇报，五位学员交流了学习的体会。大家参加了在银河小学和瓜沥镇大园中心小学的现场诊断和学校"十二五"发展规划研讨会，帮助学校寻找发展点。全省各县市区两百多位进修学校校长和教师代表参加会议。省教育厅分管厅长参加会议并对这样的培训给予了高度的评价，推广我这个工作室的培训成果。

至今共 87 位校长参加了"杨一青工作室"的学习。87 位校长来自 87 所学校，有城区学校，也有农村学校；有公办学校，也有民办学校；有六年制小学，也有九年一贯制学校；有几千学生的教育集团，也有只有三四百学生的乡村小学。学习期满学员们不肯结业，集体要求留级，他们说这样的培训班亲切、实在、管用。2013年 10 月 30 日，在浙江外国语学院举行的中德教师培训合作项目 25 周年纪念活动学术年会上，我就"工作室"的培训模式与培训成果和德国专家一起作大会交流，受到德国专家的好评，他们纷纷索求工作室的资料和出版的书籍。结业以后不少学员继续和我保持着联系，遇到工作中的问题和困惑经常和我交流，使他们的工作更顺利，成长更快，学校办得更好。他们中有的被评为省功勋教师，有四位被评为省特级教师，不少被评为优秀校长。

浙江省师干训中心负责人、浙江大学刘力教授说：

　　"杨一青工作室"的负责人、导师杨一青校长在小学教育岗位上奋斗了四十几年，正是实至名归的中国当代教育家。杨校长几十年都留在学军小学辛勤耕耘，从 20 世纪 80 年代中期就提出了十六字教改纲领："整体观念、主体思想、个性发展、和谐关系。"1999 年他又应时代对学军的新要求，提出了"个性化，现代化，国际化"的"三化"办学目标，之后再提出学校要成为"教师发展的沃土，学生成长的乐园"这一共同愿景。这些大胆的、有前瞻性的办学理念无不蕴含着教育的大智慧，能够在 20 世纪八九十年代就认识到学生为主体、以人为本，和谐教育的重要性之人，在我国实在是为数不多。这十六字教改纲领、"三化"目标和共同愿景后来也成了杨一青教育思想的核心，吸引了一大批校长和教师追随、研究。作为一个长期奋战在教育一线的校长，杨一青把这些思想和理论用于实践中，在学军小学推广拓展小学班级管理整体优化综合实验，把学军由一所普通城市小学推向了国际舞台；从 90 年代开始至今，杨一青校长的人生已由成熟期步入辐射期，他在浙江各地用心培养了一大批优秀校级管理者，其教育思想也已开始在浙江教育界生根发芽，渗透到一个又一个年轻校长的心中，运用到一所又一所亟待发展调整的学校。

　　然而，我以为，杨一青校长最令人佩服和敬仰的是他身上那种人师的风范。

做教师不是为了保住一个饭碗，做校长不是为了承担上级的任命。校长或教师其实首先是人师，永远以人为本，教育是对人的关心。杨一青校长坚守教育信念，一生只干了一件事：育人。在学军小学埋头为了他那个"办一所理想中的中国城市小学"的追求而努力；在自己有了一定经验后，不遗余力地培养更多的人师，不惜牺牲自己享清福的时光。博学多才、虚怀若谷的杨校长，无疑是许多校长心目中的典范。

"杨一青工作室"作为浙江省名师名校长工作站的其中一个工作室，可以说特点是非常突出的，以至于被业界称作"每一个学员都想'留级'的培训班"。这当然要归功于杨一青校长与工作室的每一个成员。工作室把促进校长提高和促进学校发展紧密结合起来，这一点我以为是其他培训所不及的。校长的工作繁忙，参加培训肯定是抱着解决实际问题的期待来的。那么他们最关心的是什么？那就是如何通过自身的努力让学校发展越来越稳健，让学校的每一个师生都得到最大限度的成长。所以，工作室的培训如果能够帮校长解决一些学校发展的实际问题，那么就是卓有成效的。"杨一青工作室"一边带领大家集中研讨，一边组织学员考察几十所学校，共同诊断所到学校的优势和存在的问题。这种双轨结合的做法，着实让校长们感到不仅自身素质有所提升，而且学校发展的实际问题也得到了一定程度的解决。

"杨一青工作室"的另一个特点是亦生，亦师，亦友。曾听闻杨校长说："在工作室里学员的身份是学生，也是导师；导师的身份是导师，也是学生；大家都是朋友，工作室只是给各位校长创设了展示的平台。"这些校长们平时肯定也有或多或少的接触，以朋友的身份互相研讨、切磋对校长们来说是一件幸福的事，这种和谐的人际关系对工作室的工作也给予了很大的帮助。

和谐作文教学

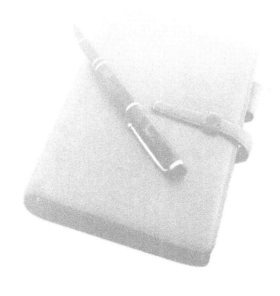

1980 年，我从解决学生害怕的作文这一问题入手，深入开展作文教学研究，感受到热爱学生，建立和谐的师生关系是各种教育方法取得成功的基石。建立在儿童心理研究基础上的作文教学研究是根深叶茂的。

一、创设和谐的习作心境

作文是学生运用语言文字，反映客观现实、表达思想感情、培养写作能力的综合训练。然而，目前在一部分学生中对作文畏惧、厌倦和失望的心理明显地存在着，究其原因，很重要的一点是学生缺乏一个良好的、和谐的习作心境。

（一）习作需要一个和谐的心境

学生习作是一个由积累（积累写作素材）→思考（确定中心，布局谋篇）→写作（起草文章）→修改（评改定稿）的过程，这个过程需要生活、思维和语言的统一。古人说过"言为心声"，学生习作尤其强调写真事，抒真情。叶圣陶先生指出，作文应该是"我手写我心"，要"说真话，说实在的话，说自己的话"。学生只有在关系和谐、心境良好的情况下，思维才能活跃，情感才能真实，想象才能丰富，个性才能发展，文章才能写好。反之，如果学生心情压抑，如负重荷，怎么能写好作文呢？

一次我让学生以《我》为题，写一篇作文，一位同学写星期天对父亲剥夺他的休息时间十分反感，其中有这样一段文字：

忙了一个星期，周日理所当然地要轻松一下，可是爸爸却总说："星期天不能光看电视，要学习、学习、再学习。"不料，这个星期日爸爸出差未归，这下我可以大干一场了，正当兴高采烈的时候，爸爸却"从天而降"，板了副铁面孔，本来就瘦瘦的脸，现在变得颧骨突出，更加可怕了。他胡子一翘，生气地说："怎么，又不听话了？去学习！"于是我把刚打开不到几分钟的电视机，很不情愿地关上了，拖着两条沉重的腿，小声嘀咕道："刚回来就治人，神气死了！""砰！"我把门重重地一关，爸爸听见后马上追过来责问道："怎么，不服气，如果再表现一丁点儿，就对你不客气！"我一听这吼声，吓得两眼发直，两腿打战，牙关咯咯直响。马上辩解道："对……对不起，是手打滑了，下次一定注意。""好，学习去吧！""爸爸，安静一点，我要学习了。""嘿，这才是我的好儿子。"爸爸走了，我想，有一天，我要是爸爸的爸爸该多好呢。"怎么，没读书声？"外面又传来爸爸的吼声，我身子不由一抖，慌慌张张拿起书，叽里呱啦地读了起来……这就是我，我的星期日的生活。

从这段文章不难看出，小作者是在毫无心理负担的情况下叙写的一段发自内心的文章，达到了抒真情、表真意的目的。可以说，一个在良好心境下进行写作的学生，他在写作时，几乎忘记了自己在写作，只是把自己生活中的所见、所闻、所感，真实地倾吐出来。因此，习作需要一个良好的心境。

20世纪70年代杨一青批改学生作文

（二）克服畏惧心理——丰富写作素材

从一次调查中可以看出，82.6％的学生怕作文的主要原因是"没有东西可写"，因此，丰富写作素材，让每个学生感到有话可写是克服畏惧心理的重要措施。

20世纪70年代杨一青辅导学生写作文

第一，克服畏难心理，题材要宽。因为情绪是人心理因素的一个重要方面，它伴随着认识过程而产生，它是人对客观事物态度的一种反映。当教师出示写作题目或写作要求时，学生的情绪是十分明显的。命题的单一、死板和陈旧是导致学生畏惧作文的原因之一。要改变单凭教师发指令，学生写作文的做法，提倡学生自由命题作文。如果题目的内容和要求符合学生生活实际，有广阔的选择余地，那么学生的畏惧心理就会减少。

第二，把写作题目或写作要求及早告诉学生，把教师的作文教程变为学生的习作学程。这样，学生就可以按照写作要求及早地观察生活、积累素材、变无意注意为有意注意。叶圣陶先生说过："作文这件事离不开生活，生活充实到什么程度，才会做成什么文字。"教师要指导学生在五彩缤纷的大千世界中去观察生活，捕捉写作的题材，学会写观察日记，练笔文章，做生活的有心人，要尽量保证学生有积累生活材料的时间，让学生在准备比较充分的情况下进行写作，不致出现临渴掘井、望题生畏的现象。

第三，引导学生善于选择生活中的小题材。小学生写作时一个常见的心理状态是盼望有"大好事""大好人"可写，等待着"舍己救人""勇斗坏蛋"等感人的重大事情的到来。应该看到，有"大好人""大好事"当然应该写，但儿童生活中大量的是平凡的生活小事，儿童的习作，应该有儿童生活的情趣，要引导学生善于在平凡的生活中发现健康的有意义的写作内容，一旦学生觉得生活中大量的平凡小事确实可以成为写作题材时，那么，他们的心境就会开阔，写作的积极性就会提高。

（三）克服厌倦心理——培养写作兴趣

空洞的说教，枯燥的指导，往往是造成学生对写作产生厌倦心理的原因之一。爱因斯坦曾说："热爱是最好的老师。"儿童学习的动机是以兴趣、意愿、理想、责任感等形式表现出来的。在学习动机中有重要地位的两种成分是学习的目的性和求知欲。学习目的是学生通过学习，企望达到的结果或目标；求知欲是力求认识世界，渴望获得科学文化知识和不断探索真理的一种需要和倾向，它是学习动机中最活跃，也是最现实的成分，学生一旦有了求知心，就能专心致志、乐而忘返地去学习。而兴趣在这里起着重要的作用。伟大的生物学家达尔文在自传中说："我记得，就我在学校学习时期的性格来说，其中对我后来发明最有影响的，就是我强烈而多样的兴趣，沉溺于自己感兴趣的东西，深刻了解任何复杂的问题和事物。"

1. 发挥教师的导向作用

为了使学生产生习作的兴趣，教师必须喜爱自己的语文学科，教师必须喜爱写作，把课教好。如果教师本身对作文不感兴趣，那么表现出来的消极情绪会直接影响学生写作的心理。教师不仅以满腔的激情指导学生写好作文，而且以自己的言传身教告诉学生写作是一种乐趣，那么他的学生也会从中受到感染，教师自身的示范性，能起着明显的导向作用。

2. 建立和谐的师生关系，创设活泼的课堂教学气氛，提高学生习作兴趣

学生的习作是在教师的指导下进行的。教学是师生共同的活动。要使学生在课堂上学得活泼，学得有趣，必须有一个良好的课堂教学气氛，要有一个和谐的师生关系。

20 世纪 80 年代杨一青在上作文课

（1）热爱每一个学生，特别要关心和理解习作困难的学生，具体帮助他们解决学习上的困难，鼓励他们写好作文，这是建立和谐的师生关系、创设良好习作心境的前提。只有教师热爱学生，学生尊敬老师，师生双方有了情感，各种教育方法才能收到良好的效果。

（2）教师的语言要生动有趣，富有启发性、形象性和说服力，努力使每一个学生喜欢上你的课，努力活跃课堂教学气氛。

（3）让学生有提出问题、发表意见的机会，鼓励学生勇于讲真话，教师要善于听取学生的各种意见，发扬教学民主，不断改进工作中的缺点。

（4）教师必要时写点"下水文"，与学生共同学习写作，体会作文的艰辛，交流习作的体会，请学生评价自己的习作，密切师生的关系，创设良好的习作气氛，提高学生习作的兴趣。

3. 变封闭型指导为开放型指导

进行开放型指导，首要的是使习作与社会生活紧密相连。使学生感到不仅作文的内容来源于生活，而且作文可以为生活服务。世界无烟日前夕组织学生写《我劝爸爸戒烟》，教师节前写《感谢您，辛勤的园丁》，毕业前夕写《给同学的毕业赠言》，发挥作文在社会实际中的作用。

开放型的指导还反映在，对"单一的老师讲，学生写"的乏味的作文教学法进行冲击，与各科教学结合渗透，引进儿童喜闻乐见的、感兴趣的指导方法，如做做写写——记一次小实验或小制作；玩玩写写——介绍一个有趣的游戏；演演写写——记一个小节目；现场写作——参观游览的现场作文；人物采访——记一个××的人；先试写，后指导；先指导，后试写，再指导；出墙报；办小报等，多种形式，多种方法指导，激起学生的习作兴趣。

对于习作基础比较好的学生，要给他们创造发挥才能的机会，满足他们更多的写作欲望，增强习作兴趣，如一次以西湖灯会为题，让学生写一篇记叙文，有一部分学生已不满足一般的写法，教师就允许他们用自己认为最恰当的体裁写作，有的写科幻故事《天外来客游灯会》，有的写神话故事《唐僧师徒游灯会》，有的写童话《丙寅虎王闯灯会》，有的写散文《火树银花闹元宵》等。这些学生思维活跃，运用有趣的形式写出了有趣的文章。

（四）克服失望心理——树立写作信心

有失望心理的，主要是习作困难大的学生。这是对作文的厌倦、畏惧心理长期未能得到矫治的结果。要克服这些学生的失望心理，使他们树立习作信心难度较大。首先教师要真诚地热爱他们，从心理上解除学生习作负担，使他们看到希望的曙光。

适当降低要求，加强个别指导，学生有不同层次，对学生的习作要求也要有不同层次。对困难大的学生，暂时地、适当地降低一些要求，是为了更好地树立这些学生的学习信心，使他们看到自己的进步，从基础抓起，一步一个脚印地赶上去，如别的同学作文要求有真情实感，困难大的同学只要把事情写清楚就可以了。别的同学写书信要求内容具体、格式正确、说话得体，困难大的同学只要格式正确，有一定内容就可以了。暂时地降低要求，逐步地加快速度，使习作困难的同学最后达到合格的要求。

对习作困难大的同学要耐心指导，具体帮助，特别要提倡对他们面批作文，这是行之有效的方法。

让学生品尝自己写作的成果，体会成功的欢乐。要充分肯定学生的点滴进步，困难大的学生，整篇文章难以达到优秀，但部分片段，甚至几个词句写得好的情况，还是能时而发现的。把优秀习作，进步快的习作，整篇或者片段打印出来，发给学生和家长，让学生、家长阅读评价，有的文章张贴出来，有的文章送到报刊发表。家长的评语，发表的文章，能使学生看到文章的"社会效益"，有位家长在评价前面那位同学写的家长剥夺他星期天休息时间的反感心情以后，其评语写着："看了这位同学的作文，感到我对子女也不理解，也有这种教育的情况，看来要理解孩子，尊重孩子啊！"教师在班里宣读这位家长的评语，肯定了这位同学的作文产生了明显的社会效益，教育了班里其他同学的家长，这位习作者非常高兴。

重视评分的激励作用。作文评分中一个普遍的问题是评分太紧，总觉得作文不像数学，不像历史、地理，很难打高分，更不能打满分，这就使一部分习作困难大的学生失去了信心。因为他们中的一部分人，往往读了好几年的书，学了好几年的语文，写了几十篇的作文，从来没有得过一个理想的分数，甚至读了六年小学，从未得过 80 分，可谓是习作中的"贫困户"，这些同学能对作文有信心吗？

分数的功能一是衡量水平，二是调动学习的积极性。如何发挥评分的激励作用，克服习作的失望心理呢？

（1）变综合评分为综合评分与单项评分相结合。一般常用给作文打综合分的方法，即看了文章以后凭印象打个总分，这只是一种打分的形式。根据儿童的特点和写作指导的重点，适当进行单项评分是有作用的，比如，作文只要列好提纲、条理清楚就可以打高分；只要详略得当，重点突出就可以打高分；第一次写信，只要格式正确就可以打高分等。学生对这样的打分方法很欢迎，可以突出重点，单项突进，减少难度，树立写作信心。

（2）必要的高分刺激。对长期以来作文水平低下，失望心理明显的学生，当他有所进步时，打高分以示鼓励，使他感到成功的欢乐，看到进步的希望。

（3）鼓励学生修改自己的习作，改得好的加分，使学生看到暂时写不好不要紧，还有修改后加分的机会，激起写作的信心，努力修改争取加分。

实践证明，得到奖赏的行为，可以引起学生愉快的效应，可以激起写作的信心，有了信心就为写好作文创设了良好的心境。

孔子说："知之者不如好之者，好之者不如乐之者。"把作文作为有趣的事，必须有一个好的心境。

创设良好的习作心境，可以结出丰硕的习作成果。

二、和而不同　写中求异

　　发展学生的求异思维，有助于创造能力的提高，作文训练是表达能力的训练，也是思维能力的训练。小学生学习作文有一个从求同到求异，即大同小异，到小同大异，到各不相同的发展过程，因为他们一般都要经过仿写的阶段，难免出现千篇一律的情况。然而，仿写是为了不仿也能写。因此，我们要尽量让学生减少千篇一律的现象，引导他们写中求异，活跃思路、培养兴趣，提高作文水平。

　　我在教学中，主要是从以下几方面引导学生写中求异的。

20世纪90年代杨一青上作文课

（一）选材中求异

　　发展学生求异思维、培养写作兴趣。必须放宽写作题材，到了高年级以自由命题和半自由命题的作文为主，让学生有较大的选材范围，挑选自己最熟悉的，又尽量是与众不同的题材进行写作。一次，让学生写《我的家乡》，反映家乡的美丽，写前我一了解，全班四十七位同学有三十多人写杭州，这就很难写出有不同特点的文章，容易出现千篇一律的现象。后来，我了解到这班同学中绝大部分家长是外地来杭州的，真正在杭州土生土长的很少，于是我把题目放宽到《我的故乡》《我曾经居住过的地方》，这样一来，题材就多样化了，回忆故乡的美好情景、叙述童年的欢快生活，使学生写作兴趣倍增，只有 7 个人写杭州，有 3 个人写绍兴，两个写宁波，有写青岛、写上海、写南平、写银川、写重庆的，有写黄岩、乐清、金华的，共包括 11 个省市 32 个不同的地方。这一篇篇作文，描写了祖国各地的风土人情、特产名胜，写者有趣，阅者有味。

（二）立意中求异

文章的立意，也就是文章的主题，小学教学中通常叫作中心思想，这是文章的灵魂。同一题材可以从不同角度反映不同的中心思想。比如写"牛"，可以反映牛是农家宝的中心；也可以反映牛的用处大；还可以歌颂埋头苦干、为大众服务的孺子牛精神。又如写《宿舍的星期天》，有的人写家家出动植树绿化，反映居民们响应党的号召，绿化祖国，用自己的双手美化环境；有的写邻居青年帮助老太太买米、买煤气，反映了助人为乐的精神；有的写这一天宿舍里的一家叔叔买了小轿车，反映了人们生活条件改善的欢乐；有的写叔叔擦自行车，阿姨洗衣服，反映了大家勤劳的品质……虽然题目相同，但是选材不同，立意各异，克服了学生立意单一的状况。

（三）体裁上求异

写同一题材，反映同一中心思想时，鼓励学生可以用不同的体裁，选择自己认为最能表达所写内容的最佳形式。如以暑假生活为内容，可以用记叙文如《暑假记事》，可以用书信形式如《给老师的一封信——汇报暑假见闻》，可以用日记形式如《游黄山日记三则》。

一次组织学生祭扫烈士墓，引导学生可以写记叙文，记叙扫墓的情况，缅怀烈士，也可以写诗歌，有的同学写了诗，挑选写得比较好的到烈士墓前朗诵，使同学初步懂得，体裁要根据表达需要而定。

体裁上的求异训练，改变了学生呆板地遵循教师统一规定的模式去写作的状况。尤其在学生的日记、练笔本上明显地反映出来，一位学生远方的外婆病故，她写了一篇怀念外婆的文章寄去，亲友看了都说，这孩子写的是一篇很有感情的悼词。

（四）结构上求异

文章的结构是指文章的内部组织构造、安排材料的方式，通常叫布局谋篇。同一写作内容，采用不同的结构方式，表达的效果就不一样。结构上求异要在提纲的安排上落实下来。指导学生每次作文前列好提纲，不同的结构方式要通过阅读教学使学生掌握，比如《黄河象》是运用倒叙方式，《江姐》《彩色的翅膀》运用插叙的方式，学生在写作时，根据表达的需要，选择不同的结构方式。写《××同学进步了》一文，可以顺叙，按照时间先后，事情发展顺序写；也可以倒叙，把××同学进步的最精彩的片段提到前面叙述，再按原来顺序写；还可以插叙，根据需要在叙述中暂时中断原来思路，插入另一些有关的事，比如写××同学现在背小同学上学这一情景时，插入就在这条上学的路上，过去就是这位××同学也帮助过其他同学。结构上的求异训练，可以逐步改变学生文章平铺直叙的现象。

（五）遣词造句上求异

遣词造句上的求异，就是指同一意思用不同的词句来表达。这就要求学生掌握较丰富的词语，运用多种修辞方法。写春游的作文时，发现学生往往只能用"春光明媚""春暖花开"几个词语，鼓励学生运用更丰富多彩的词语，情况就大不一样，出现了"春风拂面""春意盎然""春风送暖""春草如茵""春色迷人""春意正浓""春色满园""春回大地"等词语。

一次让学生写《运动会上》一文，在描写运动员"跑得快"这一情景时，引导学生不要千篇一律地写"飞快地跑着""跑在最前面"，要与众不同，学生作文中出现了"一马当先""遥遥领先"等词语，用了不少的比喻句："像脱缰的野马""如矫健的飞燕""像脚底踩风""如离弦的箭"……

词句运用上的求异，面是很广的，比如过渡词、过渡句的选择，总起句、总结句的安排以及不同修辞方式的运用，都要坚持既要准确地表达想表达的意思，又要力求克服千篇一律的现象，使文句更形象、生动，使学生的思维更加活跃。

（六）开头结尾上求异

写好文章的开头非常重要，一个好的文章开头能使读者很快地掌握中心，努力做到引人入胜，给读者以强烈的印象，引起阅读下文的兴趣。

开头的方法是多种多样的，可以描述，可以引用，可以提出问题，制造悬念，也可以介绍内容，开门见山等。但是，在小学生作文中往往是同一个题目，写出的文章开头结尾也基本上是同一个模式，比如写《我的故乡》，第一句几乎都是"我的家乡在××地方"，结尾几乎都是"我爱我的家乡"。

一次，我启发学生用不同的方式开头，反映家乡的特点，引起读者的兴趣，学生的思路就开阔了。摘录几位同学写的开头：

> 我的家乡在东北沈阳市，那里独有的北国风光，使人流连忘返。（抓住风光特点开头）
>
> 人们都说"上有天堂，下有苏杭"。杭州，这个能与天堂媲美的城市就是我可爱的家乡。（运用引用开头）
>
> "大连好……大连好……"这歌声使我想起了我的家乡大连市。（引用歌词开头）
>
> 我的家乡是上海，它是一座英雄的城市，也是一座繁华的城市。（概括特点开头）
>
> 啊，朋友，我给你猜个谜语："海上绿洲"，你猜得出来吗？谜底就是青岛，它就是我的家乡啊！（用谜语开头）
>
> 我的家乡在风景秀丽、历史悠久的四明山，它像一颗熠熠闪光的明珠，镶嵌在浙东的大地上……（比喻开头）

文章的结尾方法也是多种多样的，精彩的结尾可以使文章增色不少，要引导学生从文章的特点出发，写好结尾。同是《我的家乡》一文，结尾也有不少有特色的，比如：

> 我爱故乡绍兴，因为那儿景色秀丽迷人，人们勤劳朴实。（概括性结尾）
> 我怀念我的故乡南平，你的山、你的水、你的人，永远留在我的脑海里。（怀念性的结尾）
> 家乡是可爱的、难忘的，将来，我要把你建设得更美。（展望未来的结尾）
> 我爱自己的故乡桐乡，为故乡有茅盾爷爷这样的文学巨匠而感到自豪。（抓住特点结尾）

以上的开头结尾都与众不同，写出自己的特点，学生写作的积极性更高。

在写作文过程中发展学生的求异思维，是要通过多方面的努力才能逐步提高的，我主要抓了以下四点：

一是抓积累素材。发展学生求异思维能力，必须积累较丰富的生活素材。在写作前就要指导学生学会观察生活。观察能力越强积累的写作素材就越丰富。

要培养小学生的观察能力，一般从观察静物入手练习，有计划地进行。要教给学生观察方法，强调观察时要思考，要分析、比较观察对象的异同，抓住事物的特点。要保证学生观察时间，真正收到观察效果，鼓励学生经常练笔、写周记或日记，汲取生活中有写作价值的内容。只有写作素材丰富了，才能为写出与众不同的文章打下扎实的基础。

二是抓积累知识。语文课本上的文章一般都是文质兼美的，我们要认真教学让学生掌握。让学生学习课文中不同的表达方法，发展求异思维，在上语文课时，要培养学生分析比较的能力，从中学习各种不同的写作方法。比如同是写兴安岭《美丽的小兴安岭》与《林海》两文有什么异同？同是写家乡的果树《我爱故乡的杨梅》与《我家门前的柿子树》有什么区别？逐步让学生懂得文无定法，要不断求异。

但是仅有语文课本上的内容是不够的。要鼓励学生大量阅读，掌握丰富的词语，学习多种多样的写作方法。动员学生多订少年儿童报刊，积极鼓励学生多看有益的课外书，加强阅读指导，指导学生做知识摘录本，学习做剪报，只有阅读面广了，视野开阔了，知识丰富了，文章的内容与表达的形式才能多种多样。

三是抓认识能力。作文水平的高低，在很大程度上取决于认识能力的高低。一次让学生写《我喜爱的一种植物》，一位同学结尾时这样写着："啊竹子，我赞美你朴素的外形，我赞美你谦虚的品质，我更赞美你刚直的精神。"另一位同学写梅花，他简要地叙述了"甲午风云""虎门销烟"一系列历史事件以后这样结尾："寒梅，我们民族正因为有您这种凛然、不可侵犯的气节，才不使我们多灾多难的祖国沦于外敌之手，您是我们民族的象征，我爱您：'寒梅'。"

这样的文句，实质上是学生认识水平的反映，要在积累写作素材、积累知识的基础上，培养学生分析、思考的能力，从现象到本质，从感性到理性，达到认识的飞跃。

这方面主要采取学习典型课文，培养学生的联想能力。如《落花生》一文，作者借物喻人，从普通的落花生身上，揭示其可贵品质。又如《金色的鱼钩》一文中，从长满红锈的鱼钩上，发现其金色的光芒，这种例子的分析，引导学生观察分析事物要从看现象提高到找本质，并把这种方法运用到自己的写作中去，同时还要使学生懂得，提高认识能力，很重要的是提高自己的思想水平，首先要做一个思想品德好的学生，才能写出思想健康，有一定认识深度的好文章。

四是抓鼓励创新。学生是学习写作的主人，教师的点拨、启发必须通过学生自己的努力学习才起作用，教师要千方百计鼓励学生进步，鼓励学生在作文中写出新意。优等生建立写作小组，鼓励他们不断冒尖，用尖子引路，带动全体，对落后学生，即使在作文中有点滴进步，点滴新意，就要大力表扬，同时要寻找冒尖的进步的原因，使学生知其然，更知其所以然。学生作文写好以后，经过同学的互评互改、学生的自评自改、教师的讲评批改以后，学生再作修改，有明显进步，就给予鼓励，好的文章打印给学生，使学生的求异思维进一步发展，作文水平不断提高。

三、串起生活的彩珠

"问渠哪得清如许，为有源头活水来"，丰富多彩的生活是儿童写作的源泉。让孩子们关注生活，这就需要增强儿童观察生活的意识，培养观察生活的能力。写作中所指的观察，包括运用人的视觉、听觉、嗅觉、味觉、触觉以及人们对客观事物的认识、评价等。教师要经常宣传观察的意义，用认真观察与写好文章的实例，使学生认识到观察在写作中的作用，平时能积极主动地从生活中发现写作内容。

观察不是简单地、客观地把生活内容原原本本地拍摄、录音，而是包含着人的思维活动，融入人的情感、认识，也就是说，观察不仅仅是简单的物理活动，而且是复杂的高级神经活动。同样是写梅花，南宋陆游笔下是"已是黄昏独自愁，更着风和雨""无意苦争春，一任群芳妒"。而在毛泽东同志的笔下是"俏也不争春，只把春来报，待到山花烂漫时，她在丛中笑"。可见，人的思维情感，认识深度，对社会、对事物的观察，起着重要作用。儿童的习作当然不同于成人的创作，但是在观察中渗透思维活动，写作时表达思想情感还是需要的。

我们要从以下几方面培养学生感知生活、观察生活、分析生活、收集素材、选取材料的能力。

（一）抓住特点，分层次观察

要留心观察对象与别的同类事物的显著不同点。分层次观察就是要一部分一部分地细心观察、有序观察。比如课文《桂林山水》抓住桂林山的特点"奇""秀""险"，桂林水的特点"静""清""绿"。作者分层次观察以引用"桂林山水甲天下"游桂林山水入篇，先写水，再写山，然后山水融在一起，这样的山围绕着这样的水，这样的水倒映着这样的山，层次分明。

我曾让学生学习此文以后学写西湖九溪的山水，学生学习抓住特点写流动的溪水叮叮咚咚，曲曲折折，清澈见底，它不同于钱塘江水，也不同于大运河的水，它没有钱塘江那么宽阔，也没有运河那么平静。写山树，高高下下，山岭烟雾蒙蒙，体会到九溪的山水特点，才能写出九溪山水的本色。

（二）渗透思维，深入观察

观察中由表及里挖掘事物的含义。因为一些事物的含义往往不是一下子就可以看出来的，需要思考以后才能感悟到，比如一次学生写国家海洋局海洋二所的科学工作者从南极考察带回来的南极草。这草看起来，很不起眼，但是仔细观察、细细思考这草在南极冰天雪地里生长，在礁石上扎根，由此想到了南极科考队员为了祖国的科考事业顽强拼搏的精神，由表及里，其内涵就丰富了。

(三) 由此及彼，联想观察

　　事物总是相互有联系的，有不少事物的意义，正是从联系中才能显现出来。因此，指导学生观察生活，积累素材就不能单一地、孤立地只看一点一面，而要把它联系起来。如一位学生写《我家买了小轿车》，就联想起爸爸骑过的自行车、电瓶车，后来买了摩托车，今天买了本田小轿车。这样的联想使我们看到一个家庭交通工具上的变化，反映了生活水平的提高，文章的立意就提高了。

杨一青被中央教科所、《中国教师报》等单位评为首届全国小学十大明星校长之一

(四) 从观察提纲到写作提纲的指导

　　探索观察能力的培养，我们尝试出观察提纲，比如四年级学生写早晨的农贸市场，我们拟出了以下提纲：

早晨的农贸市场
- 远看农贸市场：看到
  - 听到
- 近看农贸市场：卖蔬菜的
  - 卖肉类的
  - 卖水产的
  - 卖豆制品的
- 由市场想到的 ……

学生观察得有条理，就写得有条理；观察得具体，就写得具体；观察中渗透思维，写作时就能联想到市场繁荣和人们生活水平提高。

从开始帮助学生拟写观察提纲，发展到学生自己拟写写作提纲这是一个进步。

一次学生学习写人，一位四年级同学写《我的外公》拟订以下提纲：

我的外公

一、看到别人的外公，不禁想起自己的外公

二、外公很疼爱我

1. 我生病了，外公无微不至地关爱我

①外公背我到医院

②外公给我喂饭等

2. 外公临终前的嘱咐

（五）鼓励写日记或练笔短文

鼓励学生写日记或练笔短文，对于积累写作素材是很有好处的，对于全体学生来讲是引导，不作硬性规定，但是相当一部分学生会积极参与，不会认为是一种负担，而且会从中得到乐趣，这里关键是让学生感到有话可写。要善于引导学生写身边的小事、真事，写生活中的所见、所闻、所想，如一个快乐的场面，一丝难忘的愁情，一份心灵的感动，一个小小的启发。让孩子关注生活，关注社会，既要重视写生活中的真人真事，也要启发学生善于走进想象世界，乐于创意。少年儿童善于幻想，可以写童话故事，写对未来生活的遐想。

下面是学生写的观察文章。

等汽车

"嘟……"一辆汽车飞驰而来，人们急急忙忙上了车。可是，你想过吗？他们在等汽车时，心情是怎样的呢？

我看见有的急着去上班的同志，不时踮起脚尖，张望前方，有时还把袖子捋起来，看看手表。

忽然，前方开来一辆"公共汽车"，他们眉开眼笑。可是等车子到站的时候，人们才看清楚，原来是一辆专车，于是人们更焦急地继续张望前方。

孩子们呢？他们两个一堆，三个一群地猜着，有的说："我说一二三，车子保证到。"可是等到数完了，车还没有来，引起了一阵哈哈大笑。

还有一些要到外地去游玩的人，看来并不着急，有的在抽烟，有的漫不经心地和别人谈着话，当然也有的人靠在电线杆上看书，舍不得这点宝贵的时光，他们可真抓紧时间啊！

等汽车似乎是常见的现象，城镇的孩子几乎都等过汽车，然而抓住这个材料进行写作的人却不多。这篇《等汽车》写了不同的人在等车时不同的神态，读后使人感到真实可信，原因之一，是这位学生有较强的观察意识，善于在平凡的生活中，捕捉写作内容。

（六）开展小课题研究

开展小课题研究，培养学生热爱科学、重视实验研究的探索精神，学习小课题研究报告的写作方法，这对培养学生的实践能力与创新精神是很有好处的，我们把这一内容作为写作教学的一个部分。

1. 关于机动交通工具的调查改为下面《城市新农夫——阳台种植菜豆之栽培管理措施研究》《关于蚂蚁食物习性的研究报告》两个研究报告。

城市新农夫
——阳台种植菜豆之栽培管理措施研究

杭州市学军小学（求智校区）

六（2）班　陈佳滢

内容提要：本文在详细描述菜豆特征特性的基础上，针对城市种菜热潮——阳台种菜，简要介绍了菜豆的浸种萌发、入土定植、开花结荚、成熟采收等生长发育过程，并对其相应的栽培管理措施进行了分析和探讨。

关键词：菜豆；生长发育；栽培管理

1　研究背景

菜豆，又称豆角、芸豆、四季豆、玉豆，属豆科。原产于南美洲的墨西哥和阿根廷，我国在16世纪末才开始引种栽培。因其营养丰富，口味鲜美，已成为我国南北广泛栽培的豆类蔬菜。为了明确菜豆的特征特性、观察其生长发育过程，分析相应的栽培管理措施，特开展本次试验。现将试验结果概述如下。

2　研究方法

2.1　试验材料

本次试验地点在自家阳台（马塍路37号），种植土壤为沙壤土，肥力中等，前茬为阳台蔬菜。试验品种为菜豆，俗称高温四季豆，种子呈黑色，肾脏形。

2.2　试验方法

2014年3月16日，把菜豆种子平均分成两份，每份5颗种子，一份用于贮藏保存，以防试验失败时可以重新播种；一份用于浸泡播种，用自来水浸种0.5 h后，将种子播种到装有松软、湿润泥土的盆子中。2014年5月31日开始采收。期间，视天气状况，进行浇水养护，同时，每天观察病虫害的发生情况，并记录菜豆的生长发育过程。

3　研究过程

3.1　入土定植

3月16日，把浸种吸胀的菜豆种子播入泥土，具体方法为：用一小木棒在盆中泥土上，挖出有相互间隔距离的5个小坑，然后，把种子放入坑中，并覆盖1 cm左右潮湿细土。

3.2 种子萌发

3月19日，扒开泥土仔细观察，发现其中1颗种子已经发芽。具体表现为：胚根率先从种皮种孔突破伸出，长出了1根细细的根尖。（注：为了保护其他种子的萌发环境，未进行全部种子的观察记录。）

3.3 破土出苗

3月26日，其中1颗种子的胚轴顶出土面。推测其生长原理为：随着种子胚根的不断生长——变长、变粗，并在其上分生出了小侧根，由此形成主根；与此同时，其上侧胚轴的细胞也相应生长和伸长，呈拱形露出泥土表面。此后，随着胚根、胚轴、胚芽的继续生长，其子叶也将钻出土面。

3.4 长出真叶

3月29日，是菜豆生长过程中一个重要的转折点！此前2天，菜豆子叶顶出土面，随之，黑色种皮脱落；现在，菜豆植株已达到7.2cm高度，同时，长出了第1片真叶。而真叶的生长是菜豆能"自食其力"的宣告：因为在没有真叶以前，菜豆种子只能依靠那2片肥厚子叶中贮藏的养料来取得自己生长的能量（同化作用），但当长出真叶后，菜豆幼苗就能利用阳光，将二氧化碳和水转化为储存能量的有机物，不断地健康成长，并且还能释放出氧气（光合作用）。

3.5 爬蔓伸展

4月16日，植株子叶枯萎凋谢，并具7张叶片（其中2张真叶，5张复叶）；4月20日，植株已长出11片叶子，其中2片真叶，另外为3组心形复叶，每1组复叶由1个叶柄和3张单叶组成。同时，顶端的叶芽生长点明显；4月23日，植株藤蔓生长迅速，越来越长，进入了菜豆的"甩蔓期"。因此，应当适时地搭架缠绳，以备秧蔓盘绕上架。

3.6 结荚挂果

5月1日，菜豆茎叶迅速生长，花芽分化发育良好；5月5日，菜豆植株高度约1.56 m，并在芽尖上开出了第1朵黄色的小花；5月11日，植株继续快速生长，开出的小花逐渐凋谢，并长出细小的豆荚；5月26日，豆荚逐渐长大，达到可以食用大小；6月1日，采摘第1根豆荚。

4 资料分析

根据网络查询及数据库文献参考，不仅明确了菜豆的特征特性，并且掌握了菜豆的生长条件。

4.1　特征特性

菜豆为一年生缠绕性草本植物。根系发达，由主根和多级侧根形成根群，根上有根瘤可起固氮作用。茎有蔓生缠绕和矮生直立两种：蔓生种属无限生长型，顶芽一直为叶芽，无法形成花序，花陆续开放，生长期长，产量高，品质好；矮生种主茎生长数节后，顶芽形成花序，主茎不再生长，生长期短，产量较低，但耐低温能力强，早熟。叶片为绿色椭圆或心脏形复叶，着生在茎节处。花为蝶形，由茎节上的花芽发育而成，花有白、红、黄、紫等颜色，每个花序有3～7朵花。果为白色、淡绿或绿色，成熟后易扭曲开裂。种子为肾脏形，有黑、白、茶色或花色等颜色。

4.2　生长条件

菜豆喜温暖潮湿的环境。不同的生育阶段要求的温度不同，适应温度范围为10～35℃，适宜温度为18～25℃，土壤的临界温度为13℃。菜豆不耐涝，也不耐旱，适宜的土壤湿度为80%左右。菜豆为喜光植物，不同菜豆品种对日照长短的要求不同，有短日照型、中日照型和长日照型之分，多数为中日照型。菜豆喜磷、钾肥，同时要配施氮肥和适量的硼、铜微肥；对氮肥喜硝态氮，用铵态氮易影响生育；一般每生产1000kg菜豆，需吸收氮肥10.24kg、磷4.35kg、钾10.35kg。菜豆要求土层深厚，以富含有机质、排水良好的壤土为好，土壤酸碱度以氢离子浓度100～630 nmol/L（pH6.2～7）为好。

5　研究结论

菜豆是一种生长力旺盛的常见蔬菜，并适合于阳台栽培。因为它不仅种养简单、管护方便，而且，还能点缀绿色、遮阴纳凉。同时，通过本次试验，分析总结出了阳台种植菜豆的主要栽培技术。

5.1　选好品种

菜豆品种繁多。但阳台栽培以选择蔓生品种为宜，同时，考虑到杭州地区的气温状况——前期温度偏低，后期气温过高。建议：以早熟性好、连续结率高、商品性和丰产性都优越、抗热性和抗病性强的品种为首选，如浙芸3号和高温四季豆。

5.2　适时播种

适时播种对菜豆生产尤为重要。播种过早，会因温度过低而易造成种子不能发芽，甚至烂种；播种过晚，会导致开花结荚期碰遇高温干旱，而严重影响产量。应以气温达到 10 ℃以上为播种标准。同时，应该多播几颗种子，作为"后备苗"。

5.3 保温促长

杭州地区每年 3.4 月份的天气特征为：晴雨不定、暖寒反复。例如，今年 3 月，杭州的最低气温为 2 ℃（3 月 13 日），最高气温为 27 ℃（3 月 18 日），因此，必须做好保温工作，促进菜豆健康生长。而当气温骤降时，应该用塑料袋或其他材料覆盖，起到保温的作用。

5.4 除虫防雀

由于为阳台栽培，菜豆数量较少，生长期间通常不会产生锈病、炭疽病等病害；偶尔会出现害虫（如蚜虫），可用人工进行去除。其主要防治对象为麻雀，因为阳台易招麻雀，所以，很容易造成菜豆被全部啄断天亡的局面。因此，应该用适当的方法进行防护，比如，可用表面有方形格子洞的塑料垃圾筐倒罩在菜豆上方，可有效防止。

5.5 科学浇水

阳台栽种菜豆，由于土壤体积相对较小，因此，要特别注意科学浇水。首先，在播种前，要把用于栽植的盆子（或其他器皿）里的泥土浇透水。其目的是让土壤保持最佳的湿润状态，以满足菜豆种子萌发时吸水膨胀所需的水分，保证能够正常顺利地萌发出苗。其次，根据菜豆水分管理"浇荚不浇花"的总原则，即前期，视泥土状况而浇水，通常为表层泥土发白时浇水，结荚后可每隔 2～3 d 浇水 1 次。

5.6 按需施肥

菜豆根系对 N、P、K 等元素的吸收随植株的生长发育而增加。前期吸收的营养主要用于叶片生长。在生育中期，叶片中吸收的营养减少，而豆荚中的 N、P、K 增加显著。由于豆荚生长很快，吸收量迅速增加，从而导致豆荚迅速膨大。如果 N、P、K 供应不上，势必会促使部分叶片中的三要素转移到豆荚中去，致使叶片的光合能力降低，叶片早衰，植株吸收养分能力也会降低，从而影响菜豆生长。然而，阳台栽培菜豆，施肥应以"简便、简单"为原则，不太可能按照大田生产的标准，进行"基肥、追肥"式的多次薄肥。可以采用"重基肥、轻追肥"的原则，即于播种前，在泥土中放入适量的复合缓释颗粒肥即可。

6　反思建议

6.1　浸种很有作用

本次试验，菜豆种子采用自来水浸种，一方面，可以使种子快速吸胀，加快萌发进程；另一方面，也可以利用自来水中含有的次氯酸，起到消毒作用。结果表明，效果良好，5颗菜豆种子，发芽4颗，出苗率达80.0%。而同期播种的玉米和番茄种子，未进行浸种处理。结果，玉米的出苗率为40.0%；番茄的出苗率为0；虽然玉米和番茄的出苗率低下，可能与作物种类、种子质量等因素有关，但是浸种可促进种子萌发的作用也是显而易见的，尤其是在天气晴朗、土壤干燥的条件下，其作用更加明显。

6.2　保温很有技巧

本次试验，在3月19~22日，菜豆种子遭遇低温影响，对此，采用了利用红色塑料袋"反套"于盆子口的方法进行保温。但是，这一操作需要注意的是，当塑料袋套上盆子后必须拉紧并绑住，让处于盆子口的塑料薄膜处于绷紧状态，如此才能加大缓冲空间，起到良好的保温保湿作用。同时，还应注意，塑料袋的颜色最好为黑色或深色，这样有利于吸收太阳辐射。

6.3　防雀很有必要

本次试验，于4月1日，菜豆幼苗遭遇云雀叼啄，3棵幼苗被吃掉子叶部分，并枯萎死亡。同时，旁边的玉米幼苗也同样遭到袭击，但所受损失程度较轻，没有幼苗死亡。因此，认为：如果要在阳台栽培菜豆或其他豆科类植物，由于幼苗稚嫩，极易遭受鸟类的侵袭，必须进行有效的防护。

6.4　除虫还有他法

本次试验，在幼苗生长初期出现过蚜虫幼虫，由于数量不多，即用手工去除，但设想，如果还有其他害虫，且数量较多时，该怎么办？打农药自然是好的办法，但却略显麻烦和不够生态。其实，还有一个办法——粘虫贴，既方便，又环保。可在阳台蔬菜种植区内放置或悬挂几张粘虫贴，去除害虫效果良好。

6.5　肥料还要增施

本次试验，在菜豆生长过程中，只在盆泥表面放置了有机颗粒肥，并未在开花结荚期施用"追肥"，因此，虽然前期植株生长旺盛，但是后期植株营养略显不足，导致结荚数锐减。

6.6 盆子还需调大

本次试验，菜豆栽培采用的是口径为 15cm 的圆形花盆，播种 5 颗种子，成苗 4 株，最后存活并长大 1 株。在这个过程中发现，其实这样规格的盆子应该播种 2～3 颗种子，最后留下 1 株幼苗，并养护长大。否则，如果种植 1 株以上的菜豆，会显得空间不足。如果希望同时栽培种植、管理养护 2～3 棵菜豆，则需要调换大盆，如 25～30 cm 口径的盆子。

7. 参考文献

[1] 王统正. 蔬菜高产优质栽培 [M]. 北京：农业出版社，1989：185 - 187.

[2] 刘宜生，宋世军，王贵臣. 怎样种好菜园 [M]. 北京：金盾出版社，1991：109 - 114.

[3] 吴学平，陈月仙，陈琼等. 浙西南无公害山地四季豆高效栽培技术 [J]. 现代农业科技，2008（20）：45.

[4] 李纲，高兵，严继勇. 春大棚四季豆提早上市关键栽培技术 [J]. 栽培与植保，2008（3）：13.

[5] 陈柳娟，崔智贤，朱志渊等. 露地四季豆的春夏高效栽培技术 [J]. 河南农业，2008（09）：45.

关于蚂蚁食物习性的研究报告
六（5）卢安麒

一、研究问题：

蚂蚁是一种随处可见的昆虫。它们为了食物整天四处奔波，直至死亡。那么这种小小的生物，对于食物有什么样的习性和特点呢？不同气候条件对它们又有什么影响呢？

二、研究时间：

2013 年 8 月 14 日到 8 月 20 日。

三、研究方法：

观察实验，我做了 8 个不同环境不同食物下蚂蚁搬运过程的观察实验。

1	8 月 14 日	晚上 8 点	气温：33℃	食物：猫粮一粒 放在离蚂蚁聚集地距离 20cm
2	8 月 15 日	早上 6 点	气温：30℃	食物：猫粮一粒 放在离蚂蚁聚集地距离 20cm
3	8 月 15 日	中午 12 点	气温：44℃	食物：猫粮一粒 放在离蚂蚁聚集地距离 20cm
4	8 月 15 日	晚上 8 点	气温：32℃	食物：一小片饼干、生玉米一颗 放在离蚂蚁聚集地距离 20cm
5	8 月 16 日	早上 6 点	气温：30℃	食物：掰开的熟玉米粒（以肉汁煮过）放在离蚂蚁聚集地距离 20cm
6	8 月 18 日	晚上 7 点	气温：33℃	食物：西瓜子、生绿豆各一颗 放在离蚂蚁聚集地距离 20cm
7	8 月 19 日	早上		
8	8 月 20 日	下午	雷阵雨，较大，雨停了四个小时，大概下午 5 点钟，地上的积水已经全部没有了，空气有些潮湿	

四、实验工具：

温度计，用于测量气温；直尺，测量距离；手表，记录蚂蚁运动时间；相机，拍摄蚂蚁密集度照片；各种食物若干，用于对比研究。

五、具体实验记录及初步观察结论：

1.（1）实验要素：8 月 14 日　晚上 8 点　气温：33℃　食物：猫粮一粒 放在离蚂蚁聚集地距离 20cm

（2）实验过程：

a. 放置好猫粮后开始计时，等待 3 分钟以后，蚂蚁的密集度：

☆☆☆☆☆（非常密集）；搬运度：☆☆（搬运距离 8cm）；

b. 等待 5 分钟以后再观察一次，蚂蚁的密集度：☆☆☆☆☆（非常密集）；搬运度：☆☆☆☆☆（搬运距离 20cm）。

（3）观察结论：蚂蚁对于气味比较重的猫粮非常喜欢，很快就发现并密集地聚集一起把食物搬走了，虽然是晚上8点天很黑，但蚂蚁依然是很活跃的。

2. （1）实验要素：8月15日　早上6点　气温：30℃　食物：猫粮一粒 放在离蚂蚁聚集地距离20cm

（2）实验过程：

a. 放置好猫粮后开始计时，等待3分钟以后，蚂蚁的密集度：

☆☆☆☆☆（非常密集）；搬运度：☆☆☆（搬运距离10cm）；

b. 等待5分钟以后再观察一次，蚂蚁的密集度：☆☆☆☆☆（非常密集）；搬运度：☆☆☆☆☆（搬运距离20cm）。

（3）观察结论：早上6点采用和前一天晚上一样的猫粮，气温比晚上低3℃，蚂蚁发现后的密集度一样，搬运更加快速。

3. （1）实验要素：8月15日　中午12点　气温：44℃（中午温度计放在地上太阳直射，接近地表温度）食物：猫粮一粒 放在离蚂蚁聚集地距离20cm

（2）实验过程：

a. 放置好猫粮后开始计时，等待3分钟以后，蚂蚁的密集度：

0☆（没有蚂蚁）；搬运度：0☆（搬运距离0cm）；

b. 等待5分钟以后再观察一次，蚂蚁的密集度：☆（少数蚂蚁）；搬运度：☆（搬运距离1cm）。

（3）观察结论：由于地表温度过高，虽然有少量蚂蚁侦察巡逻发现了食物，但是没有兴趣搬运，只稍微动了下就放弃搬运了。天太热，蚂蚁也伤不起啊！

4. （1）实验要素：8月15日　晚上8点　气温：32℃　食物：一小片饼干、生玉米一颗（对比试验）放在离蚂蚁聚集地距离20cm

（2）实验过程：

a. 在同样位置一起放置好饼干和生玉米后开始计时，等待1分钟以后：①饼干：蚂蚁的密集度☆（发现食物）；搬运度：☆（开始搬动）；②生玉米：蚂蚁的密集度：☆（发现食物）；搬运度：0☆（搬运距离0cm）；

b. 等待5分钟以后再观察一次：①饼干：蚂蚁的密集度☆☆☆☆☆（非常密集）；搬运度：☆☆☆☆☆（20cm）；②生玉米：蚂蚁的密集度：☆☆（较少）；搬运度：0☆（搬运距离0cm）。

（3）观察结论：蚂蚁侦察兵同时发现了饼干和生玉米粒。虽然小片饼干面积比生玉米大，但重量轻很多，蚂蚁们在 5 分钟内就搬走了饼干（20cm），而生玉米粒虽然也有不少蚂蚁聚集，但明显搬不动，表面太光滑，蚂蚁们放弃了搬运。不过第二天早上再度观察，玉米粒不见了，可能被搬走了。

5. (1) 实验要素：8 月 16 日   早上 6 点   气温：30℃   食物：掰开的熟玉米（以肉汁煮过）放在离蚂蚁聚集地距离 20cm

(2) 实验过程：

a. 放置好玉米后开始计时，等待 3 分钟以后，蚂蚁的密集度：☆☆（较少）；搬运度：☆（搬运距离 2cm）；

b. 持续观察，等待 8 分钟以后，蚂蚁的密集度：☆☆☆☆☆（非常密集）；搬运度：☆☆☆☆☆（搬运距离 20cm）。

(3) 观察结论：用肉汁煮过的熟玉米更香，显然比生玉米更有吸引力，而且本身变软，特别是被掰开之后，蚂蚁们有了着力点，搬运更加快速了。对比前一天生玉米蚂蚁一下子搬不动放弃，后来不知道花了多少小时搬走，今天掰开的熟玉米只用了 8 分钟就完成运输过程。

6. (1) 实验要素：8 月 18 日   晚上 7 点   气温：33℃   食物：西瓜子、生绿豆各一颗（对比试验）放在离蚂蚁聚集地距离 20cm

(2) 实验过程：

a. 在同样位置一起放置好西瓜子和绿豆后开始计时，等待 5 分钟以后：①西瓜子：蚂蚁的密集度☆（发现食物）；搬运度：☆（开始搬动）；②绿豆：蚂蚁的密集度：☆（发现）；搬运度：0☆（搬运距离 0cm）；

b. 等待 5 分钟以后再观察一次：①西瓜子：蚂蚁的密集度☆☆☆（比较密集）；搬运度：☆☆（8cm）；②绿豆：蚂蚁的密集度：0☆（没兴趣）；搬运度：0☆（搬运距离 0cm）。

(3) 观察结论：结论和之前生玉米与猫粮的对比实验类似，为什么蚂蚁更喜欢西瓜子呢？原因有两个：①西瓜子有西瓜的甜味，而绿豆没有那么明显的味道；②绿豆虽然轻，但是表面太光滑，不容易搬动。

7. 8 月 16 日早上的意外发现：在观察蚂蚁搬运食物过程中，意外发现一条蜈蚣爬过蚂蚁活跃的区域，在不到半分钟之内，被蚂蚁当场咬死或者是咬麻痹了，卷成一团，很快就被蚂蚁搬走了。结论是：蚂蚁会主动攻击爬行类小昆虫，它们嘴巴有毒液，可能有麻痹作用，能快速地猎杀小昆虫。

8. 8月20日下午下了雷阵雨，比较大，雨停了四个小时，大概下午5点钟，地上的积水已经全部没有了，空气感觉还有些潮湿，观察蚂蚁经常出没的地方，一个也没看到。结论是：蚂蚁特别讨厌潮湿的天气，虽然雨停了，地上也干了，但是连侦察兵也不派出，大概它们有天然的空气湿度传感器吧！

六、研究结论：

1. 蚂蚁对气味很敏感，特别喜欢有香味的食物，比如：猫粮、肉汁煮过的玉米粒。

2. 蚂蚁会优先搬运体积小、重量轻的食物；表面太光滑的食物蚂蚁很难搬动，比如整粒生玉米；而表面粗糙的食物，比如掰开的玉米粒，它们很快就会搬走，说明：食物重量不是最主要的决定因素，相对的，蚂蚁会选择更适合搬运的食物。

3. 光线亮度的不同对蚂蚁没有明显的影响，比如早上6点和晚上8点，蚂蚁是一样活跃的。

4. 气温和湿度对蚂蚁影响很大，比如中午地表温度达到44℃的时候，蚁穴附近虽然有少量蚂蚁快速地巡逻，但就算有它们喜爱的食物放在巡逻的路上，它们也不会出来搬运；而下过大雨之后4小时，虽然地表已经没有积水，但是连巡逻的蚂蚁也没有。

5. 蚂蚁的食物也包括昆虫类，蚂蚁会主动攻击爬行昆虫，分泌麻醉或者致死的毒液，猎杀昆虫。

不难看出，小学生能自主进行小课题研究就是一件很不简单的事，研究的过程是一个实践的过程，既培养了实践能力，又提高了科学精神和分析能力。它的意义远超过了完成一篇作文本身。

（七）网络作文的研究

随着现代信息技术的突飞猛进，特别是网络技术的日趋发展，网络已进入了我们的日常生活。我校于1991年年初开通校园局域网，而后连接广域网，这就为网络化教学提供了条件。

网络学习是一个开放的概念，它主要包括以下内容：其一，网络是一种学习的工具和媒体，网络学习是通过网络进行学习的过程；其二，网络是一种学习的资源，网络学习是开发和利用网络知识和信息资源的过程；其三，网络是一种学习的环境，网络是一个超越了时空界限的教室；其四，网络也是学习的对象，网络学习也是学习运用网络本身的过程。

计算机从单机走向网络，实现资源共享这是方向，网络技术对于教学来说，其价值不可估量。网络环境下的作文是培养学生自主作文极其有效的途径。学生通过网络学习写作，不仅写出文章，更重要的是学习和掌握了运用网络学习的能力，可以说是信息技术与作文教学整合的新突破。

下面是四年级网络作文教学的一些做法。

我校《大自然的语言》和《21世纪产品推销》等课是网上作文课的实践课，其中《大自然的语言》是浙江省义务教材第七册的一篇课文，它以简洁、有趣的儿童诗歌语言，写出了大自然中的一些现象，能告诉我们一些科学知识，如蚂蚁搬家告诉我们要下雨，白云飘得高告诉我们明天是晴天等。这首儿童诗歌可以唤起学生的观察，激发学生的思维，适于尝试写儿童科普诗。我们编写了CAI课件脚本，制作了课件，在课件支持下，在网络环境下，完成了诗歌习作、讲评、欣赏等内容。

一是在知识准备阶段，运用网络中的资料库，培养学生收集、整理、运用信息的意识和能力。

（1）让学生回忆交流，你曾在生活实践中或者在课外阅读中，了解到哪些大自然的语言。在交流中启发学生平时要注意观察生活，积累信息。

（2）让学生去网上浏览资料库里的信息。在资料库里，有跟天气、季节有关的图片，也有其他的一些科普常识。这些信息都是以页面的形式通过超文本技术进行存放的，学生可以自主查看这些页面所包含的信息，丰富学习背景。

（3）浏览完了网上资料，再启发学生的想象，进一步从自己的知识结构中去搜寻、整理信息。资料库里的信息是有限的，可是，学生的想象是无限的，信息的来源是多方面的。比如，看见过迎春花的学生一下子就想到春天的桃花、映山红。从花又想到了果，如夏天的西瓜，秋天的白梨。由果又想到了叶，如春天的柳叶，秋天的枫叶……如此下去，学生的信息量猛增，习作兴趣盎然。

在这个阶段，网上的资料库不仅解决了学生无话可说的问题，更重要的是培养学生收集、整理、应用信息的意识和能力。

二是在习作阶段，写作版、资料库、交流网的穿插应用，使得学生易习作，易发表，习作兴趣进一步增强。

没有超文本，学生只能凭空在写作版上写。没有网络，习作的作品只能在单机上存放，无法发表；没有网络，教师的指导只能来回走动，不能一目了然于全班情况。有了超文本形式，有了网络，这一切便迎刃而解了，充分调动了学生的主动性、积极性，充分地体现了以学为主。等学生对自己写作的文章满意后，便可以将自己的作品发送至网上，同学和老师通过"交流网"马上就能看到发表的作品。

在习作时，学生主动地看资料，积极地习作、发表，教师也可以在网上指导，这一切使得学生的学习兴趣更浓了，求知欲望更强了。

三是在评改阶段，充分发挥交流网的作用，实现人机交互，师生交互，生生交互，在大范围的交互中自评、自改、互改、互评，共同提高。

网络可以作为学习的工具，学习的资源，学习的环境，网络更代表着另外一种更深刻的观念，即利用网络所提供的便捷快速，去形成自己的学习网络。每个学习者都具有多重的身份，他既是知识和信息的求索者，又可以是知识与信息的提供者和分享者。对于这一点，在评改阶段表现得最为显著。

（1）网络评改培养了学生的一种自我学习、自我教育意识。

（2）网络评改突破了时间、空间的限制。

（3）网络评改反馈面广，反馈速度快。

（4）照顾了学生的个别差异。网络作文评改时，允许每个学生都发表自己的见解，民主、平等、自主地参与评改。

（5）在网络作文评改中培养学生的协作精神。提倡互评互改，在相互评改中学习长处，提高写作水平。

四是在交流欣赏阶段，交流网让每个学生备感成功的喜悦，把兴趣带向课外。

"兴趣是最好的老师"，假如能将学生课堂上产生的兴趣带向课外，带向生活，这就为学生走向自主学习、终身学习打下了基础。"我们的未来生活在网络中"，这句话是不容置疑的，我们要为学生从小打好网络学习的基础。

四、给"自主"让个座

长期以来，学生写作文，老师改作文，似乎是天经地义，不可动摇的。不少学生文章一写好，从不检查、修改，有的甚至最后一个标点符号也不写上，一交了之，让老师去批改。老师呢，一大堆作文本，评呀，改呀，煞费苦心，不少学生自己可以改出的错别字、病句，也要老师去修改，难怪批改作文成了语文教师的沉重负担。结果花的时间很多，可是收效不大。本子发下去以后，学生一看分数，就束之高阁，老师的千辛万苦，就这样付之东流。引导学生重视自我评改，指导学生学会评改，至关重要。我在实验中提出了提高学生自评自改作文的基本做法。

（一）更新评改观念

1. 改是写作过程中不可缺少的一环

学生拿到作文题目到完成一篇文章，一般经过想、写、改三个环节。想是关键，想得正确才能写得正确，想得有条理才能写得有条理，想得具体才能写得具体；写是落实，把选定的材料，考虑的布局，通过文字记录下来，落实到纸上；改是提高，通过改使文章写得更好，而我们平时在作文教学中，往往只注意到学生的想和写，而忽视了让学生自己改。

"文章不厌百回改"，这是写好作文的传统经验。美国作家海明威说："我把《永别了，武器》最后一页修改了30多遍，然后才满意。我把《老人与海》的手稿读过将近二百遍，才最后付印。"俄国作家列夫·托尔斯泰说："主要的是：不要急于写作，不要讨厌修改，而要把同一篇东西改写10遍，20遍。"他还说："写作真是艰难的工作，我并不偷懒，可是整整一天，只修改了五页，而且这还得再修改。"他写的名著《安娜·卡列尼娜》的某些章节，经过多次修改，留有12种稿本。《复活》开头部分，竟有20种稿本。我国伟大的文学家、思想家、革命家鲁迅先生说："写完后至少看两遍，竭力将可有可无的字、句、段删去，毫不可惜。"可见，不少文章与其说是写出来的，不如说是精雕细刻、千锤百炼改出来的，所以，改是写作过程中不可缺少的一环。如果学生写了文章，自己不查一查、改一改，他的作文全过程就没有完成。

2. 改是能力，改的能力只有在学生自己改的实践中才能掌握

必须看到学生有自己修改文章的潜力。我们做过实验，老师略加指导后，学生写好文章，教师请他们自己轻声朗读几遍，边读边改，一篇四五百字的文章，最多的一位学生自己改出或补充的地方达 39 处，一般同学 10 处左右，最少的也有四处。

由于长期忽视学生自己评改文章能力的培养，他们写完作文以后不查、不改，是在极不负责的情况下，把本子交给老师的，所以培养学生自己评改文章的能力与习惯，不仅对提高写作水平，而且对于将来从事工作，培养严肃、认真的工作态度，增强社会责任感都有着深远的影响。

叶圣陶先生讲学生要"自能作文"，还要"自能改文"。提高改的能力，教师不能代替，学生必须在自己改的实践中才能掌握。教师要克服"不放心""怕麻烦"的思想，要花工夫指导学生"自能改文"。教师对作文评改的观念应该是：第一，教师要指导学生写作文，也应指导学生评改作文。第二，教师要评改学生的作文，也要指导学生自己评改作文。

（二）指导评改方法

1. 一套符号

评改文章，就得有一套符号。

符　号	用　途	示　例
	改正错别字	
	删　除	

续表

符　号	用　途	示　例
	增补（漏字、漏句）	我为学校环境出力 美化
	对　调	他是中队长六（1）中队的
	另起段	回到学校　第二年
	保　留	美丽的山区风光
	移　位	春天，山区
	佳　句	长征的火炬　渡江的战帆 炬

　　读了以后感到啰唆、多余的句段，要果断地删去。

　　读了以后感到自己写得好的地方，要评一评，分析一下，好在哪里，为什么好？在旁边写上眉批，进行自我评价。有个学生写了一篇题为《竹子》的文章，开头这样写："朋友，你爱绿色吗？绿色代表着希望，绿色象征着生命。我爱绿色，爱那漫山遍野翠绿的竹林。"这位同学在这段文章的下边，自己打了佳句符号，在旁边自己写上了眉批："我认为这个开头很好，抓住了绿色写竹林。这是我从报纸上学来的。"

　　对于文章中的问题，要作自我评价，进行分析，比如在眉批中，有的同学写道："因为粗心，把字写错了。""因为词语贫乏，写不出好词句，以后多看书，多摘录好词句。"

　　通过自我评价，学生对文章的自我评改就比较自觉，每写一篇文章，在自评、自改以后，认为自己实在无法再改的情况下才交给老师，这体现了对自己的作文负责。

2. 三种用笔

为了便于反映学生评改的情况，我们采取三种用笔进行评改和定分。抄写文章用钢笔；自评自改或互评互改用铅笔；最后由教师红笔定分。每次学生自评自改或同学之间互评互改以后，评改者要签上自己的名字，以示负责。

三种用笔评改的方法，对于检查评改效果有明显的作用。同学相互评改时可能会发生不同意见的争论，学生自我评改时，也可能有评错改错之处，这就靠最后在教师批改时用红笔把关、定分。所以，指导学生自我评改，教师还是要发挥主导作用。

3. 四个过程

指导学生自我评改，一般经过四个过程。

一是教师示范评改。指导学生自我评改，一般从教师示范评改入手，把学生文章的片段或全文抄出来或者实物投影出来，教师边评改，边讲述，使学生知道评改的符号，理解修改的原因，学习评改的方法。教师评改的符号要规范化，评语要有指导性。

杨一青与中国教育学会会长顾明远在杭州师范大学

二是师生共同评改。师生共同讨论评改一篇文章，可以把要评改的文章展示出来，也可以把文章复印出来，师生边议论、边修改。要尽量让学生多参与，以学生发言为主，可以教师评改一部分，学生评改一部分，要讲述评改的理由，教给学生评改的方法，指导学生正确使用评改符号。

三是学生互相评改。互相评改，很受学生欢迎。学生喜欢评改别人文章的主要原因是，认为这样可以学习别人文章的长处，所以，学生一开始学习评改时，评改别人的文章要比评改自己的文章积极，我们充分掌握学生这一心理特点，多次地进行互相评改，掌握基本评改方法，再重点转入评改自己的文章。学生互相评改，允许学生自找评改对象，让学生接触不同同学的文章，吸取多方面的特点。

四是学生自我评改。学生自我评改作文是自我评改能力的最后一个培养过程。自我评改的过程是个艰苦劳动的过程，要善于对自己的文章提出问题，不断提高要求。

4. 五步改法

主要是指评改的内容，从五个方面去考虑。

一是从文章的立意去评改，看文章的中心思想是否健康明确。

一次教师命题《这个办法好》让学生写一篇记叙文。一位学生写了这么一件事。

前些天，市卫生防疫站贴出通告，为了保障市民健康，规定城市里未经许可不准养大型犬，已经养的必须在 11 月 20 日前处理掉，否则市卫生防疫站将要把狗捕走。我家里养了一只狗，全身长满乌黑的毛，看上去油光光的，十分可爱，我很喜欢它，真不愿意被别人抓走。当我知道卫生防疫站要来抓狗的这一天早晨，我把准备好的安眠药塞到烧熟的番薯里，然后塞到狗的嘴里，让它吃下去。狗吃了大量的安眠药以后，昏昏沉沉地入睡了。我把狗放到墙角边，用塑料袋等杂物把它盖起来。过了不久，防疫站的同志开着一辆汽车来抓狗了。防疫站的叔叔下了车就问我们，据调查，你们这里养着一只狗，现在到哪里去了？我故意说："我们的狗早就杀了，不信你们去查好了。"防疫站的同志在屋里屋外看了一遍，信以为真，走了。

到了下午，我那只小狗醒过来了。它抖了抖压在身上的杂物，慢慢地来到我身边。我很高兴，我的狗保住了。嗨，我的这个办法真好啊！

不难看出，这篇文章的思想是不健康的，习作者所想出的这个所谓"好办法"，其实在和我们的防疫站唱对台戏，是错误的，这种文章不是部分修改就可以解决问题的，必须全文重写。

二是从文章条理是否清楚，是否言之有序方面去评改。包括整篇文章的段落层次，和前后脉络是否清晰有序。

三是从文章的详略方面去评改，看重点是否突出。

四是从文章字词句标点方面去评改，看是否用得正确。漏字的要添上，不妥的词、句子要改妥，不完整的句子要补充完整，不通顺的句子要改通顺，并尽量运用已学过的修辞手法。

五是从文章开头结尾、标题题目方面去评改。通过自主评改，同学们选择最合适的与众不同的表达方法。

自我评改作文，不仅学习了评改文章的技能，而且增强了写作的责任感。

（三）调动评改的积极性

宣传评改的重要性。只有学生明确了评改对提高写作水平有着重要的作用，评改的积极性、自觉性才会提高。例如，可以介绍名家改作的典型事例；可以介绍班级同学由于认真评改而提高写作水平的事例；还可以把优秀文章的原稿和修改稿（有的是几次修改的稿子）展示出来，让学生观看学习，使学生具体懂得好作文是一次又一次地改出来的。

保证课内评改的时间。特别是开始阶段，必须保证课内评改的时间，因为学生自制力差，课外难以完成评改的任务。在课内教师可以巡视指导，发现学生评改中的困难可以随时帮助解决，等到学生初步掌握了评改方法，有了自我评改的习惯以后，才可以放手让学生在课外进行评改。

给评改单独打分，改得好的还可适当加分。互评作文，有一个从不愿意给别人评改到乐意找别人评改的过程，开始怕自己作文差，别人看了见笑，除了讲清道理以外，采用评改打分的方法，即一篇作文既有原写作的分数，也有评改的分数，并将自我评改作文的分数加入原作文分数，改得好加分多，有创造性的，加高分，这样学生评改的积极性明显提高，有的一次改不满意，还要求再改。再改再加分。学生的写作水平在改的过程中也随之提高。

以鼓励为主。互相评改时，好学生评改后进生的作文，要强调善于发现文章中的闪光点；后进生评改好学生的文章，强调虚心学习，认真分析，把好学生的经验学到手，而且要发现这方面的好人好事，及时表扬，树立榜样，使互相评改在和谐的、友爱的、互相学习的气氛中进行。

通过两年的实践，初步能自己评改文章的人数，从原来的 34.1% 提高到89.3%。写作水平也有了较大的提高，学生很喜欢上评改课。教师感到两年前初抓学生自评自改时十分吃力，有时一篇文章要批阅两次，但一年以后效果明显，到一年半以后，批改的时间可以比原先减少一半，因为学生能改的大部分都改出来了，教师只要加一点简单的批语，如"评得对！""好！""对！"对没有改出的或改错的，教师进行评改，因为数量不多，速度也就快了。

当然，学生自我评改文章中还有一些问题有待研究。

一是评改的层次问题，如何掌握好不同学生在不同层次上的提高，在教学中照顾到各个层次。

二是一部分学生评价文章时只能讲现象"这段好""这里写得生动"，但是不会分析原因。

三是从低年级到高年级评改的要求问题，如何有一个序列，也值得研究。

五、"尖子"引路，分层次指导

"因材施教"是孔子早在两千多年以前倡导的一种教学思想，是分层教学的最早实践者。语文新课标基本理论部分提出，"关注学生的个体差异和不同学习需求"，在教学建议部分又提出要"尊重学生的个体差异，鼓励学生选择适合自己的学习方法"。

所谓"尖子"，这里指的是写作水平较高的，拔尖的学生，尖子是相对而言的。

这个班级的尖子不等于另一个班的尖子；这个学校的尖子也不等于另一个学校的尖子。这里指的"尖子引路"，就是让文章写得比较好的学生起典型示范作用，带动其他同学写好作文。

尖子引路要善于发掘尖子，培养尖子。成立课外写作兴趣小组，满足学有余力的学生学习写作的要求，引导他们带头参加征文、采访，出墙报，编小报，当通讯员，写广播稿等活动，提高写作水平。

尖子引路重在引路上下功夫。尖子引路符合儿童的心理，小学阶段的孩子，他们善于形象思维，缺乏逻辑思维，他们模仿力强，榜样对他们可以起到明显的引领作用。所以用学生写的典型文章引导，启发学生，会使他们感到直观形象，具体好学，特别亲切，他们不但可以看到听到自己同学读的文章，而且可以听到这些同学介绍写作的过程，不仅可以知道这篇文章好在哪儿，而且可以知道这篇文章为什么写得好，孩子们读到好文章，有了榜样引领他们的信心会更足，进步会更快。尖子引路的目的是带动全体学生写好文章，所以，尖子引路还要根据不同基础的学生进行分层次指导，实行学生互助、教师重点帮助，加大个别指导等措施，使不同层次的学生都在已有的基础上得到提高。

（一）目标分层

如果给不同层次的学生制定同一个目标，容易使基础好的会更好，基础差的会"消化不了"跟不上，而且差距越来越大；或者差的认为还可以，但好的感到太简单，"吃不饱"，得不到更大的提高。因此，为学生制定分层目标，促进不同层次学生在原有基础上的提高很有必要。教师要通过调查了解、课堂交流、作文练习等多渠道掌握每个学生的语文基础和作文水平，制定不同的学习目标，适应不同层次学生的需求。

1. 开放空间，让"尖子"生体验创新

"尖子"生作文能力较强，所以大可不必停留在他们已经掌握的"中心明确、语句通顺、条理清楚"上，而应该鼓励他们，尤其是高年级学生，在原有基础上的创新。如在周记、课外练笔中，鼓励他们把视野投向更广阔的空间，甚至童话、小说也可以去尝试。一次一位学生写《观元宵会》一文，就与其他同学写法不同，写了

童话《唐僧师徒游灯会》，而且写了上下两篇近万字。

2. 循序渐进，让后进生体验进步

与优秀生相比，后进生的作文能力明显较弱，他们的目标还只能是把句子写通顺，把过程基本写完整，尽量减少错别字，努力做到有点真情实感，而且对有的学生，达到这个要求也不容易，对这样的学生，只要有点滴进步就要鼓励，只要能够基本写通句子，组织语段，让别人能看懂文章内容，明白文章意思就可以得"优"。

（二）指导分层

1. 作文的题目灵活，给不同层次的学生提供选择余地

秋天，桂花飘香，我们组织学生到西湖满陇桂雨景区的烟霞洞、水乐洞、石屋洞秋游，老师要求学生认真观察，回来后根据这一活动认真写作，基础好的同学写《秋游烟霞三洞》，困难比较大的学生，可以只写游一个洞，这一要求符合不同学生的需求，降低了后进生的难度，写作效果就比较好。

2. 让"尖子"生先走一步

作文指导课前可以让"尖子"生先走一步，把要大家写的作文题目、要求，先告诉他们，让他们先进行试写。比如写《我的家》，学生试写后，我们可以了解到这个题目哪些地方容易写，哪些地方难写。学生反映写家庭环境布置容易，写家庭中的成员比较困难，难在抓不住家庭成员的特点，这给我们指导时，突破重点难点提供了材料。"尖子"生的作文不仅对他们自己的提高创造了条件，而且写成的文章成为全班写作指导时的例文，供大家评议讨论，成为讲评指导的载体，起到"尖子引路"的作用。

3. 加大对后进生的个别指导

对后进生作文的指导要具体，以鼓励为主。除了教师指导以外，还可以让尖子生与后进生结成对子，进行同伴互助，发挥尖子引路的作用。一是指导选材。后进生作文中一个普遍的问题是"没有东西可写"，不知如何发掘素材，选择材料，帮助他们联系生活实际、社会实际，选择写作材料，确定写作内容，这是写好文章的前提。接着重点指导构思文章的布局，即选好的材料；如何组织安排写出来，我们需

杨一青与教育家魏书生先生在一起

要和他一起讨论写作提纲，比如写《我》一文，自己介绍自己。一位四年级的后进生感到自己学习成绩不好，没有什么东西好写，在老师和尖子学生帮助下，列了以下写作提纲：

一、介绍我的名字
二、我会做家务
1.帮妈妈去买酱油
2.倒垃圾是我的任务
三、我喜欢打羽毛球

这样的帮助指导使后进生感到有内容可写，树立了写好这篇文章的信心。

（三）评价分层

采用目标分层、指导分层，评价必然要分层。作文的评价是连续性的评价，是不断发展的评价，因此，作文评价的目的，主要不是评价学生的好坏，而是在于激励学生，培养他们的写作兴趣，拓展他们的写作视野。教师如果能经常热情地、客观地肯定一个学生的进步，无疑对学生心理的健康发展是一种帮助，更有利于调动他们的写作积极性。小学生写作文只是初学初练，他们写的文章多半是半成品，即使经过自评自改，互评互改，缺点仍然很多，是很正常的，学生每次作文以后都希望得到老师的肯定和表扬，老师用发展的眼光教作文，也要用发展的眼光评价作文，要还儿童文章的本来面目，绝对不能用成人化、文学化的标准去衡量，应从不同层次去评价。

1. 不同层次学生的不同评价

承认不同学生的个体差异，就需要不同层次的评价，同一篇作文不同学生之间的差异是很大的。如"三八"国际妇女节前，三年级学生写《给妈妈的一封信》学困生达到书信格式正确，有内容就可以优秀；中等学生达到格式正确，内容具体才行；优等生更要达到有真情实感，不同层次不同评价标准，这就使大家看到自己在原有基础上的进步，写作的信心更足了。

2. 对后进生的评价要多鼓励

对后进生的评价多纵向比较，少横向比较。把学生的作文水平横向比较的方法，对一般同学，尤其是优等生，可以起到激励作用，但对学习困难的学生来说，这样做无疑是对学生心理的变相伤害，也容易导致教师本身对学生进行不切实际的指导和评价。纵向比较可以使后进生看到进步，受到鼓舞，激发上进心。

对学习困难的学生要多鼓励，少批评，评语要诚恳，要有激励作用，言语应包含期待和赞赏。后进学生只要有一个小小的闪光点，比如一个词用得好，一个句子写得生动优美，都要用红笔批出，甚至写上眉批，大加赞赏。另外，对后进生作文进行面批十分重要，当面批改、边读边改，教师宽容理解的胸怀、和蔼可亲的态度、真诚热情的鼓励使后进生得到温暖，受到鼓舞。

六、指导课前有指导

写作绝不能关在课堂上闭门造车，冥思苦想。作文必须引导小学生感知社会，认识世界，认识自我。作文是活生生的生活的反映，尽管是儿童的习作，但它同样有时代的气息，有生活的光彩。指导课前有指导，就克服了匆匆指导的弊端，引导学生去贴近生活实际，关注现实，观察生活，热爱生活，进而易于动笔，乐于表达生活中的真情实感。

指导课前有指导，把指导写作的提纲，变为学生的观察提纲，逐步养成自觉观察、有序观察的观察能力和观察习惯，社会生活就成了学生学习写作的大课堂。

作文教学摘记

秋收的启示
×月×日

学了《草原》一文以后，我感到第一段写景叙情好极了，于是决定培养学生的观察能力，让学生写一篇《秋天的原野》。

三辆旅行车奔驶在杭州到绍兴的公路上——我校五年级同学去鲁迅纪念馆参观。一路上，我引导学生寻找秋天的足迹。同学们透过车窗张望着秋天的原野，不时发出惊喜的叫喊："看，梧桐叶子黄了！""枫叶红了！""棉花收白了！""络麻收获了！""稻子成熟了！""芦苇开着白花！""几个农民坐在木桶里采菱！"……实地观察丰富了孩子们的知识，提供了写作的素材。有个学生写了这样一篇文章：

秋天，首先悄悄地来到了田野。田里的稻子有的青里透黄，有的黄澄澄的，农民的汗水换来了一派丰收的景象。河边长着一人多高的芦苇，开着白花，像一把小扫帚。河里，勤劳的农民坐在菱桶里采着老菱。河面上还浮着荷叶，一些已经成熟的莲蓬伸长脖子，安详地过着晚年。络麻收获了，经过农民的辛勤劳动，把麻皮洗成了银白的麻丝，好似老奶奶的白发，树上挂着络麻，地上铺着络麻，房顶上也晒着络麻，简直成了络麻世界了。田边的树，叶子黄了，秋风吹来了，纷纷落下，有的还在半空中打旋，正是秋风扫落叶啊！远处的枫叶红了，红得似火。我不禁想起唐代诗人杜牧的名句"霜叶红于二月花"。

孩子们穿着五颜六色的毛线衣，吃着刚收获的甘蔗、老菱……

金色的秋天是美丽的，它给人带来了无限的欢乐和幸福。

是啊，秋天是可爱的、欢乐的。然而，正如作家峻青在《秋色赋》中写的："春华秋实，没有浩荡的春风，又哪里会有这满野秋色和大好收成呢？"

我想，我们的作文教学又何尝不是如此？没有春天的播种，夏天的耕锄，何来秋天的收获？这就是秋收给我的启示。

架桥铺路

×月×日

学了《草原》以后的第二件事是给学生进行一次观察与联想的训练。我让爱唱歌的林进同学穿上蒙古族服装，手执羊鞭，在作文课上边唱边舞演唱一支《我是草原小牧民》。为了帮助同学联想，我在黑板上还展示了两幅草原风光的图画，写了歌词的内容，课堂气氛活跃后，学生在音乐、美术、文学、舞蹈的综合艺术陶冶中展开联想，进行着形象思维的训练，即使基础较差的同学也觉得有内容可写。有的同学这样写道：

林进身穿蒙古族长袍，系着黑色腰带，手执羊鞭唱起了"我是草原小牧民……"她举起羊鞭仿佛在赶着羊群，歌声把我带进了草原，我似乎看到：在一碧千里的草原上，有一条迂回的小路，河水像镜子一样平静，清澈见底，一群群羊儿在自由自在地吃草，林进骑在高头大马上，手拿着羊鞭边放牧边唱歌，羊儿出神地听着她的歌声，忘记吃草，还仰着头"咩咩"地叫了几声，好像在为她伴奏。

这类训练，学生感到难度不大，有话可写。因为教师为学生提供了形象思维的条件，为学生的写作架了桥，铺了路，这里的化装、歌舞、图画就是桥，就是路。我想，语文教师应该为学生写好作文当好架桥工、铺路工，让学生通过我们架的桥，铺的路，逐步向写作的自由王国迈进。

乐在其中

×月×日

这似乎是我教作文以来，学生最欢乐的一堂课。

上课铃响了，我走到教室门口，同学们个个喜笑颜开，只见曲晓冰同学拿着玩具喷火枪对着韩斌的天鹅"扫射"。季旻的电动玩具熊猫拍照，正吸引着周围一大帮人……每个同学的桌子上都放着自己心爱的一件玩具，简直像开玩具展览会了。

"今天我们写《我心爱的一件玩具》，主要是继续培养观察与联想的能力。请大家考虑可以观察什么？联想什么？"

全班大多数同学举起了手。有的说可以观察玩具的形态；有的说可以观察玩具的结构；有的说可以联想玩具的来历；有的说可以联想因玩具引起的故事。我鼓励学生想得好，更要写得好。

由于写过《一分硬币》，学生面对着桌子上的心爱的玩具，写它的外形、色彩、图案、质地是不困难了，我的重点放在指导联想上。

玩具的来历是多种多样的，尽管有的已是几年以前的事情，可孩子们还记忆犹新：

有的是生日这一天外婆送的；有的是戴上红领巾这天妈妈奖的；有的是自己节约零钱买的；有的是爸爸从无锡出差买来留作纪念的；有的是转学时，原来的朋友作为礼物赠送的；还有的是自己制作的……至于玩具引起的故事，孩子们更是有许多美好的回忆，他们说得那么兴奋、流畅、绘声绘色，回忆玩耍的愉快，叙述童年的幸福，使这堂作文课充满着欢乐的气氛……

第二天，批阅着学生的作文，我沉思着：为什么学生对这篇作文那么有兴趣，而质量也有明显的提高？为什么那些平时语句不通的同学，在这篇作文中，句子也通顺多了？原因是孩子们对这个题目很感兴趣，觉得自己生活中玩过不少玩具，有东西好写，乐于写，我想，我们每次作文教学，能不能让学生都感到乐在其中呢？如果这样，就可以使学生对作文由"怕"变"爱"，由"苦"变"乐"了。这难道不是一个很值得我们研究的课题吗？

展开想象的翅膀

×月×日

8岁的上海儿童胡晓舟在国际儿童画比赛中得了一等奖。湖北的小学五年级学生刘倩倩，在国际儿童诗比赛中得到了耶菲尔奖。他们的作品，充满着大胆的想象，反映了美好的心灵。

童年时代是富有想象的时代，我想，发展想象能力是发展学生智力、提高写作水平的又一重要方面。于是，我设计一堂以指导想象为主要内容的作文课，写《我的储蓄箱》。每个学生的桌子上放着自己带来的一只储蓄箱，形态各异：有的是"大肥猪",有的是"大苹果",有的是"邮筒",有的是"小孩",真是五花八门。

学生写好储蓄箱的外形以后,我就启发学生从储蓄箱的来历、存钱、用钱方面去展开联想。我引导学生联系学过的课文《黄河象》《卖火柴的小女孩》想象部分的写法,想象一下,当你把钱存到一定数量时,准备做什么用?要用得最有意义,把这个未来的情景写下来。学生的想象是大胆的、美丽的、天真的。

学生姜正睿要在明年外公80岁寿辰时,用自己平时储蓄起来的钱,为外公买一把酒壶,他在作文中是这样想象的:

那一天,我外公穿着小舅舅和小舅妈合买的毛衣,在屋里招待前来祝寿的人,爸爸穿着乌黑闪亮的皮鞋,在门口迎接客人,外婆忙着烧菜,一直从两点多烧到五点多,可是菜还没有烧完,只好借用邻居方伯伯家的煤气炉。

这时,菜烧好了,外公把客人从客厅引到吃饭的屋子,屋子里放着两张大桌子,桌子上放着很多菜,有鸡肉、有烤鹅、有熏鱼、有鱼头汤、有鱼片……墙壁上贴着一个大大的"寿"字,两边飘着彩带。这些布置都是大舅舅设计的。

过了一会儿,外婆端着一大碗鱼圆汤进来了,她说:"来来来,趁热吃!不要客气,多吃点菜。"说完,外婆又去厨房里烧菜了。

舅舅把烤鹅一块块地切开,给了外公一块鹅腿,又把大块的夹给客人,外公说:"快,吃!吃!"客人们津津有味地吃着外婆烧的菜,每个人脸上都笑眯眯的。

吃了饭,客人们纷纷拿出礼物来,有衣服、有织锦、有酒、有烟……外公的手里都捧不下了,桌子上也放满了,才把东西送完。

我把酒壶放在背后,说:"外公,你猜,我给你买了一件什么礼物?"我的话刚说完,我的表妹"噔噔噔"地跑到外公跟前,悄悄地说:"爷爷,哥哥给你一把酒壶!"我看我的秘密被表妹看穿了,就恭恭敬敬地把酒壶交给外公,还说:"献皇上!"惹得大家哈哈大笑起来。有个客人还说:"老袁,你的外孙真孝顺你呀!"

想象是美丽的,教师的一个重要任务就是要给学生插上想象的翅膀,让学生展翅飞翔。

"没有想象就没有创造",这话是有道理的。因为只有敢想、敢干,才能有所创造,有所前进。这对我们语文教师来讲,也应该是有所启发的。

七、指导课中有讲评

指导课中有讲评是针对小学生心理生理特点提出的形象指导的方法。这是针对作文教学中普遍存在的"空洞指导"的现象经过多年实践提出的。小学生抽象思维能力较弱，必须用具体形象的内容引导学生写作，用典型文章或片段，让学生讨论，形象地使学生知道什么样的文章是好文章，我应该怎样写好文章。指导课中有讲评，可以讲评语文课本上的优秀课文，比如，指导学生写《千岛湖的山水》就可以讲评课文《桂林山水》，学习借鉴《桂林山水》的写法。可以讲评课外读物上的有关文章。可以讲评整篇文章，也可以讲评文章的片段。比如写《春到西湖》，可以讲评《西湖的绿》，也可以讲评其中写树的内容，或者写水的内容。可以讲评同学写的习作，这些同班同学的文章，同学们听起来更加亲切，更加信服。为了提高讲评的实效，指导课前，可以请少数学生提前试写，讲评试写文章的优点与不足，用这些文章引路，学生能在评议中提高认识，活跃思维，学习写法。讲评教师写的"下水文"，也是指导课中常用的方法，教师与学生共同学习写作文，谈写作体会，请学生也来评改老师写的文章，从中得到启发与收获，不仅让学生学习了写作方法，更重要的是它密切了师生关系，增进了师生感情。

指导课课堂实录

课题：××，我想对你说……

年级：五年级

这是一堂在我指导下，体现我"指导课中有讲评"的作文课，指导课教师周沁。

一、课前谈话

师：同学们，今天是周老师第一次给大家上课，课前我们先来聊一聊吧！周老师给大家带来了几张有趣的"脸"（出示卡通图片表情），看一看，这里的哪一张脸最能代表你最近的心情呢？

生：我认为第一张能代表我的心情，因为最近我妈妈买了一辆新车。

师：可以坐新车了，心情很开心，挺实在的话。还有谁来说说看？

生：最近我妈给我零花钱了。

师：也是第一张对吗？有不一样的吗？

生：我觉得是第三张脸。因为我快参加希望杯考试了，有点紧张。

师：别紧张，相信你已经准备很久了，没问题的，发挥好。

生：我也是选第三张脸，因为下个星期我们就要去参加足球比赛了。

师：放松心情，相信你们会取得好成绩的。非常感谢刚才的这几位同学，他们敞开心扉，非常大胆地和我们分享了他们最近的心情。那么，今天我们就要在课堂上表达出自己的真情实感，写出自己最想说的话。（板书：××，我想对你说……）

二、基于课前写作，指导"抒真情"

师：同学们，昨天周老师和大家见了面，同学们也和我聊了自己心里想说的话。课前老师请大家可以先进行试写。今天，我们先来听一听，昨天试写同学写的心里话。

师：我们先来听听×××同学写的话："陈教练，谢谢您，在每天晚上训练我们游泳，使我从'旱鸭子'变成了游泳健将。在您的培训下，我终于在杭州市的游泳比赛中获得了第二名，还在浙江省的比赛中获得了第五名。如果没有您的培训，我现在可能还不会游泳，所以我要谢谢您。"×××是哪位同学？

（生起立）

师：这位同学真是个懂得感恩的孩子，他在自己取得成绩的时候，还不忘感谢教练对自己的辛勤培育。（板书：感谢）

师：我们再来看一位同学写的。×××是哪一位同学？（生举手）他想对我们的数学老师杨老师说心里话，我们来听一听。

生：（读）最近我的表现不是很好，请原谅，刚刚开学，我的心态不是很好。上课时会开开小差，漏做几道作业。但是我会从明天开始的数学课上，认真听讲，不开小差，您布置的作业我也会按时完成，请继续关注我的表现。

师：×××同学虽然前几天的表现不够好，但是我们听到了他这一份真诚的歉意，肯定会让他自己很快地调整状态，好好地开始自己新学期的学习。（板书：道歉）

师：最后一位呢是×××同学，他想对我们的汽车司机说说他的心里话。

生：（读）汽车在市区里经常横冲直撞，有些车在绿灯变红灯的一瞬间，还要开过十字路口，甚至在过斑马线时，也要抢先一秒开过去，给过往行人带来很大的安全隐患。我希望司机们能改一改你们的习惯，让我们多一点安全感。

师：×××同学很有社会责任感，关注到了我们社会生活中的一些问题，给我们的汽车司机提出了一些建议。（板书：建议）

师：同学们，其实我们想说的心里话一定还有很多很多，那么，其他的同学，你们想对谁说说心里话呢？

生：我想对我的课外英语老师说说心里话，因为我是刚刚认识她不久的，在我学习英语的时候，她总是给予我帮助。我的东西丢了，她会和我一起着急，一起找；当我遇到难题，她也会耐心地给予我指导。所以我想对她说声谢谢。

师：你也是想感谢老师是吗？也是个懂得感恩的孩子。还有吗？

生：我想对一只狗说，并不是想对人说。因为我和它认识好久了，但是我们已经两年多没见面了，每一次一放假我总会觉得很孤单，因为我总是一个人在家。如果我和它相处的话，它见到我总会摇尾巴。最可爱的是它在我拉小提琴的时候会"汪汪汪"地大叫，我拉到悲伤的时候，他也会呜呜呜地像哭一样。我觉得它很有趣，能给我带来乐趣。今年暑假它将会到我家里来，我感到十分快乐。想对它说：别淘气，在家里乖乖地待着，暑假到我们这儿来，就可以跟我一起玩了。

师：你说的这些话让我知道了，你对这位不在身边的小狗伙伴非常地思念，很希望它能赶快到你身边来陪伴你。（板书：思念）

师：还有同学想说说吗？

生：我想对警察叔叔说说，因为警察叔叔每天很早就在马路上值班，每天妈妈送我上学的时候，我都会看到警察叔叔在岗位上指挥交通。所以我想对他们说谢谢。

师：不仅是感谢，而且对警察叔叔这样辛勤的付出感到钦佩。（板书：钦佩）

　　三、基于课前写作，指导"写真事"

师：同学们，相信我们每个人都有许许多多的话想要对身边的人说一说。这里还有两位同学写的心里话，我们也来听一听。

（实物投影显示，师读：

　　金老师，您还记得我吗？我是2002年来到幼儿园的，回忆起当时的情景，我到现在还记忆犹新。而今年，我已经即将跨入毕业生的行列了。

　　我到现在的所有成绩，不会缺少您的那一份。是您教会我懂得吃饭前后要洗手，是您教会我懂得不跟别人斤斤计较。我想对您说：谢谢您，金老师。您教会了我这么多。）

师： 一份对自己以前老师的深深的感谢。还有一位同学，她想对自己一位特殊的伙伴说话。

（实物投影显示，师读：

　　亲爱的栀子花，你是我最好的朋友。从我栽下你开始，你就理解着我，关心着我。每当我有烦恼时，我就会悄悄地走进院子，和你说话。当我说完后，你总会微微"摇头"，同时发出阵阵清香，给我带来安慰。你一天天地成长着，雪白、圣洁的小花里，装着的都是我对你说的话。你的露珠就是眼泪，你的香味就是微笑。）

师： 这两位同学写的心里话也都非常真切，抒发出了他们的真情实感。

　　（板书：抒真情）

师： 不过，其他的同学听了他们写的心里话，有没有觉得好像还缺了点什么？有没有同学能给他们提提建议的？

生： 第一篇文章里面可以加一些实际的事情。

师： 还有吗？对于第二篇呢？

生： 第二篇可以加一点自己是怎么跟栀子花做朋友的，为什么会乐意跟栀子花交朋友。

师： 也是要加一些自己和这位特殊朋友之间相处的一些事情，对吗？同学们，周老师也给大家带来了一段课文中的话。

（出示《再见了，亲人》片段：

　　大娘，停住您送别的脚步吧！为了帮我们洗补衣服，您已经几夜没合眼了。您这么大年纪，能支撑得住吗？快回家休息吧！为什么摇头呢？难道您担心我们会把您这位朝鲜阿妈妮忘怀？不，永远不会。八年来，您为我们花了多少心血，给了我们多少慈母般的温暖！记得五次战役的时候，由于敌机的封锁，造成了暂时的供应困难。我们空着肚子，在阵地上跟敌人拼了三天三夜。是您带着全村妇女，顶着打糕，冒着炮火，穿过硝烟，送到阵地上来给我们吃。这真是雪中送炭啊！在您的帮助下，我们打胜了那次阻击战。您在回去的途中，累得昏倒在路旁了……您说，这比山还高比海还深的情谊，我们怎么能忘怀？）

师： 这是一位志愿军战士对朝鲜大娘说的心里话。老师把这段话改了一改，同学们来看一下。

（出示删除事例后的片段：

　　大娘，停住您送别的脚步吧！为了帮我们洗补衣服，您已经几夜没合眼了。您这么大年纪，能支持得住吗？快回家休息吧！为什么摇头呢？难道您担心我们会把您这位朝鲜阿妈妮忘怀？不，永远不会。八年来，您为我们花了多少心血，给了我们多少慈母般的温暖！您说，这比山还高比海还深的情谊，我们怎么能忘怀？）

师： 仔细读一读，看看我改了以后的这段话和我们原来课文中的话有什么不一样呢？

生： 它缺少了具体事例，这样就不能看出大娘给了志愿军战士多少慈母般的温暖，这些"温暖"是怎么样的事情。

师： 你发现了事例没有了是吗？没有事例行不行？

生： 不行。

生： 没有事例，文章就显得没有那么感动了。

师： 老师再把原来的事例加回去，请大家读一读课文中的这段事例，其中的哪些地方最能够打动你呢？

生： 最打动我的是："是您带着全村妇女，顶着打糕，冒着炮火，穿过硝烟，送到阵地上来给我们吃。"

师： 这一系列的动作最让你感动。

生： "您在回去的途中累得昏倒在路旁了。"她已经很累很累了，还去帮他们送东西吃。

师： 这一幕情景也最能打动我们是吗？

生： "我们空着肚子在阵地上跟敌人拼了三天三夜"，这样一个前后对比更能体现出当时我们的饥饿，以及大娘将自己生死置之度外的这种情谊。

师： 你很会读别人的文章。同学们，志愿军战士回忆的大娘的这一些动作，大娘昏倒的那一幕情景，这一些细节是最让他们难忘的，也最能表达出志愿军战士的这一份感激之情。我们写自己心里话的时候，也要像志愿军战士这样，用上一些真实的事例，而且要抓住其中那些令人印象深刻的细节，来表达出我们内心的真情实感。

（板书：写真事——细节）

师： 现在请同学们拿出你们的作文纸，可以在你昨天试写的基础上，加上你记忆中的那些真实的事例，感人的细节，来表达出你内心的这一份真实的情感。如果你觉得实在不满意的，也可以另写一篇。

（学生独立写作，教师巡视指导）

师： 好，大部分同学已经修改完了，现在我们来看一看同学们通过修改，在自己的心里话中加入了事例以后，修改的文章怎么样呢？我们来听一听几位同学写的。

（请学生上台投影，朗读自己的文章）

生： （读）Miss Ella，你是我的课外英语老师，我们刚认识不久，可一见如故。现在我正在学习剑桥中级英语 Level 2，你不仅是我的老师，还更像一个朋友。在我们上课时，你经常无拘无束地大笑，引得经过的老师驻足观看。在饿了时，我们还一起出去"觅食"，直到宣布自己"快吃撑了为止"（当然这是在下课时的"小动作"）。在我不幸丢失了钱包后，你无私地"赞助"我；在忘带学员卡后，你安慰我"慢慢找"；在我说出"中文式英语"后，你也笑着纠正我……总而言之，你是我的知心朋友之一。

师： 下面是你今天加的事例，是吗？

生： （读）最让我感动的是又一次，我实在饿得不行了，你"赞助"了我一些钱，让我下课买一些东西。后来，我买了一份 Bread Talk 的面包。当我想分一半给你吃时，你却摆摆手，说"不用"。其实，你只吃了几块巧克力"充饥"。

师： 这是×××同学一位亦师亦友的朋友。我们来看看，今年她加入的这段事例中，最让你印象深刻的是哪里？哪一个细节？

生： 当她要分一半给老师时，老师却"摆摆手"，说"不用"。

师： 是的，这一个细节让她印象深刻，对老师非常感激。我们再来看一位同学加的事例。

（请学生上台投影，朗读自己的文章）

生： （读增加的事例）记得有一年夏天，我们俩赤着脚跑到小溪里，去捉小鱼。这天天气格外炎热，太阳像个大火炉炙烤着大地，烤得小花小草都垂下了脑袋，无精打采。我把脚伸进了水里，真凉快。我们在水里捉鱼，打水仗，别提多高兴了。可是到了午后，太阳越来越毒，我热极了，一时头昏脑涨，跌进了水里。你看见我中暑了，赶紧跑过来，把我背在你瘦弱的背上。等我再次醒来时，躺在床上，敷着毛巾。你正焦急地坐在我旁边，见我醒了，赶紧给我吃解暑药。我感动极了，你在我中暑时对我的关心，我永远也不会忘。

师： 你补充的这段事例，是和谁发生的？

生： 是和我一个从小玩到大的好朋友。

师： 这位小伙伴给她印象非常深，她也非常思念这位小伙伴。老师请你自己找一找，你回忆这件事情的时候，最让你印象深刻的细节是哪里？

生： 就是"你看见我中暑了，赶紧跑过来，把我背在你瘦弱的背上。等我再次醒来时，躺在床上，敷着毛巾。你正焦急地坐在我旁边，见我醒了，赶紧给我吃解暑药。"（生读，师在文句下画波浪线）

师： 小伙伴的这些动作最让你印象深刻，对吗？好的，谢谢！

四、立足改后文章，指导"亮语言"

师： 是的，同学们，我们在写自己的心里话的时候，就要像刚才这些同学那样，用上一些印象深刻的事例、细节来表达自己的真情实感。当然，我们写心里话，除了用上事例，还要用许多真切的语言来表达我们内心的情感。刚才听了同学们写的心里话，周老师也被你们感动了。其实，不仅你们有心里话，在我的内心，也有一份真挚的心里话。

（音乐起，师读"下水文"：

奶奶，您离开我们已经九年了。九年来，您的音容笑貌常常浮现在我眼前，与您一起生活的情景依然历历在目。在您身边度过的岁月，我如何能忘怀？

记得上小学时，每天中午您都会准备好午饭，站在门前的走廊上，张望着路口，等着我回家。我上中学以后，您的身体日渐衰弱，为了不增加您的负担，我开始在学校吃午饭。那一次，您的肺心病发作，住进了医院。我去医院探望的时候，您把我叫到病床前，仔细地打量着我，喘着气费力地说："现在在学校吃饭还习惯吗？等我好一点了，还是回家来吃吧，烧顿饭也不累。"

奶奶，从小到大，您一直那么关心我，那么疼爱我，就连在病重的时候，依然惦记着我啊！奶奶，我是多么想念您，想念您慈祥的笑容，想念您关切的叮咛，想念那些有您关心我、照顾我的日子，您在天国听见我的呼唤了吗？）

师：同学们，听了周老师的这段心里话，你听懂了我怎样的心声啊？

生：我听到你很思念你的奶奶，你回忆以前，奶奶每天给你做饭，进了医院还惦记着你，奶奶非常喜欢你。

师：疼爱我，是吗？你已经读懂我的心声了。而且听得很仔细，从我回忆的事例当中，感受到我对奶奶的这份思念之情。同学们，请大家再来看看老师写的这段心里话，仔细读读事例前后的那些话，还有哪些句子也能表达出我的这份思念之情？（生默读）

生："九年来，您的音容笑貌常常浮现在我眼前，与您一起生活的情景依然历历在目。"

师：什么地方让你感动？

生："常常浮现在我眼前""依然历历在目"。

师：几个词也能让人感受到我的这份情感。

生："在您身边度过的岁月，我如何能忘怀？"这个反问句让人很感动，说明怎么也忘不了。

师：这样一个反问句更加表达出周老师对在奶奶身边的日子的难忘之情。

生："奶奶，我是多么想念您，想念您慈祥的笑容，想念您关切的叮咛，想念那些有您关心我、照顾我的日子，您在天国听见我的呼唤了吗？"

师："想念……想念……想念……"周老师用了这样一组句子，把我对奶奶的这份思念之情，表达得更加淋漓尽致。

生："您在天国听见我的呼唤了吗？"这一句问句，让人感觉奶奶好像还听得见我们说的话，还在世上一样。

师：就好像还能跟她对话一样。一个问号，也能够表达出我内心这一份思念之情。是的，同学们，我们写心里话的时候，还可以用上一些真切的语言，来表达我们真实的情感。

（板书：亮语言）

师：可以是一句话，可以是一组句子，有时候甚至只是一个词，一个标点，都能更强烈地表达我们真挚的情感。现在，请同学们再读一读自己写的心里话，你能不能像周老师这样，用上真切的语言，直接抒发你这一份真情实感呢？

（学生独立写作，教师巡视指导）

师：如果你改完了，可以和你的同桌交换一下，互相看一看。你可以把同桌文章中打动你的、直接抒发情感的句子，用波浪线画出来，如果发现写得不够通顺的地方，也可以帮助他修改一下。

（学生同桌交换修改）

师：谁愿意推荐你的同桌读一读他新加上去的、能够表达真情实感的话？

生：（读）当我们的财产受到威胁时，您勇敢地站出来和小偷搏斗；当我们全家一起吃年夜饭时，您还在那风雪之中站岗；当我们玩危险游戏时，您就来劝阻，教育我们。

师：你是想对谁说的？

生：对我们小区的保安叔叔说。

师：好的，"当什么时候怎么样，当什么时候怎么样，当什么时候怎么样"，这样一组句子，听出来这位同学对保安叔叔的感谢之情。还有谁来推荐一下？

生：我推荐我的同桌。

师：你来读读看。

生：（读）每当我疲惫地走进家门，是你第一个来迎接我，摇摇尾巴，拉拉我的裤脚，在地上撒娇，然后蹦着跳着跑进房里；每当我拉起小提琴，你都"汪汪"地为我伴奏，你很聪明，悲伤的时候就像小孩一样"呜呜"大叫；每当我有空时，你会跑过来，跟我握握手，然后安静地躺在我的怀中，像小宝宝一样睡着。

师：也是用了"每当……每当……每当……"，是想对家里的小狗说。还有写得不一样的吗？

生：（读）您为我们付出了这么多，不知您还在不在那个学校？不知您退休了没有？不知您身体是否还健康？

师：她用了一连串问句来表达自己对老师的这份思念之情。

　　五、小结

师：同学们，刚才大家写得非常好，改得非常好。其实，我们在写作文的过程中，也是在慢慢成长，感受着身边人对我们的关心，感受着自己对他人的这份真挚的情感。你可以在课后继续修改和完善自己的文章，这节课就上到这里，下课！

八、讲评课中再指导

　　作文的讲评课是指导与批改的延续。一是在教师指导下，学生的自我评改；二是指导学生根据写作要求进行再练习。

　　评改作文，是写作过程中不可缺少的一环，它不仅有助于修改好文章，而且有助于培养学生良好的写作习惯，和对自己写的文章负责的一种社会责任感。我认为完成一篇文章的过程，用信息论来分析，可以做如下表达：

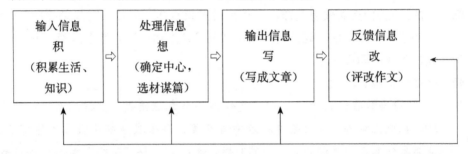

　　我们平时作文教学中，往往只注意引导学生写生活，认真写作，而忽视了信息反馈，没有让学生在文章写好以后，首先自我反馈、自我评价、自我修改，我们要认识到"改"是写作过程中不可缺少的一环。一篇文章的写成，积（积累）是基础，基础越扎实，写的内容越丰富。想（思考）是关键，想得正确才能写得正确，想得深刻才能写得深刻，想得有条理才能写得有条理。写是落实，把思维的内容通过文字符号落实成为文章。改是提高，通过自我评改，同学之间互评互改，老师批改等途径，肯定文章的长处，找出文章的不足，通过修改，使文章在原有的基础上得到提高。

讲评课课堂实录

　　课题：怎样写人（四）

　　年级：六（2）班

师：大家写了一个有特点的人，有的写了自己，也有的写了别人。我看这次习作绝大多数同学都写得不错，有 15 个同学得了 100 分以上的高分，最高分为 115 分，有人说数学可以得 100 分，作文就困难了，其实，作文同样也可以得 100 分，希望同学们都继续努力。

有很多同学的评改成绩就达到或超过了 20 分，因此这些同学的作文总分都达到或超过了 100 分，所以说自己认真评改很重要。

这次作文能够写好的主要原因之一，是大家在上指导课时态度都非常认真，都能按照老师的要求：抓住人物的特点，抒发真情实感。（教师板书）

下面请把发给大家的几篇习作拿出来，让我们来看一看，这几篇文章中，抓住了人物的哪些特点，从哪些方面来写的？

生：我认为第一篇文章是抓住了"淘气"来写的。

师："淘气"是人物的什么特点？

生："淘气"是性格特点。

（教师板书：性格）

师：嵇望认为自己淘气，而且给自己命了一个别名，叫什么？

生：叫"淘气包"。

师：对，嵇望这篇文章的最后一句话：这就是我——一个淘气包。

师：其他文章中还有明显的性格特点的内容吗？

生：我说我自己的特点：嗓门大，怕爸爸。文章中有这样的话："高大的嗓门，常常发出震天动地的响声，怪不得同学们都叫我'陈大炮'。"

师：是啊，怪不得同学们叫他"陈大炮"，"陈大炮"说话声音很响，可是他又怕爸爸，怕到怎样一个程度，陈震请你自己读文章。

生："忙了一个星期，星期天理所当然地应该轻松一下。可是爸爸却总是说，不行……"

师：你爸爸看过你这篇文章没有？

生：看过了。

师：他怎么说？

生：他说我把他写得太坏了。（大笑）

师：你爸爸看了我们印发的几篇文章后写了评语，他是这样写的：

　　"把学生的作文编印出来，让学生自己分析评审，确是一种好方法。读完这几篇文章，觉得在结构、写实、人物内心活动上都有妙笔……将孩子的内心世界刻画得活灵活现。作为家长，希望能多读到孩子的作文。"

　　看来你的爸爸还是很希望看到你这样的作文的。

　　告诉你，张洽的爸爸读了你的文章受到了教育，写了这样一段评语："……从家长剥夺孩子星期日休息时间的反感情绪中，发觉自己也存在对孩子不理解、不能正确引导的问题。看来做家长的要理解孩子，尊重孩子。"

　　可见好文章是可以教育人的。

师：人物除了性格特点，还有什么特点？

生：还有外貌特点。

师：你具体说说，写的哪些是外貌特点？

生：如稽望写的："圆圆的脑袋，大大的眼睛，一个不大不小的鼻子，还有一张贪吃的嘴。"还写了他个子矮小。

师：对，他写的"我只有一米三多，理所当然地成了全班的'矮子冠军'"。他抓住了特点，如实地写，没有美化自己。"矮子冠军"也是好的，矮子有矮子的长处。（笑声）

生：陈震写的："一对圆而大的眼睛，闪烁着天真、调皮的光芒，大大的耳朵矗立在头的两边，'隔山相望'，一头鸟窝似的头发……"

生：马磊写的："我身材矮小，又很瘦，脸很长，高鼻梁。一双眼睛不大不小，头上还梳着两根羊角辫。"

生：我认为还有人物的语言特点。（教师板书：语言）

师：对，人物的语言特点，也可以放到"性格"里面去。

生：稽望爸爸说："别人得了'多动症'，你是得了'大叫症'。"

生：顾静娜的文章中的外公的语言："静娜，要好好学习……"特别是外公临终前的语言："……你们一定要把你妈安顿好，要孝顺她，你们小时候可没让她少操心啊。"因为外公是老人，平时记挂着自己的儿孙，自己的老伴，还希望自己死后孩子们到每年清明节能来看自己。还有马磊的文章中谢老师见她这么小，说："让你爸爸用打气筒给你打打气。"马磊说："我爸爸试过了，可所有的打气筒都对我无效。"这些写出了马磊很风趣的个性特点。

师：马磊是以风趣对风趣，有特点。

师：性格特点，除了用人物的语言反映，还可以用什么来反映？

生：用心理活动描写。

师：在印发的几篇文章中，有哪些地方心理活动写得好？

生：陈震这篇文章中的"……我想我要是爸爸的爸爸该多好"这句写得好。

师：陈震，你当时是怎么想的？

生：我写文章时，尽量回忆当时自己的心理，并如实地写下来。

师：尽量回忆当时真实的心理活动，这是一条写作经验。他爸爸对他要求很严。陈震确实写出了自己真实的心理：你对我那么凶，假如有一天我能做爸爸的爸爸，那就可以治治爸爸了。

生：还有的通过动作描写，反映了人的性格。

师：请举例说说。

生：顾静娜的文章中："我住院后，外公每天给我带来好多好吃的东西。他把香蕉剥了皮给我吃，把西瓜去了籽给我吃，他给我调了一杯果汁，先用勺子舀了在手背上滴一滴，试试烫了，吹凉后才小心翼翼地把果汁送进我嘴里。"这里的动作描写表现了外公对她的疼爱。

师：顾静娜你说说体会。

生：老师讲过文章要以情感人，要有细节描写。我觉得外公对我的关怀是无微不至的。"微"就是小。所以我就挑小事情写了外公喂我吃东西这一段。

师：对，反映"无微不至"，就要写小事情。顾静娜写外公是通过对外公的"剥""去""调""滴""吹""送"等一系列动作描写，反映外公对她的关爱的。

师：上述几篇文章除了注意写出人物的性格、外貌特点以外，还有什么特点？

生：有的还写了自己名字的特点。

师：姓名特点，好多人做了不少文章。马磊，为什么叫马磊？意思是父母要她一生做人要光明磊落。"陈震"这个名字怎么来的，大家看了吧！唐山地震时出生的，那一天早晨下着大雨，把"雨"和"辰"合起来，取"震"字是唐山地震的"震"。吕尔欣的名字是他爷爷取的，他的爷爷很重视取名字，他的原则是"取名字不能太通俗"，所以起了个"吕尔欣"的名字，奇奇怪怪的，（大笑）可见她的特点在这里。写人要抓住人物的特点，尤其应该在性格特点上多做文章，下功夫。怎样才能把人物的特点写好呢？首先该做哪些准备呢？

生：第一要了解人，了解人物的特点，在日常生活中要仔细观察，注意人的语言、行动和神态。

生：我认为还要跟人多接触。

生：要了解人。

师：对，让我们来讨论这个问题。想抓住人物的特点，就要了解人物，了解人物的语言、行动、心理活动，了解得越细，越具体，材料越多，越好。可见，作文在课内，功夫在课外，在平时注意生活积累，做有心人。

师：这次作文，要求抓住人物特点，抒发真情，真情——真实的感情。怎样才能抒真情呢？谁来回答？

生：要有典型的事。

生：对这个人要有感情。

生：要写亲身经历过的。

师：有道理。写真事，（板书：写真事）不要瞎编造。现在有的人的文章是造出来的，这不好。我们请顾静娜同学谈一谈她写外公临终前的这段文章，评一评，她写的内容真在何处？

生：（读《我的外公》的有关片段）

师：这是顾静娜写外公的临终嘱咐的一段。顾静娜妈妈看了她写的文章以后写了整整一页的评语，她说："《我的外公》这篇文章，感情真挚，具体写出了小作者生病时外公对她无微不至的关爱；外公临终前对亲人语重心长的嘱咐……感情真切，读来催人泪下……"

马恒同学的妈妈，读了这篇文章以后，也深受感动。她写的评语中有这样的话："顾静娜的这篇文章，我看了都要掉眼泪了。这篇文章真实啊，真实才能感人。"马恒的妈妈未必认识顾静娜，也未必认识顾静娜的外公，为什么看了这篇文章她觉得也要掉泪呢？这是文章以真情使她感动了。是的，静娜这篇文章写得很感人，可是她觉得这篇文章还没有完全写好，还要再修改，请她把自己的想法再讲一讲。

生：我想文章的开头如果改成"每当我看到外公的照片，或每逢清明节时就想起有关外公的往事"会更合情理些，还有临终嘱咐这段，妈妈曾当着外公的面说要想办法给外公土葬，外公曾说："你们都是党员，不能这样做……"我想把这些话补写上去更好，更感人。

师： 好。这样写，可使外公的品质特点得到进一步的表现，我建议你再修改补充，改好了再加分，看谁破最高分纪录。（笑声）

师： 有的同学总以为写人要写大好人，写事要写大好事。最好亲眼看到昨天晚上哪里失火了，消防队员奋勇救火的场面。或者看到下宁桥边有个小孩儿掉下河去了，一个人民警察奋不顾身跳下去把小孩捞起来……这样我就有内容可写了。（笑声）当然，有这样的内容是应该写的，但是在我们的日常生活中，这种事是很少碰到的，如果都要写这类内容，那就自己把写作的内容搞窄了，其后果将会使自己整天叹息："哎！我没有东西好写！我写不出来啊！"这次发给大家看的几篇文章都没有什么惊天动地的大事，而是把人物的特点、把自己生活中的真实感受写下来。生活中有取之不尽的写作源泉，这一点希望大家认识清楚。下面我们要进行再次写人的练习，要求写一个有特点的人。这个要求我早就告诉过大家了，有的同学可能已经考虑过了，考虑好的请举手。

师： 不少人已考虑过了。前一次文章得一百分以上的，可以再写原来写过的人物，当然内容要有变化，也可以另写别的人物。其他同学也可以写原来写过的人，但要有明显的进步，把别的同学的文章的优点学到手，做到抓住特点，抒发真情。请哪位同学说说，你写的是什么人。（有 20 余位同学举手）

生： 上次我写叔叔，这次我想写我自己。

师： 你抓你的什么特点写？

生： 个子高。

师： 对，他是我们班的身高冠军。每一个人都有自己的特点，因为每一个人都不完全一样，所以，每一篇文章也都应该不一样。把自己写好也不容易，我们大多数人没有写过自己。这次发给大家的几篇优秀作文，多数是写自己的，这给我一个启发，看来写自己的文章，获"优秀文章"荣誉称号的命中率最高。

我希望下一次看到比这次荣获 100 分以上高分作文更好的文章，下课。

附：写人的学生习作两篇

我

六（2）班　陈　震

一对圆而大的眼睛，闪烁着天真、调皮的光芒，大大的耳朵矗立在头的两边，

"隔山相望"，一头鸟窝似的头发，高大的嗓门，常常发出"震天动地"的响声，怪不得同学都叫我"陈大炮"。这一切就构成了我。唉！瞧我这粗心劲，说了半天，连我的名字都没告诉你们，鄙人姓陈名震。因为我是唐山地震那年生的，出生的那天是早晨，正在下雨，把"雨、辰"一合，变成震，你瞧这名字取得多妙。我姓妈妈姓，因为妇女解放了，爸爸同意我姓妈妈的姓。

提起粗心的习惯，我真是悔恨呀！去年冬天的一个晚上，我们单元又停电了，爸爸带我去修理，由于我粗心拉错电闸，使爸爸和几位叔叔差点触电身亡。事后爸爸严厉地批评了我，我发誓一定要改掉这个坏习惯。

"纸老虎"这个词来比喻我可是最理想的啦！每当爸爸出差，家里便成了我的"天地"，妈妈、大哥成了我的"奴隶"，活像真老虎。可是爸爸要是出现在我的面前，那我可就软了，变成"纸老虎"。

忙了一个星期，星期天理所当然地应该轻松一下，可是爸爸却总是说："不行，星期天不能光看电视，要学习、学习、再学习。"正巧这个星期日，爸爸出差未归，心想，这下我可以"大干"一场了。正当我兴高采烈的时候，爸爸却"从天而降"，板了副铁面孔，本来就瘦瘦的脸，现在变得颧骨突出，更加"可怕"，胡子一翘，生气地说："怎么又不听话了，去学习！"于是我把刚打开不到几分钟的电视机很不情愿地关上了，拖了两条沉重的腿，小声嘀咕道："刚回来就治人，神气死了！""砰！"我把门重重地一关，爸爸听见后，马上追过来质问道："怎么，不服气，如果你再表现出一丁点，我就对你不客气！"我一听这吼声，吓得两眼发直，双腿打战，牙关咯咯直响，马上辩解道："手打滑了，对……对不起，今后……我一定注意。""好了，学习吧……"爸爸走了，我想：唉！我要是爸爸的爸爸该多好呀！"怎么没有读书声？"外面又传来爸爸的吼声，我身子不由一抖，慌慌张张地拿起书，叽里呱啦地读了起来……

我的外公

六（2）班　顾静娜

提纲：

一、看到别人的外公，我不禁想起自己的外公。

二、外公很疼爱我。

1. 我生病了，外公对我的关爱无微不至。

　　2. 外公临终前对我的嘱咐。

　　三、我失去了外公，觉得对不起他。

　　四、我爱外公。

　　每当我看见别的孩子被自己的外公带着，逗着，我的心就会抽动起来，外公的身影就会悄悄来到我眼前。

　　外公有一张慈祥的脸，脸上总挂着一丝微笑。但病魔却跟他过不去。四年前，我的外公得了不治之症——胃癌，吃什么，吐什么，在病床上被折磨了三个月，最后被活活饿死。当时我还在上二年级，只希望医生能治好外公的病，因为我是那么地爱他。

　　记得有一次，我得了肺炎，外公不顾年老体弱，坚持要把我背到医院去。我住院后，外公每天给我带来许多好吃的东西。他把香蕉剥了皮给我吃；把西瓜去了籽给我吃；他给我调了一杯果汁，先用小勺子舀了在手背上滴一滴，试试，烫了，吹吹凉，才小心翼翼地把果汁送进我嘴里。望着外公那张慈祥的脸，那一举一动无微不至的关爱，泪水就从我的两腮滚下来。

　　可是，这样的日子不长，没几天后，外公病倒了。望着外公那张苍白的脸，那抽搐的双手，我十分焦急，束手无策，在床边轻轻地呼唤："外公，外公，我知道你很难受，你睁开眼看看我，看看我。"外公似乎听见了，吃力地微微地睁开双眼，浑浊的泪水在他眼里打转，我第一次看到外公流泪，愣住了，只听见外公用微弱的声音嘱咐道："静娜，要好好学习，别辜负老师、爸爸妈妈和我的期望。平时要多注意点身体，别什么都吃。还有，平时，我批评错的，别记在心上。"我不住地应着。"去，把你妈叫来。"我急忙去把妈叫来了。妈把门关上了，我凑到门缝边，只听见妈妈在哭，外公说："别哭，人总逃不过一死，我去后，就有一事放心不下。"妈呜咽着说："爸，你说。"外公带着请求的口气说"我去后，你们一定要把你妈安顿好，要孝顺她。你们小时候可没让她少操心啊。"妈妈答应道："我们一定照顾好她，你放心吧。""我唯一的要求是每年的清明来看看我。"这时外公哭了。

　　现在我再想想那些往事，我似乎有些对不起外公，有时我还和他顶嘴，背地里还诅咒过他，可一旦失去了他，我感觉到我的心灵深处似乎缺少了些东西，空荡荡的。记得我们送外公去殡仪馆火化时，我的心情是那么沉重。听着哀乐，泪水就从我的眼眶里涌出。望着外公那庄重的神色，他仿佛是睡着了，我放低了哭声，不想惊动他。外公的尸体被拉走了，我停止了哭泣，默默地为外公祝福。

外公已离开人世四年了，但我和妈妈谈论起他就会在心中升腾起无限的怀念之情。我爱我的外公！

九、"听你的课是一种享受"

课堂是学生学习的主渠道，是学校教学的主阵地。要努力让学生在每一堂课都有所收获，让课堂充满生命活力，这是我们努力的目标。这就要求我们研究学生，钻研教材，开放课堂，确定恰当的教学目标，设计合理的教学流程，让学生在平等愉快的心境中学习写作。

讲评课课堂实录

课题：联想训练

年级：六（3）班

师：今天的作文讲评课是进行联想训练。上次写了一篇作文，题目为《我喜爱的一幅画》，我发现全班没有一个人写的画是相同的，可以讲是各不相同、五彩缤纷，我看了很感动，写得都不错。特别是有几个平时对作文感到有些困难的同学也有了明显的进步，如许敏同学，杨老师给他打了80分，不错啊，他的作文中也写了联想的内容。这次作文，要求着重进行画面的描述，同时要求尽可能适当地展开联想。前几天杨老师把几篇写得较好的文章打印出来，发给大家了。每个同学在自己的本子上自评以及同学之间进行互评的工作也都搞好了。今天，自评中的问题不讲，现在我把四篇优秀作文，加上肖宁的一篇进步快的作文发给大家，肖宁这篇文章原来是不打算发的，我看他进步快，很高兴，写了一张字条给他爸爸，说你孩子作文进步很快，我想把他的文章转发给各位家长，你能否帮助打印一下。他爸爸很感动，认真地抄写好肖宁的文章，复印一百份，昨天早上一早送来，所以今天增加了肖宁的一篇进步快作文。肖宁的进步使老

师和他的爸爸妈妈很高兴！可见一人进步，皆大欢喜啊。（笑声）

［把学生优秀作文和进步快作文打印给同学，对这几位同学是鼓励，给大家提供了学习的榜样］

接着老师带领着同学们进行了专题性的作文讲评。张泉同学见到的一幅海滩的画，联想起北戴河海边与小冬冬的深厚情谊；余佳同学写的一幅中国画《竹石图》，由画中的竹联想起竹子，赞美竹的品格坚韧、虚心；蔡铭同学写的一幅黄山的照片《高路穿云》，联想起勇于攀登的精神。在课堂上，师生重点讲评了第四篇：

师：第四篇是高浩的，请高浩朗读一遍。

（高浩读全文）

师：前面三篇比较容易写，联系自己的往事，借物喻人，歌颂精神，揭示道理，比较容易学，我相信，我们绝大部分同学可以学会，可是高浩这篇的写法就比较难学了。高浩，是高水平的，名副其实的，（大笑）要赶上高浩，就要像攀登高峰一样，这篇文章值得大家来研究研究，我看这篇文章是不错的，这是一篇我们民族精神的赞歌。下面请高浩谈谈，他是怎么写的？

生：前几天杨老师给我们布置了一篇作文，题目叫作《我喜爱的一幅画》，我想，我写什么画好呢？一般的画都不满意，没什么好写。我又想，现在时间在向前，时代也在前进，人们都在为了实现四个现代化而奋斗、而拼搏，我想我写一幅有拼搏精神的画吧！我经过反复考虑，选了 17 世纪荷兰杰出的画家鲁伊斯·达尔的代表作，油画《汹涌的海》，我描写了天、海、小帆船三部分。怎样表现出小船的拼搏精神呢？我反复琢磨后，决定用侧面描写，着重描写天气的恶劣、大海的气势磅礴和波涛的汹涌，从而衬托出小船的拼搏精神。

［让学生讲选材的过程、立意的思考，是主动学习的体现，是学法的介绍］

师："衬托"，这方法好，有创见。（笑声）

生：最后，我在联想部分想象了小船上水手们的言行，使读者对小船的拼搏精神有更深的印象。下面我便重点写联想部分，我想了一想，觉得猛一联想下去会使人感到太突然，于是我来了一个比较自然的承上启下的过渡。

师："承上启下的过渡"，请说说，怎么承上，怎么启下？

生："我望着这幅画"这是承上。"想了很久很久"是启下，使人明白，作者要通过画面展开联想了。我联想部分是这样写的，我先联想到我们伟大的祖国，我有些是从历史课本上看来的，有些是从地理课本上学来的。

［还是让学生自主学习，介绍学习过程，体现学习的探究性价值］

师：这一点很好，把地理书、历史书中学到的知识，用到作文当中去，集历史、地理、美术、语文于作文之中，取各方之精华，水平高。（笑声）

生：有一些是我从课外书上看来的，选一些典型的例子，按年代排列起来，一组一组出现，颇有点诗歌散文的味道，如"林则徐虎门销烟，方志敏从容就义"等，从而又一次很好地表现了小船的拼搏精神。

师：好的，你想得不错，思路很清晰，是什么思路？是横向和纵向的思路。（板书：思路）

```
                    纵向
                     │
                    过去
                     │
                    现在
                     │
横向─────────────────┼───────────────────
          有的……   │  有的……有的……
                     │
                    未来
                     │
```

［教师用这张坐标图，把比较抽象的概念具体化了，使学生思路更清晰，理解更深刻，发挥了教师的指导作用］

师：横向："有奔腾的长江，滚滚的黄河，古老的长城，金碧辉煌的宫殿……"这是在960万平方公里的平面上。蔡铭同学作文中想到的"华罗庚""陈景润"是平面的横向联想。（教师指横向坐标线，板书：有的……有的……有的……）

师：另一种是什么思路？

生：纵向。

师：对，是怎样的纵向？

生：今天我们进行四化建设，前进的道路上还会有惊涛、险滩，我们要勇于发扬拼搏精神，去争取更大的胜利，迎接美好的明天。

师：从"今天"到"明天"是纵向，还有吗？

生：“林则徐虎门销烟，义和团奋起斗争，方志敏从容就义”。

师：对，从过去到现在，到未来，（板书：过去，现在，未来）这是纵向思路，我们思路搞清楚，很重要。

生：还有“长征的火炬，抗日的烽火，渡江的战帆，到天安门前的开国大典”也是纵向思路。

师：对，这也是纵向的。

师：从这四篇文章中，我们得到一个启示，每一篇文章都有值得我们学习的地方，这几篇文章之所以能写好，我觉得他们基本的经验除了思路对头以外，还有哪些呢？首先我们看一看蔡铭写的文章中，值得我们学习的是什么？

生：引用名言。

师：他从画面上攀登的人，想到科学家的攀登，从船想到人的拼搏精神，这中间有个什么启示。

生：有内在联系。

师：有什么内在联系，中国革命与船有什么内在联系？

生：小船是在惊涛骇浪中前进的，中国革命也是在风浪中前进的。

　　［教师引导学生提升文章内在的思想性，很自然地渗透了中国革命史的教育］

生：中国革命也是在拼搏中前进的。

师：对，把看到的、想到的密切地联系起来，要自然，要合理，这是基本经验。

师：这几篇文章是比较好的，但也有缺点，有什么缺点？

师：好，高浩说。

生：我这篇文章题目比较差。

师：题目太一般化。我们这一次写《我喜爱的一幅画》，全班两个人不用这个题目。一个是胡杭，他是《荷花颂》。还有一位是张泉，他不用杨老师的《我喜爱的一幅画》，他的题目是《大海情深》，很有点味道啊！（大笑）

　　杨老师看了这个题目，感到比大热天时喝杯冰果露还要舒服，（大笑）我们这位学生的这个题目起得太好了，我想到这个题目就有一种舒服感，（笑声）下面请张泉说说，你怎么想到命《大海情深》这一题目的？

生：因为我看了某些电影和电视，如《万水千山总是情》，我从中得到启发。我用这个《大海情深》一是表现大海水深；二是表现了我和小冬冬的情谊很深。大海情深这是一语双关。

师：好，"一语双关"很不错啊，（笑声）富有诗意的《大海情深》，我希望张泉将来在诗歌方面能做出贡献。（笑声）

［让学生做学习的主人，畅谈思考的过程，介绍学习的方法，告诉同学看电影、电视也可以学到学习的方法］

生：我的题目可以改为《拼搏精神的颂歌》。

师：高浩，你的作文可以把题目这样改一下：《发扬吧，拼搏精神》。

生：我的这篇文章（蔡铭写的《高路穿云》摄影），太死板，空洞，没有应有的议论。

师：你已有了一点议论，你很虚心，能更高地要求自己，很好。

师：上面我们写的是画面，有中国画，有外国画，还有照片，现在这样写还比较方便，因为画家的作品是加过工的，现在我们要从画面引向生活。我们的生活中，有没有如画的内容值得我们去想，去写呢？前几天，我把这个要求告诉大家了，请大家去观察收集写作素材。

生：看到太阳西落时的美景，想到离休后还在发挥余热的老干部。

师：好啊，这叫"满目青山夕照明"。

生：看到路灯，想到社会上一些人，默默无闻地为人民服务。

师：从路灯默默为人照明，联想到默默无闻为人民服务的人，好，有联系。

生：从蜡烛为照亮别人把光明洒向人间，献出自己，想到老师为下一代成长，贡献自己的一切。

师：我很感谢你，你很体谅老师，我们在座听课的老师也很高兴。（大笑）

生：我写煤。

师：煤，写些什么？

生：它把热和光献给别人，自己却变成了灰，这种精神可贵。它像不少科学家，为别人奋斗一生，自己却无声无息地死去。

师：精神境界很高啊！

生：写铺路石，想到默默工作不计名利的人。

生：写桥的变化。

师：哪里的桥？

生：写文二街的桥，从小石桥到新建的文二桥，说明祖国在前进。

生：可以写老师的教鞭，在教鞭的指引下，我们学到了不少知识，给我们打开知识的大门。

师：本来两堂课的，现在一堂课略为延长一点时间，请大家写一写，由看到的内容，展开联想。时间关系，现在请大家把联想部分写一写就可以了，然后大家交流一下，我也写了一篇，我也交流一下。（学生写作，教师巡视指导后交流）

师：同学们收集写作素材，其中沈文彬收集了五十八个内容，有的二十九个，有的三十几个内容。我看了一个写南极草的，她带来了，（教师拿过南极草）我还是第一次看到。

［课前让学生收集写作素材非常重要，把写作与生活紧密结合，知道生活是写作的唯一源泉］

生：看到南极草，我想起了南极考察队的叔叔。他们顶着严寒，英勇奋斗……终于获得大量有关南极的资料，建立了长城站。看到南极草，想起了蒋加伦叔叔，一天蒋加伦叔叔与一个外国人坐小船到海上考察，当小船在海上时，不巧刮起大风，小船在大风中挣扎，但无济于事，还是被打翻了，汹涌的海浪立即向蒋加伦叔叔和那个外国人袭来，他俩使尽全身力气，与风浪做斗争，后来，那个外国人和蒋加伦叔叔先后上了岸，过了三个多钟头，直升机才把他们送到了医院。南极草，你是具有顽强生命力的草，我爱南极草，更爱勇敢的考察队员。

师：你的爸爸是南极考察队员，从南极回来带来了南极草，我希望你将来也为开发南极的事业做出贡献。南极长城站越冬站长颜其德，我们学校颜滨同学的爸爸从南极回来了，他告诉我那里长城站前的积雪有 3.8 米厚，战斗在那里不容易啊。

生：我写杨老师的头发掉了。（大笑）

师：我的头发是掉了不少了。（摘下帽子）

生：杨老师的头发掉了。啊，杨老师掉了这一根根头发是为培养一代新人呕心沥血、不辞辛苦地把知识教给学生所造成的，夏天的晚上他不怕蚊虫叮咬，不时抹一下汗；冬天，不时擦擦冻僵的手，长期趴在台灯下工作。一年四季，每晚都有一个高大的身影，印在杨老师家的窗上，啊，杨老师头发一根根地掉了，他的心血也一滴滴地落入同学们的心中啊！

师：你写得过奖了。杨老师做得很不够，很不够，过奖了。（大笑）但你这么说，是对全体小学教师的赞美，我代表全体在座的老师表示感谢。（热烈的掌声）你这样理解老师，我就是头发掉光也心甘情愿啊！（大笑、热烈掌声）

生：我还要讲。

师：好，我让你发言。

生：我写杨老师的教杆。这根教杆多像乐队的指挥棒啊，杨老师像指挥，紧紧地抓住了我们的心，使我们在短暂紧张的四十分钟内，集中思想，努力学习，我们则都像乐队的乐手，时而欣赏佳作；时而专心写作，时而认真修改……这根教杆又多像收音机的天线，告诉我们世界各地的信息。一堂堂兴趣课给我们带来了各种丰富的知识和信息。同学们各抒己见，滔滔不绝，从古代谈到今天，从今天谈到未来……老师们的教杆像一把把金钥匙，帮我们打开知识的大门。看，在教杆的挥舞下，将出现无数文学家、工程师、科学家、医生、教师、企业家、工人、新型农民，还有一大批劳动模范和先进工作者……

师：你歌颂老师，我们很感激，我们一定努力把大家教好。

师：郭陆易写的这篇文章，不是把教杆比人，而是比作指挥棒，比作收音机天线，比作金钥匙。她不是我们讲的借物喻人，是以物比物，所以说写作方法是多种多样的，有的是几种方法互相交叉的，如写回忆中的有关人与事，就可与象征意义交叉在一起来写。

[教师点拨让学生从借物喻人扩大到以物比物，促进学生写作思路的拓展]

师：下面我也读一段自己学习写联想的文章。我写了"蜡烛"，请大家帮助。我写蜡烛有两个原因，一是我的很多学生毕业了，他们每到元旦、春节都会给我寄来不少贺年片，它们多数来自全国各地，也有的来自大洋彼岸，你看这两张是从美国纽约寄来给我的（出示两张贺年片），这位同学于1967年小学毕业，毕业后没有真正地进过中学、大学，他是靠自学成才的，在美国哥伦比亚大学攻读博士学位，《文汇报》为此发表过长篇报道，他寄给我的贺年片都是蜡烛，他的想法大概也和刚才宋国锋说的感受一样，老师具有献身精神，具有蜡烛的精神。（大笑）每逢停电时，我走到我们宿舍楼老师家里，常常看到我们的很多老师，特别是年龄大的低年级老师戴着老花眼镜，批改着学生用铅笔写的作业，这些老师太可敬了，我很感动，太感动人了，我写了一篇短文，全文太长不念了，只念联想部分。

"我们谈起他送给我的印有蜡烛彩影的贺年片：杨老师，你不是教过我们一首写蜡烛的古诗吗？你说蜡烛是无私和光明的象征。我认为教师就有蜡烛那种献身精神。它引起我的联想，我想起了那首古诗：《蜡烛》

> 不惜身上膏，化作千尺明。
> 陪人依窗读，照人赴锦程。
> 默默发光热，从不慕虚名。
> 一心贯始终，为人尽忠贞。

我仿佛看到那蜡烛越烧越旺，火光是那么耀眼，那么神奇。我想，我们每一个人民教师不就是那一支支燃烧着的蜡烛吗？我们的老师日复一日，年复一年，战斗在平凡的教育岗位上，迎来的是一批批小朋友，送走的是一届届毕业生。多少人的两鬓增添了白发，多少人的额上增加了皱纹，把自己的青春和智慧无私地献给了学生，用自己的光和热，点燃下一代心灵的火花，照亮了他们的锦绣前程。

我爱那燃烧的蜡烛，我爱那无私的蜡烛啊。

因为它永永远远地激励我，发扬那可贵的蜡烛精神。"（热烈掌声）

［教师自己写"下水文"，表达自己对学生的思念，对教育事业的忠诚，师生在平等的地位上共同学习写作，为学生做出了学习写作的榜样，增强了师生的情谊，调动了学生的写作积极性］

师：我们写了南极草、高山松，还有的同学写了攀登的文章、拼搏的文章，我希望我们的同学，能够这样说，这样写，今后也这样做，像南极草那样坚强、像高山松那样挺拔、做平凡的铺路石、做勇敢的攀登者。我们要驾驭理想的风帆，在成长的道路上搏风斗浪，未来是属于你们的，理想的种子会开出鲜艳的花朵，结出丰硕的成果。

同学们，杨老师这节课就上到这里。请大家回去把文章写好，把我发的材料请家长看一看，好，下课。（热烈的掌声）

［教师的课堂小结把学生从写作指导拓展到今后人生之路的指导，教书育人，浑

然一体]

南京市资深的语文教研员戴传纲先生听课后这样写道:"去年 12 月 18 日,有幸听您上了一堂作文评讲课,收获之大,非信上所能说清。听您的课是荣幸,是享受,是乐趣,育英才,在您的熏陶下足以使他们成为有用之才。您介绍的经验,我争取学习领会得深刻些,我虽也教了 20 多年语文,年岁往 60 跑了,但差之远矣!"

杭州市某教育局局长听了我的课以后给我的信中这样写道:

在安吉路小学听了你的作文课,感到确实上得好,令人耳目一新。

女同志上课一般比较细腻,注意细节处理,如那天上课的王燕骅、董玲玲老师。而你却给人粗犷、豪情满怀的感觉,颇有点"大江东去"的味道,富于激情,师生配合默契,真正激起了学生学好语文、写好文章的强烈欲望,也教给了学生写作(联想)的一些规律性知识,使思想教育与语言文字教学浑然一体,把课真正教活了。不是我恭维你,这样的课多年没有听见了,很使人感奋,我局老局长何容同志也有同感。在此也向你祝贺!

一位报社的记者在得知这一信息后写的报道中这样写道:在大庭广众面前,学生竟敢在太岁头上动土,要写杨老师的头发掉了。杨老师不但不批评他反而表扬他,感谢他,这样的课堂教学实在令人叫好,这样的师生关系实在令人称颂。

十、红豆熬成的汤

阅读是写作的基础。只有大量地、广泛地阅读吸收,才能有丰富的自如的写作运用。

阅读,仅靠语文教科书的内容实在是太少了,语文教师要十分重视学生的课外阅读指导,引导学生与书交朋友,与报刊交朋友,帮助学生掌握读书方法,让孩子们在知识的海洋中遨游。

（一）丰富书源

引导学生开展课外阅读，必须要为学生提供丰富的书源。要选择健康有益的适合学生年龄特点的书籍，鼓励孩子买书，在家里建个小书库，班级建立班级图书箱，学校的图书馆要向学生开架借书。

鼓励学生根据不同年龄段订阅适合自己阅读的不同类型的报纸杂志。

学生购书，要广一些，比如有文学类、历史类，有科学类、艺术类等。从小扩大学生视野，丰富各方面的知识。

（二）加强指导

加强课外阅读，指导读书方法，让学生从小学爱读书，会读书。

实行分类指导，不同年龄段有不同的阅读要求，要考虑不同的阅读方法。如低年级指导看图读物为主，读读说说，读读画画。高年级可以写读书摘记，读后感想等。

不同读物也有不同的阅读方法，比如读人物传记可以列该人物大事年表；可以写人物评论；读科普读物可以做科学小实验；读故事类书籍可以举行故事会；读诗歌可以举行诗歌朗诵会等。

上好课外阅读课。一般包括读前指导课，介绍要读的书籍，欣赏书上精彩片段，指导读书方法，如怎样摘录书中的好词佳句、主要内容等，激起学生阅读的兴趣。读后评论课，主要交流读后体会，发表读后评议，指导学生怎样写读后感想等。

加强网络阅读指导。互联网的诞生给我们提供了广阔的网上阅读天地，教育学生遵守网络道德，注意用眼卫生，指导网上阅读方法。

（三）开展活动

读书活动要从不同年龄段的学生实际出发，开展读书演讲活动、读书笔记交流展示活动、读书征文活动、书中人物评论活动、化装故事表演、好书推介活动，还可以开展与作家见面活动等。

《爱迪生》一书阅读指导课教案

阅读材料：《爱迪生》，黎金编写，少年儿童出版社出版（1978 年 8 月第一版）

教学年级：五年级

教学目的：

1. 通过阅读指导，使学生了解爱迪生的生平以及他在科学上的伟大贡献，教育学生学习爱迪生热爱科学、不畏劳苦、努力攀登高峰、用科学知识造福人类的崇高理想，引导学生从小热爱科学、勤奋学习，长大为建设社会主义现代化强国做贡献。

2. 告诉学生阅读传记文学的方法，初步懂得怎样列主人公的生平大事记，指导学生摘录名言，写读书笔记。

教时安排：两教时。

第一教时：新书推介课。介绍此书，教给学生阅读方法。

第二教时：交流阅读情况，指导写读书笔记。

第一教时

今天向大家推荐《爱迪生》一书，这本书通过故事的形式，比较详细、生动地介绍了美国著名科学家和发明家爱迪生的一生。

（一）为什么要读《爱迪生》

1. 爱迪生精神可贵，贡献很大，值得学习。

托马斯·阿尔瓦·爱迪生（见书中照片），是个了不起的人物。他 1847 年 2 月 11 日出生，1931 年 10 月 11 日去世，享年 84 岁。他一生的发明，在专利局登记过的就有 1328 项，平均每 15 天就有一种新发明（读"前言"第 1、2 页），电灯、电影、留声机都是他发明的。

爱迪生的发明，是他刻苦钻研、顽强劳动的结果。他只读过 3 个月的书，没有受过其他正规教育，他从小热爱科学（读第 5 页，爱迪生孵小鸡的故事），以坚忍不拔的毅力，在千百次失败面前，不畏缩，不倒退，克服了数不尽的困难，才取得了伟大的成就。有人说他满脑袋都是"灵感"，说他是"天才"，可是他说："天才嘛，那是百分之九十九的血汗，加上百分之一的灵感凑合起来的。"即使到了晚年，已经是七八十岁的老人，还坚持"一天干两班"。

今天，在走向四个现代化的道路上，我们多么希望有这种精神啊！

2.《爱迪生》一书写得很好，值得欣赏、学习。

这本书把爱迪生的一生，用小故事的形式写了出来，具体、生动地反映了爱迪生的伟大精神。大家看，爱迪生历经千辛万苦，寻找灯丝的故事，反映了爱迪生不怕失败的精神，作者写道："凡是植物学所有类似的纲目科别，只要能找到的都被他试遍了，这还不算，连假象牙、硬橡皮、麻绳、钓丝、纸，甚至马鬃和人的头发和胡子也都用来当灯丝试验"，接着，书中还写了克鲁西和麦肯基两人把胡子做灯丝进行比赛，看谁的胡子亮的时间长，这些具体、形象的故事，使人一看就知道爱迪生为找到理想的灯丝材料，真是想尽了一切办法。它的写法是值得我们学习的。

（二）怎样读《爱迪生》一书

1. 拿到书以后怎么办？从头读起，一页一页地读，先要看看"内容提要"和"前言"，不能单凭兴趣，乱翻乱看。

2. 遇到困难怎么办？字不认识，不懂意思，可以查字典，可以问别人，可以联系上下文，自己思考，有的也可以先跳过去，因为一本书不可能什么东西都看得懂，都弄明白。

3. 遇到精彩的部分怎么办？可以多读几遍，体会体会，可以熟读成诵，甚至可以摘抄下来，例如爱迪生发明留声机以后，"会说话的机器"第一次与大家见面，当时各地的人是怎样去看这号奇物怪事，这一场面，书中写得精彩极了，从老人到小孩都涌来观看；从铁路公司的老板到水果店小摊贩，都到这里来抢地盘做生意，连那个表示怀疑的牧师看了这架机器后，惊奇得双手交叉在胸前，像在向"万能的上帝"默默祈祷："仁慈的主啊，难道这一切都是真的吗？"看，写得多么活灵活现。

4.《爱迪生》是传记文学，介绍了爱迪生的一生，写的是真人真事，为了帮助大家读好这本书，掌握书中的主要内容，一面阅读，一面做两个作业。

①列个《爱迪生生平大事记》。

时　间	年　龄	地　点	主要活动和重大发明
1847.2.11		米兰市	出生
1855	8	休伦埠	上了三个月的学
1859	12	休伦埠	在火车上卖报
1864	17	联邦西部电报公司	发明二重发报机

续表

时　间	年　龄	地　点	主要活动和重大发明
1868	21		发明投票记录机，获第一个专利
1931.10.18			逝世

②摘录爱迪生的名言，至少每人摘三句（师生先共同讨论什么叫名言）。

学生回家阅读《爱迪生》，并完成以上两个作业。

第二教时

（一）检查和交流阅读情况

1. 检查阅读进度。遇到哪些困难，是如何克服的；发现哪些精彩部分，是怎样阅读的。

2. 交流《爱迪生生平大事记》的整理情况，帮助有困难的同学修改、补充。

3. 交流摘录的爱迪生名言。

（二）指导写读后感

1. 写读后感可以进一步帮助自己掌握文章思想内容，更好地学习爱迪生的精神。

2. 读后感要写出你读了《爱迪生》后最受感动的，或者对自己帮助最大的那一点。

3. 写作重点可以围绕以下三点：

爱迪生热爱科学，勤奋学习；

爱迪生顽强攻关，不畏劳苦；

爱迪生想着人民，造福人类。

写感想要真有感想才写得好。可以联系自己思想、联系自己学习、联系现实生活来写。

在学生讨论的基础上，教师小结。让同学练习写作，题目可以自己出，如《学习爱迪生的伟大精神》《从小爱科学，长大攀高峰——读〈爱迪生〉有感》《像爱迪生那样学习、战斗》等。

从当语文教师到当校长，我一直注重在学生中开展"建小书库、做小摘记、办小剪报"活动，"三小读书节"成了学校每年一次的展示读书成果的传统节日活动。

学校要千方百计扩大书源，增加藏书量，在扩大原有阅览室的基础上，还建立了电子阅览室。学生可以在网上查阅学校藏书目录，可以凭借书证向学校图书馆借自己喜欢的书，可以在电子阅览室阅读电子读物，可以在网上阅读自己所需要的内容。

开展"建小书库、做小摘记、办小剪报"活动，教师要引导学生学会选书、买书，买有阅读价值的书，买有保存价值的书。学生家庭藏书量不断增加。"三小"读书活动，营造读书氛围，促使学生喜欢读书、认真读书、提高读书的效果。

下面是"三小"读书节的部分成果展示。

王佳未同学的小书库目录，展示他的文学作品、语文学习、数学学习、科学知识、历史文化五方面的藏书共 233 本，每一页的藏书目录中有编号、书名、作者、出版社、出版时间。

蒋中蓁同学的书库目录前有小序："我家的书可多了，可书一多就会乱，一乱，书就会洋洋大观找不到，我常常为了找一本书而花很长时间，真是麻烦极了，于是，我便把书整理起来，建成一个小小书架，这样不仅美观，找起书来也方便了。我的书按照书的类别，分为作文类、小说类、文学类、数学类、科学类、工具类和漫画类。我的书架有 A、B、C、D 架，各个书架分别分为 1、2、3、4 层，我把各类书都贴上标签，比如我把《哈利·波特与密室》贴上 A－3－2，表示这本书放在我的 A 书架第三层第二本。这样就很容易找到想要看的书，也能知道每一本书该放在何处，并在电脑上建立一个小书库目录，随时增减。"

袁昊同学的展示成果是读书摘记《秋之韵》。他在首页上写着："秋高气爽，一年中最惬意的季节终于来了！忘却都市里的喧嚣，忘却学习工作中的烦恼，走吧，一起去旅行！在舒爽惬意的黄金旅程中，倾听秋的音乐，捕捉秋的色彩。"小读者摘录了大量写国内外秋景的文章和片段。

十一、让后进生看到希望

作文是创造性的劳动，让学生看到自己写作的成果，品尝成功的喜悦，有利于培养写作兴趣、提高写作的积极性。

对于学有困难的学生，要坚持鼓励为主，体谅他们的难处，适当降低要求，看到点滴的进步，对他们文章中的某一个词用得好、某一句话写得好要及时表扬。甚至把这句话和其他同学进步快的作文、优秀作文一起打印出来，发给同学和家长，无疑对这位同学是很大的激励，让他与优等生一样也尝到了成功的喜悦，看到进步的曙光。

教学记事

（一）写一张成绩单的故事

杨一青与杭州大学小学语文专家朱作仁等在一起

一次，布置学生写一篇题为《一件引起我联想的物品》的作文，我提前两周公布作文题目，要求学生每人准备一件引起自己联想的物品，到写作文那一天，把这件物品拿到教室里，放在自己的课桌上，看着写。过了一个星期，我检查学生准备的情况，全班绝大多数同学都准备好了，只有三个人觉得没有物品可写，其中两位同学是留过级的，另一位语文基础也很差，课后，我把这三位同学找来，帮助他们准备写作内容，两位同学在我的启发帮助下，落实了写作内容，可是还有一位王××同学，还是找不到可以使他产生联想的物品。当时，我要求其再去想一想到底写什么物品，反正离写作指导课还有一个星期，等想好了再告诉我，这位同学无可奈何地走了。他在写作上遇到的困难，引起了我的深思：《一件引起我联想的物品》，对于优等生来说，是没有什么困难的，不仅是一件，就是拿五件六件物品也不困难，比如，三好学生的奖品，优秀队干部的奖状，生日时亲友送的礼物，父母出差时带回的纪念品等，都可以使这些优等生联想。可是这位王××同学，奖品、奖状和他向来无缘，因为成绩差，生日也没有人给他礼物，父母都是普通工人，从未出差远行，根本没有给他纪念品，所以，对他来说，要写这个题目确实是困难啊。对这样的孩子，我们更应该关心他，爱护他，而且更需要具体帮助他解决学习上的困难。过了两天我又去找王××同学，问他有没有准备好一件引起联想的物品，他说："杨老师，我实在没有东西好写。"过了一会儿，他从书包里摸出一个破破烂烂的塑料铅笔盒，对我说："要不我再写这个铅笔盒吧？"我说："铅笔盒你三年级就写过了，现在是毕业班了，再想想别的内容吧。"当天晚上，我躺在床上也在想，到底让他写什么呢？我忽然想起，他是一个留级生，对通知他留级的那张成绩单一定会很有感触，于是第二天一早，我就在学校门口等他，我问他："今年暑假前，老师通知你留级时，有没有给你什么东西？"他说："给了我一张成绩单。"

"成绩单放在哪里？"我急切地问他。

"放在家里的玻璃台板下。"他说。

我又问他："怎么放的？"

"盖起来放着，因为难看，分数太差。"他把情况如实地告诉了我。

于是我引导观察，先问他："成绩单左边是什么？"

他说："是品德评语，老师说我劳动积极，体育活动能参加，但上课不听讲，作业不认真，希望我吸取教训，好好学习，争取跟上全班同学。"

我问他："成绩单右边是什么？"

他说："是分数，有三盏'红灯'，语文 58 分，地理 46 分，数学 28 分。"

我又问他："成绩单上还有什么"时，他说："还有'留级'两个字。"我问他："你看到'留级'两个字有什么想法？"他说："看到'留级'两字，我觉得这两个字越来越大，越来越大，整张成绩单都是'留级''留级'……其他的，我什么也看不清了。当时我还想，今天下午回家爸爸又要打我了，晚饭又没得吃了。"我听了他的叙述，觉得很有真情实感，便说："你有东西可写了。"

"写什么呀？"他奇怪地问。

"写这张成绩单吧，成绩单也是物品。"

"那么差的成绩单也好写文章？"他似乎怀疑。

"可以嘛，你不是很有联想吗！"给我这么一说，他高兴极了。

过了一天，上作文课了。大家都拿来了能引起自己联想的物品。王××的桌上放着这张成绩单。指导课上，我强调联想要自然，要合理，要有真情实感。到下课前还有七八分钟，我请几位同学把写好的联想部分读一读，互相交流一下，第三位就请王××交流，他读着自己写的文章："……我看到'留级'两字，就觉得这两个字越来越大，越来越大，整张成绩单似乎都是'留级''留级'……"他把前面讲的内容都写上了，还补充了两句"我要牢记住这血的教训"。同学们认为"血的教训"不妥，有的说可以用"沉痛的教训"，有的说可以用"深刻的教训"等。我当着全班的同学和几百位听课的教师，高度评价了王××的作文，我说："王××的这篇文章是高水平的，我教了那么多年书，难得见到这样的好作文啊，好就好在这篇文章富有真情实感，我想他这次能写出这样好的文章，以后只要坚持努力，勤奋好学，也一定能写好其他的作文。"我这一番评价，使他很受鼓舞，写作上的心理障碍似乎搬掉了很多。下课后，他特地走到我身边，亲切地叫了一声"杨老师！"是啊，一位刚留级下来的学生，在课堂上受到了老师那么高的评价，他是何等的高兴呀！以后，他的每次作文都比较认真，进步也快了。当年毕业时，语文得了 78 分，进入初中。这件事，使我体会到，热爱学生是提高教育质量的基础，特别是对待后进生，要满腔热情，具体指导，只有这样，才能使他们克服心理上的障碍，提高写作兴趣。

（二）这是你第一次得奖

一次，我新接一个班的语文课，第一天走进教室上课，我讲了自己教好这个班的决心，还向学生提了一些要求，其中一条是希望大家都能订阅一些少年儿童的报纸杂志，我问大家《少年文艺》是否都订了？当时了解有十六个人未订，我说，没有订的同学，我可以代大家到报刊门市部去买，要买的同学明天上午把钱带来，我请两位同学帮助收一下钱，学生争着举手要帮助收钱。我请第一位是女同学，中队委员，大家没有作声，我请第二位是坐在讲台前第一排的，一个剃着光头的男孩子，只见他的手举得高高的，我的话音刚落，同学们纷纷说："杨老师，请不得，他是小偷，把钱交给他的话，他要拿去买棒冰的。"

我早知道这位学生的情况，春游时，他用两角钱去买棒冰，不但白吃了棒冰，还偷回了两元钱。还有一次课间，食堂的阿姨来报告说，这个剃光头的孩子在食堂的煤堆里解小便，这位同学成了全校比较闻名的"淘气包"。他妈妈曾对我说："我的孩子成绩差，语文只有46分，是个试读生，而且品德又那么差，我最担心的是他变成少年犯呀！"

面对同学们的议论，这位同学低下了头，他似乎觉得，在新老师上语文课的第一天，大家就出他的洋相。我听了同学们的意见以后，耐心又诚恳地说："同学们，这位同学的情况我知道，但这已是过去发生的事情，过去的事情就过去了嘛，我相信，在今天开始的新学年中，他有新的希望，新的行动，新的进步。这一次，如果大家把买《少年文艺》的钱交给他，我相信，他一定一分不少地交给我。"我的话音刚落，只见他低下的头抬了起来。他看着我，从他的眼神中似乎可以感觉到，他很感谢老师为他说了公正的话。

第二天，有7位同学把钱交给了他，加上自买的一份，共8个人的钱，果然一分不少交给了我。我拿着他交的钱，在全班同学面前表扬了他。"我们要用发展的眼光看人，要相信同学的进步。"我用这一实例教育全班同学。

第一个月下来，全班举行课外练笔评比，这位同学以写文章的数量居全班第二名而获得"写作积极分子"的奖品——一本作文本，星期六的发奖会上，同学以热烈的掌声祝贺他这一个月的明显进步。

星期一，我找这位同学了解获奖后的情况，我问他，你得了"写作积极分子"的奖品，父母知道吗？他说："爸爸妈妈都知道了。爸爸说，这是你第一次获奖。妈妈说，你得的是数量奖，其实作文质量还很不够，以后还要努力才行。"他还告诉我，他最爱吃螃蟹，为了表示对他的鼓励，星期天，爸爸一大早去买了五只螃蟹，说完，他从书中取出了作文本，说："杨老师，昨天晚上我又写了一篇作文，题目叫《吃螃蟹》。"

这位同学在班主任和其他老师的共同教育下，进步很快，毕业时，语文考了76分，一次他在校外拾到浙江幼师一位同学丢的钱包，里面有不少钱，马上交给了老师，还给了失主，失主写了感谢信。

这位同学的进步，使我感到了信任与热爱的力量，我认为只有热爱学生，信任学生，各种教育方法才能取得成效。

让学生的作文有发表的机会，这是我在作文教学中持之以恒的一项举措。"发表"的概念是广义的，不只是在报纸杂志上公开发表，当然这一渠道的发表是需要的，要大力争取。对大多数学生特别是学有困难的学生，如前面这位王××同学，更多的是在墙报、黑板报上发表，打印出来成为文章活页，小报或者自己通过电脑排版编写成书，同学们自己命题，自己设计封面，自己编目录，自己写前言，自己插图，配照片，自己当出版社社长，到了六年级一个班有86%的学生自己能出这样的书。

自己出书有以下几种类型：

一是专题书。专题体裁，如《韩国访问记》《游海南》《云南见闻》；专门体裁，如《童话集》《日记选》等；专题内容，如《雪》编写雪的儿歌，写雪的散文，写雪的故事、童话。有的一篇文章一万多字，就成一本书，如《成长》写自己从幼儿园到小学六年的生活，是一本传记。

二是综合书。不分体裁、内容，把六年小学中的优秀作文汇成一本书。比如我校学生编写的自己小学的作文集，书名定为《回味昨日》《成长的足迹》《欢乐的童年》《七彩路》。

学生十分珍惜自己发表的文章，自己编写的书，真正把这些作为成长的档案，记载着自己金色的童年，成长的轨迹。

西湖区教育系统杨一青教育思想研讨活动总结会

和谐学校管理

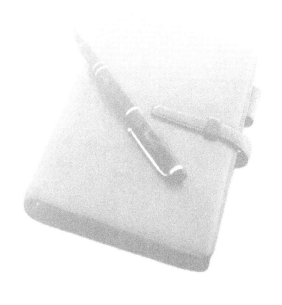

一、提炼办学思想，引领和谐发展

"和""谐"两字最早出现在《管子》中："畜之一以道则民和，养之以德则民合。和合故能谐，谐故能辑，谐辑以悉，莫能伤之。"这段话把道和德放在首位，有"道德"则"和合"，"和合"则"和谐"，"和谐"则"团结"，"团结"则"成功"，"和谐"的中心词是"和"。在中国思想史上孔子强调"和为贵"，还强调"君子和而不同，小人同而不和"，"和而不同"即承认多样，主张多样，不相同又和谐，即是发展。孟子强调"天人合一"，提出"天时不如地利，地利不如人和"。可见和谐是中华民族传统文化的精髓，是事物存在的最佳形态，是一切美好事物的共同特点。中国古代文化中的和谐还指事物协调、均衡、有序的发展状态，是从多样中寻求统一，通过多样达到优化。

教育的最高境界就是和谐。从宏观层面看，和谐教育应该是指教育发展的区域和谐与教育发展的城乡经济社会事业发展的和谐。从中观层面看，要努力缩小优质学校与薄弱学校的差距，实现校际发展的和谐。实现各类不同教育之间的和谐。我们讲学校管理，主要是微观层面看，我们要建设和谐校园，建立和谐的师生关系，实施和谐管理，和谐教学，构建学校、家庭、社会三方面的和谐教育环境，实现教师和谐发展，学生和谐成长。

在学校管理的实践中，提炼办学思想引领学校和谐发展，是我们在学校管理中的探索。

（一）教改纲领：整体观念、主体思想、个性发展、和谐关系——和谐管理的基础

改革开放初期，我们彻底批判"读书无用"论，深感文化课学习的重要，大家重视抓学科教学的质量，开展了一系列教育改革实验活动，主要是单项学科的研究，比如提高识字能力的研究、作文教学研究、阅读能力培养研究、数学课解题能力培

养研究、音乐课民乐进课堂研究等。后来在系统论、控制论、信息论的影响下，我们对学校教育的本质有了新的认识，认识到教育是一个多因素相互影响的工程，必须整体考虑、整体推进，只有整体改革才能达到整体优化的目的。所以1986年我们开始了"小学班的管理整体优化实验研究"先从班级入手，再推广到整个学校的整体优化实验研究。

在实践过程中，我们进一步认识到学校教育的整体改革，不仅要从学校内部方方面面整体考虑推进，还要从更广处、更深的层面来认识这一问题。1986年，我们认识到，要把教育改革放在整个社会改革的大环境中去认识；要把教育改革放到几千年文化的历史中来认识；要把教育改革放到未来社会对教育者、对人才需求中来认识。这三个认识组成了一个纵横的坐标系，我们可以看到教育改革的迫切性与艰巨性，尤其是教育思想转变的艰巨性。我们当时提出，深化教育改革，学校必须做到"四个坚持"：(1) 坚持整体观念。因为人是整体，促进人的素质提高是整体的效应。(2) 坚持主体思想。学生是学习的主体，有其特有的人格，特有的价值。尊重主体，发挥主体功能，是发挥内在因素的着眼点。(3) 个性发展。教育是促进受教育者个性得到充分发展，还是把受教育者纳入一个固定的模式成为工具，这是一大分歧，我们要重视个性发展。(4) 和谐关系。这是教与学互动的特点所决定的。只有良好的师生合作，只有良好的沟通、情感的和谐才能使教育方法成功，教育效果明显。这"四个坚持"成为我们当时教育思想上的四根支柱，为此我们分四讲对教师宣讲，开展研讨以求成为我校教育改革的思想基础和先导。

1992年，整体改革实验结题，对"四个坚持"内涵进一步加深研究，丰富内容，我们把这一改革的成果明确提出，成为学校的"教改纲领"。

整体观念。整体地考虑学校工作，整体地考虑班级工作，整体地考虑学生德、智、体、美诸多方面的发展。在课堂教学中要整体地把握教师、学生、教材，研究教学全过程的整体优化。在学校管理中要努力实现各个部分的优化组合，促进整体的发展。

主体思想。在学校管理中，教职工是主体，要尊重主体人格，承认主体价值，充分发挥教职工的积极性。在教育教学中学生是主体，同样要尊重主体人格，承认主体价值，发挥学生的学习积极性和主动性，引导学生身心自强、言行自律、学习自主、生活自理。

个性发展。主要指学生良好的个性、品格和特长得到发展，个性潜能得到充分开发。学校成为给学生创造潜能开发机会的重要场所、学生个性品德健康发展的精神家园。

和谐关系。是指领导班子成员之间和谐，领导和教师和谐，教师和教师和谐，教师与学生和谐，学生和学生和谐，教师和家长和谐，学校和社会和谐。领导、教师、学生、家长间的人际关系和谐，体现了民主、平等、合作的精神。学校、家庭、社会间关系和谐，配合默契，有利于形成教育合力。我们深感"天时不如地利，地利不如人和"，和谐关系是教育改革发展的重要保证。因此，我们把营造和谐的环境，视作学校教育的生命。

（二）办学目标：个性化、现代化、国际化——和谐管理的方向

当历史的车轮进入 21 世纪的门槛，我们在思考一个问题：时代对我们的基础教育提出了什么新的要求？发展是硬道理，我们学校应该怎样发展？我们认识到，多元文化的社会需要多品种、多规格、多层次的人才。我们的教育应该培养有个性、有特色、发展着的、充满生命活力的人。他们从小应浸润在现代化的教育理念中，使用现代化的教材、现代化的教育设施，感受现代化的教育手段和教学方法，才能成为一个坦然走向未来社会的现代人。同时，经济的全球化，文化的多元化，信息的网络化，特别是我国加入 WTO 以后，国际化的进程在加快，所以必须认识到，我们的学生，在十年、二十年甚至更长一段时间以后走上工作岗位，还应是适应国际化需求的人才。为此，我们要树立国际化的教育理念，培养国际化的文化视野，使学生在身体素质、道德水准、知识素养和实践能力等方面都符合国际化人才的标准，基于这样的认识，我们在 1999 年提出了学校的办学目标：个性化、现代化、国际化。

第一，个性化。从计划经济向市场经济大发展，在一定意义上讲是人的个性的大解放。素质教育是发展人的教育，其核心应该是个性的发展。素质教育是个性发展的"主"，应该落实到"素质"这个"体"上。推行素质教育，必须实施个性化教育。

个性化教育体现在所有的教育过程中，并基于儿童生理、心理特点，保持儿童

的精神家园，塑造儿童良好的个性品格，开发儿童潜在智能。它是以培养学生健全的人格为目的的综合教育模式。

一是强调自主性。个性教育强调人的价值，强调学生既是受教育者、也是自我教育的主体。个性教育的内因是具有独立人格的个体，自主性的人是客观环境的支配和控制者，不盲目受环境的控制也不盲目顺从他人。发挥学生的自主性就是要使得学生成为自主、自强、自觉的人，个性教育要求教师重视激励学生的主动性，通过学生自主学习、自我管理、自我教育实现主体地位。

二是注重差异性。个性是人与人的差异性，强调人的特殊性。个性教育的目的在于促使学生在社会化的同时，实现个性化。社会化很多是共性的要求，如社会的基本道德、行为的规范等，是人人必须具备的。个性化教育要求教学内容的组织选择和教学方法的使用，都必须考虑学生个性的独特性、差异性。既要有丰富的课程教材，也要有多样化的教学模式和个别化的教学方法。这要求教师全面深入了解学生，走进学生的心灵，针对学生的个性特点、差异提出适当的要求，帮助学生找出最能发挥自己创造性和个性才能的内容，促进学生快乐健康成长。

三是发掘创造性。个性化教育的深处是对学生的精神关怀，要尊重学生的特殊性、好奇性。要让学生有充分的心理安全与心理自由，敢于提出问题、敢于发表不同看法，发展求异思维，使创造性得到充分开发。积极通过启发手段和审美教育活动，培养学生想象、直觉、灵感等非逻辑思维能力。因为创造力的开发又依赖于非逻辑思维能力的发展，审美活动的形象性、直观性和愉悦性，能使学生产生积极的创造性情感，发展创造性品质。

四是重视活动性。学生的个性只能在具体的实践活动中得以形成和发展。如体育活动，有利于培养学生顽强的拼搏精神、公正观点、竞争意识、超越意识。艺术活动有利于培养学生的审美情趣和发现美、表现美、欣赏美、创造美的能力；科技活动有利于培养学生求知欲望、探求科技奥秘的兴趣爱好和动手能力；公益活动有利于培养学生热爱祖国、热爱集体、助人为乐、关心他人等道德品质。活动是促进学生个性发展的基本途径，教师要经常组织丰富多彩的活动内容，运用多样化的活动形式和活动方法，激发学生参与活动的积极性和主动性。要扩展学生的交流范围，使学生在活动和交流中培养完整的个性。教学的组织形式、教学方法、师生关系和课堂气氛对学生良好个性的形成具有重要的熏陶和感染作用，必须切实重视发挥课堂教学在个性化培养中的作用。

第二，现代化。顾明远先生在《关于教育现代化的几个问题》中指出："世界各国都在追求现代化，但什么叫现代化，却有很多不同的理解，我认为，所谓现代化，是指人类认识自然、利用自然和控制自然（包括人类自身）的能力空前提高的历史进程，以及由此而引起的政治、经济、文化等社会各领域广泛而深刻的变革，其目的是创造高度的物质文明和精神文明……现代化是个过程，是个动态的、不断发展的过程。它发展到今天经历了工业化、信息化两个阶段。"

教育现代化是社会现代化的组成部分。社会现代化包括人的现代化。从理论上讲，一个国家要实现现代化，首先要求人的现代化，这就要求教育现代化。教育现代化是国家现代化不可缺少的条件，两者相互促进，互为因果。

教育现代化首先是教育观念的现代化，因为教育理念的转变在教育现代化过程中起着先导作用，在小学教育阶段我们要坚持教育的个性化、现代化、国际化的目标；坚持实施素质教育培养学生健康的体魄、良好的品德、创新精神和实践能力；构建和落实适应21世纪的新的课程体系，课程标准，更新教学内容；改进教学方法和手段，采用现代教学技术，提高教学质量；强化教学环节与教学过程的管理，树立全程质量意识，建立科学的教学管理和质量监控机制，达到教学管理的科学化、规范化、制度化；教育质量和办学效益评价中接受社会的检验。

教育现代化也是传统教育向现代教育转向的过程。这个转化并不是把传统教育抛弃掉，空中楼阁地去构建一个现代教育，而是通过对传统教育的选择、改造、发展和传承来实现的，传统教育中有许多优秀的东西，要继承和发扬，但它毕竟是旧时代的产物，有不少与现时代不相适应的东西，这就要抛弃和改造，使之符合时代的要求。

教育现代化还需要现代化的校舍场地、设备、器材。我们在校舍建设中建设地下汽车库、体育场以及现代网络系统、电视系统、广播系统、电话系统、保安监控系统、灯光系统，努力实现数字化校园。

教育现代化是一个前瞻的理念，是一项前瞻性的工作，我们学校管理者要以前瞻的眼光思考未来社会的发展，使教育朝向预期的未来去规划、去发展，以理想的教育，实现教育的理想。

第三，国际化。教育国际化是世界经济全球化对教育提出的客观要求，也是教育自身发展的内在的必然要求。教育国际化的核心和本质就是在经济全球化、贸易自由化的大背景下，各国都要充分利用国内和国际两个教育市场，优化配置本国的教育资源和要素，抢占世界教育的制高点，培养出在国际上有竞争力的高素质的人才，为本国的最高利益服务。众所周知，在知识经济日益显现的时代，国家综合实力的竞争，归根到底是人才的竞争。谁拥有数量多，素质高，具有创新精神，富有创新能力的人才，谁就能把握社会经济发展的主动权，在激烈竞争中立于不败之地。因此，教育国际化的最终目的是培养具有国际意识、国际交往能力、国际竞争能力的人才，这种人才能立足于本土，放眼于世界，积极主动地参与国际竞争。

我们小学教育中如何落实教育国际化的理念，我认为应从以下几点考虑：

一是国际化是我们培养下一代的目标，是培养未来的世界公民，或者说培养"国际人"这一目标。

现在的小学生，十几年或者二十几年以后走向社会，那时的世界将是一个怎样的世界，我们要为他们走向这个世界打好基础。

二是国际人的道德素养。1994年联合国教科文组织召开了第44届国际教育大会。大会的中心内容是"为和平、人权和民主的教育"，即通过教育促进和平、人权和民主的文化。经过讨论，大会提出了"和平文化"的理念和培养"世界公民"的目标。

"和平文化"理念体现并依据以下各点的一整套伦理价值、美学价值、风俗习惯，对他人的态度、行为和生活方式：（1）尊重生命、尊重人、尊重人的尊严和权利；（2）摈除暴力；（3）承认男女权利平等；（4）热爱民主、自由、正义、团结、宽容，接受种族、宗教、文化、社会群体之间及个人间的差异和互相谅解的原则。

为此，我们要建立全方位的国际理解教育体系，引导学生了解世界文化、社会习俗，培养初步的国际意识，为长大做国际公民打下坚实的基础。

三是要加强外语教学，努力培养一支高素质外语教师队伍，派老师出国进修，加强教学研究，提高外语教学水平，坚持开展英语节传统活动，促进学生外语水平的提高。

四是建立国际交流体制，在亚洲的韩国、新加坡，澳洲的澳大利亚等国家建立开展师生交流的基础上，向美洲、欧洲发展，努力提高学生出国体验交流的质量，建立和完善国际友好学校交流的制度。

五是扩大招收非中国籍学生的数量，办好国际部，让更多的外籍孩子接受良好的中国教育，在开放办学中促进学校的国际化程度。

（三）共同愿景：教师发展的沃土，学生成长的乐园——和谐管理的追求

1. 教师发展的沃土

学校是什么？是培养学生的地方，当然是对的，但是从教育管理学的角度看，学校也应是教师发展的地方。因为只有教师发展才有学生的发展，只有教师发展，才有学校的发展。学校在教师发展中创造辉煌业绩，教师在学校发展中成就灿烂人生。教师与学校融为一体，成为生命的共同体，学校的发展、教师的发展，就相辅相成了，教师应该有美好的生活，幸福的人生。于是，2003年我们提出了学校师生发展的共同愿景：教师发展的沃土，学生成长的乐园。

学校要成为教师发展的沃土，就要为教师的发展创造良好的条件。肥沃的土地应有丰富的营养，但是禾苗的苗壮还要有空气、水分、雨露和阳光，我们学校管理者，就是要使土地更加肥沃，空气更加清新，水分更加丰富，雨露更加滋润，阳光更加灿烂。

（1）研究教师劳动的特点。要为教师发展创造良好的条件就要从教师职业的特殊性出发，认识教师劳动的特点。

一是教师劳动的复杂性。首先是劳动对象的复杂性，教师劳动的对象是学生，是发展变化着的人。他来自不同的家庭环境，不同的生理、心理基础，是有差异、有个性、有感情、有理智的人，不可能像物质产品那样可以按统一的标准、统一的型号、统一的流程、统一的模子来锻造。其次是教师劳动内容的复杂性，教师的根本任务是把学生教好，要使学生德、智、体、美全面素质得到发展，既要教书，又要育人；既要传授知识，又要发展学生的智力、能力。最后教师劳动过程的复杂性。教师劳动过程与一般体力劳动不同，体力劳动的产品是物质的，其过程以体力的运用为主，教师劳动也不同于其他形式的脑力劳动，如自然科学家，他们的劳动过程一向是止于"精神产品"的完成，而转化为物质产品的则源于体力劳动过程的范围。教师的劳动特征正是转化的过程，转化过程决定了教师劳动的复杂性。教师的劳动中，学生不仅作为劳动的对象而出现，同时也作为劳动的主体而出现；学

生不仅是教育的客体和对象，而且可以通过教育和自我教育转化为教育的主体，教师劳动对象的这种既是主体，又是客体的双重性，使教师劳动具有特殊复杂性与艰难性。

二是教师劳动的创造性。教育是一个创造人才的过程，教师的劳动是创造性地运用教育规律的过程。不同的学生、不同的教学内容、不同的教育教学环境，要创造地运用教学方法，"一把钥匙开一把锁"，需要教师有创造才能，要富有教育智慧。

三是教师劳动的示范性。学生的"向师性"和模仿性，决定了教师劳动的示范化，尤其是小学教育阶段，夸美纽斯指出，教师的任务是用自己的榜样教育学生。无论教师是否意识到，事实上，教师的言论行为，为人处世的态度，都被学生视为榜样。教师的求知精神、思维方法，对学生起着示范作用。

四是教师劳动的长周期性。教师的劳动产品是学生，是特殊的"精神产品"，一是培养的周期长，二是见效慢，《管子·权修》里说："一年之计，莫如树谷；十年之计，莫如树木；终身之计，莫如树人。"说明了培养人是长久之计，也反映培养人才很不容易，必须进行长期的教育工作。正如苏霍姆林斯基所说：教育工作的最后结果如何，不是今天或明天能看到的，而是需要很长时间才能见分晓的，你所做的、所说的和使儿童接受的一切，有时要过五年、十年才能显示出来，有的甚至反映在学生走上工作岗位以后的成就上。

（2）开展校本培训。针对教师劳动的特点，研究教师成长的规律，校本培训是提高教师素质的有效途径。校本培训是以校长为责任人，以全体教师为对象，以提高教师素质为目标，以学校自主举办为主要形式。

校本培训的优势：一是全面性，学校领导对教师素质提高是全面考虑的，不仅文化基础、业务水平、组织能力要考虑，而且对教师的身体状况、政治素质、道德素养都要全面分析，有目的地促进教师专业化成长。二是针对性，根据全面素质教育的要求，针对某一个教师的具体情况，有针对性地提高教师某一方面的水平，比如有的班主任组织能力欠缺，就着重在这方面予以帮助提高；有的教师文化基础不够深厚，就促进他文化进修。三是灵活性，校本培训的内容、时间、形式等，学校可自行决定自主调节、灵活安排。四是实效性，校本培训中理论学习与教育教学实践活动有机结合、学以致用，便于操作、便于反馈评价。

（3）制定教师专业发展规划。我们认为成功的人生需要正确规划，"你今天站在哪里并不重要，但是，你下一步迈向哪里却很重要"。

职业生涯即事业生涯，是指一个人连续担负的工作职业和工作职务的发展道路。职业生涯设计要求根据自己的兴趣、特点，将自己定位在一个最能发挥自己长处的位置，可以最大限度地实现自我价值。

一个职业目标和生活目标一致的人是幸福的。我想，当学军小学的每一个鲜活的生命体初次向我走来时，我总会在脑海里冥思苦想，为他们的发展"量体裁衣"，精心地描绘他们成长的蓝图。我希望我们的要求与特色，能给他们的梦想之舟指明前进的方向，能与他们共同铺设一条通向梦想的航道。或许一位未来的优秀教师就孕育其中，一个未来的出色管理者应运而生。

我校对教师专业化成长的个人职业规划从职业道德、教学常规、教育科研和学习提高四个方面要求。

职业道德方面由"学生喜欢""同行认可""家长满意"三部分组成。

教学常规方面由"常规落实""教学研究""学生辅导"三部分组成。

教育科研方面由"课题研究""成果发表""成果获奖"三部分组成。

学习提高方面由"学习态度""学习成效"两部分组成。

以上每一部分都有具体量化的指标。

教师专业发展规划必须个性化、易操作。制定以后学校要组织教师开展理论学习、教育科研、教学研究等方面的各种活动，推动专业化发展规划的落实，还要定期检查交流、树立榜样，促进每一个教师快速发展。

2. 学生成长的乐园

(1) 创设和谐的校园物质环境，保障学生快乐地成长。

一是校园环境的创设。优美的校园环境，能给学生带来一个美好的学习心境。校园绿草如茵，花木葱茏，水池喷珠溅玉，金鱼戏耍自由，亭阁优雅别致，长廊曲径通幽。身在这样的校园里学生身心舒畅，快乐幸福。

二是教室环境的创设。教室是学生每天学习生活的主要场所，要引导教师学生精心布置好教室环境，有学习的内容："知识天地""进步擂台""优秀作业展览""荣誉栏""卫生角""生物窗""图书角"等。使学生在一个优美宜人、催人奋进的学习环境中心情舒畅地学习与生活。

三是学校的走廊、餐厅、体育馆、图书馆等公开场所，以及音乐、美术、体育、科学等专业教室都要因地制宜精心布置，营造良好的教育环境。如走廊上有科学画廊，餐厅有"粒粒皆辛苦"的宣传字画等。

（2）创设和谐的校园制度环境，引领学生快乐地成长。

一是学习制度环境的创设，制定《学军小学学生一日生活常规》。从上学、上课、课间、中餐、午休、放学、回家有一系列的具体规定，用制度规范学生的学习、生活和行为。

二是建立制度宣传、教育、贯彻、落实的具体措施，保证制度持之以恒地贯彻执行。通过值日教师、值周教师、学生服务队等多渠道加强对制度贯彻执行情况的检查评价，督促制度的贯彻落实。

（3）创设和谐校园人际环境，促进学生快乐健康成长。和谐的校园人际环境是影响学生快乐成长的重要因素。

一是教师与学生和谐关系的营造。小学生在学校参与接受的整个教育教学活动，比如课堂对话、课间交流、活动指南、作业辅导等，绝大多数是在教师与学生的接触过程中实施的。如果教师上课微笑有加，不随便否定学生的说法，更多的是肯定、赞扬和鼓励，课外热心、耐心、主动地帮助辅导学有困难的学生；如果教师以学生的知心朋友的身份走进学生的心灵，让学生感到老师可亲、可信、可敬，那么所谓"亲其师，信其道"这句话就得以印证。我们的学生就会沐浴师爱的人文之光，就会在这样的环境中快乐成长。

二是学生和学生之间和谐关系的营造。学生与学生之间的交往融洽与否，对学生品性的发展影响力是巨大的。作为教师特别是班主任一定要着力引导学生在班集体中互敬互爱，互帮互助，让孩子们之间的关系，不仅仅是普通意义上的同学关系，更是亲密无间的朋友关系，兄弟姐妹关系。同学之间相互学习、相互鼓励，对有困难的同学能主动热情帮助，这样的班集体、这样的同学关系，使每个学生心情舒畅，有利于形成快乐学习、健康成长的氛围。

良好的校园物质环境、人文环境都是为了引导学生在和谐的环境中学会学习、学会交往、学会做人、学会处事，在学校这个和谐的环境中快乐地成长。

二、坚持以人为本，推进和谐发展

推进学校和谐发展，必须坚持以人为本，管理者要从行为科学理论出发，研究人的需要、动机和行为三者之间的关系，把心理学、社会学、社会心理学和人类学等科学成果运用于学校管理之中。

（一）主体意识与民主作风

学校管理的特点是由学校本身的特点所决定的。学校是培养人的场所，学校管理包括人、财、物、时间、信息等的管理，关键是人的管理。在管理中要克服只重物质、技术因素而忽视社会、心理因素的倾向，这就要树立以人为本的管理思想。实行校长负责制以后，校长更需要有主体意识，认识到教职工是学校的主人，要尊重教职工、依靠教职工、充分发挥教职工的积极性，发挥教职工的聪明才智。

首先要建设好一个年龄结构、知识结构、能力结构与性别结构合理的领导班子。班子中要有出谋划策的思考家，善于不断找学校的发展点；要有埋头苦干的实干家，脚踏实地做好每项工作；要有善于开拓的外交家，善于建立平等和谐的有利学校发展的外部关系。学校领导班子要体会到办好学校的历史任务落到了自己的肩上，就会以办好学校为己任，积极主动地、创造性地开展工作。

学校领导班子内部要发扬民主，是校长民主作风的重要方面。我们把"团结、实干、民主、开拓"作为班子的作风要求，大家分工不分家，遇事大家充分发表意见，最后由校长集中大家的正确意见，做出决定。

充分发挥工会、教代会的作用。凡学校任命干部、制定规划和制度、确定基建方案、评定职称、评选先进等重大事项，都应让工会、教代会有参与讨论或审议的权利和机会，使教职工感到自己在学校中的地位与价值，增强参政议政的意识。一旦教职工有了主人翁精神，就会把个人与学校紧密地联系起来，把学校的荣誉看作是自己的荣誉，把学校的困难看作是自己的困难，就会主动地关心集体，积极为办好学校献计献策。

请教职工评议校长工作，一般一年一次。先由校长报告一年中所做的主要工作，取得的主要成效以及工作中的主要困难与问题，并分析其原因，提出下一步工作的目标与措施。

鼓励教职工提合理化建议。教职工可以在教代会期间提议案，表达自己的意见和建议，也可以在平时提建议。有关行政部门对教职工的意见和建议要及时研究，做出答复，能改进的立即改进，有困难的要说明原因。比如有一年教职工提出要提高学校食堂炊事员的烧菜技术，提高菜肴水平。我们就把炊事员分批送到职业学校烹饪班脱产培训，使他们的水平明显提高，受到教职工的欢迎。

让教职工具体管理学校的一部分工作。一是强化教研组、年级组的职能，如让体育组教师组织管理全校体育活动，音乐组教师组织管理全校文娱活动，美术组教师管理全校的环境布置、宣传工作。还有一部分教师可以参与教具、资料、卫生、学生午餐等工作的管理与检查。这样教职工在具体的管理工作中增强了主人翁意识。

（二）需要理论与情感因素

在学校管理中，应用行为科学的一个关键问题是如何激励教职工的工作动机，有效地调动他们的积极性。需要产生动机，动机激励他们的行动，可见，需要是产生积极性的基础。因此，激励总是与满足人的这样那样的需要分不开的。马克思说过："人们奋斗能争取的一切，都同他们的利益有关。"马克思主义者向来最重视人的需要，党的十二大报告中就明确指出："不断满足人民日益增长的物质文化需要，是社会生产和建设的根本目的。"人的需要是不断发展的，是随着社会经济文化的发展而发展，同时，需要的满足必然受到社会生产条件和水平的限制。行为科学告诉我们，人的需要范围是广大的，需要的迫切程度也不一样，有合理的需要，也有不合理的需要，如下图所示：

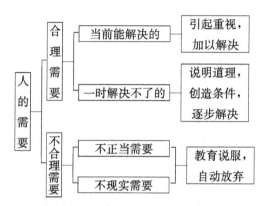

人们的需要是复杂多样的，不可能所有的需要都同时得到满足。所以学校管理者要教育教职工在考虑自己需要时，要遵守社会道德规范，考虑到社会利益和他人的需要。我们还应该强调领导者与被领导者"互换位置"，达到互相理解，有的甚至要互相谅解，其中人与人之间的情感因素起着重要作用。校长要努力建立起民主、健康、团结、和谐的同志关系，对教职工政治上信任，思想上激励，业务上帮助，生活上关怀，做到以诚待人，以理服人，以情感人，使教职工感到工作是辛苦的，但自己在这所学校有用武之地，心情是愉快的。校长还要采取一些切实有效的措施，尽量满足教师的合理需要，并把需要与事业心、理想结合起来，在满足需要的同时使教职工更加热爱教育事业，热爱本职工作，做好本职工作。

我校教师平均年龄只有 29.6 岁，青年教职工占教职工总数的 80％以上。我们曾对青年教师的政治思想、才能发挥、学习、文化、生活等 23 项需要做了调查，发现第一位需要是使个人的才能得到充分发挥。因此，这些年来我们比较重视对青年教师的培养。首先是政治上的关心，激励青年教师上进。还组织青年教师到儿童社会福利院去见习，体会福利院教职工工作的艰辛。其次是创造条件，让青年教师脱颖而出。建立一年一次的新教师拜师会、青年教师"希望杯"评优课、基本功比赛制度，评选优秀青年教师，让青年教师承担科研任务，支持团支部开展一些有益身心的活动等。

（三）团体行为与凝聚力

团体成员应具有团体意识，有共同目标、共同利益、共同兴趣。共同之处越多，凝聚力也越大，我们注意发挥团体的效能，增强学校的凝聚力，建设和谐校园。

1. 制定共同目标

目标是学校发展的方向，共同的目标可以凝聚人心，成为大家奋斗的动力之一。我们学校从20世纪80年代开始就制定学校发展的五年规划，制定规划要坚持方向性，使学校发展符合党的教育方针，符合社会主义的办学方向；要坚持针对性，从学校的实际出发，充分利用学校的资源，促进学校发展；要坚持可行性，规划要可以操作，可以实施；坚持群众性，要让广大教职工参与制定，要广泛听取群众的意见、学生家长委员会的意见，最后经教职工代表大会通过实施。

目标制定以后，把目标中的各项任务，分解到学校各个部门，各部门制定发展规划，让千斤重担大家来挑，形成目标引路、群体参与的良好氛围。

制定目标过程中，还要把中长期目标与近期目标的制定统一起来。把中长期五年、十年发展规划，与每学年、每学期的工作计划结合起来，使中长期规划的内容通过每学年、每学期的工作计划来落实。

2. 形成正确的舆论导向

正确的舆论导向对学校良好校风的形成有着极其重要的作用，它能弘扬正气、化解矛盾、增进和谐。它能引导教职员工积极向上，奋发进取，努力工作。

正确的舆论导向需要培育。一是及时发掘表扬教职工中敬业爱岗、热爱学生、关心集体、团结协作的好风尚。教职工中开展每月评选"一月之星"活动。每次重大活动结果及时总结表扬好人好事好风尚，指出不足与存在的问题。二是建立舆论宣传的阵地。学校的《雏燕报》，教科室的《学军学刊》，共青团支部的刊物《学军青年》，党总支的《先锋通讯》，另外还有网络平台，为舆论宣传创造了条件。三是对学校中出现的不和谐苗头，要及时分析、及时处理，以个别帮助教育为主，如果要对他人、对学校产生负面影响，则要及时制止，把问题解决在萌芽状态，达到树立正气，教育群众的目的。

3. 建立规章制度

"没有规矩，不成方圆。"一所学校必须要用规章制度规范师生的道德行为，规范学校管理行为，规范教育教学行为，使学校管理理念的贯彻落实，通过制度得以保证。

规章制度的建立，必须有导向性，要针对管理中的问题或者薄弱环节进行分析，把对人的行为要求通过制度落实下去。规章制度的建立要有群众性，一定要广泛听取教职工的意见，使规章制度成为广大教职员工的自觉要求，只有这样广大教职员工才会自觉遵守。

规章制度还必须相对稳定，但也要根据形势的发展不断完善。相对稳定是保证制度的严肃性、稳定性。但是随着学校的发展，新情况、新问题会不断产生，这就要做必要的修改与补充。比如，随着学校计算机网络的普及，校园网络的使用有关规定要补充，图书室原来借书方法的规定要修改。

规章制度制定以后，就得严格执行，照章办事，绝不能让规章制度变成贴在墙上的一纸形式，或者仅是放在档案里的一本资料。

4. 开展集体活动

集体活动的开展对于形成学校的凝聚力有着积极的推进作用。

这里指的学校教职员工的集体活动主要是指通过工会和共青团组织实施的活动。它可以培育教职员工的归属感和集体荣誉感。

一是提高教职工技能的活动，由工会、共青团支部组织的演讲比赛、辩论赛、书法比赛、说课比赛、网页制作比赛等。

二是体育、文艺活动，如跳绳比赛、演唱歌咏、爬山比赛等。

三是休闲娱乐活动，比如到休闲农庄垂钓、到景区探梅、赏桂、旅游等。

四是节日活动，教师节、中秋节、国庆节、"三八"妇女节、劳动节、青年节等，利用节日开展适合教师特点的集体活动。活动的安排要有明确的、健康的目标，精心组织，周密安排，要从实际出发，确保安全。

通过活动增进教职员工之间的相互了解，放松心情、丰富知识、提高技能、陶冶情操、促进健康。

（四）领导能力与影响力

学校中，影响教职员工积极性的因素很多，如工资、待遇、工作条件、规章制度、管理方式等，但这些因素中领导行为是一个关键因素，它直接关系到这个学校的人际关系与心理影响。而人际关系与心理影响又是决定人的行为表现与积极性高低的重要条件。因此，国内外把领导问题作为行为科学研究的重要内容。所以，我认为，和谐校园建设的关键是学校领导行为。

领导的功能是什么？主要是组织功能与激励功能。作为校长，组织功能一是制定学校目标；二是组织运用人、财、物、时间、信息，以实现其目标；三是建立科学有效的管理系统。激励功能主要是重视和满足教职员工的合理需要，创造良好的物质环境与心理环境，以调动教职员工的积极性。

领导行为研究的重点是领导者与被领导者的相互关系和相互作用。因为任何领导工作都在领导者与被领导者互相作用的过程中进行。从管理心理学的角度来说，领导的本质是一种人与人的关系。领导就是要通过这种人与人的关系把党的路线、方针、政策贯彻于群众之中，以自己的模范行为影响他人，调动群众的积极性，共同实现学校的目标。

社会心理学家研究表明：一个领导者要实现领导功能，关键在于领导的影响力，即一个人在与他人交往中影响和改变他人心理和行为的能力。影响力也就是威信。威信是一种客观存在的社会心理现象，是一种使人甘愿接受对方影响的心理因素。我们平时所说的领导的权威可以表示为：

$$权威＝权力＋威信$$

权力是强加的必须服从的；威信是使人信服而甘愿接受的。大量事实证明，校长有效的领导，光靠权力是不够的，只有同时靠领导者处处以身作则，得到群众信服才有威信，才能实现有效领导。

行为科学告诉我们，形成领导者的影响力的主要因素主要有以下几点：

第一，人格因素。领导者忠于事业，以身作则，公道正直，严于律己，平易近人，关心他人，廉洁奉公，就会受人尊敬，成为一种强大的感染力，一种可靠的威信。明朝学者陈继儒在《小窗幽记》中指出："轻财足以聚人，律己足以服人，量宽足以得人，身先足以率人。"值得我们思考与借鉴。20多年的校长生涯，使我感受到，校长的人格力量是建立校长威信的关键。平时，只有在各方面严格要求自己，才能增强影响力，因为教师们对我们的一言一行是非常关注的。

第二，知识因素。作为校长要求了解教育，懂得教育、教学规律，知识面要广，在某一学科或某一方面有较多的发言权。心理学家弗兰奇和雷文称之为"专长权"，即有专长，甚至是专家，就可以产生影响力，建立威信。一次，袁老师上申报教坛新秀的考核课，语文第一册中的《落叶》，晚上，她一个人在教室里试讲，请我去听。听了以后我说，这样的教材，我们学校这样上，农村、山区、海岛小学也这样上，能不能有点新意？她问我："怎么个新法？"我觉得她问得很好。我想了一想说，能不能在结束前安排一个环节，教学成语"一叶知秋"。因为"一叶知秋"这四个字学生都学过，是熟字，教学这个成语可以达到复习巩固识字的目的，又增加了知识：一片树叶落下来了，好像送来了一份电报，告诉我们秋天来了。后来学生果真读成语、背成语，说成语的意思，学得非常开心。听课的专家对这位老师的课非常满意，尤其对教学"一叶知秋"这一环节的安排大加赞赏。这堂课后，袁老师对我说："杨老师，这堂课全靠你的指导，上得好是你的功劳。"我说："这主要是你领会得好，处理得自然，学生的学习积极性被调动起来了。"

后来袁老师评上了市教坛新秀，又评上了中学高级教师。以后袁老师上研究课、示范课，经常虚心地来请我提意见，她曾对我说："杨老师，你听课后提的建议，不但有新意，而且比较具体，操作性强。"

知识因素的另一方面是校长的知识面要广，以自己丰富的知识促进工作，而且还可以与群众取得更多的共同语言，这也能转化为一种影响力。

第三，才能因素。知识与才能有联系，有区别。一般讲知识是才能的基础，"无知"容易"无能"。领导的才能表现为灵活运用自己的知识，分析解决实际问题的综合能力。校长应有多方面的才能，主要有：分析决策能力、组织指挥能力、与人共事能力、开拓进取能力等，强有力的能力与才干是建立校长影响力的因素之一。分析决策能力，要求民主决策、科学决策。比如，"文化大革命"以后，师范恢复招生，当时需要附属小学这一实习科研基地，我们是老的师范附小，愿不愿意恢复为师范附小，需要认真地分析决策。我认为恢复附小对我们原来这批附小的教职员工来说感到非常亲切，这是历史的必然。当然，附属小学要指导师范生实习见习，给师范生讲课，任务重，压力大。但这对教师是一种促进，是一股动力。另外，恢复附小，还可以获得优先挑选师范毕业生的权力。这对学校发展至关重要，于是我们决定要求恢复附小。这一决定对后来学校的发展起着关键性的作用。

又如1994年，我国对外开放的步伐不断加快，杭州也进一步面向世界。我们学校要不要争取成为杭州市重点涉外参观单位，对外开放，这又需要我们决策。我们认为外事无小事，对外开放，增加了大量的工作，而且责任很重，但是对外开放接受外宾参观访问，这是开展国际教育、促进学校发展、提升学校品牌的有力举措，我们应该争取。1994年1月经市人民政府外事办公室考核，我校被列为杭州市重点涉外参观单位，随后我们接待了十多个国家和地区的代表团来校访问考察。学校组团出访韩国、新加坡，每年有师生出国访问、考察或学习、培训、对外交流，促进了师生国际化理念的形成，促进了学校发展。

与人共事的能力是十分重要的能力，一个好的校长，必须与领导班子其他成员优化组合，团结一致，共同奋斗。能否与人共事，关键要正确对待自己，正确对待别人。能理解人，容纳人，能团结一切可以团结的人，这样才能使学校领导班子形成合力，达到一加一大于二的效果。

第四，情感因素。情感是人对社会存在（包括人）的主观态度，好恶倾向的内在反映。领导者如果平时对人和蔼可亲，对同志热情体贴，尊重他人，善于创造和谐的良好气氛，使下属愿意和你无拘无束地讲真心话，则领导的威信就比较高。因此，对下属的信任感与亲切感就是一种影响力。可见校长的威信不是自封的，也不是靠上级授予的，而是靠本人的品德、知识、专长、才干而产生的，从而赢得下属的尊敬，使下属接受其影响。校长不是什么"官"，但是，我们校长的周围就有那么一群教职员工。他们谁不希望在你的领导下才能得到发挥，谁不希望在你的领导下心情更加舒畅，谁不希望在你的领导下生活得到改善，家庭更加幸福，我们能为他们做点什么呢？这是我当校长的应该经常想的问题。

行为科学重视人的因素，重视人际关系，着重研究调动人的积极性，这对于进一步创建和谐校园，搞好学校管理，有效地开发和运用人力资源无疑是有借鉴意义的。

三、给教师一个和谐的家园——改变教师的行走方式

校长的任务之一是持续不断地开发教育人力资源，而要达到这一目标，必须建

设一个和谐的教师群体，使学校成为教师工作、学习和生活的和谐家园。只有这样，才能在教育改革的大潮中，与时俱进，充分发展。经历了懵懂的"试验期"的新教师们，已经开始形成了自己对教育教学的初步看法，已经具备了基本的教育教学的能力。这些有思想、有潜能、有创造力的教师们，就是学校最丰富能动的教育资源，他们渐渐成熟了，但他们仍然需要引领，需要成长，需要对他们的教育生涯进行重要的"规划"。我们所给予的可能是他们教育生涯中的阳光和空气，可能是他们教育生涯中的车船舟楫，也可能是催生他们智慧之花的一小滴水……给教师一个和谐家园，改变教师的行走方式，我们希望每一个教师都能因为我们的帮助更早到达成功的彼岸。

（一）"我是来挑选优秀教师苗子的！"

小河有水，大河才不会干涸。如果将教师的发展比作小河，那学校发展则是大河。只有使每个教师成为不竭之源，学校才可能形成"黄河之水天上来"的壮观气势。传统学校，在教师中心、师道尊严背后，掩盖着的是对教师发展的漠视或遗忘。在传统中人们总是把学校仅仅作为学生发展的场所，甚至在许多重要的教育改革的理论中，在强调学生的发展、学生的主体地位时，也很少关注到教师发展的问题。

回顾自己所参与的学校四十多年的教育改革全过程，回顾自己做教师，尤其是回顾自己当校长所经历的风风雨雨，我越来越深切地认识到：学校管理应当适应教育从单向度知识传递到多向度文化融合的历史性变革。学校应当具有教师发展的功能，应当也是教师发展的场所。从这个意义上说，具有教师发展功能的学校才是"真正的学校"，才能令教师找到真正的归属感，才是有志青年心之向往的学校，而这样的学校必须是和谐的学校。

2002年，我应邀到杭州师范学院教育科学分院做报告——《未来的学校需要什么样的教师》。偌大的礼堂挤满了应届的毕业生，面对朝气蓬勃的大学毕业生，我不禁想起了自己当年走向工作岗位时的情景。一个毕业生，他们多么希望到一个理想的、能发挥才能的地方去工作啊！于是我深情地说："同学们，大家要毕业了，不久都要走向各自的工作单位。我们学军小学需要新生力量，需要人才。我今天来到这里，不是来招募劳动力的，而是来挑选优秀教师苗子的。对毕业生来说，我们不只

杨一青与现任学校领导汪培新、周丽珍、许宏、叶婷在一起

是任用，更重要的是培养，相信通过我们学校的培养，优秀苗子定会脱颖而出，成为优秀教师，甚至特级教师。"回应我的是一双双闪亮的眼睛和经久不息的热烈掌声。

会后，卢院长感慨地说："杨校长，从未听到过你这样具有煽动性的招收教师的动员报告。你选人的标准契合了大批有所追求的毕业生的心理，同时把学校的要求与他们的发展目标联系起来，很有亲和力、很有吸引力。"那场报告后，有几十名优秀毕业生自荐，我从中挑了好几个。

"我是来挑选优秀教师苗子的！"这句话成了我挑选毕业生的口头禅。这几年，几乎每一届都有一批从北京师范大学、浙江师范大学、杭州师范大学或湖州师范学院等院校来到我校工作的优秀毕业生。

1990年杭州大学（现改为浙江大学）外语系的学生团支部书记吴幼春，几经斟酌，谢绝了好几所中学的邀请，最终选择了那时还仅拥有一位将近退休的外语教师的我校（那时因为中学教师奇缺，大学生都不愿到小学任教），打动她的就是我那番真诚而给她以希望的谈话——"虽然学校的外语教学还不成气候，但你将是我们学校外语学科的第一棵苗子，我们会创造一切机会培植你，在这里，你施展才华的空间会更大！"后来，我们让她到上海、北京培训，最远送到英国伦敦大学进修。因为她的教学才能优异和管理才能较强，已经成为翠苑第一小学的校长。

杭州师范学院毕业的小俞在我校实习后，竟然放弃了就在住家附近的一所重点小学，她说服父母："选定了学军小学作为自己的目标，不仅因为那是一个名师云集的地方，更是因为那里充满了学术自由的空气，他们团结、协作、开拓、创新的传统召唤着我。"现在她是我校的骨干教师、学科带头人。

优秀毕业生倪勤是好几个单位争抢的对象，在与她谈话时，我着重介绍了当时我校正在进行的科研课题，并为她描绘了将来的工作前景。"我愿意与这个实验课题，与实验的学生一同成长！"小倪欣然答应来我校任教。现在，能歌善舞、组织能力颇强的她，在学校给予的各种机会中培养锻炼，已经成为省优秀辅导员，在省少先队辅导员技能比赛中获得了第一名。她参加实验班教学进步极快，已有多篇论文在报刊发表，后来是我校分管德育的教导处副主任，现在是育才小学的副校长。

就这样，一批批优秀青年为了成长，为了发展，带着热情，带着理想，走进了我们学军这片绿洲，融入了学军这片热土。一位位朝气蓬勃的青年满怀憧憬、满怀理想地走进我们的校园，他们渴望更好更快地成熟。我们向他们伸出了邀请之手，我们递给了他们摆渡理想彼岸的船桨，我们就有责任将他们引渡到一个能满足他们自我提高、自我实现需要的理想彼岸。

促进教师发展，建设高素质的教师队伍，校长必须把好教师进口关。作为一个校长，该引进怎样的教师呢？

我记得古代有这样一个故事：皇甫家有五个儿子，除一个老实巴交、一个聪明善辩外，其余分别为一瞎、一驼、一跛。按常理，这种残疾家庭一定不幸。但所幸的是，老皇甫用人所长，让老实的种田养猪，聪明的经商开店，失明的按摩，驼背的搓绳，脚跛的纺线，以致全家各得其所、安居乐业。

这个故事对我们"不拘一格选贤任能"不无启示。学校，是培育社会所需人才的摇篮。而大千世界，随着人类的进步，社会的发展，更随着时间的推移、地点的变迁、环境的转换，职业异同，所需人才真是千人千面，各种人才要各尽所能，社会才能多姿多彩。作为学校管理的主体，学生与教师，因为学生是复杂的群体，所以也需要复杂的教师群体。清龚自珍有诗云："我劝天公重抖擞，不拘一格降人才。"

作为学校的校长，为了让学校健康发展，为了让每个学生都能健康成长，"不拘一格"选拔教师，就显得异乎寻常的重要了。

举几个例子吧。小学教师面对的是一群离开幼儿园、尚未成熟的孩子，他们对这个世界的一切似懂非懂，却又非常情绪化，他们的喜怒哀乐，全都明明白白地写在脸上，表现在行为上，应该说，这是人生不会掩饰的阶段，天真、幼稚、活泼、激情，其中表现激情是小学生最有特点的性格，为此，他们喜欢有激情的老师，需要有激情的老师。

卢洁，正是一个具有明显激情的人，因而成了我选拔的对象。她貌不惊人，一米五的个儿，身材特别娇小。选择她是因为她在杭州师范学院学习期间，连续五年通过班级的民主选举，成为少有的连任五届的班长。她以较强的组织协调能力和团队合作能力凝聚了一个优秀的班集体，她以她的品学兼优和工作热情获得老师的极力推荐，她以个人的人格魅力赢得了竞争者的赞美。听了学校老师和同学的介绍，我当即表示，很想与这位同学见面谈谈。因为，我相信这样一位能够全心全意为班级、为同学服务的管理者，日后也定会成为一名全心全意地为学校、为学生、为同事付出的老师。当我初次接触她本人，与她面谈时，我一下子被她的激情所吸引了。闪亮的眸子、恰到好处的手势、清亮的嗓音、积极向上的谈话内容。她是一个天生的好教师，一次面谈，促使卢洁融入学军的大家庭。作为一个年轻教师，她的组织协调能力极为出色，赢得了人们的赞赏，如今，她已经成为我校最年轻的优秀年级组长。

俗话说，金无足赤，人无完人，但教育是一个特殊的行业。虽然一个人不可能做到完美，但教师面对纯净得犹如一汪清水和一块白玉似的小学生时，他何忍将自己身上哪怕是不显眼的污点显现在纯洁而稚嫩的童心面前，从而影响他们的心灵呢？所以，追求完美往往就成了每个教师所追求的最高境界了。

汪培新，就是这样一个富有追求完美性格的人。他在师范学校三年的各科学业总分位居年级第一，他常常是最早来到教室，也常常是最晚离开教室的那个学生。在面谈时，我意识到他的努力，他能从学习中得到乐趣，又是追求完美的人，所以，走上工作岗位自然而然会努力工作，我毫不犹豫地录用了他。我认为，一个人是否具备学习的精神和上进的欲望，是能否成长为一名优秀教师的关键。在他到学军一周年的时候，我问他，你想想自己这一年来有了哪些变化，他显得有点激动："我简直都不相信自己可以做得这么好！"难以言表的成就感跃然眼中，我为他眼睛里的光彩所感染，也深深地感受到"成长的快乐"。如今，他已是浙江省教坛新秀，省特级教师，学军小学校长。

社会需要各有特色的人才，学校需要培养各有特色的学生，教育教学需要各有特色的教师。所以，选拔各有特色的教师，是使学校发展的先决条件，更是校长不可忽视的重要职责。可以说，任校长的几十年生涯中，我与我的同事们始终如一，尽心尽力为学军小学的教育园地选拔一棵棵好苗子。

钱金林，一个四肢发达且头脑灵活、敢作敢为的人，不但是湖州师范学校的体育尖子，而且习得一手好文章、写得一手好字、舞蹈也跳得很好。据老师介绍，这是个学习快手，有创新性。从学校推荐的多份毕业生档案中，我们去挑选毕业生的邱碧君书记一眼就相中了，然而就是他，曾经因为一次酗酒而背上了警告处分，后来我们问他："在被推荐的这五个人当中，你认为你会被选中吗？"他回答得更是干脆："如果你们想选最能干的人，我想应该选我。"好小伙，有个性！优点突出的人，往往缺点明显；能力出众的人，往往个性鲜明。识人要看主流、看本质、看发展、看全面，不以一眚掩大德，不因小错折人才。俗话说，金无足赤，人无完人。如果主流、本质是好的，大节不亏，又有发展前途，就应当大胆录用，加以培养。与校方充分交流后，他被录用为我校的体育教师。后来他成为我校副校长，杭州市的教坛新秀，全国的体育先进工作者，省科研青年标兵。现在已是行知小学校长。

我们不可能要求每个人都是全才，那样的人可遇不可求。但我要求每个教师都有其独一无二的专长。比如，王水军的专业知识特别丰富；黄建明组织能力十分出色；郤云江 Flash 应用炉火纯青；而陈跃的语言表达极具优势，普通话标准得像个电台播音员……学校对人才的需求是多层次的，既需要一批高、精、尖的精英，同时也需要一大批踏实肯干、乐于钻研、有一技之长的普通教师。同样，随着时代的进步，社会的分工越来越细；随着学校的发展，还需逐步拥有一批更为专业的职工队伍——图书管理员、档案管理员……这就是通常所说的人才"金字塔"模式，这样组合起来的队伍架构合理，每个人都能找到自己比较合适的位置，每个人都是这个集体中重要的一员，而且总体水平非常高。

（二）关注"小"家，成全"大"家

纵观当前学校管理的实际，我们就会发现，现在学校比较注重管理的科学化，强调制定完善、严密的规章制度，强调定量评价。但我们也不难发现，教师的积极性并未随规章制度的完善而提高，不少的学校管理者只重视学校管理中的理性因素，只相信严密的组织结构、周密的计划方案、严格的规章制度和明确的责任分工，将理性作为学校的全部本质属性，进而人为地漠视非理性及其非理性教育，因而学校管理的效能也大打折扣。在学校管理实践中，除了理性、科学之外，还有大量的非理性因素在发挥作用。

理性的管理只能解决"不可这样做"，而不能解决"如何做得更好"的问题。学校教育和管理囿于科学的目的而忽略了非理性及其教育、管理，在管理目的、过程、内容、方法等方面暴露了许多局限性，这种管理的现状显然难于培养出具有创新精神和实践能力的人才。

校长管理学校，既要"理"治，也要"情"治，"情""理"并举方是学校管理的秘诀。人生在世难免有坎坎坷坷，当教师遭遇困难时，我们应该主动地关心、走访问候，运用情感的催化剂，吹散教师心头的乌云，送去学校领导的温暖。

在我的眼里，学校里的事无小事，上到全面实施素质教育的大政方针，下到教师们的生活琐事，我都乐闻其详。很多的小青年，都很诧异于我对他们的熟知。虽说他们进校不久，可是平日里，哪个老师与朋友、家里闹情绪了，哪个老师家里看病、买房缺钱了，哪个老师的父母从老家来杭探望了，哪个老师的亲戚来杭看病了，我都摸得一清二楚，哪位老师遇到什么困难，也都会找到我。

1988 年甲肝像瘟疫一样流行杭州，刚刚进校的小程老师也不幸染上了，而且病情严重。一天，她妈妈手拿医院发的病危通知单找我，哭得没了主意，我二话没说，立即去会计处开了一张 2000 元的支票赶往医院，找到医院领导、医务人员，连声恳求："她很年轻，你们一定要千方百计地治好她。钱由我校负责，你们不要考虑钱，大胆用药。如果找不到药，我可以发动全校师生去找！"随后，我多方联系，想尽办法，协助院方解决了治肝炎药物紧缺的困难。终于，小程转危为安，在她睁开眼的那一刻，小程的妈妈紧握我的手，连连说："杨校长，你的救命之恩，我们永生不

忘！"小程出院后写了一篇题为《学校给了我第二次生命》的文章，深深感激学校在她最为困难时给予的帮助和关怀。

为了提醒自己时刻关心教师疾苦，把他们的冷暖放在心上，我给自己制定了"六必访"制度。住校教师生病，必到集体宿舍探病；外地教师家长初次来杭，必尽地主之谊；教师生病住院，必前去安慰；女教师生孩子，必上门看望……

1990 年，我校袁劲梅老师家里横遭惨祸，她的父亲被无情地夺去了生命，抛下了懦弱的妻子以及 3 个尚未成家立业的儿女。在全家悲痛欲绝之际，我与学校领导带去了关怀，为她父亲的丧葬奔波操心。我还对她说："你没有了父亲，可以把我当成父亲，今后家里有什么困难，你尽管跟我说，跟学校领导说……"事后，袁劲梅老师在《父爱如山》一文中深情地写道："听了杨校长的话，只感觉有一股暖流从鼻腔倒灌进我的喉咙，热泪盈满了我的眼眶，短短的几句话，令我感动，终生难忘。"

不仅如此，我还在她结婚前夕跑前跑后，一趟趟地奔波，千方百计为她解决了住房问题，解除了后顾之忧。为此，她写道："我想：再不努力工作，不光对不起自己，还辜负了杨校长对我如山般的父爱……我唯有在三尺讲台，用粉笔去书写生命的乐章，用心去书写心灵深处最诚挚的感激：谢谢您，杨校长！"现在袁老师已是我校的教导处主任。

古语说："患难见真情。"在教师需要帮助、支持和关心时，我们体恤教师，关心其疾苦，无疑会使教师深受感动，产生"士为知己者死"的效应，从而大大调动教师工作的积极性和主动性，转化成一心为公的向心力。

了解这些事的老师，玩笑间常常打趣地说："你这既当爹，又当救命菩萨的，什么角色都扮演过了，可以演戏啦！"的确，"角色"是戏剧学的一个名词，指舞台上的生、旦、净、末、丑，社会学家把这个概念引用到现实生活中，把社会看成一个大舞台，每个人都在扮演着一个角色。校长究竟扮演什么角色？在传统观念中，校长扮演的是"教师的教师"这样一种角色。我认为，在现代社会中，一名成功的校长应该走出纯粹的一校之长的身份，成为教师眼中、心中的多重角色。这正如王亚芳老师在《我眼中的杨校长》中所写的那样：

他不仅是校长，

在你遇到教育教学疑难时，他是导师；

在你生活中遭遇困难时，他是慈父；

在奔走解决或参与什么社会活动时，他是人民的知心人。

人生的舞台，多姿多彩；人生的角色，千变万化。为此，我愿意在某些场合某些时候，忘却校长的身份，走进教师的生活，成为他们软弱时能够依靠的臂膀、脊梁，克服困难的力量源泉，把蓄积在他们心中的所有悲伤、抑郁、哀痛驱尽，给他们送去一片蓝天，为他们的生活带来一缕清香。

（三）提升每个教师的幸福指数

记得在1998年，我们学校曾经在青年教师中开展了一次关于《青年教师心理健康情况的问卷调查》。数据显示，有近60％的青年教师感到工作压力很大，40％的青年教师表示工作中的烦恼多于快乐，烦躁、焦虑、自卑等情绪的出现比例也比较高。这一调查的结果引起了我的极大关注与反思：青年教师在踏上工作岗位之前，职业准备往往是不足的，对自己的岗位，对学生充满理想主义色彩，一旦不能称心如意，往往会造成心理失衡。加之现代生活的日益紧张，同行竞争日趋激烈以及来自社会各方面有形和无形的压力，致使一些新教师产生心理冲突和压抑感。心理学家认为，所谓心理健康，是指人对环境及相互关系具有高效而愉悦的适应。心理健康的教师，总是热爱自己的教育岗位，对周围环境和人际关系具有良好的心理适应，并自觉地提高自身素质。因此，作为青年教师能否有效地进行自我调适，很好地生活、学习和工作，极为重要的一点取决于他是否热爱自己从事的教育事业，我们要创建一个和谐的学校环境，以促进青年教师热爱教育事业，健康成长。

青年教师的心理健康问题已是无法回避的现实问题，而教育要培养各方面健康发展的人，首先教育者自身必须各方面健康。针对青年教师产生的不良心理，作为学校管理者，当务之急，不但要继续推行人性化管理，为教师营造和谐的内在环境，主动为教师排忧解难，还应有组织、有计划地在教师中普及心理健康知识，开办面向教师的心理健康咨询。于是在浙江教育学院有关专家的指导下，"青年教师心理健康自我教育研究"课题活动在校园启动了。

1. 给教师安全感

几十年前，法国戴高乐曾说过这样一句话："我们可以去月球，那并不是遥不可及的事；不过，我们所该探寻最远的距离，依然存在于我们的内心。"现在，我们早可以踏上月球了，但走近别人的心灵依然是困难的事。确实，一颗心就是一个博大丰富的世界，教师的心灵尤其如此。校长要读懂教师，洞悉他们的心灵世界，就必须像孔子所说的那样："视其所以，观其所由。"这不仅需要细心和善于发现的慧眼，而且需要心理学专业知识。校长要认真研究社会心理学、行为心理学，甚至参与建设教师心理学。校长要做教师心理的"按摩师"。如果说"按摩师"是通过灵巧的手来通塞除瘀，化解痛苦，那么，校长的"按摩术"则主要是呵护备至的爱心，金石为开的诚心，不厌其烦的耐心，是饱含真情的行为，是带有艺术性的言语。

这里有个典型例子。我校有位刚从师范学校毕业的老师，分配教一年级语文兼班主任。一个多月工作下来，虽说尽了最大努力，老教师也在一旁指点，但是班级面貌仍然没有平行班的新老师管理得井井有条。她的焦急之情时常溢于言表，我特地关照年级组长，要注意她的情绪变化。

一大早，一（3）班的学生竟然没有老师带领出操，原来，这位新老师因前一天与调皮的男生起了冲突，闹情绪没有上班，年级组长连忙赶到教职工集体宿舍里做她的思想工作，她说带这些孩子不适应；我们派食堂师傅给她烧了面条送去，她也不吃。我们只得安排其他教师去代课，让她去好好休息下午再聊。谁知，我们前脚离开宿舍，这位老师后脚就拎着行李回嘉兴老家去了。我们立即请两个年轻的男教师骑自行车到长途汽车站把她请回来。经过我们一次又一次促膝长谈，她终于重展笑容，安心在学校工作了。

新教师由中师生、大学生向职业人转化的同时，已经成为学生的引领者，夹在同事、家长、学生之间，新教师对自我的评价处于被动状态，无法冷静地树立自己在学生中的形象，缺乏清醒的职业定位。前面这位老师的心路历程在新教师中极具代表性，渴望被大家认同，但很难找准被多方认同的方法。

其实，教师只是一种职业，并不是人格高尚健全的象征。教师的人格也有待于进一步塑造；教师承受着巨大的心理压力，他们的心灵同样需要呵护。"善待教师，为教师的成长创设宽松的支持性环境，帮助每位新教师满怀信心地走向明天。"这是我的一个教育理念。

还有一位老师，师范学校的优秀毕业生，因家境困难，学习特别勤奋，一直是年级的佼佼者，她带着师范学校领导的厚望，带着许许多多美好的祝福走向了生命的新旅程。殊不知，工作并非想象的那般一帆风顺，一向好强的她白天没命干，晚上焦虑失眠，不足三个月就病倒了，她还产生出走的念头，失踪了好几天，后来，一连几个月，四处看病，效果不佳，只得回老家休息，当时，有人质疑她是否能够及时调整过来，并说她还在见习期，干脆退回学校就是了。我不容商量地说："进了学军的门，就是学军的人。即使身体再差，我们也有责任帮助她恢复，就是养也要把她养起来！"经过半年多时间的休息治疗，这位老师的身体渐渐康复了，她重拾自信，微笑着走上了讲台。现今，她已经是一位出色的年级组长。

回想往事，这位老师在《学军青年》写下了一篇激情涌动的《温馨》：

往事是一把重锤，总是不断敲打心上的弦；

往事是一坛美酒，埋藏的时间越长越芳香。

病了一场，使我真真切切地感受到了我们集体的温暖，我有一个温馨的家。

有些事发生在昨天，已忘了；有些事过去好长时间了，都还记得。一件小事、一份关怀、几句话或者一个微笑都可能像年轮似的刻在脑子里，留下永远的记忆。而这一瞬间，将成为永恒。

出走的前一天早上，教导主任苦口婆心地劝我，无论怎样，要把课上下去。话语出自他的肺腑，他那眼神里有——期待、恳求、责备、伤心……

出走时，大家心急如焚，每一位老师都在找我……

回来后，所有人舒心地笑！贾老师从家里端来了热腾腾的鸡蛋面。张副校长说："你就是读读课文，也得把课上下去。"

离开杭州之际，杨校长说："你就是病上一年、两年、三年，也要把身体养好，你还有弟弟和妈妈！"

在家乡休息时，学校派朱老师、陈老师买了最好的苹果和梨儿专程来看我。雨天，他们的皮鞋在还没造好的烂泥桥上"咯吱咯吱"响着。

病休后回校时，那一张张惊奇、喜悦的脸！洪老师抚摸着我的肩膀笑着说："长胖了！好好休息！会好的。"

老师们让我参加学校里的各种活动，我的生活丰富了，心情舒畅了，身体日趋好转。听杨明明老师、徐珊老师的讲座，我又懂得了一些道理，团支部搞野炊活动，我烧了不少的菜，有两个菜没烧熟，竟还有人夸我手艺不错。我想，他们是在鼓励我；工会、团支部联合搞舞会，我看看、学学，很快活。走时领导还派人送我。

寒假回来时，所有的老师都问长问短，叫我早点睡觉，按时吃药。我知道，大家都在关心我……

春天是暖人的。人与人之间，师与师之间，心与心之间，都像春天般温暖。自然界的春色虽会消失，而人们心底的春光，却是长久的！

愿我们学军小学更加团结、和谐！

让我们共同举起这橙色的祝福！

为了我们走向灿烂的明天携手共进！

一把钥匙开一把心锁。正如教育家苏霍姆林斯基所说的："其实在每一个孩子心灵最隐蔽处的一角，都有一根独特的琴弦，拨动它就会发出特有音响，要想使孩子的心同我讲的话发生共鸣，那么我自身就必须同孩子的心弦对准音调"。孩子是这样，教师也是这样。无论多忙，我经常到教师办公室走走，进集体宿舍坐坐，与新教师们边吃边聊，倾听他们的心声，做他们的知音，了解他们的疾苦，关心他们的生活与成长。工作不足一个月的小沈，因母亲疾病缠身而心神不宁，我驱车前往湖州探询其母病情；进校半年的小陈，父亲病重住院后心事重重，我动员工会出面组织筹款；小曹上班两个月，就患肝炎住院长休，我一再前往医院宽慰忐忑不安的她和她的父母……

被接纳或者说归属感是人类最基本的需求。每个人都需要归属于一个群体。感到自己被群体中的其他成员接纳，作为刚刚走入新群体的青年教师来说，尤为渴望被接纳、被认同。这样，他们才会感到心灵的安全与自由，才能充分发挥全部的潜能，释放全部的感情。

2. 给教师亲切感

华南师范大学叶澜教授说："教育是一个使教育者和受教育者都变得更完善的职业，而且，只有当教育者自觉地完善自己时，才能更有利于学生的完善和发展。没有教师生命质量的提升，就很难有高的教育质量；没有教育精神的解放，就很难有学生精神的解放；没有教师的主动发展，就很难有学生的创造精神。"然而职业价值的提升仅依靠沉甸甸的社会责任感，依靠单调的说教与重复是无法真正内化的。只有鼓励、关注教师的生活质量，支持教师提高生活品质，保持一颗求新求异的青春心情，这样，他们的专业激情才会在不知不觉中得到提升。

看着老师们那些满头方便面似的卷发，我会说："哇，漂亮，真是变了样！"看着老师们满面春风、阳光灿烂，我会说："太好了！你的微笑让我如沐春风！"看着老师们浑身洋溢的干劲与冲劲，我会说："你让我找到了激情四射的感觉！"看着老师们工作多了些雷厉风行，我会说："这样的变化太好了！"……

换一个更漂亮的发型，让自己更靓丽一些；换一张更阳光的面孔，使职业的天空更灿烂一些，当老师的生活激情被点燃后，我们也引导教师致力于提升自己的专业激情：让懒散的自己变得勤奋，让褊狭的自己变得豁达，让无知的自己变得丰厚，让犹豫的自己变得果敢异常。校园里多了笑容灿烂的面孔，也自然多了激情四射的身影……

谢秋兰老师认真、细心、亲切，刚刚兼任了"未来妈妈"这一特殊角色。在这一特殊时期，她对教育事业仍然热情执着：开学未过3天，在开学前已经做好了各项"功课"的谢秋兰老师在新接班的班级里指挥若定，对于班中每个学生的姓名、性格与爱好更是如数家珍，使学生们一下子就与这位和颜悦色的老师接近与亲热起来；每个午间休息的时段里，谢秋兰老师的办公桌前总是会围绕着一群需要补课的孩子们，听着谢老师"点石成金"，听着谢老师"娓娓而谈"……从开学到期末，始终如一；军训时，谢老师"摇摆"着日益"丰满"的身子关心着训练场、营房的里里外外，她始终带着幸福的表情来看待每一项工作，给严肃的训练场平添了一份生活的情趣和信心的支持。学期结束时，班级的同学们为谢老师举行了一个温馨、美好的送别会。一个学期的接触，孩子们不仅在语文学习方面获益匪浅，更是从谢秋兰老师严谨、认真的教学风格中品味了许多。

校园里，这样的老师越来越多。他们既具有敬业务实的精神，又能高效率地完成教育教学任务；既具有深厚的专业文化知识，又有终身学习的意愿与行动；既善于创新思维，又能够创造性实践；既能教书育人，又会教育科研；既能收获教育成果，又能得到幸福的人生体验，职业价值得到了提升。

为了建立正确的舆论氛围，我们利用身边的一个个生动鲜活的事例去点燃教师们的教育激情。因为一个人是否幸福，是否快乐，在很大程度上取决于情感世界的满足，作为学校管理者要特别关注教师的情感世界。

当老师们开始用自己的生命歌唱生活，用自己的生命实践自己的教育理想，当工作让人新鲜、兴奋和期待时，老师们相对狭小的心境也走向了一个宽广的大环境，对于教师生活的理解，对于教育工作的态度，也有了新的变化：每天生活的校园与课堂，原来可以成为如此美丽的舞台，让自己和孩子们上演那么多精彩的话剧！每天普通的讲课与谈话，原来也可以成为如此美丽的诗篇，让孩子们终身铭记和吟诵！体味同事交往的真诚、感动；体味课堂教学的激情、艺术，享受与学生交往的自由、纯真。在繁重的学习与工作之余，可能被操场上的火热气氛感染，可能为晚上淡黄色的路灯动情，可能为学生一个会心的微笑而感动……

3. 给教师成就感

教师的成就感是个动态的、相对的概念。因此，教师成就感的价值取向往往是多元的，既有物质取向也有精神取向。许多教师成就感的价值取向是外在社会标准，如职称与荣誉，而另一些教师成就感的价值取向是内心的自我感受与自我实现。甚至有些优秀教师已超越了自我成长的概念，而是追求团队的成长。不同发展阶段的教师其价值取向不同，并不断从物质转向精神，从外在转向内在，从个人转向团队。

我认为，教师在教育工作中，有无实现职业成就感，可以从三个方面去衡量：一是教师成长设定的目标能否实现，教师在不同的发展时期有不同的目标，教师的成长过程也是不断达到目标的过程，如学生的学习质量提高，教师自身的职称晋升、教科研水平的提高等，我经常和老师们说，要在教学中不断地立志、立德、立言，最终要在教学中留下一些物化的产品。让老师们在不断实现

教职员工联欢会

设定的目标中会有较强的体验成就的感受；二是社会和公众的认同度，指的是对教师的包容和尊重程度，教师在社会浓厚的尊师氛围中会体验到职业地位的不断提高，体验到从事这一职业的幸福感；三是教师成功感的实现，指的是师生情感关系和谐、教师有更多的发展空间、教师可以闲暇式地学习研究等会给教师群体以更多的优越

感，让教师不断体验到成功的快乐。

"一个好的开始等于成功了一半！"新教师的前期成长对其个人以及学校都非常重要。我怎样在这个过程中扮演好自己的角色？我也曾走过新教师今天走的路，我也曾像今天的他们那样需要帮助和扶持，我也曾有过他们今天的困惑、快乐和诸多的感受，我也像他们一样需要倾听和分享。所以，我愿意同时更有责任为他们——教育的后来者、未来教育的承担者，提供一方角落，一片绿地，用制度引领他们顺利地完成由合格的师范毕业生向合格教师的过渡。让他们在这里开始起步，开始成长！让他们在这里走向成熟！

那是 1985 年的事了。这一年，正是全党逐步确定教育优先发展战略地位的关键时期。就在这一年，党中央在制定的《关于教育体制改革的决定》中明确提出："今后事情成败的一个关键在于人才，而要解决人才的问题，就必须使教育事业在经济发展的基础上有一个大的发展。"当然，要达到教育事业的一个大发展，必须首先要达到教师素质的大提高。为此，培养一支适合新时期形势需要的教师队伍就显得更加重要了。也正是在这个背景下，学军小学如何迅速培养一支高质量师资队伍的呼声，骤然变得迫切了。

暑假的一天，从学校二楼的一间办公室里，不时传出热烈的讨论声。我和学校的副校长及教导处、总务处、科研室主任们，围绕着"怎样根据青年教师提高教育教学能力的规律，找到一条培养青年教师的有效途径"的问题发表着各自的意见。

"与我国整个教师队伍的状况差不多，人才极为缺乏。我校教师在年龄结构上 30～40 岁这个档次出现了空白。40 岁以上的教师在 10 年左右的时间内将先后离开教育岗位，情况十分严峻。必须使青年教师尽快地成长起来，成为教育教学骨干，使我校在 10 年后有一批新的顶梁柱。"

"我校 30 岁以下的青年教师占 44％，这些同志都是近几年来陆续进校的，大部分是中师毕业生。他们对小学教育的重要意义都有一定的认识，一般都愿意终身从事小学教育工作，有一定的文化专业知识及教育理论基础，并有着成为一个好教师的强烈愿望。只要学校给他们创造条件，多加指导，他们一定会有所作为的，他们是我们学校的希望。"

"中老年教师业务能力提高的一般过程是：先过好教材教法关，然后逐步成为有丰富经验的教师。但是，由于特定的历史原因，有的教师没有掌握系统的教育理论，因此平时积累的大量的、丰富的实践经验不能及时上升到理论的高度来加以总结，这样的教师可以称之为'经验型'教师。当前我们有理由、有条件要求我们的教师是'研究型'的，我所说的'研究型'教师是指这样一种教师：他们能在理论指导下进行教育教学研究的实践，能用理论去总结实践经验，并把实践升华到理论高度。"

......

思路随着研讨而清晰，做法随着实践而产生。至今已是第 20 个年头了。

心理学研究表明，群体的共同目标越明确，人们从事学习、研究和工作的积极性、主动性越高，相互协作的精神越好。所以，新教师对"我将成为怎样的教师"这个问题回答得如何，将直接关系到他们积极性的发挥。在我们学校里，青年教师一进校，我们就向他们提出明确的奋斗目标——"一年入门，二年上路，三年成熟，五年成材"。

青年教师的成长之路不可能是一条直线，很可能是一条正弦曲线，但要力求使它振幅小、振频低。这就得有配套措施，这些配套措施引导着每一位青年教师走上了从事教学研究的幸福之路。

为了使新教师很快适应教育教学工作，我们制定了"杭州市学军小学培养新教师规划"，主要的设想与实践是：

（1）洗脑子——组织学习教育理论，进行自学与讨论，各人谈学习心得体会，撰写论文。去年才进学校的小金老师撰写的英语论文就在今年的杭州市教学论文评比中获了奖。

（2）结对子——抓备课、听课与评课。老教师指导"徒弟"备课，参加听课和评课。备课：先由青年教师自己提出方案，并说出理论根据，然后征求指导老师的意见，逐步过渡到青年教师自己备课。听课：指导老师主要是看青年教师在课堂上能否自觉地、正确地体现教育学、心理学的有关原则，进而给予必要的评析和指点。省特级教师倪宗红，全国优秀班主任袁劲梅，全国数学教学一等奖获得者、省特级教师袁晓萍，国家级骨干教师培养对象吴幼春，省音乐教学一等奖获得者邬淑颖等一大批青年教师都是深受师傅的润泽而成长起来的。

（3）压担子——多给青年教师创造锻炼的机会。我们把青年教师推上第一线。比如遇到兄弟学校教师来校听课，教导处都尽可能安排青年教师开课，并在上课前一天才通知任课教师。上完课后，要求写出课堂实录及自评，交教导处存档。如倪宗红老师工作仅仅 29 天，就承担了接待中央教科所伍教授一行专家的开课任务。

（4）搭台子——开展教学评比。我们采用课堂教学评比、基本功评比的办法为青年教师提供成长的舞台，使他们有展露才华、实现人生价值的机会。同时培养年轻教师的事业心，增强成功欲和竞争能力。评比分两个层次进行，第一层次是"希望杯"竞赛；第二层次是较高一级的"导航杯"竞赛。每年一次全校教师参加听课，各层次评出各等奖次若干名，予以奖励，并记入业务档案。吴建丹等老师就是在第一年的"希望杯"评优课中力挫群雄，勇摘桂冠的。对这些老师来说，这是一个极大的鼓舞和肯定！

通过独特有效的新教师培养体系，每一位新教师在教学工作、班主任工作中迸发出忘我的工作热情，水平迅速得到了提高。他们在学军找到了自己的人生坐标。他们不但提高了学校的办学档次，也使整个学校的精神风貌焕然一新，成为学校持续发展的一支前途无量的生力军。

4. 给教师幸福感

20 世纪 30 年代，毛泽东就提出关心群众的"吃饭问题，穿衣问题……总之，一切群众的实际生活问题，都是我们应当注意的问题"。他把它们比喻为"过河"的问题。"我们的任务是过河，但没有船或没有桥就不能过。不解决桥或船的问题，过河就是一句空话。"由此，我想到学校的中心任务是抓教育、抓教学，如果把它比喻成是一个"过河"的任务，那么了解教师，关心教师，凝聚教师，就是一个"桥或船"的问题。

教师在雁荡山旅游

生存需要是第一需要，满足青年的生活方面的需要很重要。例如，居住条件、工资待遇、经济负担、大男大女的恋爱婚姻问题等。这些问题不解决，当然影响青年教师的工作积极性。

随着时代的变迁，社会的发展，"关心群众生活"的内容不仅有物质生活，更有精神生活。这就要求我们做校长的在继续为教师办实事、排忧解难的基础上，重视人与人情感上的沟通、交流，在生活上给予教师悉心照顾，特别是对那些远离家乡的青年教师，让他们在学军有一种家的感觉。为此，学校行政精心安排了一系列凝聚青年的传统"节目"。

【中秋月圆情更浓】一轮皓月高悬天宇，中秋的天是那样地清澈，那样地高远。凉风来得很柔，仿佛是从月亮上来的，带着淡淡的桂花香。月满的时候总是思乡最浓的时候，可在我们学校的"教职工之家"，却与外面清幽宁静的景致形成了鲜明的对比，气氛是那样热烈，掌声一阵接一阵，那是我校工会组织家在外地的青年教师举行中秋茶话会。工会主席周丽珍诙谐、幽默的开场白一下子吸引了大家的注意力，她说："今天大家聚在一起，只谈家事，我们'一家老小'要无拘无束地谈，让这里的笑声通过今晚的月光带给你们的家乡亲人。"大家边吃月饼边随意地谈，小叶说："能在学军小学这个大家庭里生活真的感到荣幸，因为有这么好的'家长'又有这么好的兄弟姐妹。虽然第一次在外地过中秋节，但在这种气氛里就像在家里过节一样亲切，一样温馨。"小王说："当我带着大包小包行李来到学军小学的时候就有一见如故的感觉，不管以后怎么样，我一定要把根扎在学军小学。""我要马上写封信，告诉家里人，用不着他们担心，学校领导都很亲切，还有嘛，月饼也特好吃，嘻嘻。"小邬嚼着月饼说。看她的神情这个节过得挺甜蜜的。

月圆之后有月缺，可留在这些远离父母的"大孩子"们心头的月亮却永远都是满盈盈的。

【杯酒交错迎新春】元旦到了，学校总不会忘记搞一次"全家"大聚餐。席上你一曲越剧，他俩来一段《天仙配》，觥筹交错，无主宾之别；喜笑颜开，无干群之分，其乐融融。大聚餐虽然结束了，却勾起了大家对过去一年团结奋进、亲如家人生活的回想，对新一年的希望也在欢快的歌声里扬起……

【雪中拜年意切切】拜年是新年里晚辈对长辈的问候祝贺。春节前后，我却与学校领导分头忙碌奔波于教职工的家庭之间，给他们送去新年的问候。有一年的岁末，再过两天就到春节了，杭州城下了几天几夜的鹅毛大雪，人们都认为这是十几年来杭州城少遇的大雪和寒冷天气，郊区的公交车也停开了。我硬是冒着雪骑自行车到10多公里外的乡下荆山岭，看望刚工作的新教师刘荣华老师一家。门一打开，小刘看到雪人似的我，一时竟感动得不知说什么好，只是一个劲地喊请坐。当着他父母的面，我如数家珍般地叙述了小刘工作上的点点滴滴，不住夸赞他工作认真努力，善于动脑："感谢你们二老，为学校养育了一个好老师。你们尽可放心，我们一定会关心照顾好他的。"两位识字不多的父母很是荣耀，不时地叮嘱小刘："有这么好的校长，你真福气呀。你要好好工作，对得起你们杨校长！"

随后，我又请刘荣华陪我骑着自行车翻过山岭去看家住在龙门坎的另一位新教师葛亚平。

……

近几年来，学校在增加投入改建校园硬件设施的同时，还千方百计地为年轻人创造良好的工作生活环境。趁着暑假，外地老师回家度假了，学校却热火朝天地在搞改建工程：把前几年刚加盖翻造好的两层青年教师宿舍楼重新装修，胡副校长亲自督阵，促进工程早日完工。开学了，大家回来一看，"哇，焕然一新的宿舍楼，浴室、有线电视、室内空调、网络连线，一应俱全！"四个人一间的集体宿舍变成两人一间的"标房"，年轻人那份欣喜之情溢于言表。听听这些小青年的搬迁感想吧：

"如果把杭州比作我们的第二故乡，那么学军小学就是我们的家！"（小杜老师）

"忘不了，杨校长让贾老师给我们送来的诱人的梅干菜焖肉、喷香的油氽花生米、爽口的四季水果……杨校长对我的悉心关爱，增强了我工作的信心，更成为我前进的动力。"（小袁老师）

"有这么好的校长，有这么好的学校，我倍感自豪。刚踏上讲台，初为人师的我虽然远离父母，但我深深地感受到领导的关怀、爱护，感受到生活在学校大家庭的温暖。"（小张老师）

正如一位老师说的："领导关心我们一分，我们要自觉地奉献十分。"小张老师肩挑三、六两个跨年级的班级，还率领一批数学的小爱好者冲击"华罗庚金杯赛"；刚刚满师的小姚老师带领几个新教师摸着"石头"，行进在小学语文新课程这条奔腾不息的小河中；体育老师谢超、王占苗一清早就率领小足球队员们飞奔在绿茵草坪上，中午又开始筹备下午班级广播操的评比活动，接着还得带领运动队迎接区运会呢；大队辅导员倪勤老师假期到校布置队室，整理鼓号器具，一干就是三四天；遇到大型活动，每个青年随叫随到，叫干啥就干啥……学校没给他们一分钱的补贴，而他们也从来没有闪过拿补贴的念头。

在亲切、和谐的环境中，教师们工作着、快乐着。教师的幸福感来自领导的关怀，更来自成就感的升华，培养教育的学生进步了，成长了，成材了——桃李满天下的美好情景，让我们人民教师感到无比的幸福。

（四）点亮一盏心灯

在教师有困难时，我愿意是一盏"灯"，伸出援助之手点亮他们心中的希望；在新教师有困惑时，我愿意是一盏"灯"，为他们照亮前进的道路，指明方向，使他们的心更清静透彻。

1. 事业起步的导航仪——第一次谈话

乔治·萧伯纳有过这样一段名言："征服世界的将是这样一些人：开始的时候，他们试图找到梦想中的乐园，最终，当他们无法找到时，就亲自创造了它。"

刚刚走出校园的大学生们，首次以成人的姿态切入社会，将要面临着人生更重要、更关键的一次转折与挑战。这个初始姿态将在很大程度上影响他们一生的基本走向，因而他们正处在人生的关键点上，但是，这群刚刚走出校门的青年还追梦于理想与现实之间，荡漾在成熟和幼稚之间，该如何给自己一个准确的人生定位、事业规划呢？除了需要自我的设计和自我的奋斗，更需要学校领导的关怀与指导。

倪宗红，曾经是我的学生，时隔六年被我再次"召"回母校。她在学生时代的活跃、认真给我留下了深刻印象，师范学校朱葆莉老师的大力推荐更增强了我对她的信心。这样一个功底扎实、踏实肯干、倔强好胜的姑娘定能成就一番事业。事实证明，我的眼光不差，15年后，她成了省里最年轻的特级教师。

她刚来那天，我就找她谈了话。我从师生情谊的叙旧到学校新况的介绍，一番畅谈之后，我的谈话逐渐切入正题，详细分析了中国社会师资队伍即将面临的青黄不接、呼唤新人的局势，重点介绍了学校目前正在开展的"小学班级综合管理实验"科研课题的实验构想与进展。

"宗红，你各方面的情况，我非常熟悉。所以，这次把你召回母校，学校想安排你担任这个课题第二轮实验班的班主任和语文教师。课题的目标是出质量——全面提高实验班的教育教学质量；出人才——培养几个优秀的青年教师；出经验——总结出一套科学的学校教育科研管理以及青年教师培养的经验，第一轮实验班起步一年，应该说总结出一点经验和不足，所以第二轮实验至关重要，实验的关键取决于'人'，而实验班的班主任可以说是关键的关键，你要好好规划这六年呀！"

刚刚步入社会，即将踏上工作岗位的倪宗红，犹如一只出笼的小鸟，对未来的憧憬更多的是自由、浪漫，却缺乏一个明确的目标，即对自己的人生、对自己的事业没有一种设计。"好好规划这六年"就是在提醒她规划自己的人生和事业。"我给你提出几个奋斗目标，供你参考吧。一年之内，你的班级管理工作要能独当一面地开展，这方面学校为你找了一个优秀班主任做你的师傅，与你搭班；教学上，有困难多请教韩群老师，她的低段教学很有特色，学校会请她多多帮助你；三年之内要争取评上区教坛新秀；五年之内要评上市教坛新秀。我的意思是能否成才，这是关键的六年，趁年轻集中精力多学习，多积累……"

这次谈话对倪宗红影响很大，她说："在我眼前侃侃而谈的杨老师，不像一位校长，更如一位长者帮着小辈确定人生的目标，制订详细的个人职业发展计划。"她从校长室走出来，手上多了我送给她的三本书：《青年教师50问》《儿童心理学研究》《拼音教学集萃》。她感觉到自己的肩头多了一副沉甸甸的担子——教好这个实验班，不辜负领导的信任与期望，她的心里更是明确了日后的奋斗目标……

与倪宗红老师相似，每一位新教师走进学军的第一天，我都给他们描绘学军群体的理想与目标，告诉他们学军的教师队伍一直是潭活水，"新来老退"是个规律，青年教师始终是学校的主力和多数，是大有可为的；讲述特级教师唐淑华、黄建明等都是从进我校的那天起就立志献身教育事业，并在学军这块沃土开始耕耘、起飞的；提醒他们应该着手考虑自己的人生和职业规划中的具体细节。这个计划可以是一个五年的计划，也可以是十年、二十年的计划。不管是属于何种时间范围的计划，它至少应该能够回答如下问题：（1）我要在若干年内实现什么样的个人具体目标？（2）达到这些目标，我需要排除哪些知识、技能、心理乃至人际交往上的障碍？（3）我需要选择哪些课程培训？增加哪些书本知识？（4）我要在若干年内有什么样的一种生活方式？

以人生定位和具体规划为导向，帮助新教师集中注意力，在一个特定的时间范围里充分地利用自己的脑力和体力，为未来开辟更为广阔的道路，是我与新教师谈话的主要目标。与每一位进校的新教师进行交心式的漫谈，谈人生、谈理想、谈初为人师的感受、谈班主任工作艺术、谈对教师职业的认识、谈如何教好一门学科……不仅促进了我与新教师在情感上的沟通，而且给新教师以后的教育教学工作和自身素养的提高等方面以启发和鞭策。我经常通过多形式的第一次谈话，为气质特点不同和学科专业不同的教师设计"多样化、特色化、灵活化、具体化"的成长目标。

2. 事业发展的推动器——"看'小'自己，做'大'自己"

名校扩张需要名师，名师要获得成长更需要成长的土壤。名师培养问题中最重要的是对名师的评价及充分发挥名师的作用。如何让名师在成"名"后继续前进，帮助他们确定事业的"第二起跑线"呢？我经常送给老师们这样的八字箴言——看"小"自己，做"大"自己！

倪宗红老师是我校最年轻的语文特级教师。在她评上特级教师的那一天，我与她进行了一次对于"特级"品质的交流谈话。

我说："恭喜你啊，小倪！成长为学校最年轻的特级教师！"

她的眼睛里有点朦胧，似乎是在回忆那一段"硝烟弥漫"的激情岁月，感慨地说："可真不容易啊！"

听得出她的口气中有如释重负的快感，于是我对她说了这样一段话："首先，我希望你成为名师之后，依然有当初奋斗与拼搏的精神与风格。同时，你特别需要的是以平实的甚至是仰视的眼光去看周围的普通教师，而绝不是俯视。要记住，做了特级教师，更要'夹着尾巴做人'！"

可能是最后那句"夹着尾巴做人"有点"俗"，一下子把她弥漫在"诗情画意"憧憬中的情绪拉回了现实。她定了定神，眼睛里流露出不解与询问。

带领青年教师在南京考察学习

我继续说："在你的前一个阶段中，你的努力、付出与天赋都得到了外界的认可，特级教师就是你劳动获得的回报。荣誉与名声像缥缈的云雾，的确很美，但不能沉醉于其中，真正的名师绝不是潜心专营用名声获利，而应该潜心于学术，潜心于教学。"

　　"那么是不是意味着我今后应该把自己的位置放低一些，以谦虚的态度做人行事？"她问道。

　　"是的，在你评上特级教师的今天，这样做的确是需要勇气与气度的。然而放低姿态是为了更好地促进发展！"我的话语显然引起了她的兴趣，我们开始对这一命题进行了坦诚而深刻的探讨。

　　"当你选择去参评特级教师时，你当时选择的着眼点是什么？"我试图让她回忆起自己评选特级教师的最初动机。

　　"挑战已有的教育水平的极限，跨越自我的鸿沟！"她十分肯定地回答了我，语气中充满了义无反顾的坚定。

　　"确实，你选择的是艰难的自我的跨越，不是荣誉、掌声、鲜花和喝彩。发展，才是你成长最需要的东西！"这番话是说给小倪老师的，也说出我自己的追求目标。

　　……

　　我最后说："评上特级教师，绝不是你事业的终点，而是一个更高的起点。记住，要看'小'自己，才能做'大'自己。"

　　当我们结束这次谈话时，已是华灯初上时分。望着她充满信心与希冀的神情，我知道这位优秀的语文教师已经开始孕育自己第二次更优质的教育生命了。

　　之后的日子里，倪宗红老师确实在学校语文教学工作与班主任管理中实践了这八个字，她更虚心地学习，更注重自己的理论积累，更善于从各个学科、学校的各个老师身上汲取学习的素材了。一次倪宗红老师在试教《卖火柴的小女孩》一课时，邀请了全校的语文老师听课进行全方位诊断，课后更是与一个个老师进行交流切磋。用她自己的话来说："每一位教师的课后感言都给了我许多的感受与启发。"

　　学校也给这位年青特级教师发挥专长的空间以做"大"自己：聘请她担任优秀教师的导师，承担省、市级科研课题使其知识结构向广度与深度发展……她在一个新的舞台上引领了学校各层次优秀教师的成长，输出经验、输出精神的同时，更成就了自己事业的发展！

　　倪宗红老师在一次成长经历交流活动上，用这样的话来诠释自己对于"小"与"大"的理解：在名师光环下看"小"自己，体现的是一种谦虚中的坚定有为、清醒中的苦心经营，是在教育人生和事业坐标中的准确定位。因此更能代表一种高度，一种力度，一种为人处世做学问，更是一种气度。而这样的看"小"，无疑为做"大"赢得了更多的个人成长空间。

一些教师的教学技能较高，在某些方面冒了尖。这些教师，在没有获奖之前，教学进步很快，一旦获奖，其中有不少人就停留在了这种获奖水平上，呈现出一种不升不降的技能表演状态，这些教师在成名之后，往往会停留在"大而不强""作为学校摆设""利用率高于创造性"的状态，学校要求这位年轻的特级教师"看'小'自己，做'大'自己"，无疑给那些盲目追求"做大"，盲目沉迷于光环下的老师们一个极好的榜样。

于是，我校在市里、省里乃至全国教学比赛中得奖后自鸣得意的老师少了，积累备课经验、反思教学行为，用以提高日常教学水平的老师多了；评上优秀教师、学科带头人后不思进取的老师少了，积极地勾画自己发展蓝图的老师多了……老师们在做"大"自己之后，都会自觉地看"小"自己，又在看"小"自己的同时继续做更"大"的自己。正如袁晓萍教师在全国小学数学课堂教学观摩评比后，回忆她个人成长的经历时感慨地说："做人做事，总要有个恰当的坐标，把自己放在适当的位置，才能以平和的心态看人看己，以清醒的头脑对人对事。这好比渔民出海，事先总要把困难估计得大些，备足淡水和食物，才能在遇到风浪时从容不迫；又好比跳高运动员，起跳前必须下蹲'蓄势'，才能更好地'腾飞'过竿，做人如此，做学问如此，做一个优秀的教师尤其应该如此。"确实，看"小"自己，是一种精神修炼，更是一种人生的参悟境界。

3. 事业前行的指路灯——错误也是一种资源

错误并不是一件坏事，它能促人思考，使人坚韧、刚强。就学校管理而言，错误本身就具有弥足珍贵的价值。管理就是一个不断尝试错误的过程，教师正是在不断地发生错误、纠正错误的过程中获得了丰富的知识，找到了科学的方法，提高了教育教学的能力，对教师的成长而言，有时经历错误比品味成功更富积极的人生意义。作为校长应以平等的身份走进教师群体，走进教师的心灵，和缓地扣动教师思想情感的琴弦，教师幽闭的心灵门扉才会向你开启，作为校长要做到"怠者策之，卑者扬之，傲者折之，弱者励之"，使每个教师都"错"得其所。

那是中国足球队第一次参加世界杯赛。虽然对于不少小学生来说，还不能真正理解足球的含义，但学校仍决定，珍惜这一次千载难逢的德育机会，全校下午停课，共同来关注这一场全中国瞩目的体育盛事。

　　还没到下午，孩子们写标语，拉横幅，忙得不亦乐乎，一如在现场亲临比赛的郑重与兴奋，学生们对于这场足球赛事的关注与热情远远大于我的想象。足球比赛正式开始了，巡视于一个个教室间的我，时不时被孩子们兴奋的加油声、沮丧的叹息声振奋着，感动着。突然，我的脚步定住了，与别班的亢奋不同，六（2）班教室出奇地安静，数学老师小章正在黑板前给学生演算一道道的习题。看到我走近了，她连忙迎上来解释："我们班的同学数学基础薄弱，快毕业考了，我正好利用这个时间给他们补补课！"我下意识地看了看教室里的学生们，在耳畔间此起彼伏的加油声和手中作业本上密密麻麻的数学题之间，他们被迫选择了后者，眼睛里写满了无奈和期盼。

　　我让同学们打开电视机，可是电视机坏了。这时小章老师似乎非常高兴。

　　在组织这班学生穿插到其他班观看比赛后，我顾不上精彩的足球赛事，与小章老师在走廊里进行了谈心。我知道如果我只是批评她，停留在指出这种行为是错误的，那是远远不够的。因为简单的批评本身，没有回答选择什么样的行为才是正确的。于是，我说："如果今夜有流星雨，百年一遇，你会允许自己守望半宿吗？"不等她做出反应，我继续说："在星空下，'放任'一下自己的思绪，这不是你的渴望？中国足球梦圆今朝，44年的期盼，作为中国人，能不让我们的孩子们狂欢片刻吗？"

　　我知道，教师理性的"职责感"让她犯了今天的错误。

　　"我们不要让教育只染上实用主义的色彩，别忘了，教育也需要情怀。读书的目的一旦铆定在'应试'的功利价位上，学习会成为无奈的负荷。风采就可能因此消逝，灵性就可能因此泯灭！"我的语速加快了，小章老师的脸上也写满了懊悔，轻轻地说："当时，电视机坏了，我确实非常高兴，心里还有几分得意，心想真是天助我也……"

　　我继续说："一次看足球的时间被你这样利用了，可能会提高你的教学质量，可能会在短时间内完成你的数学作业，但你却放弃了每个孩子爱国情操的一次洗礼，留给自己与孩子的都将是一个永远的遗憾。"

　　……

事后，小章老师在师德案例中写道："杨校长的一番话使我的不满情绪烟消云散，而且从内心深处幡然醒悟。我永远不会忘记他那既有谴责更有希望的眼神，尽管这个谴责当时令我十分尴尬，但我宁愿承受，宁愿这责备陪伴我一生……错误让我得到了很多。"

面对"错误"，作为学校管理者必须引导教师准确辨识，努力挖掘"错误"的潜在资源，让教师学会反思，让他们制定相应的整改措施，使"纠错"增值。如老师们对于学生单元测验中经常会出现仿冒家长签字、藏匿不签的现象进行了分析，找出了评价方法与过程过于简单的错误，提出了允许自己给自己签（在签名中提出整改目标）；允许请老师给学生签（签名中提出殷切的希望）；允许选择性签名（选择自己最满意的试卷给家长签）；允许延迟签名（待取得更优秀成绩后合在一起签名）的多种学生测查后的评价方案，注意保护学生与家长双方面的自尊心，让孩子在家长与老师身上体会到被理解和被尊重的感觉……

从事教育工作的人，谁能说自己一生从没失误过？谁能说自己的教育教学工作是完美无瑕的？从这个意义上说，教育是一门遗憾的艺术。《教师师德案例剖析》很好地抓住了教育教学过程中存在的普遍性问题，引起了每位教师的深思，打开了大家记忆的闸门。看着老师们的《教师师德案例剖析》，我不由地说："感谢每一个错误，如果不是它，我们可能找不到自己职业发展的桎梏所在，找不到职业发展的真正方向。"让每一份错误作为一种资源，把每一份遗憾作为一种鞭策，为学校的教育教学工作写出更新更美的篇章。

发现"错误"后，珍视失败的探索，更关注以后的同类问题的处理，这应该成为每一个教师职业经历中的必然。考虑到学校教师的劳动经常是在无人监督的情况下进行的，学校采取了"师德案例剖析"这种方式来提高师德水准，并提高他们的教育教学技能。老师们在"师德案例剖析"中对自己的教学行为与教学思想进行反思，许多教师本着对教育事业高度负责的态度，毫不顾及自己的"面子"，"自揭疮疤"，不惜充当"反面教材"。更难能可贵的是，许多教师工作已经做得很好了，仍然进行深刻的反思。他们的思考站在更高的高度，表现出更高的境界，从而也具有更深刻的意义。

教育需要认知，认知是需要"过程"的，忽视学生认知过程的教育教学是一种无效的教育过程。然而自诩"熟知认知论"的我却偏偏在教育教学过程中省略了这个"过程"。"言简意赅、当机立断、干脆利落、不拖泥带水……"一直以来，我都把这些作为别人对于自己工作作风的褒奖、赞许之词。然而今天，当我将"创满意教育单位"的标准与自己的教学行为进行比较时，发现的却是"雷厉风行"背后对学生教育"过程"中出现的不足与空白。

闪回一：集体教育的误区

"小 A 同学打架、辱骂老师。大家提提建议，这样的同学怎样处理？"

"写检讨""向全班道歉""让他一个人坐在角落里"……学生们一个个"义正词严"地提出了各种"血淋淋"的处理方案（可以想见，平时老师们的各种"狠招"学生们印象深刻）。

"好，同意同学们集体提出的意见。"老师一语拍板。集体审判 5 分钟结束后，换来的是小 A 对老师与同学们长时间的、深深的仇恨与敌意。

自我剖析：自认为运用了马卡连柯的"在集体中教育学生"的德育原则，殊不知所培养与弘扬的却是"霸权"和"残忍"。当我们的孩子们将"把对方踩在脚下，狠狠地踩几脚"作为乐事，那么又谈得上什么善良、关爱与宽容的教育主旨呢？其实，老师与学生（学生群体）的关系就如山谷回音一样：只有一个对学生充满信任、关爱与柔情的老师方能造就一个和谐、善良、团结和谐的群体。

整改措施：集体表扬与个别谈心相结合。尽量做到老师在全体同学前的谈话内容是积极向上的，以表扬为主，辅以善意地指出缺点；对需要进行批评教育的学生，尽可能与当事人进行小范围、个别分析为主的谈话，保证谈话气氛的和谐舒适，以老师的真心与诚挚将学生的消极对抗行为转化为积极的建设性行为。

闪回二：量化班级管理的怪圈

一学年的班级管理中，一直为自己所制定的各项班级制度自鸣得意。从卫生工作、早读管理到学生作业质量，班级制度涵盖了学生学习、劳动、活动的方方面面。"分数"成了班级管理中使用频率最高的关键词。唯一没有心安理得的是那一天：那一天，班级行为规范总分已经进行了小结，达标记分本也停止了使用……那一天，"分数"走下了它权威的神坛，走出了量化管理的班级，学生的行为与平时有了很大改变。离开分数就没有了有效管理？我疑惑了。

自我剖析：一个孩子的发展成才是靠其内在能量的积蓄——知识的、情感的、心理的等，仅靠外部的强硬手段是改变不了人的。事无巨细的班级制度，标准的量化分数衡量无法准确评定学生的行为表现。冰冷的制度与数字，隔阂了师生间生动的交流和默契。精明的班主任却忘却了"人至察则无徒，水至清则无鱼"这一辩证哲理。

整改措施：加强与学生的情感交流与沟通。学生的愿望与要求往往是最简单的：一个小小的微笑，一次充满关爱的谈话，一句激励褒奖的评语。我们需要把这些情感因素与我们科学合理的班级管理制度合而为一，融会贯通；班级监控中要留一点空白和允许学生自由发展的空间，多一些宽容，多一些谅解。让管理的制度文化真正内化。

陶行知先生一再告诫教师要"爱满天下"。是的，没有爱就没有教育。我认为，教师的爱便体现在对学生教育的"过程"中，省略教育学生的"过程"，看似简捷高效，实则是一片虚无。潜心开展这个过程，丰富这个过程，才能取得最佳的教育效果。

——摘自袁晓萍老师《不能省略的过程——师德案例剖析》

教师的成长需要温情脉脉，需要关爱，有时也需要一点点批评的冰霜，挫折的风霜，才能磨成信念与毅力的磨石，才能在不断的跌倒与爬起中走向成熟，每一个"伤口"，都是教师们教育生涯的阶梯，也是教师走向成熟的印痕。

错误也是一种资源，让我们一起感谢错误！

（五）协作，让校园如此美丽

在平时的闲聊中，我们经常可以听到老师对于生活的抱怨。有的说，教师生活太平淡，没有刺激；有的说，教师生活机械，没有情调；有的说，教师生活太繁杂，没有成就感……每个人都有两个重要的世界——情感世界和智慧世界。一个人是否幸福，是否快乐，在很大程度上取决于情感世界的满足。如何建立一支互相协作、智慧共享的和谐的团队，是我们需要思考与努力的。

每学期学校都会组织老师写"于细微处见精神"的文章，倡导老师们捕捉身边感人的教育火花。每一次撰写，每一次诵读，都会让老师们感受到教育的快感，体验教育的幸福：老师们开始为身边同事的扎实奉献而感动，开始为一句温情的关爱而感动，开始为一个精彩的创见而感动，他们充满激情地向忘我工作的教师们发出来自心底的赞颂：

不知是从什么时候起发觉，刚进学校的那一颗骚动、热情的心已不复存在，原本的激情澎湃在日复一日的烦琐中被日渐消磨得所剩无几，那时，有点茫然，有点失落，有点无措。也不知从什么时候开始，这份飘然而去的"热情"又悄然地回来了，是因为她？他？还是他们呢……

她

开学初还被我们调侃成"垃圾"的各种材料居然在学期结束时成了一件件美轮美奂的工艺品，最可贵的是这一件件精品都是出自于学生们稚嫩的双手。是谁让这指间流淌出如此多的智慧？她——就是我们办公室的巧手许春莲。其实，每一件艺术作品的产生绝非偶然，广泛、认真地收集各种材料，一次次上网搜索各种有关的素材，自己亲自动手制作模型范本……和她同处一个办公室，第一次感受到了老师还可以这样做，做得那么精细，那么艺术，那么充满乐趣！于是，疲惫时、烦恼时，常常会去端详许老师的神情：那么专注，那么欣喜，那么的充满热情……于是自己也不禁轻松起来。这才是美丽的工作！

他

时常闪现出的与众不同的智慧让人目眩，时常会以他的沉着与冷静将方方面面的事处理得周到合理。于是，每一次思路堵塞时，每一次感觉工作上难以突破时，会自然而然地去寻求他的帮助。正如老师们私下所议论的，他应该是智慧的化身，这位"智慧先生"当然就是汪培新老师了。那一次参加全国数学教学评比时，身为上课老师的我，因一次又一次的试教，继而一次又一次的失败而气馁，然而作为指导者，他不厌其烦地对我的思路进行点拨，不留情面地指出我的问题，让我仔细思考老师们的听课评析意见……甚至到了上课的前几天，他还在长途电话中给予详细的指导。作为参评老师，我不仅通过上好一节课在教学中得到了许多的启示，同时在如何充满热情地做"学问"上得到了启迪，这才是智慧的工作！

他们……

还有以校为家，把全部心血都倾注在学生发展上的数学老师张军林；从不计较个人的回报，也从来没有为休息日额外辅导学生而抱怨的班主任郜晏静；心中除了学生还是学生的语文老师倪宗红……她们中，有的拖着病体风里来雨里去，不忍心让学生落下一节课；他们中，有的几十年如一日，默默无闻地工作……我想说，他们的教学生命是富有活力的，因为"热情"是其中最富创造力的催化剂！

品味着身边一个个鲜活的例子，我想，我已越来越能从中体味出热情的滋味，深深为之吸引，为之倾心，为之钟情。我也暗暗对自己说：只有拥有一个"热情"的情怀，方有可能拥有一片广阔的教学天空，誓要将"热情"进行到底！

——摘自袁晓萍老师《于细微处见精神——将"热情"进行到底》

学校教育中，高尚的师德本身也是一种巨大的精神力量，是一种宝贵的教育资源。组织教师去开发、培育并储存这样一种教育资源，这些教育行为对教师具有强大的感召力和影响力。年级组长韩亮老师在《于细微处见精神》中说："我们正被一种热情感动着！被一种崇敬激励着！被一种力量鞭策着！"年轻的李燕玲老师用深情的笔触写道："我的心真的被感情震颤着，那是一种真正的动情，一种纯粹的感动，那种感觉是满足、是激动，是肩上的责任！原来教育中有许许多多的美等我们去欣赏、去创造，去追求！幸福更多的是一种自我感受！"进校仅一年的吴建丹写道："那一刻，我感觉我的胸膛里一股激情在荡漾、在撞击、在燃烧、在沸腾，它来得如此突然又如此真诚。也就在那一刻，我终于明白了老师们身上那一股永不枯竭的力量，就来源于对学生深深的爱以及学生回报给自己的浓浓的情。也理解了身边历尽坎坷而矢志不渝的同行们那颗坚韧的心。正是有了这份沉甸甸的爱，我们学校有那么多老师默默地耕耘着'半亩方塘'，几十年如一日，坚守在三尺讲台，阅历春秋一年又一年。"

当老师们开始用自己的生命歌唱生活，用自己的生命实践自己的教育理想，当工作让人新鲜、兴奋和期待时，老师们相对狭小的心境也走向了一个宽广的大环境，校园也有了新的变化：原来，每天生活的校园与课堂，可以成为如此美丽的舞台，让自己和孩子们上演那么多精彩的话剧！原来，每天普通的讲课与谈话，也可以成为如此美丽的诗篇，让孩子们终身铭记和吟诵！体味同事交往的真诚、感动；体味课堂教学的激情、艺术，享受与学生交往的自由、纯真。在繁重学习与工作之余，可能被操场上的火热气氛感染，可能为晚上淡黄色的路灯动情，可能为学生一个会心的微笑而感动……

（六）"无痕"胜"有痕"

做一个好校长，不是无所不知，无所不能，锋芒毕露的"智"者，而是一个懂得如何适当藏巧，会激发教师潜能的"拙"校长。于是在日复一日的自省中，我一点一滴地积累着我做"拙"校长的心得：一个懂得管理艺术的校长，必然会在教师面前表现得"弱"一些，"拙"一点，因为只有这样才能给教师提供更多自我展示的机会。于是我不停地告诫自己，不停地告诫行政班子的同事们，千万不要把自己看成是高山，视教师为小草，让教师去靠着我们，仰视我们。许多初到学军小学的老师们最初往往会惊讶于我的"拙"，我的"等"，而后慢慢习惯，做起了"思考的芦苇"。周萍老师便是其中的一个。

进学军小学之前，我已经多次聆听过杨校长的报告：丝丝入扣的严密逻辑，出口成章的诗化语言，恣肆汪洋的思想波涛……每每总让我醍醐灌顶。带着强烈的期盼，我走进了学军小学。在与杨校长接触之后，坦率地说：杨校长的吸引力与其说来自他的学问，来自他的"口若悬河"的语言魅力，"高屋建瓴"的气势，还不如说来自他身上自然而然体现出来的亲切、随和。在杨校长面前，我们有时会忘记他是一位校长，因为他总是笑眯眯地听我们聊天，或与我们一起聊天，聊天时，他总是这样开头：我们今天一起来探讨一下某某问题。在很多时候，他不发表自己的意见，而是要求老师们多谈谈自己的想法："你说呢"

"你的看法如何""还有没有什么补充"……哪怕是他不同意我们的观点，也不轻易批评，而是以商量的口吻与我们一起平等地探讨，因为没有居高临下的"学术威严"，老师们的思想在一次次晓畅倾吐中流淌出了深刻，思维开始飞翔了！

杨校长可能已经忘记了那一次，我将自己的第一篇论文交给他修改。次日，他就将写好意见的论文还给了我，说："磨刀不误砍柴工，多学习，多实践，论文再等等吧！"但正是他那淡淡的几句话，让我重新思考。我再次拿出论文翻看，仔细研究杨校长的批改，我大量阅读相关的研究材料，结合实践进行思考，那些困扰我很久的雾霾也一点点地慢慢散去，思维也一点点地变得清晰起来，许多百思不得其解的问题终于豁然开朗，论文的修改一蹴而就。

——摘自周萍《遇到一个"拙"校长》

一次等待成就了一个与科研结缘的人，一个与文字结缘的人。因为喜欢上了思考的感觉，周萍老师至今热爱教科研这块热土；只因为喜欢自己的文章成为铅字，周萍老师至今仍笔耕不辍，释放着激情飞扬的生命。

身为一校之长，在学校管理上耕耘几十年，我却越来越对一个"等"字情有独钟。等待是一种风范，一种胸怀，一种技巧，一种智慧，它看似无奈，而实则是大智若愚的精心安排。等一时，峰回路转；待一刻，天高海阔。在这等待中，定会出现"润物无声"的效果，达到"柳暗花明又一村"的美妙境界。

相信每一个教师都是一道"独特的风景"吧！

给老师一个希冀，他将还你一个喜悦！

给老师一份期待，他将还你一个奇迹！

殷切的期待，是一种巧妙的忍耐！

殷切的期待，是一种永恒的智慧！

（七）让教师享受管理的决策权

作为学校管理者要创设开放的时空条件，细心地倾听、耐心地等待，因为老师们的教育智慧，可能是瞬间的顿悟，可能是激情迸发的飞跃，等待看似消极，实则

校园一角——儿童乐园

有着积极的意义，当老师们成为自己的管理者、决策者时，当老师们的智能得以尽力释放时，我们的等待也就实现了从一个平台向另一平台的飞跃。

我们的教师中，勤奋的教师很多，他们起早贪黑备课、上课、批改作业、辅导学生……整天忙得连轴转。宁愿岁月淹没在仿佛很有价值的忙碌之中，却不情愿拿出时间思考，以致实践上少有突破。教学工作固然要勤奋，但单有勤奋是不行的，创新型的学校更需要一大批有思想有主见的创新型教师，从建立艰苦卓绝的思考开始，从建立学校开放、自主、安全的言论环境开始。人皆可言为"谐"，我坚持着让教师享受管理的发言权、决策权。

"每一名教师都要做思考者。"——这是学校在打造创新型教师时提出的一句口号。作为校长我首先改变了对教师的评价标准：只是勤奋工作，把自己整天陷于琐碎的工作中，缺乏创新，没有思想的教师不能评为好教师。搭建起一个个教师思考的"平台"，如举办教育沙龙、说课评课、论文竞赛、案例分析等活动，引导教师多看书，多思考，多动笔，就这样，在我的等待中，学校涌现出了更多的思考者、思想者。

思想品德教研活动挤不出完整的时间，也得不到教师们的重视。组长虞碧云老师为教研活动的工作开展常常陷于尴尬而痛苦不安的境地，却又束手无策，终于向我发出了"救援"。对于这位认真、踏实的教研组长，我只是淡淡地说："不愿思考，不会思考，工作就只能在低水平的层次上徘徊。你要少做'录音机'，多做'自由操'。你自己琢磨一下，相信你会想出办法的！"

一次相当于是"空白"的谈话后，我等来了丰硕的成果。虞老师开始慢慢地习惯于拥有自己的自主权，很快的，思想品德教研组活动的创意与活力就出现了：与班队课、语文课进行整合，实施成长档案记录，与学校大队部联合构建成长小组……在全区同类教研组中获得了极高的赞誉后，这位年轻的教研组长信心十足了！

我们常说要给教师多一些自主权，其实就是要使教师具有创造决策权，使教师自主选择，发展的空间大一些，学校管理者要有目的地给教师留下一些"空白"，让教师在这些空白中去勾勒美丽的图画。鼓励教师在"空白"中去行使创造决策权，挖掘教育空间资源。

常听到很多同行们埋怨老师们不能理解学校校本培训的战略决策。其实，教育是创造性双向活动，当学校为教师们展现自我缤纷的个性搭建多彩的舞台后，要给共舞之外的独舞保留一点精彩回旋的自由空间，即作为校长要为老师们的成长提供自由的空气与开放的空间。"校本培训可以选择哪些内容？""老师们在新的信息技术学习中希望掌握哪些技术？"……在关系到教师的专业化成长的很多决策中我们更多采用延迟判断的做法，关注教师的需要，倾听教师的意见与心声，让教师"选择"。等待教师们在经过自我思考和亲身体验后再做出最后的判断和结论。科研室在确定校本培训内容前总会将培训内容进行公示，在"等"来了老师们的意见后，方才实施。

由"居高临下者"变为"平等中的首席"，校长不再是发号施令的权威，而是教师的"参谋"，为教师的主动发展提供丰富的"菜单"，让教师自主选择努力的目标，自主选择实现目标的途径和方式，自主选择实现目标的期限，这样的校本培训才能亲近教师的成长需要！早在几年前有教师提出《周三业务学习》是否可以增加英语学习的板块的建议，立刻获得了许多青年教师的积极响应。然而，因为大多数教师平时教学中用不上英语，每周两小时的英语学习热情被琐碎的一周的工作消磨得荡然无存。教师们又说："英语学习太浪费时间，无利可图，与其浪费时间，不如另辟蹊径。"于是，英语学习又在教师们强烈的反对声中取消了。作为学校领导者，我始终认为小学教师学习英语具有现代化、国际化的战略意义，但对于教师们的反对之声，我并没有进行说教与强迫，我知道，教师们是有思想的，我等待着！随着教师网络技术的深入，学校现代化、国际化的步伐不断加大，教师们视野也逐渐开阔起来了，他们开始意识到英语的重要性，于是，要求学习英语的呼声重又响了起来，《周三业务学习》中又恢复了英语的学习，只是这一回，看不到烦恼，看不到浮躁，多的是自觉地学习，是积极的付出！

少一点指令，多一些商量；少一点约束，多一些自主；少一点强制，多一些弹性……

四、给教研一个和谐的氛围——改变研修的发展模式

　　任何教育改革必须配合教师专业发展，否则不会成功。因为，教师是教育改革、教育发展和教育教学实践的主体和关键。先进的教育思想由教师去贯彻，适当的教育内容由教师去体现，有效的教育方法由教师去实施，现代的教育手段由教师去操作。如果教学研究的环境不和谐，教师的发展就不能到位，教育质量的提高是难以实现的。

　　栽什么树苗结什么果。树苗品种有优劣、自身有强弱、适应力有异同、长势有缓急等，这些决定着园丁培植树苗时要采取不同措施。对于树苗品种特性认识得越早，越有利于植树者早一日采取相应措施，促其成长。培养人的道理也一样。了解树要靠观察，走近教师要通过沟通。校长要激发教师成长的天性，让他为自己寻找发展的空间。

青年教师袁晓萍上数学课

有位教师说得好："古人讲：'橘生淮南为橘，橘生淮北为枳。'学校管理者用欣赏的眼光发现了我的'美丽'，根据我的需要给足了我成长的空间，面对这样的信任与激励，谁能不竭尽全力成长呢？原本即将长成'枳'的我也转变成了'橘'。"

一所优秀的学校，提供给教师的不仅仅是一种教育，同时更是一种服务，一种适合每个教师发展的服务。我们要创设宽口径的发展通道，改变教师研修的发展模式，营造有利于教师和谐发展的环境和氛围，让老师的优势得到发展。

（一）从"要我发展"到"我要发展"

学校管理应"以人为本"。我认为，以人为本，不应该是一种口号，也不应该只是一种理念，而应该是一种实实在在的教育行为。基于这样的认识，作为一个学校管理者，我越来越多地意识到：对教师的教育从某种意义上来说就是一种"沟通"与"发现"。"沟通"就为建立和谐的干群关系奠定了基础。在多年的教师培养的实践中，我们提出了"一切从沟通开始"的培养理念，在"沟通"中引导教师认识职业内涵，挖掘自身的价值，帮助教师实现生命价值与职业价值的统一。

对于有理想，有追求，希望成长，渴望成功的教师来说，最重要的是满足其自我实现的需要。在沟通中了解教师的想法，在沟通中研究教师的精神需求，在沟通中帮助教师升华职业理想，适时的沟通，可以辅佐教师打造适合自己的走向成功的阶梯。

教师取得成功时，与他们进行沟通，告诉他们享受成功时，勿忘给自己确定事业的"第二起跑线"；教师暂时失败时，与他们进行沟通，给自卑的老师以力量，给胆怯的老师以激励；教师业绩平平时，与他们进行沟通，告诫他们维持"现状"绝不是为人师者该有的一种选择……与教师们沟通着，会发现他们是一群涌动着无限活力的生命体；与教师们沟通着，会觉察到学校管理应该是温馨的，可以润物无声，沁人心脾；与教师们沟通着，学校管理也走向了智慧，我们的学校教育也就绿意盎然了。

如果把学校管理中这种双向沟通的理念传达给了每一个教职员工，"一切从沟通开始"，就可以减少工作的盲目性和随意性，提高学校的管理效益。"沟通"成为学校日常教育教学管理工作的第一关键词。《职业再规划教师调查表》等就是几个很好的载体。

从事教学工作一段时间后的教师是有差异的。为此，我们学校管理的重心不是依据教师的优劣进行甄别和选拔，而是通过《职业再规划教师调查表》，让教师在了解差异、承认差异的基础上，准确地认识自己，再次帮助老师找准自己的人生价值，与教师共同制定他自己的职业规划。

小王老师便是一个典型的例子。小王老师是一个颇有才气的男老师。通过沟通，我了解到他懂得网络建设，技术与理念相当先进，他有希望自己的一技之长得到发展的想法。于是，学校的课件与网络的开发工作学校都有意识地让他参与。小王老师思维敏捷，网络制作基础好，他制作的课件以其先进的设计思想和精湛的制作技术，获得了同行们的高度赞誉。

其后的几年工作中，一些老师对于小王老师特立独行的行为颇有微词，于是，我与小王老师作了一次沟通交流。在谈话中我了解到，他对学校的许多工作都有自己与众不同的想法，有许多想法虽然过于"前卫"，但不失敏锐，这一点，对于一个年轻老师来说是十分珍贵的，因此，我告诉行政班子适当放宽对小王老师在教学管理常规上的要求，给足他独立的工作空间，让他担任学校常识教研组组长。果然，在他的带领下，学校常识教研组以锐意创新的工作作风，扎实有效的工作业绩在全校教研组中脱颖而出，在区、市教研组都具有极大的影响力。可以说没有沟通、宽容和理解，他不会是现在的他。

现在，很多从事管理工作的同志都非常重视沟通工作，创造了自己的沟通方式。如当时的副校长科研室主任钱老师发现在科研培训中，老师们总是对"科研"敬而远之，不冷不热，于是设计了一张《留下你的声音，留下你的意愿——科研培训教师意愿调查表》，对"最喜欢哪些培训方式""最希望学校给你提供怎样的教学支持服务"等问题进行了问卷调查，广泛收集老师们对于科研培训的意见、要求与设想，终于了解到大部分教师在参与了各类培训后，都感到很难把所学到的知识和技能运用到日常的课堂上，有的教师对长期讲座式的培训感到厌倦，于是，我们努力调整培训内容与培训方式，终于开创了将专业知识与实践知识相结合，提升教学智慧的培训之路，受到了教师的欢迎，也使学校科研培训工作提高了品位。

数学教研组长意识到教研组工作还存在着诸如教研时间不固定、教研主题不突出、教研效果不明显的问题，在组内开展了《一切为了更好地教育》的问卷调查。

他既找到了症结所在，又通过问卷让全体数学老师明确了数学教研活动的最终目的，实现了整合教研力量与资源的目标。

管理层的同事们说："通过沟通，我们倾听到了最真实的声音，了解了老师最强烈的愿望，在沟通倾听的基础上，我们调整预设的方案，工作起来也就更得人心了。"老师们说："在一次次的沟通中领导了解了我们的基本想法，我们也了解了学校的工作思路，沟通让我们形成了合力。"

作为学校管理者要帮助教师在教学工作中找到"适合"自己的起点：如在安排工作前问问教师们"更适合做什么"；在制定方案前问问教师们"能在方案实施中做些什么"；在教师成长的过程中问问教师们"我最需要做什么"……学校的人员安排、活动开展与制度确定前都应与教师沟通一下，真正做到"目中有人"，把教师视为涌动着活力的特殊生命体，从生命的视角去确立管理理念，与不同的教师共同规划不同的职业生涯，使学校成为教师们实现人生价值的平台。

教师是富有个性、特长的群体。学校的一百多名教师，有着不同的家庭背景，不同的生活环境，不同的成长经历，不同的心路历程，在道德水准、人格修养、心理素质、学业能力及个性爱好等方面，都是千差万别的，这种差异会不断发生变化，差异的程度是相对的，差异本身却是绝对的。因此，我们提出"特别的规划给特别的你"的职业规划理念，即给有特殊需要的老师特别的规划，给学有特长的老师以特别的规划。从今年开始，我们要求每个教师与学校签订《教师专业化成长个人职业规划》，一年一次，让教师自己对自己提出规划，促使自己的专业化成长。

其实，最关键的是教师对自我的规划。如郜老师的转变来自于她对自己的规划，当时，郜老师是一个有"七年教龄"进入工作第一个高原期的老师，她感到每天的上课、批改成了一种单调的义务，工作不再是一种充满乐趣的活动……经过沟通，她对自己进行了成长的再次规划：

> 当我又一次认真地学习了学校的第四个五年规划，并且聆听了诸多团员充满激情和生命力的工作打算后，我及时调整、改变自己的工作心态，给自己制定了一个新的工作目标——做一个"研究型"的教师。首先，我要求自己在三年内勤学、勤思、勤总结，形成自己的教学思想和风格，越过"高原期"，使自己能"破茧而出"。具体要做到：

在勤学方面，在三年内，完成本科的学习，掌握多媒体的操作技能，拓宽自己在学科领域的知识面。

在勤思方面，及时捕捉教学过程的教学现象，进行思考，探索隐含其中的教育、教学规律。每年给自己确立一个教学研究专题，争取有突破性的研究成果。

在勤总结方面，及时总结、积累自己和他人的成功教学经验，及时积累各种教学资料（包括教学设计、课堂实录、学生论文和教学心得等），在总结中提高，聚沙成塔，日积月累，由量的增加到质的提高。

从现在开始努力吧，希望自己的这个近期规划能及早实现。

——摘自郜晏静老师《我的个人规划——做一个研究型的教师》

她成功了。三年后，她达到了她提出的目标，本科文凭拿到了，论文发表了，现在正朝着研究型教师努力。从和郜老师相似的老师们一个个充满生命张力的《个人成长规划》中，我们既能看到长远规划，又能找到短期目标，清晰的规划使老师们振奋精神，不断促进自己的成长和超越。

当然，对有特殊需要的老师我们应有特别的规划，给学有特长的老师以特别的规划。如姚国娟老师，是一位年轻的语文老师，在平时的语文教学中，她已经掌握了语文教学的基本规律，在大型教学研讨活动上所执教的几次研究课也获得了学生的欢迎、同行的认可，应该说她已经是一位好教师了。但是姚国娟老师仍然感到迷茫，她感觉当时的她已经"黔驴技穷"，很难在教学上有新的突破。

在了解了姚国娟老师的教学实际后，我根据教师专业化的理论，给这位渴望破茧而出的教师，设计了一条专业化发展的路径：合格教师——成熟教师——研究型教师——专家型教师。当时学校正进行语文多媒体"四结合"的实验，我将她吸收为实验组的成员，让她作为一线教师参与实验的全过程。在接触了教科研以后，她和她的研究小组的同事们广泛阅读相关书籍，掌握科学的教学方法，在"四结合"实验中不断探索。她上了我校第一节网上作文课《大自然的语言》，受到了李克东教授的赞赏，参与了多本语文读物的编写，我还带她到温州、丽水等地上研究课，给大家观摩，我给她评课，渐渐地，她成长为一名"科研型的教师"！

她引用这样的话描述她在科研工作中得到成长后的感受："仅仅拥有教学知识的

人看到一块石头就是一块石头，一粒沙子就是一粒沙子；而真正拥有教育智慧的人却能从一块石头里看到风景，从一粒沙子里发现灵魂。"

姚国娟老师的教育理念有了一个质的变化，同时，她也影响了更多的教师。他们也开始在教育科研中找到了乐趣，将更多的时间与精力投入到了教育教学研究中。教师成功的"特别规划"成了一个巨大的磁场，吸引了众多的教师参与，带动了全校教师共同进行科研工作的良好局面。

当然，对于教师的职业开发是相对的，应当因人而异，因需制宜，开发过度，生命资源就会遭到破坏，就会从根本上阻碍教师的成长。因此，资源的开发应该根据教师的实际情况进行合理调配，要避免不顾个人特质过度开发的"成功式的失败"。学校的语文教研组组长袁劲梅老师就得益于这种思想与实践。

袁劲梅老师学识比较丰富，思想比较敏锐，在语文教学与班主任工作中都具有比较丰富的经验。在语文教学中创设的悠远的意境曾令无数听课者为之倾倒；对孩子百分之百的信任与对班主任工作独到的见解，又让她的班级管理蜚声校内外。然而要同时兼顾语文教学与班主任工作，身体虚弱的她有"力不从心"的感觉，在一次与袁老师的沟通中，我了解到袁老师的"两难情绪"，继续要求自己维持语文教学与班主任工作的双重特色，那无疑对体力与智力是一种无节制的透支，无疑是一种成功式的失败，如果舍弃其中的一项，自己又十分的不舍与为难。

了解到这位优秀教师的心理状况后，我们结合学校当时的需求，与袁劲梅老师共同分析，帮助她规划，对袁老师的职业发展方向进行了创造性地"量身定制"的分层规划：在学校班主任队伍建设与班级文化建设初期，以班主任工作为重心，为全校班级建设起引领作用；在班级建设创出精品，创出品牌后，以班级学生的发展促进语文教学工作，分阶段发挥个人的优势领域，最终目标是力争语文教学与班级特色建设的双赢。具体分为两个阶段：

第一阶段，学校将精力集中于袁老师的班级文化建设的特色营造中。数次交流班级文化管理的心得，成立班级特色文化建设研究小组，帮助袁老师一起整理班级管理的经验，努力结集成册……

第二阶段，在班级管理上了轨道，袁老师的班主任管理方法为大部分班主任们理解、领会之后，我们将重心转移到袁老师的语文教学上，让她承担校内外公开课，编辑学生的优秀作品，担任语文教研组长引领全体语文教师共同成长……

收获的季节终于到了。袁劲梅老师数次应邀去各地进行"班级文化建设"的报告交流，引起了老师们的强烈反响。她获得了全国优秀少先队辅导员的荣誉称号，成了学校班主任工作的一个"品牌"。所带的班级学生以较强的组织能力、较强的团体凝聚力、丰富的个性和难得的创新精神，令老师们刮目相看，这一切也为她的语文教学开辟出一方新天地，"双赢"的目标终于实现了。

承认每一个教师都具有自己的独特性。有了这样的观念，就能克服学校管理中教育过分追求完全趋同、整齐划一的弊病，因为每个人不可能都站在同一起跑线上，不可能用同样的速度，沿着同一的途径，达到相同的终点。较为积极的态度是，研究差异、发展教师个体的特长，为各种人才的成长提供条件，打好基础，这样，差异成为一种财富。

每个人都存在一定的优势，作为学校领导者要在真实了解教师不同特点、不同爱好、不同需求的基础上，创造性地把各有特长的教师塑造成各类优秀人才。

这些年来，我们要求每个教师与学校签订《教师专业化成长个人职业规划》。教师专业化问题，是在教育教学越来越成为一种特殊的职业，需要具有专业知识和能力的人员来承担的背景下提出并逐步成为国际教育界的共识的，现在已经成为联合国教科文组织对于教师队伍建设的基本要求。

在现代社会中，对于每一个人来说，学习是生活，学习是工作，学习也是一种责任，学习是人生命的重要组成部分。"学习活动是润泽人的一生中最积极、最有意义的生命活动"，"只有学习精彩；生命才会精彩；只有学习成功，生命才会成功"！学校工作的性质决定了学生和教职员工必须不断学习以适应自身工作、生存和发展的需要，把学校构建成一个学习型组织，已成为新时期学校领导者和全体员工的一个共同职责，构建学习型组织，是学校现代化的一个重要标志。

知识经济的到来使学习、工作和生活融为一体，个人成长与组织绩效融为一体。为此，教师第一要将工作和学习充分地结合起来，离开了学习工作将会僵化。第二要树立做专家型教师和学者型教师的目标。第三要改变传统观念，让教师参与教科研活动。第四要构建学习机制，有组织有规划有目标地进行全员学习、全程学习、团队学习和终身学习。让教职员工结合工作与生活，在书本上学、在同事中学、在研讨中学、在考察交流中学、在培训中学、在各种形式的进修中学，不断地进行各种形式的学习。

　　为此，我们要求教师根据自己的实际情况，从职业道德、教学、科研、学习等方面制定个人的奋斗目标，作为个人发展规划的重要组成部分。教师根据制定的规划，积极争取机会，自创条件，使自己的专业不断发展；学校根据教师的规划，尽可能搭建舞台，创设条件，形成制度，为教师的专业化成长服务，促进教师发展。

　　总之，学校应该是教师成人、成事、成功、成才的场所。只要能够提供教师们获得发展的平台，每个教师都可以海阔天空地挥洒创意，每个人都可以有自己的风格，在自己的一方天地中，用独特的方式，去实现自己的教育价值，亮出自己的色彩，我们和教师们共同规划，为教师开拓更广阔的天地。他们一定会逐步走向成熟，走向完美！

（二）永远的"现在进行时"

　　制度是构建学校管理的基础之一。制度本身是一种学校文化的体现，一套规范、实用、有效的管理制度凝聚了学校管理者在管理实践中的思想、原则、方法和手段，可以使管理做到有章可循、有规可依，大大提高学校的管理效能。但同时又是这些形成已久、根深蒂固的常规和管理者们津津乐道的经验，往往会使人自然地停止在原有制度的门口不再寻求新的突破。

　　我认为，制度建设应该是一个充满生命力的创新过程，只有善于发现，善于创造，根据时代与社会发展的要求求新求变，寻找新的管理机遇，才能让教育管理制度迸发出新的生命活力。尤其是培养教师的《校本培训制度》，更应不断地根据社会发展的需要从整体结构、功能和内容形式等方面不断进行重新定位与把握，才能达到规范与创新的和谐统一，使教师在制度中得到专业化提升，获得真正的发展。

1.《教师业务学习制度》是一种环境，一种氛围

　　学习意识的确立，读书习惯的养成，受环境氛围的影响和制约，所以，学校努力营造一种浓郁的学习氛围，创造一种和谐的学习环境。除了现代化的数字图书和学习的制度、公约、规范等显性的物质环境要创造，学校更重视在这其中创造良好的隐性软环境：让老师们"知道"，并且能"悟到"；能"悟到"之后能"做到"；从而最终能"得到"提高。

　　每周三的教师业务学习是校本培训制度的一个重要组成部分。在建立制度之初，

老师们纷纷抱怨"工作太多,休息太少""学了也不知用不用得上"。学校科研室与教导处的老师们合计之下,当即根据教师们的心理开出了一系列《教师业务学习制度》的知识菜单,分为三个阶段。

第一阶段是电脑技术应用培训。由信息技术老师根据自己的多媒体使用经验和教师们的实际情况,安排了多种软件的制作学习,从最初简单呆板的幻灯片到最后形声色具备的多媒体课件,老师们开始着迷于键盘与鼠标的魅力,好几次,还未上课,电脑房里便已经满是教师们的身影。

第二阶段校本培训的方针:站在学科领域前沿,把握改革发展脉搏,紧贴学校教师的实际,突出应用理论研究,强化学术争鸣气氛。结束了第一阶段的培训,正值全国新课程改革即将开始,学校开始思考让教师适应新课程的体制改革,做好理念与教学实践上的准备。科研室推出了《让课堂充满生命活力》《基础教育课程改革纲要》《建构主义的学习模式和教学设计》等一系列的菜单式理论快餐,让教师初步领会新课程的理念,建立初步的知识轮廓,为更新观念做好早期储备。走进新课程"校本课程内容与形式"的讨论引起了老师们对课程资源的思考;"教学案例的撰写与交流"让老师懂得反思在自身提高中的作用;"预设与生成""学习型组织"一个个最新的名词在老师们的口中由陌生到熟悉,由拗口不顺到出口成章……在一段时间后,学校培训向校园文化、团队精神等方向发展,使培训活动进入了更深层次的领域,呈现出更生动的发展趋势,不知不觉,学校的《理论培训制度》传到了兄弟学校,老师们说,其他学校的老师们常常向我们打听培训内容与形式,这让我们很自豪。

第三阶段的菜单的制定可以说是自助的:随着时间的推移和内容的深入,老师们的眼界开阔了。"如何将 flash 动画与课件进行有效的组合""网络上的各种多媒体资料如何进行素材处理""最新的课程改革的理论依据是什么",这些新问题成了校本培训活动深入开展的催化剂。老师们从消极对抗到积极参与,直至主动参与培训内容与形式的决策。我们知道,我们不再需要担当老师学习食谱的制定者了,"终身学习""全员学习""过程学习""团队学习"的观念已经开始深入人心,学习已经成为老师们一道丰富多彩的"自助餐"了。

科研室的同志们感慨《教师业务学习制度》形成、发展的过程时,这样说道:组织教师学习必须把工作与学习结合起来,做到"工作学习化"和"学习工作化"。

老师们在谈及《教师业务学习制度》的收获时说：通过学习确立了现代理念，提高了自身素质，努力使自己成为学者型、专家型的教师。工作中也自然多了一份智慧，多了一份从容，也多了一份开心。

总之，培训具有前瞻性和发展性，才能使培训不至于在低水平上重复。

2.《青年教师评优课制度》是一种互动，一种对话

学校众多优秀教师的成长无一例外地显示着，在"课堂拼搏"中学会教学，这是他们获得发展的重要历程。相信《青年教师评优课制度》一定是学校用来实现教师间交流与沟通的桥梁。老师们说：学校学习化环境下的《青年教师评优课制度》这是智慧的竞技场，同时又是教育改革的试验田，还应该是教师学习交流的沙龙。每一届"青年教师评优课"我们都从课前研讨制度、课堂教学评价机制与课后的评课制度等多项制度进行改革，每一届都让老师们耳目一新，从而推动了学校课堂教学研究向纵深开展，充分展示了它的权威性和广泛性，并逐渐成为学校教育教学的一个品牌。

在探索互动式的课前研讨制度中，首先学校对传承了很长一段时间的师傅在背后策划、徒弟在前台亮相的研究课研讨模式冠以"协作式评优课研究制度"的新称谓：师傅们成为"协作者与指导者"后，更加倾其所有，竭尽全力，最大限度地挖掘了老教师的智慧，最大限度地激发每个人的活力。之后，我们提出了"相信每一个教师都是一座富矿"的观点：要求改变学校一直引以为骄傲的每节课都是群体智慧的整合的光荣传统，要求青年教师们独立思考，单兵作战。这种"独立式评优课研究制度"看似让青年教师们独立完成教学设计的挑战，实则隐藏了潜在的培训价值：他必须独立合理地安排每一个教学环节，确定每一环节的教学目标，决定采取哪种教学方式，当课堂上发生突发事件时，他得自己去想办法，拿出一些具有创造性的解决方案。这对于培养青年教师独立思考和创造能力都是很有好处的，强调了青年教师个体对于教材的理解，开辟了锤炼个性的主战场。现在，学校根据青年教师的实际教学水平又提出了更加"以人为本"的教学研究制度——"阶段式评优课研究制度"：教龄在三年以下的教师与指导教师共同协作，教龄在三年以上的教师独立备课，凸显个性化的教学风格。

课堂教学评价机制的变化是与课程改革的理念与时俱进的。翻开学校《青年教师评优课教学评价表》的档案，学校对于教师在专业技术、专业理念上的引领清晰可见：从注重精讲多练，教师素质到重视学生在课堂上的参与水平、参与能力，教师在课堂上的即时评价语言，这些无不指引着青年教师们前进与努力的方向，促进了优良课堂氛围的形成。

传统的评课中，老师们往往避重就轻地谈谈教师教态、板书设计等问题，追求无关痛痒，皆大欢喜。学校在评课上树立典型，要求广开言路后，老师们也解脱了手上的"镣铐"，教学热情再一次被激活：可以为执教者的观点击掌、喝彩，也可以对折射出的理念提出质疑，更可以就教育理念、教育难点和热点展开讨论分析，让上课者与听课者在这种交流与互动中，提高认识。

我注意到，《青年教师"希望杯"评优课制度》让青年教师们在教海搏击风浪、尽显风华，却忽视了中老年教师这支有着丰富教学经验的教学队伍，于是我们就针对中老年教师新建了《中老年教师"导航杯"展示课制度》和《青年教师评优课导师制》，许多中老年教师"尘封"已久的教学热情再一次炽热，"沉睡"的教学潜能再一次被唤醒。

经过几年的磨合，学校的《青年教师评优课制度》日渐成熟，老教师们感觉每一届都有新的目标，每一届都有新的成就，每一届都实现新的价值，学校的青年教师们以更开放的意识，更谦逊的态度，接受来自听众的一个又一个的诘难；以坚定的意志，承受观摩课时一次又一次的挫折；以求实创新的作风，追求理想的目标。

3.《青年教师基本功竞赛制度》是一种研究，一种更新

初到学军的每一个新教师，感受到同龄的青年教师与阅历丰富的老教师们对青年教师评比制度的推崇，直到每个人亲身参与、投入其中，在实践中仔细地体会与品味，方知此言不虚，并由此开始了与它一段美好而充实的心灵之旅。

"教案写作竞赛"让初为人师的教师们了解了教学案例的基本格式与要求，开始重视从备课文字中揣摩和参悟课堂教学的某种精髓，咀嚼"运用之妙，存乎一心"的后味。

"数学教师的解题竞赛"使数学解题能力不太好的数学青年教师们认识到了自我教学素质的不足，于是开始了"勤能补拙"；"语文教师'下水文'写作竞赛"使年轻的语文教师们重新拾掇起了儿时的话题，只是不再是"为赋新词强说愁"，而是用更成熟的思想、更独特的视角、更流畅的笔触为孩子们开启一扇扇写作之窗，让他们感受文字带给心灵的震撼。

在电脑还未在小学校园普及时，我们率先请来了电脑老师教老师们学习"五笔字型"的输入，"电脑打字输入竞赛"让青年教师们曾一度对电脑键盘又爱又恨，其后的"个人网页设计比赛""电脑课件展示竞赛"更让老师们由笨拙地摸索进入到了娴熟地驾驭各类软件技术的境界，开阔了教育多媒体使用的视野。

形式活泼的"说课比赛"从理论和实践方面给青年教师搭建起课堂教学的坚实平台。个性化的教学设计、时尚明朗的说课课件，再加上说课人滔滔不绝、旁征博引，场景可谓别开生面。青年教师的各种奇思妙想荟萃一堂，其间灵光闪动，智慧旁溢，启人顿悟，令参与者与旁听者都找到了"借石攻玉"的结合点。

"教育观点演讲比赛"及时让青年教师们深知作为一个需要在一线舌耕笔耘的教师，学养和视野对于教学的价值和重要作用，只有时时用先进理念和新鲜知识来冲击、磨砺，才能保持师者的活力和高度。《今天我们怎样做教师》等选题让教师们思考也促使他们表述对新课程的理解。

"中高老师的理论考核"包括新课程理论考核、教学设计和相关教学解题考核等几部分内容，是考核中学高级教师职称的书面考试。学校大胆地将这一书面考试形式引入到基本功竞赛中来，让已经取得了一定成绩的青年教师看到了自己的不足，让老师们了解了现代意义上的优秀教师不仅要在所教学科上"深挖洞"，而且要在相关科学文化知识上"广积粮"；不仅强调知识的纵深发展，而且要注重知识的广度与横向联系。不能再满足于已有的成绩，驻足不前，更需要增加个体知识素养结构的厚度，从而在教学素养与理念提升上给自己进行重新定位。

日积月累，借助于这一次次基本功竞赛，青年教师们渐渐在理念上有了突破，在课堂教学中取得了显著的业绩，这本我们精心编制的"无字天书"也确实让每一位青年教师们受益匪浅。

与青年教师们聊起对于《青年教师基本功竞赛制度》的感受，老师们用朴素的、充满激情的话这样描述他们的切身体验：

"不少学校对于青年教师评比的制度与内容，有的端庄有余而灵活不足，有的则着眼点太低气度不够。而我们学校的青年教师评比就很好地解决了定位问题，既有登山望远的高度，又有俯身服务的贴近。"

"它不是一种竞赛，更像是一支'清凉剂'。每当我自负地认为自己已经具备了做一个优秀教师的全部条件时，《青年教师基本功竞赛制度》总会善意地告诉我还存在的不足，等待突破的瓶颈，它告诉我要默默积蓄力量，摒弃急功近利的泡沫。我感激这位'诤友'！"

"它告诉我每个现代型的教师都应该具有的教学技术与教育理念，又让我发现了具有自己独特个性的教育元素。我在《青年教师基本功竞赛制度》中找到了在共性与个性的辩证统一中成长的契合点。"

与这些朝气蓬勃的教师们谈话，倾听他们诉说与《青年教师基本功竞赛制度》碰撞出的激情，我知道，青年教师们渴望被别人发现，渴望被自己发现，渴望在工作中"生成"新的教育智慧，而我们与时俱进的"基本功竞赛制度"最大限度地成就了老师们的渴望，点燃了青年教师们求知求真的智慧火种，在《青年教师基本功竞赛制度》的进一步完善、优化和与时俱进的同时他们也将得到完善、优化、与时俱进，更大程度地享受这一本提升工作品质的"无字天书"所带来的无穷的教育智慧，老师们正朝着更高一级的教师素质平台攀行。

（三）一路上有你

"师徒挂钩"的育人形式已经成为我校的一个优良传统，从 1987 年起沿用至今已 20 多年。如今，许多学校也都在开展这样的活动，但是一些校长总是感慨这种"传、帮、带"的传统形式为什么在学军却显得卓有成效。我想，是因为我们拥有一批高素质的教师，在他们身后还有一张无名分的帮教队伍密密层层地交织成大大的师徒和谐之网。这张和谐网成了学军青年教师成长的沃土。

　　时间：1988 年 12 月 30 日"迎春乐"茶话会
　　地点：学军小学会议室
　　"朱老师在那次演讲会上的话，感人肺腑。以前听了师兄师姐们的介绍，我就盼着我拜师的日子早些来临。我佩服师兄师姐们勤奋好学、刻苦钻研、努力上进，敬仰师傅们精心指教、诲人不倦的牺牲精神。今天我终于盼来了这一天！我可以名正言顺地叫一声'师傅'了！我的师傅是一位全面发展的老教师，业务上造诣很深。看现在，想将来，我坚信自己会有很大的进步的。我希望自己今后能尽快做到以下6个方面……"18岁的小伙子，庄重地宣读着拜师书。

　　这是我们学军小学第二届"拜师会"上的感人一幕。这次会上，新结师徒关系的8对，介绍一年来师徒各自的收获的有7对。老的，红光满面；小的，生气勃勃。多少欣慰，多少期待，尽在其中呈现。

　　我曾在区教育局召开的一次校长书记会议上，提出加强青年教师培养的问题，早认识就主动，迟认识就被动。我较早地与领导班子着手规划把青年教师培养成学校将来的教育人才。我们的规划目标中，不但要把已经步入适应阶段的青年教师推向大熔炉，还把培养的目光落到刚刚走进校园的年轻教师身上。

　　新教师虽然有一定理论知识，有着充沛的精力，但育人经验和课堂教学的能力都有待于在实践中逐渐获得。教材的处理、资料的收集、课堂偶发事件的处置、调皮学生的引导、教学内容中德育点的挖掘、教学内容深浅程度的把握、作业的布置与批改、教学常规的建立、学生学习习惯的培养、与学生家长交流的方式方法等问题，对于新教师来说都是全新的，他们非常希望能得到及时的指点。针对这一情况，我们有意识地安排他们与组织能力强、教学经验丰富的老教师搭班，使他们的日常工作有人指导，避免了由于自己缺乏组织能力而出现乱班的苦恼。同时让他们根据自己的发展方向主动找师傅、拜师傅，学校则帮着牵线搭桥，推波助澜。为使师徒双方进一步明确自己的职责，增强责任感，学校让他们彼此正式签订了师徒结对协议书。每一对师徒承担的职责和目标细则因人而异，量体裁衣，分别由学校与师傅（徒弟）共同商定。

　　就这样，一份份个性迥异的师徒协议诞生了，一次次拜师会在我们的精心策划下召开了，一幕幕师徒演绎的动人情景由此拉开了序幕——

　　第一场：言传身教。在学军提起董霞老师，是有口皆碑的。这不仅因为她仅工作第二年便在市里开课，获得市青年教师阅读观摩课一等奖，三年便评上了市教坛新秀；更因为她对教学的刻苦钻研，努力追求。然而她总是谦虚地说：这得归功于我的师傅。董霞的师傅就是我校语文组的教研组长、全国优秀班主任袁劲梅老师。在两人结成师徒的日子里，办公室、教室、图书室都可以看到这对师徒的身影。一个是倾囊相授，严格而谨慎，一个是一招一式地学，虚心而上进。于是师徒两人头对头备课的情形在学校成为经典场景。董霞老师在谈到拜师的收获体会时，竟激动得热泪盈眶。

第二场：亦师亦友。汪培新当时作为学校主管教学的副校长更是重视青年教师的培养。用徒弟张军林老师的话说："如果要与汪老师商量教案，无论多忙，他一定会抽时间来和我探讨。从教学步骤至每一句话、每一个词，都仔细斟酌。如果要他来听课，他会放下手头的工作到晚上去做，而来审阅我的每一句话，每一教姿。学军小学教师是很忙的，他的工作更忙，但只要任何一位青年教师需要他帮助，他永远有时间。"就是这样一位对青年教师充满关爱的师傅，却令张老师又敬又怕。"记得第一学期，我担任五（1）班、五（3）班数学老师兼班主任。因为还不太适应，所以备课有些松懈，教案过于简单。汪老师发现后，马上找我谈心，指出备好课是上好课的前提，钻研教材无止境，并且提了许多好的建议。我平时说了过头话，对集体的事不够主动，课题申报拖延了……只要发现了问题，他总是直言不讳地指出来，帮助我进步。""难得是净友，当面敢批评。"这就是张军林老师最敬畏师傅的地方。

杨一青与本校特级教师唐淑华、倪宗红、汪培新、钱金林在一起

第三场：师情母爱。青年教师俞瑶琴，讲到师傅叶婷，总忘不了一件感人的事：

　　刚上班，俞老师染上了重感冒，因为发高烧而浑身无力，从医院回来后请假在宿舍休息，昏睡了一整天，滴水未进。叶老师下班得知情况后，专程赶到集体宿舍探望。"吃了什么？""不想吃。""哎，怎么也得垫垫肚子，才能吃药呀！"叶老师转身赶回家中煮了一锅热腾腾的白粥端来，还带来了一些清口的酱菜、咸蛋和一袋水果。匆忙之中，还未忘记捎上一支体温计。听着叶老师嘘寒问暖，俞老师感觉依偎在妈妈怀里一般，眼泪在眼眶打转。之后，俞老师逢人便说："有师傅的感觉真好啊！"

　　吴幼春老师在三年的师徒小结中写道——

"顶真"师傅扶我上讲台

　　我的师傅是孟芸兰老师。我进学军小学的那个学期，她刚退休，为了培养我这个接班人，学校挽留她继续任教辅导我。

　　孟老师是位认真细致、一丝不苟、经验丰富的老教师，在年轻人眼中，也许是位有点挑剔较真的师傅，而我是刚从自由活跃的大学校园里出来的不太懂事的新教师，学校领导看在眼里，为了关爱我们师徒，有益于教育教学的发展，把我们分别安排在同层不同室的办公室里。

　　每次教案我要先写好初稿，送交给师傅，师傅一字一句地帮我修改，然后誊抄到教案本上，按照教案的程序说给师傅听，师傅签字后才能进教室上课，课后师傅把意见一一说给我，再整理记录下来，如此为上一堂课。刚开始我可真受不了，有时为了一句话，折腾半天，我觉得我还挺有理的，可就是拗不过老太太。

　　有一天，杨校长找到我："孟老师是位认真又有经验的老教师，世界上就怕'认真'两字，如果哪一天你真正理解了这'认真'，你就是一位好教师。"

　　我记在心里，每次我都很主动地把教案送到师傅的办公室，认真倾听她的建议，一句一句精简课堂语言，来回奔走在办公室间，我的课逐渐得到"免检"许可。终于有一天，师傅说，教了那么多徒弟，你是最用心的一个。一句话使我感受到师傅的用心良苦，我也体会到了学校领导和杨校长对我的关心。

　　是啊，学军小学里有多少个青年教师，就有多少次这样深刻的体验！这就是我们学军小学的教师，他们不但手把手地教，心贴心地帮，用自己的心血为未来的教育打下了坚实的基础，为开创教育崭新的一页积累了丰富的经验，并将自己的学识、经验无私地传给年轻人，而且还不让人张扬自己的名声，甚至连一句感谢他们的话也不让说。这一切，能不让青年教师感动吗？

因为我与我的老师们有共同的理想，共同的目标，还有共同的家园——永远的学军。我们共同的愿景，是我们这个团结协作的群体给这种"师徒挂钩"的传统形式注入新的内容，赋予强烈的时代气息，使它焕发出独有的魅力。为此，新教师林丽萍老师在拜师会上这样吟诵她的一首小诗：

感谢上苍让我遇见了你
在这未知的航程里
不知道还有多少个天晴天雨
不知道还有多少个酷暑寒冬
然而我毫无畏惧
只因
我知道一路上有你！

（四）点燃老师的教学激情

曾经有一位教育界的同人给我讲起过这样一个故事：欧洲中世纪的贵族们，喜欢养天鹅来炫耀自己的财富和品位。为了不让天鹅飞翔，他们有的把天鹅的毛剪掉一边，让它失去平衡；有的绑住天鹅的翅膀使它不能起飞；有的把天鹅圈养在一个小池塘里，由于天鹅起飞需要很大的湖泊起跑，缩短池塘的距离后也就飞不起来了。久而久之，天鹅就失去了起飞的能力，甚至忘记自己也会飞翔了，那些本来能飞越大山大海的天鹅就成为贵族的宠物。每每想起这个故事，我就会想起学校管理中那些个性鲜明、时常发出个性之声的老师们，如果用太多的条条框框去约束那些飞扬的思维，禁锢那些自由的思想，可能教师变乖了，听话了，没有"异端"了，校长容易管了，但他们最重要的"自我"也丧失了，自由的"羽翼"还没有丰满，就已经被系上了一条温柔的绳索，铐上了一副思维的镣铐。

学校管理，是一种以人为对象的管理。"对人的管理"的含义决不等于单纯的对人的管束、要求和制约。曾有老师这样说："这样不许，那样不许，被人管着的滋味很难受。"也有老师说："当制度和措施本身成了目标时，我们一些创造性的火花往往会因为'规定是这样的'而熄灭。"是的，有许多教师正是在这种传统管理理念中沦为一个单纯的教育技术人员或者是一个教育"工匠"，仅仅按照管理者设计好的方案去达到管理者设计好的目标。在强调创新精神与实践能力的今天，教师绝不能仅仅是一个被动的执行者，而应该是一个主动的设计者和实践者。因此，解开老师的"镣铐"，组建"以人为本，开放型、理性化团队管理制度"就是我在学校制度建设上一直奋斗和努力的目标了。

1. 最大限度地发挥教师的创造积极性

随着时代的发展，个性张扬的教师们越来越多，彰显个性的奇思妙想和我行我素往往是校园文化创新的时尚与主流。因此，在学校管理文化的创建过程中不必对他们进行过分的约束，让广大教师民主地参与学校文化的创建，呵护教师的个性发展，同时激活学校的管理。学校管理制度建立的同时留有更多的"空白"让老师们思考，让老师们填写；学校校本培训中给足科研骨干们确定研究主题的时间；班级文化建设中给足班主任自主选择、发挥创造力的空间……教师们在自主的空间内发挥着自己的想象力、创造力和各自不同的对教育的理解力。这一点从学校每一个教室别具匠心的布置中就可触摸到最现实的蓝本。

每学期开学，我会给班主任的教室布置提一个醒："教室布置中要体现班级教育的主题和文化特色，至于风格、框架与标题各位班主任老师自定！"学校只给出了宏观要求，提供了一块自由发挥的"白板"，让不同个性的人们在上面"涂鸦"。结果众多任课老师们成为教室布置秀的第一批观众。

在一次"我行我素"教室布置秀中，五(4)班的"五(4)的精彩来自你的风采"的主标题令观者精神为之一振；六(3)班"我能行"的班级座右铭朗朗上口，寓意非凡；低年级教室大板块、暖色调的版面充满童趣，吸引了不少人的眼球；高年级"诚信新干线""明星风采秀"的栏目名称时尚新颖，内容充实，让人回味无穷……

浸润了不同文化内涵的老师们用自己的独特审美标准和个性化的教育理念去衡量和建构教室布置，勾描画写中折射出了他们时尚和超前的思想观念，令所有参观的老师们经历了一次"文化"的洗礼！有一位青年教师看后兴奋地说："为'我行我素'的教室布置叫好！更为倡导'我行我素'的民主管理者喝彩！"

老师们自有他们充满个性的教育方式，作为学校管理者，你可以有所"期待"，但不必用管理者的眼光去"看待"他们；你可以有所"扶正"，但不必用管理者的想法"匡正"他们。给足教师自由成长的空间，唤醒教师的潜能，激发老师创作的冲动，以此来提升对教师的专业化成长的影响，这就是学校管理制度应该追求的境界。

2. 最大限度地提升教师的职业价值

随着社会的进步，新生一代的教师们思想观念活跃了，教学行为开放了，他们渴望在各种场合得到一种展示自我的机会。尤其是对于那些有特殊才能的老师来说，"成功"是与"创意"同样重要的概念，因此，对于有特殊才能的老师就应当特殊对待，为他们解除形形色色的束缚，给他们自由伸展的空间，学校工作也自然会走向"人本""和谐"了，更有利于这些特殊教师的成长了。

陈跃老师初进学校时，曾一度因他浑厚充满磁性的嗓音在老师与同学中间引起一片哗然和激动。然而时隔不久，我却发现这位年轻的语文老师原本自信满满的脸上却写满了失意与落魄，经过了解，我才知道，小陈老师上课时只注重发挥他个人的朗诵特长，缺少关注的学生在课堂上自然多了应付与随意；学校的几次质量抽查，小陈老师班里学生的语文成绩不好，令他备感压力；家长们了解到这种情况后，纷纷打电话表露出要换语文老师的愿望，更让他不堪重负……绝不能让这样一位有特殊才华的老师在这种重压和自责中消沉。于是，我要求教导处不要用质量管理制度束缚小陈老师的手脚，降低对小陈老师班里的成绩关注度；请年级组长对其班里有意见的家长进行交流谈话，争取家长的理解，提醒同年级的语文教师多与这位年轻人一起进行集体备课，加强平时的思想交流……

学校在制度上的"松绑"，为小陈老师争取了"喘息"的空间。果然这位聪明的年轻人在自我反省后，马上对工作状态做了积极的调整：加强与同年级的资深老师进行集体备课；利用自身的网络学习优势收集了解名家的教育观点；施展其所长带领班级在学校朗诵大赛上一鸣惊人后，找到了创建班级朗读特色之路，培养了一批痴迷于诗歌、散文与朗诵的孩子，这受到了家长的赞誉与好评。小陈老师欣喜地说："所有的才华，只有通过你大胆地展示，努力地工作，使学生的素质得到提高，教师的工作才能得到认可，才能有幸获得别人的青睐，才能迸发出你个人的魅力！感谢学校给了我自我调整的时间，也给了我一个自我展示的空间！"

给空间就是给发展。小陈老师的成功案例也给学校管理者揭示了这样一个真理：人才和创新需要的是"充分尊重"。事实证明，学校的老师们也因为有了这种宽松的环境，在各种环境与场合中有了更多的开放的表现：他们工作上积极主动，充分发挥各自的创造性；他们始终能以一种健康、自主的心态对待学生，对待同事，对待身边的教育事件；他们把自己看作是学校的主人，思考着有效的管理程序，自觉参与科学决策的制定……每一位教师都为自己在这样自由的职业空间内成长感到幸福与自豪。

3. 最大限度地获得教师的职业认同感

带领青年教师到福利院见习

如果教师不被信任，不被尊重，只受驱使，教师的积极性、创造性就会被扼杀。作为学校领导者应给予老师们充分的信任，不必事必躬亲，该放手的时候要放手。我们以"相信每一位教师都是强者，依靠每一位教师办好学校"为信条，创设和谐的氛围，放手让教师们大胆地干，只在教师需要行政出面时才"过问"一下，在班集体建设、教研组建设和科研队伍建设中，我们都放手让各个部门和有关教师去做，使他们在获得信任满足的基础上，激发起工作的主动性、创造性。

原先许多老师们上完公开课后的最大感受是"课是我上的，但课堂上没有一句话是属于我的"。因为教案写出来以后，给指导教师"过目"时砍了一小半，到教研组讨论又砍了一大半，到上课时已被砍得精光，老师只是一个道具，上课的思路已经不是教师的本来思路，让教师失去了自我。这种越位的指导无助于促进教师的专业成长，也不能反映教师的真实水平。基于这样的认识，我们要求各教研组统一认识：教师永远是主体！对于教师备课，我们只能启发他思考，而不能代替他思考，路还是要他自己走。

民主、平等、开放、充满活力的管理机制，使教师们的创造精神与创造才能得到了淋漓尽致地发挥：校本科研中，教师们成为研究的主体，在自身实践中找到迫切需要解决的问题，自己设计、自己提出要研究的课题，并积极主动地结合教育实践进行探索与思考，成为整个教育创新的活力所在；在学校各项制度出台前，我们虚心听取老师的想法与建议，融合其合理、创新的因素将原先的构想重新组合，学校一系列规章制度的制定和完善，学校的办学目标、发展规划及年度工作计划，都是在全体教职员工广泛参与、集思广益的基础上完成的……教师不仅是学校教学管理的消费者，更成为学校培训过程的生产者，他们在这样的"生产"中发现了自我，肯定了自我，欣赏了自我，完善了自我，超越了自我。

在学校管理中，过分强调规范管理，强调量化考评，以严格的制度、冰冷的数字去约束教师，教师工作的积极性、主动性会受到严重的挫折。这种管理，其本质还是一种非人性的管理，见"物"不见"人"。就如一部机器，每次都需要推一把才能动一下，那这机器是有问题的。

作为学校管理者我们必须将系统设计得能自动运转，即使是偶尔推它一把，也只为让它运转得更快。

（五）纵容教师们的"异口异声"

学校的《校本研修制度》的建立经历了从"硬"到"软"不断深化的过程：从"技术业务知识"到"理念沟通"，再到"文化、思维"，体现出学校在培养教师方面的一种哲理——在需要的时候提供必要的培训，当学习成为老师们的习惯时，学校的校本培训也就完成了从强调个人学习、发展团队学习到打造自觉的学习型组织的转型。

学校应是一个和谐的文化场所，在这里，实现着思想和思想的交流，实现着情感和情感的沟通，实现着生命与生命的对话。在这里，每个教师都顺理成章地拥有着自己的特色：有活泼浪漫的、有内敛现实的、有传统的、有现代的；有喜欢坐而论道，以思辨为专长的"理想主义者"，也有喜欢欣赏实践，喜欢"实证研究"的"人文主义者"……

在这样的资源面前，湮没个性化的特色是很遗憾的。为此，学校建立了一种相互尊重、相互信任、共同研讨、共享经验和共同发展的"参与、分享"式的民主对话制度，为教师的个性化的专业成长提供了保障。

学校里的教师大多是在文化思潮极其自由繁荣的改革开放的年代成长起来的，他们的脑袋绝不会成为别人的跑马场。他们有着积极的思考、活跃的思想和想象。他们对教育有一份自己的理解和期待，有一套自己的独特的话语，他们渴望一个平台，一个不存在学霸学阀，摆脱话语霸权，没有门派之别，没有贵贱之分，只有思想碰撞，只有灵感闪亮的话语场所。作为学校管理者，我经常要求自己与教师站在平等的位置上与教师就教育教学中存在的问题进行探讨、商讨，打破种种等级、资历的禁锢，还老师以焦点选择、思想表达和言语叙述等诸多方面的自由。

为鼓励教师们的"异口异声"，我们创设了多个形式灵活多样的教师交流平台，如听专家报告与嘉宾对话、观点报告会，更可以结合校园网的 BBS 让众多教师在网上网下充分对话和交流等。总之，广开言路，倡导平等、民主对话，克服话语霸权，让他们拥有充分表达自我的机会！

如研究课后不再由资深教师作经典点评，而是组织老师进行即席讨论，实事求是，自由地"指点江山"，慷慨地"激扬文字"，评课成了学习与交流的好媒介。这里，再也没有了沉默者、旁观者。教师们各抒己见，讨论乃至争论，使教学研究向纵深发展。

音乐教研组组长邬淑颖老师的《回旋曲》一课结束后，音乐老师、数学老师、体育老师等多学科教师分别就课的设计发表了自己的观点与想法：

　　"这节音乐课中糅合了视唱、欣赏与创作等多种元素，然而结尾部分《桥》

的电影背景音乐太过压抑，与整节课的旋律色彩不协调，可以删除。"音乐老师总是唯美而专业。

"太过热闹的氛围取代了学生的思考，绚烂的红只有在抑郁的灰的衬托下才会更夺目，《桥》的音乐片段的加入，让学生体会到音乐的不同色彩，更能让人的心灵受到深深的震撼。"数学老师亮出了她与众不同的观点，听得出是课堂教学中的深切体会。

"整节课很热闹，但学生在参与中似乎少了自己的思考，如果我们能在课的结束部分，听到学生的质疑，听到学生的困惑，课会更值得回味。"体育老师把"鼓励学生质疑"的思考提了出来。

"音乐重在欣赏与感悟，有很多东西是模糊的、意会的美，在这节课中不可能生成质疑。"不同的声音越来越多……

多么精彩的一幕！

而教师的"观点报告会"是一种"民主对话制度"，为教师创造了一个释放个性与教育智慧的空间。它是一个极富开放性、包容性和创造性，专注于探讨学校教育教学前沿焦点问题的学术论坛。这里不分学校的管理等级，也不论新教师与老教师的经验多少，有的只是一个百花齐放、百家争鸣，能碰撞出思维火花的舞台，只是一个思想自由驰骋的沙场，只是一个接受挑战、完善自我的智慧沙龙！参与在其中的老师们可以自言自语，可以慷慨激昂；可以片言只语，可以长篇大论；可以谈宏大的理论，也可以谈细节的感悟。

我们努力营造"主题声音场"，让教师在场中对话与交流。报告会"观点"可以随手拈来，小题做"大"，也可以精心造势，大题细做：《谈减负》《谈师生关系》带给老师的是心灵的震撼，引发了他们对工作意义和人生价值的重新建构；《谈心理健康教育》《谈学生的主体精神培养》，让教师重新审视自己的教育理想与教育信念，诊断日常的教育行为；《谈改革学业评价》从理念上进行引领，改变了老师们根深蒂固的观念，并网罗了一批老师们学业评价方面"独家"的妙手绝活。"观点报告会"，热心提携着未来的教育家和哲人，促进了更多的"教育文本"在教师们的"异口异声"中"动态生成"：

　　"早自修以语文、数学、英语为主的学习制度可以取消，应该允许孩子们根据自己的需要、差异与个性所长去选择自己的早自修内容，场所也可以突破原有教室，操场、走廊都可以成为学生的自修场所。"谢超老师每次总会以其前卫独立的思想引起大家的思考，这次也不例外。

　　袁晓萍老师提出了自己的观点："应该考虑小学生年龄特征与学习意志力的水平，这样的开放等同于'放羊'！"思想的交锋碰撞开始了。

　　"老师们有时尚且会因为制度的压力而感到束缚，如果哪一天学生也因为我们今天津津乐道的制度而叛逆，可能又需要我们再制定新的制度来补缺了！"陈跃老师的一席话引起了在座老师的进一步思考。

　　"制度不可少，但制度不能缺少浓浓人情味的润滑，愿我们的制度能达到'精致、和谐、大气、开放'的最高境界！"在各种思维的碰撞中老师们思考着、调整着，终于在"学生管理制度的建立"上达成了共识。

　　"横看成岭侧成峰，远近高低各不同"。本次观点报告会汇集了老师们对于常规管理的不同理念和思想，为那些有思想的"智者们"搭建了一个有成就感、时尚感和归属感的理念平台。

　　——摘自钱金林老师《让智者说话，让听者受益——一次观点报告会实录》

　　老师们在"观点报告会"上把思考推向深刻，将许多"一元"的观点集合起来，构成了多元的思想。受益良多的老师们毫不吝啬地把最美好的语言献给他们的自由论坛："这里可以进行平等的对话，这里可以进行心灵的交流。每一次都是思想的碰撞，每一次都能得到理念的升华。""每一次观点报告会，也许会带给人们更多的困惑，但这是站在更高处产生的困惑，我们在思考中前行。"

　　因为我几近"纵容"的管理理念，老师们摒弃了原先谨慎的习惯，开始张扬自己的个性，体会源自心底的快乐与酣畅。教师们在交流中学会了倾听，学会了交流技巧，教育视野也变得开阔起来。

　　热爱真理、渴求学术、尊重每个声音，"纵容"老师们的"异口异声"，成就了学军最真实、最生动、最鲜活的科研学术氛围。老师们越来越习惯于在各种场合畅所欲言，提出各种见解，在教学进度、教学方法、教学环节上积极争取自主权。

　　学校的"四结合"实验最初使用的是专家推荐的"认知码"，但老师们在使用中却发现"认知码"的使用并未达到专家们所预期的效果。于是老师们对专家权威提出质疑："认知码"真正适合学生的需要吗？当我了解到这一信息时，作为课题组的组长，我及时地表扬了老师们反思教学实践与教学内容间的差距的做法，并要求老师就"认知码"与"拼音码"的实际使用情况进行了调查取样。不少学生反映，大多数到了高年级的学生使用得最多最频繁的仍然是"拼音码"。我们向全国"四结合"课程改革实验组提供了这一调查结果，并提出了自己的想法，认为花费很多时间精力去学"认知码"的意义不大。后来得到了专家的肯定和认同，他们对实验进行了修正，推动了整个浙江省甚至是全国的"四结合"实验的进程。

当然，"异口异声"的出现是有条件的。

自由是"异口异声"的酵母。"我可以不同意你的观点，但我坚决捍卫你发表观点的权利。"作为校长要努力创设自由、安全、和谐、相互尊重的气氛；让老师们在思想自由驰骋的过程中，生成各种与众不同的构想。

参与是"异口异声"的文件名。要鼓励全体教师积极参与交流活动，努力适应教师的个别差异，注重团队学习加强深度会谈，发挥群体智慧。

宽容是"异口异声"的保护神。多一份呵护，多一份激励，给老师心灵的自由，精神的自由，生命的自由，为特殊老师设"特别行政区"，理解他们追求张扬的个性，给他们一个自由舒展的平台。

分享是"异口异声"的推动器。个性鲜明的人虽然独具创意，但往往自我感觉良好，张扬无忌，不容易听进别人的意见。所谓的"多元化"被解读成"我有批评的权利"，但却忽略了"尊重别人在想什么"。我们在强调教师贡献智慧的同时，让老师们享受着互相脑力激荡时萌生创意的快乐，激发出高于个人努力奋斗的群体智慧。

萧伯纳说：倘若你有一个苹果，我也有一个苹果，而我们彼此交换这些苹果，那么，你和我仍然是各有一个苹果。但是，倘若你有一种思想，我也有一种思想，而我们彼此交换这些思想，那么，我们每人将各有两种思想。

掌声响起来吧！让我们一起真诚地为"异口异声"的老师们喝彩！

（六）让老师静静地读书

我常常思忖：珠穆朗玛峰之所以成为世界第一高峰，是因为它有"世界屋脊"——有青藏高原做基础；而青藏高原的形成则是因为漫长而剧烈的地壳运动。当今世界是科技腾飞的时代，是知识迅猛发展的时代。人类已逐步进入以终身教育为特征的大教育时代。只有引领教师不断地攀登新的知识高峰，鼓励教师不断地扩大原有的知识蓄水池，才能促使他们更快地成长为学有专长、教有成就的教师！

如今，"充电"已经成为我校青年教师口中最为时髦的词汇之一。我也常常为给每位新教师提供什么样的充电套餐而煞费苦心，并且乐此不疲。小李虽说是中文专业毕业，却偏好英语，且通过了全国大学英语四级考试，来到我校，她如愿以偿地做了一名英语教师，走上讲台的第一天，我为她提供了适合她"口味"的充电套餐，她说："满以为通过全国大学英语四级考试，做一个小学英语教师绰绰有余。可在我正式上课的第一天，杨老师就来听我的课了。评课时，他的一句话刻在了我的心里：'年轻人应该更多地吸收知识，不管是外语知识还是教学知识。自身的素质不断提高，才能成为一名优秀的教师啊！'他明确指出：'尽快通过大学英语六级！'这是杨老师对我的殷切期望，这句话也激励着我朝这个目标不断前进。在繁忙的工作之余，我参加了浙大英语专升本的学习，并且修了二外日语。不言而喻，一周连续 5 个晚上的'充电'生活是紧张的，又是快乐的。闲暇之余，我经常扎进图书大厦，阅读、购买教学杂志和书籍。在这次接待澳大利亚友好学校访问时，我准确流利的翻译赢得了外办人员的交口称赞。平日的辛苦努力换来了成功与肯定，那种感觉真的很棒！是函授学习让我有了更足的底气，更从容的态度。"

像对小李老师那样，鼓励青年教师利用业余时间进行与专业知识相关的学历进修，使其更为专业，是我推荐的充电套餐之一；以任务驱动他们参加普通话、计算机、心理健康辅导等方面的教育教学技能培训，完善其知识结构、提高其综合素质，是我推荐的充电套餐之二；广泛阅读各类教育教学理论书籍乃至陶冶情操的文学书籍，丰富其情感世界，夯实其理论根基，是我推荐的充电套餐之三……引导青年教师聚集一堂，围绕如何在工作中学习，在学习中工作的专题展开激烈地讨论，则是我们行政班子精心调配的一份充电套餐。请听听，我们的新老师在"今天，我们该如何学习"这场生动活泼的演讲比赛中的心声：

与上海特级教师袁瑢在灵山洞游览

"给学生一杯水，自己要成为一条常流常新的小溪，并且还要善于把这科学知识的涓涓细流汇入学生的心田，滋润其萌发创新的幼芽，进而结出累累的硕果！"（杨劲芳老师）

"我们应该牢固确立学习就是责任、就是素质、就是生活乐趣、就是精神状态的观念，把学习作为终身课题，使自己的知识储量紧紧跟上教学改革步伐，增强迎接教学变革挑战的能力！"（李贤艳老师）

"首先，要明确学习的目的；其次，要搞清现阶段水平，选择合适的培训课程；最后，要将兴趣坚持到底。"（林丽萍老师）

"随着信息技术的迅猛发展，基于资源的学习已成为我们学习的主要方式，而媒体也成为我们必不可少的工具。"（窦婷婷老师）

"学而优则仕，师而优必学。我们要向学生学，向同事们学，向书本学，通过学习，灵敏我们的思想触觉。坚定的政治立场和敏锐的超前意识，会使我们科学地把握教育的历史航向，并敏锐地预见未来社会对今天教育的影响，从而主动地进行一些富有创造性的工作。"（倪勤老师）

"校内学到的知识占 20%，而踏出校门之后学到的知识占 80%。成功在于不断地充电学习，为自己加值！"（董霞老师）

尽快熟悉、掌握将所学理论知识应用于教育教学工作实践的途径、方法固然是新教师的首要任务，但是他们也有充电的需求。现代社会的发展，对教师工作的责任与义务会不断提高，只有让"做一名学习型的教师"成为每一位教师的目标，才能使我们的新教师迅速成长为"专业型"的不可替代的教师人才。

我很认同近来社会上关于"人才折旧"的提法，在这样的知识经济社会里，教师不断处于"折旧"之中，若不与时俱进，他的价值必然会被迅速折旧。校园教育只是教育的起点，终身学习日益成为教师知识更新和学校发展的客观需求，提倡终身学习，才能实现教师资源的良性循环。何况，年轻教师正是精力充沛之时，他们正处在摄取新知的最好年华，身为校长有责任引领他们为将来而积淀，知识和智慧都积累得很厚实，这种积累日后便会自然发挥作用，正像我们李老师所说的，学习令他们有更足的底气、更宽的视野、更从容的态度来规划自己的职业发展。

（七）一杯可以随时解渴的水

教师全面、有效的发展需要有好的引导者，只有引导者获得了较大发展，教师才能有相应发展。同样，优异的教育教学质量是在教师的发展中实现的，离开教师的发展，学生质量如何保证？在这样的过程中，我们希冀学校在教师发展中成长，教师在学生、学校的成长中发展，构成一个生态互动的发展圈。

作为一校之长除了要精心为教师的发展构筑可操作的平台，可施展的舞台，更要善于用自己的专业智慧，把学校建设成为"学习型组织"。学习型组织呼唤学习型的校长。校长以教师的身份与广大教师一起构建共同愿景，使教师们的精神生活得到不断丰富；校长从学习者的角度与老师们坦诚交流，使教师们的职业生命力得到不断充实；校长以发现者的视角关注学校教育教学的方方面面，使教师们的个体价值得到充分体现。校长应树立新的学习观，新的学习观对学习的目的、学习的内容、学习的渠道、学习的方法都提出了新要求，学习的时空也不再具有阶段性和局限性，而是具有弥漫性，它弥漫于整个生活，也弥漫于整个人生。学习型校长应具备学习型的管理理念，创新的精神和品格，树立新的角色意识和新的科研意识。

当然，专业智慧不是生来具有的，它应该来自敬业，来自高效，来自底蕴，来自好学，来自实践，来自研究，来自体验，来自明辨，来自胆识，来自创造。

学习型组织中的校长应该是一位"首席学习者"，应该是一位能通过不断学习，带领教师们不断获得专业化成长的发展者。我憧憬着，实践着……

1. 让老师拥有一双慧眼

让老师拥有一双慧眼，看清迷雾里的教育，让创新的星星烛火，闪耀出迷人的光芒。让老师拥有一双慧眼，在他一味前行的同时，停下匆匆的脚步，欣赏脚边点点星光，抹抹翠绿。让老师拥有一双慧眼，看教育天空云卷云舒，观教海潮起潮落；让老师拥有一双慧眼，用黎明般的目光溶解灰色的狭隘，将目光定格在一片教育的艳阳天下！

正如一首流行歌曲所唱的那样，每个人都希望自己有一双慧眼：能在雾里看花水中望月，能分辨这变幻莫测的世界；涛走云飞花开花谢，能把握这摇曳多姿的季节。是啊，明眸善睐，结果总能把这世界看得清清楚楚明明白白真真切切……对这篇歌词所表达的"慧眼"境界，恐怕是学校管理者与教师最为期盼的。当"精彩的世界"向老师们走来时，由于不适应，老师们陷入了"风雨飘摇的世界"：不适应变化了的情况，不适应变化过的对象，不适应变化了的现实，不适应变化大的教育理念。许多教师已经习惯了"传统"，怪不得有许多老师感慨地说："谁能借我一双慧眼？"

那一次，我参加衢州市的青年教师课堂教学展示活动，两位年轻的语文老师执教的内容是《将相和》与《三顾茅庐》两篇传统课文。事后，我在两节课的点评中谈了自己对于教材内容的理解："传统的课文，也需要与时俱进，需要我们的执教者结合时代的内容换一种思路，换一个角度的'重读'。我们至今还在学习《三顾茅庐》一课，不仅是因为它的文化性和典范性，更重要的是这个故事蕴藏着'尊重知识、尊重人才、求贤若渴'的思想，而这恰恰是我们这个时代所需要的。企业需要人才，学校需要人才，传统的文本中'千军易得，一将难求'的人才观在今天是极具现实意义的。《将相和》也一样，这节课老师将笔墨都花在了赞颂蔺相如的机智勇敢、随机应变上，却忽视了'和'的重要性。'和为贵'，在社会竞争力极大的今天更具有非常重要的意义，因为和谐、合作是现代人团队精神所必需的品质。"

不同视角的评课博得了教师们的阵阵掌声。于是我接着说："传统的篇目，就像这两篇文章，是可以一次次重读，不同的人是可以有色彩各异的'重读'的。我们的教学需要摆脱世袭的教学观念：教材是无上的权威，教参是永恒的智者，教法是不变的法则。否则，我们的语文教学终将会因为信息闭塞狭窄、观念落后陈旧，造成语文教学的滞后与封闭。传统是教育生命赖以生存永远需要的，而创新是教学生涯走向光辉顶点必须具备的。"

话音刚落，会场上又响起了经久不息的掌声。我知道，这掌声里夹杂着老师们对创新太多的希冀，对教育智慧太多的渴望。

在回来的路上，我与学校年轻的语文特级教师倪宗红老师交流了评课的观点。她不无感慨地说："我一直警惕自己身上的技术化倾向，追寻人文精神，努力化解。杨老师对这两节课的点评给了我极大的启示，原来把文本放在真实的生活与现实的时代背景中，它一下子就会变得鲜活起来了。"

回校后，倪宗红老师饱含着教学激情备了传统课文《卖火柴的小女孩》。这是安徒生的一篇著名童话，它讲了一个卖火柴的小女孩大年夜冻死在街头的故事，传统教学中老师们千方百计地通过这个故事，让学生体会对穷苦人民悲惨遭遇的深切同情，激励学生珍惜我们今天的幸福生活。然而实际的教学效果，学生对于此宏大主题也很难或者说没有从心坎里去认同，只不过机械附会罢了。倪宗红老师在重读了安徒生创作的这篇文学作品后，深入开掘出原教材中潜在的魅力与价值，使"老教材"焕发出新的生命力，在课堂上引领着孩子们重读课文，体味着"发现"的喜悦：

师：从这些美好的幻景中，你感受到小女孩渴望的幸福是什么？
生 A：幸福是温饱。
生 B：幸福是快乐与关爱。
生 C：幸福是没有寒冷，没有饥饿，没有痛苦。
生 D：幸福是小女孩对奶奶、对亲情、对关爱的渴望与追求。
师：是的，小女孩面临如此令人绝望的境遇，依然没有放弃对幸福生活的向往与追求，这样的穷人是可爱的！

最后，老师用安徒生曾经说过这样一段话作为结尾送给了每一个在沉思着的孩子：拥有生命是幸福的，只要你拥有健美的心灵，什么样的厄运也不能夺走你的幸福。

课结束了，但小女孩充满热情地面对生命，临死之前仍然对生活充满了一种无限的充实感和快乐感，她对幸福生活的向往与执着追求在学生们的心头滋生、扩散，他们开始思考进而审视自己的人生态度和做人的方式，一位学生在课后欣然提笔表述他的感动与思考：

> 当我走出《卖火柴的小女孩》的世界时，回眸凝视那个单薄而坚毅的身影，她无助，无依，握着拳头，挂着泪花，但面向天空，带着微笑……她，唤醒了我内心快沉睡了的东西，那就是对生命的憧憬，在她的心底有一盆不熄的火焰，这样的心灵将永远地拒绝死亡。
>
> 有了这样的心境，尽管在风霜雪雨的日子里，也不会感到寒意；有了这样的心境，即使生活坎坷叹息，你仍然可以借助于坚强的双翼给自己加倍的力量，进入希望的海洋。
>
> 我常常埋怨自己有一个很平淡的生活，却原来只要凝神细心，也可以时时感到被幸福紧紧包裹：同学间一句简单的话语充满了神奇的力量，让那些琐屑的小事一下子变得无比的亲切起来，一纸短信，一张贺卡，一个问候，一个祝福，都能让我的心荡漾出些些许许的感动。
>
> 感谢你，卖火柴的小女孩，你教我学会了生活！
>
> ——摘自学生读后感《点亮心灯的火柴》

赋予"老课文"以"新内涵"，倪老师与学生共享着超越文本所带来的发人深省的启迪，她说："当学习的意义进入人生的层面，学习才显得更高贵，才更有内在的魅力。"

倪宗红老师对于课文的重新解读，引起了老师们对传统课文、传统教法的思考与创新，老师们不再习惯以前他这样上我也这样上，开始挣脱了课堂教学固有的模式，习惯了自己的思考，寻找起课堂教学的"新刺激"与"新感觉"来了：语文老师备课前，会一遍遍地研读课文，反反复复地琢磨，直到确实读出了自己的心得，品出了独特的味儿，才进一步考虑"教什么"和"怎么教"；数学老师不再只按"参考"图解教材，按"标准"分析习题，而是把教学过程演绎成思维激荡的过程，完成着对知识的消化、能力的磨砺和思想的咀嚼；课堂也因教师的思考而充满诗意与灵性，有了身心全部投入的愉悦，有了生命蓬蓬勃勃的成长，不再是教师讲学生练习的技术操作，而是教师与学生的对话，学生与文本的对话，文本与生活的对话。

2. 功夫在课外

功夫在课外，这五个字激起的浪花，演绎了一个个鲜活的故事，缀成一篇篇感悟的文字；它荡起的涟漪，写成了学军一段段十分重要的文化记忆。将老师们的学习、工作和生命融入一体，注重课外的功夫，可以润泽教师的一生。

我常常对自己说："注重平时一点一滴的知识积累，功夫在课外。"我这样想着，也这样实践着，校长的学习行为是一种无形的教育力量，给了老师们极大的引领，也带动了老师的发展。苏峰老师在目睹了我的一节作文展示课《我喜欢的小物件》后，写下了他对"功夫在课外"五个字的深刻体会：

杨校长在作文教学上独树一帜的教学特色我们早有耳闻，只是这次能亲临其境感受他的教学魅力，这个消息着实让老师们兴奋了好久。而我，作为杨校长借班上课的班主任老师，更是见证了一个特级教师准备一节作文课的全过程。

上课前：布置了《我喜欢的小物件》这一课前习作题后，杨校长亲自批改了每个学生的作文，还与每个学生进行了个别面谈，了解他们心中所思而未通过文字表达出来的真实想法。

上课时：随手拈来的作文素材，旁征博引的教学语言，文笔隽永的下水文，构建成一个完美、和谐与精致的作文世界，令所有的听课老师为之动容，低首心折，赞叹不已。

下课后：再一次全面细致的批改，还要求学生们把这次作文的优秀作品打印出来，作为成品保留，作为下一次作文教学的素材。

我也曾好奇地问过校长：为什么在课前与课后要花上如许多的时间去进行准备与总结，杨校长回答说：了解学生写作习惯是上好作文课的前提，而学生习作后的总结评价又是提高学生习作水平的"点睛之举"，故而一位有志于优化课堂教学、提高授课效益的教师决不会忽视课前了解学生和课后组织评价这两个重要环节，功夫在课外。

"功夫在课外"几个字初听时平平淡淡，细思却意味隽永、极富哲理，时时萦绕于我的脑际。一直以来我对于"备课"这一概念的理解过于狭隘，认为备课不过就是上课前看看教科书，翻翻参考书，设计一下教学过程，编写一则教案而已。然而见识了杨校长一节作文课的全过程，对比之下，我的这种举动与那些专司"现炒现卖"之职的商贩们又有多大差别？如果以为仅凭这样的"备课"就能上好课，恐怕只能是一厢情愿了。

于是，我也开始重视起"课外的功夫"：随时收集各种信息数据，积累了两本厚厚的剪报；广泛汲取各方面的知识——文学、科技与艺术等，在教学中还总有可以拾起来在孩子们面前"炫耀"一番的欣喜；保存着孩子们的各种作业与作品，每一次评析时从中汲取的教学智慧又何止那些作品本身。

"功夫在课外"，如今我也终于感受到了它的魅力。

——摘自苏峰老师《杨校长的课上课下》

东坡先生有云：博观而约取，厚积而薄发。确实，只有老师们重视"课外功夫"的积累，时时注意自己知识的"厚积"，对有利于教育教学工作的学问处处留心，兼收并蓄，老师们的课才能备起来轻松，讲起来生动，听起来受用，而不至于沦为"教参"与"标准答案"的"传声筒"。

为了让老师们从容地面对世界文明史上出现的最大开放型"智慧空间"的"洗礼"，我们采取了两步方针：一是多读书，多吟咏。让老师们在书的浸润中，审视传统，瞻望未来，超越现实。二是多求索，多反思。让老师学会思想，学会汲取，学会重组，在凝想与遐思中，品味教育教学的诗情哲理，开拓一片斑斓广阔的创造空间。

"读书少，少读书，不读书"久而久之必然导致教师成为"教书匠"，其学识魅力自然也就越来越少了，它影响了我们教师的理论素养、知识水平和精神境界的提升。只有我们的教师多读书、乐读书、善读书，他们的精神家园才能生机盎然，教育才能真正成为诗一样的事业。

"就要求读书而言，杨校长就像是一位严厉的家长，他不是督促你读书，简直就是逼迫你读书！"唐冰伟老师至今仍对那一段"惊心动魄"的日子记忆犹新。从最初要求订阅教育杂志，每月做读书笔记与摘记，我们几近强制地组织着教师结合工作与生活在书本上学，在工作中学，在实践中学。经过几年努力，教师们的个人学习渐入佳境，读书学习已成为学校的一种风气，最初被迫读书的感觉没有了，取而代之的是一种美好的感觉。古人云：独学而无友，则孤陋而寡闻。有了美好的读书体验后，学校及时组织教师进行读书体会的交流，让教师一吐读书的乐趣，体验一定的成就感，成就感换来的是更高的读书热情。

"多求索，多反思"的"案例千字文"是我们开阔教师视野、积累教学资料的又一条佳径：上完课后，教师们非常乐意地通过"自检"来完善教学设计，寻找教学规律与教学艺术；对课堂中自己发现的"不舒服的地方"和学生提出的问题及时做"功课"提出改进方案，求得理论的检验和深化，将有价值的理念放在"案例收藏夹"中。洪惠华老师结合对新课程教材中的主题图的使用进行反复思考，升华为富有个性的理论《主题图的 N 次使用》，叶婷老师执着于对"做数学"理论的学习与实践，写下了《动作思维与立体展开图》的案例；袁晓萍老师关注复习课习题的编制，提出了《做题好，做好题，题好做》的观点；杨劲芳老师记下了《学生在课堂上打横炮》的苦恼，引起了教师中对课堂评价语言的关注与思考。

教师们的感悟介于理性与感性之间，努力用自己的心去感受、感知、感觉一种虽然自己未能从理论上说得很清楚的教学事实，为了更好地找到理论与实践的结合点，老师们收集、整理实践素材，提炼出有价值的东西。由于一些局限，老师们所写的案例或多或少地存在着一些问题：篇幅短小，叙述略显粗糙；语法的严谨程度不够，教学理念也很稚嫩。但字里行间却渗透出灵气、大度、新鲜，每一篇都会令你思潮澎湃心旷神怡，或令你观念碰撞火花四溅。

从重视课前"积累"到注重课后教学结果的"盘点"反思，功夫在课外，成了每个学军教师必做的功课！郑莉老师说："对我而言，教育杂志里的一篇篇精彩华章就是种子，把它种在教学的土壤里，长出了参天大树。"洪惠华老师在"案例千字文"中写出了不少的妙文佳章，她说："有了课外阅读的大河滔滔，才有了我写案例时的行云流水。"

3. 让小聪明成为大智慧

一直希望，学校能成为一个充满美丽、智慧、创意和诗意的空间。但我深深地知道，智慧不是生来具有的，它应该来自敬业，来自高效，来自底蕴，来自好学，来自实践，来自研究，来自体验，来自明辨，来自胆识，来自创造。只有拥有了它们，我们才能拥有智慧的教育。

作为校长，我追求的大智慧大多立足于老师们一个个闪光的小聪明要素，实现有效的重组，可以是"无中生有"，也可以是"有中生新"。比如科研课题，一提起它，老师们总是感觉到十分的痛苦与无助，其实只要善于发现，我们的老师们大可不必妄自菲薄，只要做个有心人，有高瞻远瞩的学术视野与胆识，就能练就一双"火眼金睛"，从纷繁复杂的教学现象中发现问题。其实许多有生命力的"课题"就在我们身边，作为校长，关键是要有好的眼光和胆识，发现平凡工作中的精髓，要创立好的机制，借势使其脱颖而出，要提供好的环境，使老师们有充分发展的机会和良好的条件。四年级组"构建网络环境下的家校教育新模式"的形成过程便是一个最好的佐证。

有那么一天，"非典"来了，而且离我们是那么近，弄得人心惶惶，于是乎许多原本常规的学校教育工作也失去了常态，不能正常开展了，比如每学期一次的家长会。

杨校长要求我们以"书面家长会"的形式用书信与家长们进行一次纸上的交流。除此以外，我们四年级组的老师们还利用学校网页与家长们进行了一次网络上的"亲密接触"，杨校长对此十分赞同，要求学校电教组在技术上给予最大的支持。那实在是一个值得回味的日子：洋溢着热情与温情的开场白，与家长们进行有针对性的交流，对热点教育现象和问题的争鸣与探讨，十指如飞地敲击着键盘，文字间传递着家校教育的新理念与新信息，"网络家长会"成功了！

兴奋过后，原来以为一次有创意的"网络家长会"也将告终结了。却没想到杨校长之后又把年级组的老师集合到了一起。原来，杨校长从这次"网络家长会"中得到了灵感，如果利用学校的"网络优势"去解决传统家校教育中的许多时间与空间上的不足，那么由"网络家长会"所衍生出来的"网络环境下的家校教育新模式"将会是一个更好的教育契机。

我们的神经再一次兴奋起来，是啊，怎么没想到呢？于是，不光只是"网络家长会"得到了保留，学校的网页也将重新进行构建，增设"网络家校社区"新网页，老师们开始畅想着在网络与家长、学生之间进行另类沟通的新模式，一篇《构建网络环境下的家校教育新模式》的科研论文在杨校长的指导下也孕育而出。真没想到，"非典"时期的一个突发奇想居然"飞"来了一个课题！

学校里总要求老师们搞一些具有研究价值的课题，而我们却总是感慨于课题的贫乏，其实那只是我们对身边的素材视而不见，更难以敏锐的视角发现其中可以开展科研课题研究的生命力价值。

——摘自卢洁老师《"非典"时期"飞"来的课题》

目睹着我对于四年级组创造性能力的鉴赏，由此激发了学校老师们个人创造和集体创造的活力，他们开始着眼于教育实践的大智慧，审视教育教学行为，透视实践，发现了一个又一个的"问题"，反思着，追踪着，形成了一个个"课题"：周丽珍老师汲取语文课课前 5 分钟的演讲形式的精华，在课堂上开展了课前 2 分钟数学信息交流，建立了"学生数学信息能力的培养"的课题；王亚芳老师有感于现代社会充满了选择的命题，找到了"在语文课的选择性研究"的实践方向；大队部的倪勤老师着力于"网络环境下的少先队组织建设"，课题的研究成果受到了全市大队辅导员的瞩目……围绕着这些"课题"，老师们学习着、行动着、琢磨着，不断反思，不断总结，形成新的理解，新的思想，自我的小聪明不断得到了大智慧的提升。

作为校长，我引导教师们始终不渝地追求教育的创意，并致力于将教育的创意转化为教育的成功，获得超越实践、超越现实、超越自身限制的思想和智慧的力量，使教师从自身的"在场"和"浸润"中提升或超越出来，给自己一方体现自身价值和意义的空间。在倪勤老师一次学习抗洪英雄的大队活动企划中，我就用自己的首创精神给了这位年青的大队辅导员创造性的工作提供了指导和支持。

1998 年是我担任大队辅导员工作的第一年，当时正是百年一遇的特大洪水肆虐九江，受灾地区的人民无家可归。各地官兵纷纷上前线支持，亿万人民团结一心。根据这一时代背景，我向杨校长提出了邀请"抗洪英雄"来校作抗洪事迹报告的建议。

杨老师对我能结合现实背景创造性地组织大队活动进行了赞赏。接着就问我："一次好的大队活动，是我们对学生进行教育的载体，我们看重的应该是过程，活动前的启动、活动后的延伸都很重要。你考虑过如何使活动开展得更生动，更鲜活吗？"

说真的，当时的我只为自己确立了这样一个活动主题沾沾自喜，还未曾想到活动的形式与内容该如何生动，使得教育影响力更大。"邀请硬骨头六连来做个事迹报告，请少先队代表上去表表决心……"我知道，我的回答显得十分的木讷。

"是不是把过程拉得更长些，让孩子们在活动课了解抗洪英雄的事迹，进行心与心的交流。"杨校长随后提出了在中队旗上做文章的建议。一语破解了我思想的瓶颈！在杨校长的指导下，围绕着这面中队旗学校少先队大队部开展了一次大型的主题活动。

队旗是少先队的独有的旗帜，这面队旗以杭州市学军小学全体少先队员的名义寄到抗洪前线，让抗洪英雄们签上自己的名字。当抗洪前线的官兵们看到家乡少先队员鲜艳的队旗和热情洋溢的感谢信时，个个激动万分，纷纷签上了自己的名字，鼓励少先队员们努力学习。开学不久，这面珍贵的中队旗从江西九江抗洪前线寄回了学校，孩子们与抗洪英雄的心贴近了。当硬骨头六连的官兵来到学校时，全校师生掌声雷动，黝黑的肌肤，挺拔的身躯，响亮的军号，整齐的队列，抗洪英雄们的形象如此真实地展现在了全校师生面前，这种教育胜过千言万语。

活动后，我感触颇多，我不仅受到了和队员们一样的教育，我更被杨校长的宏大而有力度的教育智慧所折服。他用这种大智慧告诉我，小聪明只会偶成，不会有大成。

——摘自倪勤老师《偶成与大成》

智慧来自创造，来自对旧有事物的超越，将学校活动向时代中所有蕴含着真、善、美的文化领域开进，这就需要作为学校管理者有触类旁通的大智慧给予支持，开创一种科学与艺术交融的新境界。管理者的创造力增强了，智慧丰富了，必然会带来一大批智慧富有创造力的教师，适合学生创造力发展、闪烁着老师智慧的方法策略接踵而至，校园呈现出新教学智慧时时呼之欲出的勃勃生机：钱金林老师将学校的体训队冠以"体育俱乐部"的称谓，学生的自主精神获得了释放和张扬，学生体育社团活动开展得轰轰烈烈；袁晓萍老师首创了"数学绿卡"制度，使孩子们开始注重学习的过程，开创了学校强项评价的先例；王亚芳老师适应学生的变化而变化了自己的班级管理风格，创立"责任引领"的班级文化制度，引领着学生们反思自己，不断出新……

智者如水，当江河注入，小溪聚河时，我愿意以这如水的空间来迎接；智者有心，我愿意很小心地记下老师们的发现和智慧，聚小成大，从而加快他们行进的脚步。

4. 细节创造完美

在老师们的眼中，细节是一种关注，一种体察，一种创意，细节虽"小"，却有着能成就大事的高度、气度、力度；在我的眼中，细节是学校管理中极其重要的资源。细节虽"小"，却是校长教育观念的一种流露，是管理风格的一种表达，是校长管理能力的一种诠释。

常人眼中一校之长在学校中工作总是在处理管理、规划、决策与指导的大事，而我在学校管理的工作作风却不尽然。除了学校战略规划、人事协调的大事，我还经常会注意一些"不起眼"的小事情，寻找老师们身边不易发现的小漏洞。

那一次，一向和颜悦色的杨校长在教师会议上"言辞激烈""慷慨陈词"："今天在校门口对值日同学问好还礼的老师少之又少，老师对于学生问好的傲慢与漠然让一校之长的我感觉很羞耻。当孩子真诚地叫一声'老师好'，所期望的是看到老师和蔼的微笑，赞许地点头，或是老师亲切地回一声'你好'，当得到的却是老师漫不经心地机械点头或是有意无意地不加理睬，他们稚嫩的心灵将受到多大的打击！我们的老师们整天在教育学生讲文明、懂礼貌，而教师却不能用自己的言行给学生做垂范，其身正不令而行，其身不正虽令而不从……"

回首自己平时的行为，确实，我们对学生的问好因为习以为常而显得麻木，有时无表情地点一下头，有时则无动于衷。杨校长对一件小事的关注警醒了我，"学校无小事，事事教育人；教师无小节，处处做楷模"。如果我们真的把学生的发展当作自己心灵最重的砝码，那么当我们面对学生真诚的问候时，也一定会报以亲切的笑容，并发自内心地回赠一句："你好！"

杨校长还在接下来的一周时间里，每天记录老师与学生相互问好的情况，并在教师会议上多次进行数据分析与行为引导。杨校长在一件"小事"上所付出的时间与精力丝毫不少于学校的决策大事！

同杨校长相处日久，就越能感受到他对教师、学生学习生活细节的关切。这种"润物细无声"的关切，也成就一所学校的高品质。

——摘自姚国娟老师《一件小事》

每一件老师们身边不经意的小事总能让我找到学校管理中的睿智与技巧，不把"问好"当作一件孤立的、静止的事来看，而是用联系的、动态的观点来引导老师，把"问好"与"师德师风"联系起来，通过"问好"这件事顺势造势，小事的方法论意义大大超过了事情本身的含义。

细节是宏大的浓缩。作为校长善于发现细节，一叶知秋，见微知著，要善于通过细枝末节，由表及里，由此及彼，抓小放大。发现细节需要细心，因为细节往往具有隐蔽性，一般不容易被发现，因此必须格外细心，要善于通过蛛丝马迹找出隐藏在现象背后的大问题。语文老师板书时的省略号，六点占两格位置；数学教师写等号，必须两条线平行相等，绝不能随心所欲胡写一气；这些我都要求教师为小学生做出表率。

汪培新老师常常说起他在课堂教学中的一个细节对他的深远影响——

那是一次全省的数学观摩课。下课后，老师们纷纷赞誉我教材选择的创意与教学设计的新颖，当我带着几分得意与期许与杨校长交流本节课的感受时，不经意地迎来了一盆"冷水"——

"课的设计很不错！"我以为我会听到意想到的赞美，没想到杨校长话锋一转，说道："小汪，今天上课时，你是否注意到这样一个细节，今天你在板书时一个数字写错了……"

一个微乎其微的细节在杨校长的提示下重新闪回到我的记忆中：课堂板书时我的一个数字写错了，黑板擦不在顺手的地方，于是我潇洒地拿手把这个字擦掉了。怎么了，难道有什么问题吗？

杨校长似乎读懂了我的困惑，直白地告诉了我他的想法："板书是教师的第二形象，教师在课堂上一个动作是一种无声的教育，给予学生的影响将是深远的。它应该包括在一节课的设计里，请不要忽视自己的第二形象。这个数字虽然被你用手擦掉了，但此处'无痕'胜有痕哪！"杨校长说得很轻，但每一个字都振聋发聩，至今仍深深地烙在我的脑海里。

是啊，关注教学中的细节，每个细微之处就能体现出某种别具匠心，这就是对教育精心的设计和考虑。

——摘自汪培新老师《此处"无痕"胜有痕》

　　说起细节、小事就有人会误以为校长缺乏魄力，我认为善于抓细节其实就是以小见大，具有"牵一发而动全身"的放大效应。作为校长对于细节的关注，使得那些细节富有灵性，尽管它小而单纯，却充溢着灵动的智慧和人文的光辉。

　　在我们日常的教育教学中有许多细节，由于小，逐步被老师们视为小事而见怪不怪：翻看学生作业本，一个与学生作业书写很不协调的符号会经常出现在你的眼前，那就是老师的批改符号，或是龙飞凤舞，让你看不懂，有的漏字少字，叫人费解，这在一定程度上破坏了老师在学生及家长心中的形象；家长们来校询问孩子的情况，教师端坐一旁，居高临下地训斥，不让座，不起身送行，高傲的态度隔断了家长们对教师的信任；老师们一边在布置展板，一边将废弃的装饰材料丢了一地，又如何对孩子们保护环境、爱护环境进行言传身教？

　　"问好""板书""批改符号"……这一件件看似毫无关联的小事，但如果用教师专业成长的主线把它们联系起来，就成了一笔价值不菲的管理财富。我在教师中广为宣传"善小不为，何以言大"的观点，引导老师们把学校教育教学工作中的许多细节做实，做大：每年要走访所在班级的学生家庭，细节是与家长进行沟通的敲门砖；给弱势的学生多一些微笑与关注，细节是老师与学生密切联系的黏接剂；规范个体的教学行为与课堂常规，细节是发展的基础；经过走廊主动地拾捡起地上的纸屑，细节是教育学生的最佳资源。

　　走过宏大的背面，平民化的细节，显得十分的亲善，经历了时间的考验，老师们渐渐地发现，关注细节，确实让大家获益匪浅：老师们不再对学生的问好置之不理，还出现了老师主动向学生先问好的和谐场景，教师的亲和力大大增强；老师们开始严谨于自己的板书、批改符号，严谨的教风换来了学生严谨的学风……

　　让我们一起关注细节，让细节散发出更强大的"魅力"，让细节创造教育的完美！

五、给管理层一个和谐发展观——拓宽管理团队的发展空间

　　一所好学校，必须有一个好校长。但光靠校长是不行的，必须要有一个精干的领导班子，还必须要有一大批德才兼备的中层管理者。好校长就是要培养好校级领

导班子成员和中层管理者这支队伍，并用好每个人，让其成为一个和谐的领导集体，让每一个人尽其德、尽其才、尽其能。所谓"一个好校长就是一所好学校"，指的就是这位好校长要培养发展这支和谐的管理者队伍，继而培养发展和谐的教师团体，共同教育好学生。我认为，学校领导者应具有识才之眼、爱才之心、容才之量、用才之胆、护才之意。校长必须成为选拔人才、起用人才的明师，要发现人才、培养人才、使用人才，让他们的才能有用武之地，让学校管理工作后继有人，就得为他们创设一个和谐的成长环境。

校长应当具有现代办学理念，不满足于现状，时时追求革新，有改革创新、民主竞争的氛围，才会有更多优秀管理者脱颖而出；有越来越多的好管理者，定会有越来越多的有特色、高质量的学校出现。作为校长，必须懂得身边管理者的需要，努力使自己单位形成关系融洽和谐，人人心情舒畅、有用武之地的工作环境。人都是有感情的，如果校长善用情感进行管理和培养是最成功的。对人要真诚，通情达理，宽容忍让，多支持鼓励，给他们创造各种条件，建立激励机制，形成良好的和谐的环境，让他们在实践、压力和流动中成长。

（一）肯干才会能干

校长要根据学校实际将良好的愿望与教师的状况结合起来，只有在合适的时机，选用合适的人才能达到事半功倍的效果。在管理者的选拔过程中，我们要创设和谐的环境和氛围，让教师积极投入、参与，充分发挥自己的才能，使教师不断挑战自我、突破自我，获得最好的发展。

教师入党宣誓

我在选拔学校管理者方面，努力做到不拘一格，选人之长。这也是我选拔学校管理者原则之一。只要他肯干，又有某方面的才能，我都将他们作为考察的对象，在适当的时候，委以适当的职务。2003 年学校总务主任临近退休，如果不及时选拔和培养，学校总务管理工作将青黄不接。通过平时的观察，经过全体教师的民主评议和学校党支部推荐，我们认为体育教师小楼比较适合，然而，小楼老师曾经有过"一球事件"——不小心将铅球砸到学生脚上，受过学校警告处分，同时，他从来没有干过总务这一行。该不该用，该如何用，我找到小楼，与他促膝相谈，告诉他：师范学校并没有总务后勤这门课程，这门学科只有通过自己的好学才能更好地熟悉和掌握，只有肯干才会变得能干。一席话，深深感动了小楼。2003年暑假，适逢学校校舍改建、学校操场翻建，因为工期紧，为了保证学生在9月1日按时开学，学校要求施工单位加班加点，连夜施工，为了把住施工质量关，督促施工单位抓好进度，保证质量，小楼这个血气方刚的小青年索性住到了学校会议室，一张硬板床，夜间摊开，白天合拢，没有空调，没有电扇，足足住了两个月，整整一个暑假没有回家一天。为了更好地管理好学校后勤工作，小楼还特意买来基建、后勤管理有关的书籍，及时充电，加强学习，在后勤工作中发挥着重大的作用。现在他已是我校的副校长。正如小楼在党员转正的小结中写道：

"肯干才会能干"增强了我接受任务的自信。我进入学军小学工作后一直担任着体育与保健课的教学。记得在2002年6月中旬杨校长找我谈话，杨校长说：学校正要经历一次校园改造工作，需要有一个同志主持基建工作，学校经研究决定由你来担任此工作。杨校长还说：此工作是又苦又累的，有时还会招来不理解的语言，你要做好思想准备。你也是第一次做此项工作，要多学、多看、多实践。请相信一句话"肯干才会能干"。杨校长的一席话，让我欢欣鼓舞。

2002年7月我正式进入基建工作，面对全新的工作我感到不知所措，无从下手。杨校长看在眼里，主动和我谈心：工作需要有一个适应过程，只要你反复去实践，一定会完成工作。听了杨校长的话，我觉得我应该静下心，理出工作头绪，逐个完成、逐件解决。这时原总务处主任主动提出帮助我，在他的帮助下我慢慢理出了头绪。我从不会看图纸，不懂联系单的处理，到能看懂图纸，能沟通学校与施工单位的关系，学会处理突发事件等；正因为"肯干才会能干"使我在实践中不断成长，成为在工作中使我从不懂到懂的动力源泉。

校长就是要知人善任，使教师们在工作中发挥最大潜能。只有达到这样的境界，才能谈得上真正的用人之长。每个人的生活背景、知识来源、能力表现、兴趣爱好各不相同，校长用人时要根据各人的实际情况，扬其所长，创设和谐的用人环境，运用不同的激励方式激发其个体潜力，人尽其才。只有将教师放到最能发挥其能力，个人的潜质得到充分激发的岗位，用人的效益也就真正得到了体现。

（二）有为才会有位

我时常告诉学校的管理者：你所管理的工作在学校中是否有地位，关键在于自己管理的工作是否有作为，你自己的"内动力"是否得到充分的发挥。这种内动力来自于自己对事业的责任心和使命感，来自于对自己的严格要求，来自于对克服困难的坚定信心，同时，也来自和谐的环境和氛围。青年人最大的敌人是自己的惰性、满足、自我原谅、自我开脱。只有耕耘，才有收获。因此，一个年轻的管理者要注意从身边的小事做起，注意向身边的老师学习，注意保持自己的求知欲望，逐渐成为别人心目中可信赖的管理者。

一名学校管理者所负责的部门工作要得到教师的响应和支持，取得一定的影响，除了管理者本身的素养和个人魅力外，还取决于同事的支持与配合，更取决于他所指导和分管的工作所取得的成绩是否显著。

我校的数学教研组连续两年被西湖区教育局命名为先进教研组。究其原因，主要是由于数学教研组组长出色的工作，同时，数学组是一个和谐的集体，使数学教研组创造了品牌，因此，就有了一定的影响，有了一定的地位。

在一所学校中，倘若要求校级管理者、中层管理者、学校的"三长"即教研组长、年级组长、备课组长，有一定创造品牌的意识，有独当一面的工作能力，关键在于他们要扎扎实实地做好本职工作。重在实绩，重在不断地提高教育教学和管理的水平。

提高教育质量的关键在于提高教师的素质。我们为教师搭建起展示自身才华的舞台，正如鲁迅先生说过，世上本无路，走的人多了，也就成了路。学校管理者一旦形成了自己的管理特色，形成了自己的管理风格，又被周围的教师和学生所接受，他们的特色就会产生轰动效应，一传十，十传百，传的范围越来越广，传的人越来越多，管理者的效应也就越来越大，他的影响力就会越来越大。

名声带来的不仅仅是荣誉和影响力，也有不小的压力。随着环境的变化和交往圈子的扩大，学校管理者要不断地向别人学习，向同行请教，不仅要博采众长，更要进一步地钻研业务，提高自身的素质，在自己原有的水平上，向更高的层次迈进，这会使管理者的影响力更大。如袁晓萍就是一例，"才女"——是我校教师对袁晓萍的敬称。不是她的学历特别高，而是她的开拓精神、敬业精神感染着教师。她提出的教研组活动课题化在杭州市西湖区得到推广。每次教研组活动，她准备得非常充分，有数学专题讲座，有数学教学信息的交流，更有数学教师的百家争鸣。他们教研组的活动往往是最新教学研究动态的分析、讨论与吸收，如在高年级实行成长档案体系研究；课堂提问中的垂直效应与延后效应的研究。听听他们申报的课题，可以感受他们研究的前沿性。她提出："把教学和科研紧密结合在一起，让教师从教学熟练型走向专家型。坚持在教育教学实践中开展教研科研，是教师提高能力最经济、最科学的办法。大量教师的成长经历表明，埋头忙碌、只教不研或许也能对付教学，但无论如何难以达到教育的高水平、高境界；亦教亦研、踏着教研科研的阶梯，才能步入教育的'自由王国'。'学然后知不足，教然后知困，研然后知美。知不足，然后能自反也；知困，然后能自强也；知美，然后能自创也。''21 世纪的今天，必须具备很强的研究意识和教研科研能力。'"正是这种教研科研的意识和能力，使袁老师自己所执教的数学课在全国数学教学评比中多次获得一等奖。在一次教学评比后，评委对袁老师课中学生主体意识的体现，新课程标准理念的落实给予了高度评价。一花独放不是春，万紫千红春满园，数学组的成员多次代表杭州市送教下乡，学校数学组的教师在承担课题研究和教学改革的举措中也是名列前茅，数学教研组连续两次被评为西湖区优秀教研组。这些成绩的取得，关键在于有一位有作为的数学教研组长，建立了一个和谐的开拓创新的学习型组织。

（三）到位而不越位

校长职权"到位"而"不越位"，其直接效果是所有的人在职、责、权、利四方面都要"到位"。而其内蕴的民主办学观念，正是学军小学"主体思想"的体现。实行校长负责制以来，有些校长琐事缠身，穷于应付。我认为，校长应该努力使自己

"到位"，但不要"越位"。"到位"才能和谐，"越位"就不和谐，要充分信赖分管领导，让每个领导成员"各就各位"，校长应当抓大事，抓要事。

那么什么是"大事"呢？我认为坚持办学的社会主义方向，坚决贯彻落实国家的教育方针，确立全面提高教育质量的目标等就是大事。为此，我组织学校领导班子讨论，并亲自起草学校的长远规划和五年计划。勾画学校发展的蓝图；确立学校改革总目标；主持拟订重大教改课题方案；抓领导班子的建设和师资队伍的建设；制订每个学期的工作计划。什么又是"要事"呢？我认为事关学校改革和发展大局的急事、难事，就是要事。为此，我充分利用自己身兼数职、社会活动多的有利条件，努力为学校创造一个良好的外部环境。

我经常对来我校挂职锻炼的校长们说："校长要超脱一点，要承认别人在具体事务的处理上，在某门学科的教学上比自己强。校长不可能样样精通，更不应该事事都管，要腾出时间、腾出精力，想得远、想得深、想得全，超前谋划学校的发展大计。"

这就是我的"到位"意识。同时，我特别注意不越级下指令，不越级听汇报，不越级干涉事务，并勇为部下揽过。

张胜乐副校长分管学校行政工作。他工作细致，账目清楚，是我校的"内当家"。财务报销审批"一支笔"的职责和权力，使张副校长在工作中既敢于主动承担责任，还把算盘打得又精又细。

汪培新副校长分管学校的教学工作时，他经常深入课堂，了解第一线教师的情况，与教师一起备课讨论，并不断地学习教学中新的理论，及时传递给一线教师，使学校的教学研讨氛围越来越浓。同时，他还分管学校的新生招生工作，严格按照规章办事，使学校的招生工作井然有序地进行。

人人到位的直接效应是事事有人管，学校管理渠道的畅通和管理过程的有序，而其更深层次的含义是人人是学校的主人，人人与学校的兴衰紧密相关。为了确保从学校领导到教师、职工，人人在职、责、权、利四方面的"到位"，学校制定了严格而规范的各类制度。没有规矩不成方圆，我校的规章制度有责任制度、执行制度，也有考核制度、奖惩制度，各类制度形成体系；同时，我校常规管理中的多要素、多层次、多结构、多边活动等，需要各类制度相互配套，形成有机的综合体，发挥其整体效应和合力作用。如学校的财物设备管理，既要有"财物的领用、使用和保管制度""财物设备的维修保养制度",又要有配套的"各部门财物管理的考核制度""奖惩制度"等,形成学校财物管理制度体系。人的觉悟不是天生的,是在后天严格的教育管理中逐步培养形成的,有制度的保障,既促成学校财物的使用率提高和寿命延长,又在此工作中促进学校工作人员在后勤工作中遵守规范,提高素质。这些制度的健全,使学校特别是校长的管理才能疏而不漏,使校长的管理全面"到位"。2003 年 11 月,在教代会讨论结构工资改革方案时,我向全体代表表示,请你们大胆提出修改意见。这一句话使代表们深为感动,提出了好多合理化的建议,使方案得到进一步完善。

规范完整的规章制度仅仅是常规管理的一个环节,并不是管理的全部,更不是管理的目的,要把各项规章制度真正变为大家的行为习惯,必须坚持对规章制度进行宣传教育,激发师生员工参与管理的积极性,充分树立主人翁意识,使教职员工在"学习——实践——对照——反思——再学习——再实践"的循环往复的过程中,不断提高执行规章制度的自觉性,并"内化"为自身素质。校长在执行制度时要严格标准、条条落实、一贯到底,处理违规问题时做到公平、公正。

分层负责,分级管理。管理是讲究层次的,一级对一级负责,站好位,不越位,谁的岗位谁负责,谁的问题谁解决,充分调动各部门的积极性与主观能动性。学校的管理更需要不越位的管理,我以系统论的观点去想,把学校工作分成决策层——执行层——操作层,以形成分级管理的系统管理模式。从管理者的培养方面出发,一旦确信自己已经把最适合的人选安排在合理的岗位上之后,就应授予他有关的权力——即处理问题不越位,这是给下属提供完成任务所必需的一种客观手段。有一次,学校食堂无煤,炊事员向我反映了这件事,我告诉他,食堂没有烧的煤,你应该及时向炊事班长汇报,炊事班长解决不了及时向总务主任汇报,总务主任解决不了向分管副校长汇报,分管副校长解决不了再向我汇报。这意味着赋予下属相应的责任,充分发挥他们的主动性和创造性,使他们以最大的热情做好所担负的工作。又如 2000 年 4 月,学校食堂要招一名炊事员,学校总务处主任就向杭州市人才服务中心发了招工信息,当天下午,一名二级厨师——小吴来我校应聘,通过总务处和食堂负责人员考核和第二天体检的规定程序,不到三天一名临时工作人员就这样确定下来。因为那段时间我一直在外地讲课,等我回到学校吃中餐,发现食堂多了一个小伙,才知道我校新招进了一名厨师。这就是学校行政各部门主体性的体现。

面对发生的任何事情，学校都需要各部门自己提出具体的方案和实施的策略。不要任何事情等着学校校长来点头，否则就缺少了民主的氛围，也不利于事情的及时处理。校长管理不越位的根本目的在于提高管理效能，使其他管理者有职有权。同时也有利于培养锻炼人才，给年轻管理者提供一个锻炼机会，增长工作才干。从某种意义上讲，办事不越位授权予年轻管理者是最有效地调动积极性的方式之一，如果校长对年轻管理者干涉过多，禁锢了手脚，年轻管理者就会逐渐失去积极性，也就无法发挥其聪明才智；另一方面，校长办事不越位，授权给青年管理者，也使自己从繁重的事务中解脱出来，以考虑办学方向的把握等大事。

领导科学专家普圣克特等认为，领导者在领导活动中应遵循的第一个原则就是"对下级的工作要充满信心，当你的下属工作中出现失误时，有经验的领导会先指出他的缺点，然后在商量工作中指出必须改进的某些缺点，相信下级不会辜负你的信任"。校长将工作分配给学校管理者，就是把工作的职权分别给了他们，就是相信他们的能力和责任心一定能够完成工作任务。一个自认为没有得到领导应有的信任的人，很难充分发挥才干做好工作。校长相信下属，还要放手让他们工作，尽量少去限制、干预他们的独立活动；对直接领导的部门负责人，也不宜做一件事管一件事，使下属无所适从。如下属工作做得不妥，一般不直接公开批评，要帮助指导分析，选择适当场合婉转指出，要使下属直接感觉到校长对他的信任。这种充分相信全体中层管理者和教职员工的管理思想，极大地调动了中层管理者和教职员工工作的积极性。学校的管理者们常说：校长越是相信我们，我们就越感到责任重大。这样使我校逐步形成了一种奋斗目标一致、岗位职责明确、各司其职又运行协调的管理机制。

（四）关注执行细节

很多到我校工作过的人，都有一个深切的体会：这里的风气很好，大家一心一意工作，相处都很融洽，很和谐，人与人之间很少红过脸。这种良好的风气从何而来，当然主要靠大家的自身努力、身体力行地实践着"说有利于团结的话，做有利于团结的事"。我体会到和谐无处不在，无时不有，我们学校的教师能够每时每刻以这句话要求自己，身体力行，哪怕受了挫折、委屈，都坚持说有利于团结的话，这是何等的境界，这就是和谐学校的保证。他们在享受和谐的时候，奉献着和谐。那么，如果有人说了不利于团结的话、做了不利于团结的事，我们该如何处理呢？

检查人的行为并不太难，因为很多行为表现是显性的，是可以看到的，但是，检查人的思想则很难，因为人的思想往往是隐性的，不外露的。我们必须及时捕捉教职员工的思想，发现问题，把它解决在萌芽状态。

每个人在前进的道路上，总会有马失前蹄的时候。尤其是我们学校的年轻管理者，或由于经验问题，或由于能力问题，或由于意外问题，难免会出现一些失误。在这个时候，校长应为管理者着想，努力做弥补工作，将出现的漏洞补上，让一切走上正轨，不影响工作质量，不影响管理者情绪。同时，身为校长，要做到审时度势，根据现实选择合适地点、合适时机、合适方式与青年管理者进行沟通，为青年管理者设置"最近发展区"，让青年管理者"跳一跳"取得成功，使他们挑战自我、突破自我，获得最好发展。

对于学校管理者，我们要求根据他们所在的不同岗位及每个人的实际情况，设计个人的发展方向。我们要求他们在所在的岗位上实践，每个学期要有新的思考和新的举措，使学校管理者在管理工作和教学实践中迅速成长。

学校要从实际需求出发，努力使学校管理者将学校管理意图转化为工作目标和动力，逐步形成自己的办学思想和现代管理理念，让青年管理者在学习、操作、实践中成长起来。我校特别重视实施岗位锻炼，放手让他们自己做，及时点拨，在遇到问题时帮他们分析，经过思考后，再进行实践。

由于青年管理者的经验不足，难免会在实际工作中出现这样那样的问题，我们校长就及时帮他们把"漏洞"补上。2003年12月，大队辅导员倪勤告诉我，我校六（1）班陈依戎同学捡到一只手机，通过多方联系无果，将手机交给了杭州花港观鱼公园管理处。失主——浙江师范大学政法经济学院的研究生吴萍深受感动，并寄来了表扬信。她在表扬信中写道："在目前利益主导的社会里，捡到手机可能连受过高等教育的人也未必会把手机交给相关部门，而一个小学生却做到了，真的让我感动。同时也不由得反思自己……我想陈依戎同学的行为不仅是家庭教育的结果，更是与学校教育密不可分的……陈依戎同学的行为，也让我看到了一丝希望，孩子是我们的未来，有了更多这样的好孩子，我想我们未来的社会道德风貌将会是另一番景象……"

收到表扬信的第二天早操时间，大队辅导员在全校学生集会时介绍了另外一位光荣升旗手，同时也表扬了陈依戎同学。那几天，我一直在参加杭州市人大活动，回来听了老师反映，觉得表扬的主体不够突出，表扬的力度不够。在第二周的校会上，我大力表扬了陈依戎同学，表扬他有一颗诚实守信的美丽心灵。我感慨地说：我真想为陈依戎同学献上一束鲜花，感谢他为我们少年儿童树立的良好的榜样。我们要以陈依戎同学为榜样，从身边的小事做起，做一个诚实守信的学生。我找到倪勤老师，语重心长地告诉她：少先队工作要用学生中的好人好事教育学生，引导学生从身边的小事做起，这是对的。但是，我们更要抓住契机，表扬不能蜻蜓点水，要把典型小事做大，大力宣传，深入人心，及时进行教育和引导，这样才能使诚信教育取得更好的效果。

经过启发，倪勤老师以陈依戎同学拾金不昧为切入口，开展了系列的诚实守信教育活动，取得了很好的效果。倪勤老师感慨道："杨校长是一位明星校长，也是一位出色的大队辅导员。"

增强工作的预见性与计划性。学校工作应该按照计划走，学校各部门都有阶段工作计划、月工作计划、周工作计划，在校园网上公布。对照计划安排工作，适当微调。对一些大型活动，如家长开放日、外宾接待、教学大赛我都要求做出方案，拿出计划，经过反复研究推敲，不断修正，力争万无一失。活动以后，校长要通过总结反思，对学校教育教学管理活动中的典型案例，以小见大，短中见巧，归纳整理，帮助青年管理者多角度、多层次地思考、学习，促进青年管理者快速成长。

（五）人才就在身边

有了和谐的学校环境和氛围，我们学校就成了教师发展的沃土，处处有人才，个个成能人。近年来，我校向西湖区兄弟学校输送了一个又一个的学校校级管理者，在各所学校广招人才的今天，我校被誉为西湖区校长的"黄埔军校"。他们在各自的岗位上将学军精神发扬光大，西湖区出现了一所又一所的名校。

他们的自述最说明问题，我摘录几段：

人物1——黄建明，男，1969年7月出生，现任杭州市青少年活动中心党总支书记、主任，全国优秀教师，浙江省特级教师，浙江省教坛新秀，中学高级教师。

曾经担任学军小学副校长、常识教师、杭州市西湖区教育局副局长。

我工作的第一站是学军，我成长在学军，我难忘的是学军。学军给我留下美好而又难舍的情怀。

学军的管理是民主的管理。学军的管理真正的是以师为本，以生为本，不是以管为本。每一次的学校工作会议，大家都可以畅所欲言，都可以发表自己的建议和意见，创设民主的氛围。每次都好像是一次学术会议，听有道理的，不是听"官大"的，发挥集体的才智，调动大家的大脑、眼、耳，关注教育发展的前沿。

我1988年工作，1991年就担任了学校的教导处副主任，1995年担任学校副校长，当时，在杭州市是最年轻的副校长。在学军，论资格，我没有资格，毕竟年轻。但在学军工作是论才智，凭学术。

杨校长是个很重情义的人。1995年，有一家房产公司给我买好了飞机票让我出去培训三个月，回来下海投身房地产事业，年薪5万元。当时的我压力很大，小学男老师是多么地困难，我们外地来的老师，要房子没房子，要票子没票子。房地产公司看上我，认为我思路清晰，有冒险精神，有一定的管理能力。但是26岁的我没有去，主要是杨校长的重情义的性格感染了我，当晚与我聊天时他分析了背景，交流了他的观点。说实在的，如果杨校长当时不是用这种推心置腹的平等的谈话方式与我交流，我肯定离开了教育事业。正是他当时重情重义的谈话方式挽留了我。使我感到：人总是要有感情的，在学军小学有我最好的领导、好朋友、好弟兄，我不能不讲情义，在利与义之间我选择了义，不能见利忘义。

学军小学教师的工作作风：敬业、民主、创新。当时蔡杭珍的敬业精神、朱莱龄老师的创新精神时时感召着我、影响着我。在以后的工作岗位上，充分体现着学军老师的工作作风。

人物2——潘国根，男，1970年10月出生，现任杭州市西湖区文一街小学校长、中学高级教师。曾经担任学军小学副校长、常识教师、杭州市行知小学党支部书记兼校长、西湖区教师进修学校校长。

——我很幸运，能够在学军小学从事教学和参与学校管理。这样的经历不仅丰富了我的工作经验，更重要的是我有幸与杨一青、张胜乐、唐淑华等最著名的小学管理专家和特级教师共事，并向他们学习，这给我带来的影响却是深刻而长远的，这将成为我的一笔宝贵财富和珍藏在记忆深处的美好回忆。

——杨老师是我的领导，更确切地说，是我的恩师。我的成长离不开杨老师的关心爱护、辛勤教诲。在杨老师和学军小学那里，我们可以获得基础教育发展变化最前沿的信息，感受教育改革的艰难与希望，领略小学教育精英们的风采。

根据西湖区教育局的工作安排，我于1997年7月离开了工作九年的求是小学，到杭州市学军小学工作。在学军小学工作了整整三年，担任副校长，主要任务是协助杨一青校长分管学校教育科研工作，指导开展教师培训，对外宣传接待工作。每周兼常识课6节。在学军小学工作的三年期间，我荣幸地成为西湖区首届星级教师，被市教育局确定为杭州市小学教师跨世纪学科带头人。我所从事的管理工作得到了杨校长的高度重视，学军小学的教育科研工作被评为杭州市首届教育科研先进集体。在杨校长的直接领导下，以群体参与的省"九五"重点课题"主体参与教育模式研究"形成《小学生主体参与教育模式研究与实践》的研究报告，以其丰富翔实的研究成果和极具对当前教改的现实指导意义荣获浙江省基础教育科研成果一等奖，现代教育技术发展应用研究蓬勃开展，承办了教育部现代教育技术课堂展示现场会、浙江省小学语文"四结合"教改试验年会、省实验学校课堂教学展示会、省中小学素质教育经验交流会、西湖区中小学计算机辅助教学现场会、西湖区首届素质教育研讨会等，这一系列活动为发挥学军小学的示范带头作用，推进区域性教育改革产生了重要影响。随着学校科研工作的蓬勃开展，一大批青年教师崭露头角，吴幼春、袁晓萍、袁劲梅、王丽英、姚国娟、谢秋兰、高荣、许小英、邵云江、董霞、王水军等老师承担区及以上立项课题研究并在省市区获得优秀论文奖。根据杨校长的倡议，与张培民、胡立涛等老师一起创办了校报——《雏燕报》……

这一系列工作的开展以及诸多成绩的取得离不开老师们的共同努力，更离不开杨一青校长的直接指导和大力帮助。

人物3——吴幼春，女，1970年10月出生，现任杭州市翠苑第一小学校长。曾经担任学军小学副校长、英语教师，中学高级教师，西湖区文一街小学副校长，省府路小学校长。

工作的第一学期，学校安排了语文老师到苏州听课，回来后，老师个个深有体会畅谈听课感受。第二学期，学校又安排除语文外的其他学科去扬州某地参观学习，因为那边学校没有开英语课，所以我就没有去。这样，一年下来，唯独我没有外出。杨校长为了能让我有更多的学习机会，就帮我联系了当时英语教学较为领先的上海，联系了长宁区两所小学，同时又帮我联系了杭州天长小学赵惠群老师与我结伴同行，这就是一个校长为了一位老师外出听课特意做的一次安排。今天，也许已经忘了当时听课的内容，但是，一种温暖，一种支持一直激励到今天。

当时开设英语的学校并不多，外出学习机会很少。杨校长千方百计促进我不断地学习和思考，他为我联系了湖州、桐乡、江山、富阳等地的学校老师与我共同探讨英语教学，尤其是富阳小教英语班的十几人的学习班，既听我的课，又一起探讨，收益很大，给了我很大的启发，促进我教学深入研究。让我思考如何上好小学英语课，如何激发和保持学生学习的积极性，如何把小学英语课上成语言实践课，这些都促进了我今后的英语教学研究。

尤其是在2000年，我被推荐上教育部"园丁工程"全国小学英语骨干教师培训班后，他支持鼓励我进修、学习、提高。这些都激励我不断努力，承担起这份沉甸甸的寄托和期望。2002年1月，我以优秀的成绩如愿获得教育部跨世纪"园丁工程"中小学英语骨干教师培训合格证书。

2001年7月，在杨校长的大力支持鼓励下，我赴英国伦敦大学语言学院进修英语语言与教学技能专业。英国的一个月学习使我对英语语言的感受有了深层次的理解，将语言与生活、与环境、与文化紧紧地联系在一起，这是自己学习英语18年，英语教学工作10年以来从未有过的体会。就在我结束学习，准备再次回到学军小学时，我被通知调往杭州市文一街小学。

就在赴任新校的那一天，杨校长与我促膝长谈，一方面他为我解决了外出培训的3万多元经费，那是为了我在今后的岗位中更顺利地开展工作；另一方面一再鼓励我今后努力工作，即使做了行政工作，千万不要丢掉专业，一定要把课上好。我把杨校长的这份关爱化作动力带入到新的工作岗位。

人物 4——高荣法，男，1958 年 10 月出生，现任杭州市文三街小学教育集团正校级调研员，中学高级教师。曾经担任学军小学副校长、数学教师，杭州市育才实验学校校长、西湖区教师进修学校校长，文三教育集团总校长。

人物 5——高卫星，男，1968 年 10 月出生，现任杭州市西湖区政府办公室主任。曾经担任学军小学党支部委员、常识教师、杭州市文三教育集团党总支书记兼总校长，文新街道党委副书记、区卫生局局长。

人物 6——石卫东，男，1969 年 10 月出生，现任杭州市古荡第一小学校长。曾经担任学军小学语文教师，年级组长、语文备课组长，翠苑二小校长。

人物 7——张胜乐，男，1945 年 8 月出生，杭州市保俶塔实验学校副校长、中学高级教师。曾经担任学军小学副校长、数学教师，保俶塔小学校长。

人物 8——王建平，男，1971 年 8 月出生，现任杭州市西湖科技经济园区管委会书记、主任。曾经担任学军小学大队辅导员、美术、体育教师、西湖区龙坞镇副镇长行等职。

人物 9——朱莱龄，男，1942 年 3 月出生，中学高级教师。曾经担任学军小学科研室主任、数学、体育教师，后任杭州市古荡镇第一小学校长。

人物 10——刘荣华，男，1966 年 7 月出生，现任杭州市小学语文教研员。曾经担任学军小学语文教研组组长、语文教师、文一街小学校长、西湖区教师进修学校副校长、中学高级教师，特级教师。

人物 11——俞晓梅，女，1969 年 11 月出生，现任西湖区思想品德课教研员，西湖小学副校长、中学高级教师。曾经担任学军小学少先队大队辅导员、英语教师，西湖小学副校长。

人物 12——陶洁，女，1970 年 9 月出生，现任杭州市文一街小学副校长。曾经担任学军小学英语教师、西湖区育才实验学校副校长。

人物 13——钱金林，男，1969 年 8 月出生，现任杭州市文三小学教育集团总校长。曾任学军小学科研室主任、副校长，行知小学校长。

人物 14——张军林，男，1977 年 7 月出生，现任杭州育才外国语学校校长。曾任学军小学办公室主任，副校长。

人物15——楼叶通，男，1975年11月出生，现任杭州市行知小学校长。曾任学军小学总务主任、副校长。

......

六、给孩子一个和谐的世界——改变学生的生存状态

学校的精神文化对人的感染力是巨大的，它使置身于其中的每一个学生都感到一种无形的力量和高尚精神的存在，有意或无意地影响、支配着学生的行为，陶冶着学生的情操。创造一个尊师、爱校、勤学、守纪的浓厚精神文化氛围，给孩子一个和谐的世界，对提高全班学生素质有着重大的现实意义。学校要把"共同的愿景"的意识传递给学生，在班级中寻找全体学生"共同的愿景"，提出班集体奋斗目标，并鼓励学生为此奋斗。于是，班级各有特色，学生各有目标，学生们学会把自己的成长目标和学校的愿景结合起来考虑问题，他们长大后就会是合格的公民。

（一）让儿童成为儿童

1. 让每个学生都"发光"

个性化教育是当前世界教育发展的潮流。其主要特征是在教育中重视与个性发展有关的个体独立意识、自信心、反抗精神以及多种能力的培养，强调从家庭到学校、从学校到社会，都要努力创造条件，让个体充分地发展这些能力，充分地展示自己的个性，造就有活力的、有创造性的个体。美国是实施个性化教育较好的国家，它非常注重以下几个方面的内容：一是强调应有与人不同的个性。二是强调应表现自己的个性。强调一个人在一生中应当勇于开拓，充分展示自己。三是强调个性的发展要与环境的变化相适应，以一种灵活的姿态来应对环境的变化。

应该说，从纯教育意义上看，美国的个性化教育对我国的教育不无启示。尽管不同的国家有不同的政治体制，有不同的培养目标，有不同的成才标准，但是培养

适合本国政治、经济、文化所需要的有用人才，则是完全一致的愿望。而作为教育的对象——学生，个个都有自己的性格，个个都有自己的爱好，个个都有自己的特长，千万个学生有千万个个性，这正如世界上没有两片相同的树叶，也没有两个个性相同的孩子。因此，只有学生在学校内的每一项活动都成为一种能动的充满个性的活动，才能凸显孩子们的个性特长。当然，毕竟中国与美国的国情迥异，在改革开放的大背景中，我们要建设的是有中国特色的社会主义。因此，为了尽快培养适合本国建设的有用人才，实施个性化教育很有必要。

早在 20 世纪 90 年代初，我校就对个性化的人才培养模式进行了前瞻性的探索：

（1）安全良好的个性化教育环境。校园整体文化内涵、良好的师生关系和良好的同学关系，教学中的民主平等合作的氛围……和谐、自由、活泼的校园，给学生群体发展提供了一个舒展的空间。校园成为孩子们充满创造力的海洋，课堂成了承载孩子们创新思维的小舟：

——语文课上：金庸、琼瑶摆上课堂。"我刚从图书馆'搬'回几套金庸的小说，准备好好研究研究，学期末做一篇《金庸作品人物分析》的论文。"您别以为说这话的是某个大学中文系的学生，其实，这是六年级的学生在进行的"研究性学习"的课题。王亚芳老师为六年级的同学安排了"研究性学习课"。所有选题都由学生们根据自己的喜好制定，只要学生喜欢，所定选题又有研究价值，不论是金庸还是琼瑶，都可以大大方方地摆到课堂上进行分析讨论。

——班队课上：椅子、课桌"轰"出教室。"上课，起立，坐下。"随着班长的口令，五（4）班的 51 名学生全都一屁股坐在了地上。别奇怪，这可是班级班队课的新座位——教室里没有一张课桌椅，老师、学生全都坐在地上，老师就坐在学生中间。"这么上课感觉特轻松，老师就像我们的朋友，一点儿也没有高高在上的感觉。上课发言的时候，如果不愿意也可以不站起来，就坐在那里说，想说的时候甚至不用举手。"孩子们很兴奋地表达着他们的感受。

——美术课上：颜料、画板搬进楼道。以往只在美术教室里的颜料和画板，居然被孩子们搬进了楼道。孩子们或是三三两两地靠在楼道边，俯瞰校园的全貌；或是拿着画板速写校园的一角……孩子们说：在川流的人群中作画，可以"显摆"一下自己的艺术才能，主动展示自己的才能，培养自信心。

一次偶然的机会，催生了学校"半天族"的制度。

六（5）班学生巫中杰在上个学期末正式向我递交了假条，申请每天下午回家练习钢琴和作曲，到了六年级下，他要全身心投入到钢琴和作曲的练习中去，他的目标是考上上海音乐学院作曲专业。为了这个目标，巫中杰从3岁至今努力了近10年。

巫中杰出生在一个喜好音乐的家庭，外公、阿姨都是专业的音乐人士，也许，音乐天赋是与生俱来的，对钢琴他就是有着莫名的喜爱，于是，很自然地走上了音乐道路。从小学一年级开始，他就是班上一个挺特殊的孩子，上午，和所有普通的孩子一样，坐在教室里上着同样的课，可一到下午就能享受"特殊待遇"，如果遇上音乐、美术这些副课，中午一吃完饭他就赶紧钻回家里练琴，要是碰上语文、数学等主课，那他就先上完课，再赶回家继续练琴。

三（3）班的薛逸歌和巫中杰几乎是同样的发展道路，一样是"校园半天族"，也有着一样的学习目标。妈妈认为，这样的发展之路对于孩子的全面发展丝毫不矛盾，反而有着促进作用。

薛逸歌妈妈坦言："在选择这条路前，作为家长我们首先有过斟酌和观察，发现孩子学习方面比较轻松，老师和她自己各方面的评价都不错，最终选择了这样的方式来培养她。"

一个真正会弹琴的孩子，并不是只会做这一件事，她要热爱阅读，逻辑思维很强，有想象力，有自己的个性。"薛逸歌喜欢画自己喜欢的东西，喜欢自己写故事。"薛逸歌的妈妈认为，钢琴的声音是一个人内心想表达的声音，是很立体化的东西。

"我们给他特别开通了'绿色照顾'通道，作业可以由他自己选择性地完成。觉得必要就做，没必要就可以免做，小家伙很自觉，如果下午要先回家，都会主动问各科老师'要'作业。"班主任俞剑维说，这样的发展之路对于孩子的全面发展丝毫不矛盾，反而有着促进作用。把这些孩子的优势强化了，他们其他方面的能力也会随之加强。孩子们没有因为学琴影响了其他方面的发展，相反，在学校各方面都非常优秀。

我非常支持用这样的方式培养孩子，"当越来越多的家长还执着于语、数、外的时候，这些家长能'独树一帜'很不容易，每个孩子都有一条适合自己发展的道路，希望家长们都能像这两位妈妈一样，挖掘出一条适合自己孩子的路。"

　　"全面发展最后导致的将是全面平庸。"这话虽然有失偏颇，但也不无道理。因为学业负担越来越重，许多学生都不得不放弃自己的爱好，甚至一些有一技之长的学生，在升学考试面前也不得不低头。学军小学悄然出现"半天族"，是最近几年学校在儿童文化的倡导与理解的基础上产生的，是基于儿童文化的个性化教育的具体体现。

　　学校根据个别学生具体接受教育的情况，在不影响教学整体进度的前提下，有选择地让个别学生利用课堂时间去发展特长，这是对传统教学不能兼顾特殊学生的一种补充教学方式。

　　（2）形式多样的个性化教育课程。利用兴趣小组广泛开设人文、科技、艺体、语言、制作类等多门课程，包括钢琴、武术、英语口语、辩论与演讲、研究性小课题等多项内容，大大促进了学生个性的充分发展。除此以外，学校还营造丰富多彩的校园主题活动，让同学们尽情展示个人的才华。科技节活动普及了科学技术知识，增强了学生的科学观点、素养和精神，培养了学生爱科学、学科学、用科学的优良品质。艺术节活动增加了学生的美感体验，培养了学生欣赏美、创造美的能力。体育节活动丰富了学生的体育生活，提高了锻炼身体的意识，培养了学生的竞争意识、合作精神和坚强毅力，成就了一个个有着健康体魄、旺盛生命力的高素质的现代人。多样化的活动，让不同层次的学生在各种不同的成功中发现了自己的价值，找到了自尊和自信。

　　组织独具特色的学生社团活动，足球俱乐部、舞蹈训练中心、小燕子合唱队、民乐小组等，社团自发组织各种比赛，如小百灵卡拉 OK 比赛、舞蹈比赛、小品比赛以及其他趣味性体育比赛等。

　　近十几年的探索与实践，成就了今天学校富有生命力的学生个性与学生群体。在学校的主题活动节里，我们惊喜地发现，孩子们以不同的智慧类型参与着学校的各项活动：创新的策划、周密的组织、天才的展示、团体的互动……在教室的作品陈列栏里，我们欣喜地看到，孩子们以不同的优势项目展示着个人特长：巧夺天工的剪纸、形神兼备的漫画、文笔犀利的随笔、捕捉精彩的摄影……在互动的班队活动课上，我们感受孩子们根据不同的生活背景、不同的家庭环境、不同的生活情趣，叙述着自己的不同理解……从张培民老师的一节班队课记录中我们就可以对这种个性的力量了解一二。

听到王圳同学要参加校 800 米与 400 米的消息，全班同学都情不自禁地为他鼓起了掌。确实，很难将这样一个作业拖拉、纪律散漫的他与具有力量型、需要意志力、令小学生们望而生畏的长跑健将联系起来。

他终于得到了心中期许已久的第一名，王圳同学在周记中这样描述比赛时的"水深火热"：当我跑到第 N 圈时，已经不知道自己在干什么，坚持，这是最初的答案，也是唯一的答案……

我在班会课上与孩子们热情地讨论起这个唯一的答案，孩子们结合着自己不同的经历表述着他们充满个性的理解：

"我喜欢这个答案，我在学习中也要经常关注这样的答案！"

"第一名的成绩确实轰轰烈烈，它建立在点点滴滴的每一步，生活会因为这些一步一个脚印的平凡变得伟大。"

王圳同学在接受同学们充满个性化的智慧发言后，最后总结陈词："我本来是想通过长跑迎来别人的赞美，但大家的发言提醒我，这次长跑真正带来的是超越自我的挑战！"

一次充满个性化的班队讨论，运动体魄之美、精神意志之美增加了生命的魅力。运动会过后，校园里却多了些早起锻炼的人群，更多的同学从王圳同学的身上感受到了一种新的生活状态，一种健康的生活信念。

——摘自张培民老师《一次班队课的启迪》

生活是千姿百态的，校园是丰富多彩的，孩子是充满灵性的，孩子们用他们充满个性化的行为、思想诠释了伟大的教育家苏霍姆林斯基说过的一句话："每一个孩子都是独一无二的。"

在这个崇尚创新、崇尚个性的时代，我们依然在构想着学生个性化发展的新路：实施特长等级认定制，鼓励学生努力发展兴趣爱好与学科特长；设立创新奖励学分，激励学生崇尚创造、追求卓越……使教育个性化的受益面更大，使学校个性化教育再有一个实质性的大跨越，真正体现"着眼于每一位学生的未来"和"以人为本"这一素质教育的核心理念，我和我的同事们将为之继续不懈地努力。

2. 让学生自信面向未来

中国教育学会会长顾明远先生在 2004 年第 6 期《上海教育》上撰文，提出教育现代化的九个指标：（1）教育的民主性和教育的平等性；（2）教育的个性，首先表现在培养学生的个性，培养学生的创造精神；（3）教育的终身性，终身教育已经成为人的生活的一部分；（4）教育的多样性；（5）教育的开放性，教育要社会化，社会要教育化；（6）教育的国际性；（7）教育的创新性。包括教育思想上的创新，教育制度、内容上的创新，教学手段和技术上的创新；（8）教育信息化和网络化；（9）教育的科学性。这九个指标告诉我们，在现代化社会中，必须有现代化的教育，必须让学生在现代化教育的广阔舞台中健康成长，只有这样，才能培养出现代化社会所需要的人才。为此，我们学军小学致力于改变教学观念，改革教学方法，努力培养学生使之成长为自主发展的小主人、实践自立的社会人、精通网络的现代人。

科学老师冯岳指导学生参加制造机器人活动

（1）自主发展的小主人。"不会提问的学生不是好学生！"学校用这样的口号来鼓励学生质疑问难。这句口号成为学生们自主创新的主旋律，课堂上孩子们以自己的方式提出问题、发现问题、大胆怀疑、探奇索引、寻根问底，课堂因此变得灵动而充满人文气息。五年级的同学在一次《真分数与假分数》的新授课中，老师还未开讲，学生们就结合自己对数学的理解，发表了见解：

生1：我知道真分数的分子比分母小，假分数的分子比分母大。

生2：我补充一点，假分数的分子与分母也可能相等。

生3：真分数都小于1，假分数等于或大于1。

生4：我的问题是为什么会产生假分数？

生5："真"是真实有、存在的意思，"假"是虚假的、不存在的，假分数是不是假的？

生6：$\frac{4}{4}$ 为什么是假分数，而不把它称为"平"分数。

在这各抒己见的过程中，既了解了学生真实的学习起点，更重要的是为"不知不觉者"或"后知后觉者"提供了学习倾听的机会，为"先知先觉者"提供了交流、互补、提高的学习平台，实现了信息的沟通、资源的共享。

当校园多了自主学习的空间、自我发展的自由时，也形成"万类霜天竞自由"的局面：聆听每个教室的课前2分钟，就可以感受到孩子们创新求异的魅力；参观每个班的综合实践活动课，就可以感受到生活与课本相互碰撞的精彩；作业本上是孩子们充满智慧的一题多解，作文本里有着孩子们流淌童真的创新作文……学生们在活动中合作锻炼、交际结友、共同完成任务，他们学会了沟通、学会了合作、学会了竞争，他们的智慧，连同校园的研究氛围也更多地被释放出来。

（2）实践自立的社会人。社会是最好的课堂，是学生现代化成长的最好天地。学校与近10家单位签订协议，组建德育基地与研究性学习课程实践基地，引导学生走出"象牙塔"，走向社会，让学生离开了学校教师的周密安排，离开了家长的呵护，走上农村的田埂，体验播种的艰难和欣喜；走进军营的训练场所，感受战士们铁一样的纪律与风骨。他们在实践活动中感受社会的进步，在过程中收获参与的快乐。

五一长假，杭州再一次"火爆"。借此机会，我和我的小伙伴们通过调查、访谈、查找资料、亲身实践等方式对杭州最受欢迎的景点作了调查……通过调查我发现，湖滨新景区、西湖南线和杨公堤成了今年人气最旺的景点，看来杭州市政府免费开放公园确实吸引了不少旅游者，从而带动了其他旅游经济的发展。原本，我们还在猜测杭州市免费开放公园可能会减少旅游收入，现在看来，反而是获益多多。

——摘自五（4）班徐轶文的调查报告《假期数学面面观》

学校的环保宣传周如火如荼地开展着。同学们用各种方式收集相关的环保资料，学校画廊、板报、环保网页上都是孩子们对绿色环保的思考。《水资源的保护再利用》《让西溪河清起来》《校园节能100招》一系列的科普小论文，都是学生们经过考察、查阅资料，经过对比思考后的成果，校园里刮起了"人人环保、从我做起，从现在做起"的环保风。

——摘自陈斌老师《校园环保周纪实》

在参与社会实践的过程中，学生亲历自然的、社会的现实情境，他们在活动中有所感悟、有所触动，开始有了更多的思考。过程的本身就是教育，学生们开始主动地关心书本以外、教室以外的事情：超市中，学生们提着菜篮学习元、角、分；实践性作业中，学生们了解不同商场的促销海报，从数学的角度解释其中的奥妙；"神舟"五号成功发射后，讲坛上立刻出现了"宇宙探秘"的讲座；周一的广播台里，总能听见值勤中队对学校一周行为规范管理进行评价；学校的各项活动中，更多看到的是学生台长、学生干事自我服务、组织活动的身影……当学生们更实在、更深入地接触社会、了解社会时，他们的使命感增强了，潜能被挖掘了，情感态度价值观受到了震动，学生们成了自我管理的主人，增强了成长的自信心。

（3）精通网络的现代人。任何一位走进学军的人都会感叹校园信息化环境的日新月异、教学硬件设施的大幅度改善、校园网的建设，这些都为构筑面向未来的现代化教育营造了一个便捷、有序的发展平台，为学生的现代化成长提供了一片实践的广阔乐土。

王民伸是学校五年级的一名普通的学生，在学校的信息技术课上他开始感受到高科技的神奇，于是突发灵感：既然电脑可以打出汉字、可以绘画、可以做算术，就应该有更多的用处呀！于是，他和他的小伙伴们阅读了有关电脑方面的书籍，边读边实践。就这样，一件件电脑制作的作品诞生了，色彩艳丽的小报、可以活动的课程表、造型逼真的脸谱，甚至一些简单的游戏程序。在他的成长日记中这样写道："开始我只是被显示器上奇形怪状的线条、色彩鲜艳的图案、变幻莫测的造型所吸引，之后，我查找资料、画图、设计封面、制作小报都尽可能借助电脑完成。随着对电脑的认识逐渐深入，我越来越为尖端科技给生活学习带来的快捷、方便惊叹了。"

"科技改变你的思维，科技改变人类未来"的种子已在学生头脑中深植，在小小的键盘上，孩子们完善自我，创造自我，"点"出了一片新天地！

——摘自冯岳老师《"点"出一片新天地》

这样的孩子在学军小学并非个别。在长期的现代化信息技术教育中，我们感受到了孩子们运用现代化技术的潜力。随着眼界更加宽阔，对科技的认识更加深入，运用电脑的范围更加宽广：《世界该不该有克隆人》的班级辩论赛前，孩子们在网上查找了大量资料做了充分的准备工作，造就了你来我挡、互不相让的精彩场面；展示孩子们的电脑设计绘画作品的高科技展版总能聚集最旺的人气，课余时分，孩子们徜徉于此，流连忘返，充分体会成功的喜悦；校园网的智慧谷以最高的点击率在众多栏目中独领风骚，让所有的孩子们真切感受到网络给我们的学习交流带来的快捷、方便；各班的自主设计、自主管理的班级网页中文字的处理、插图的使用、格式的变化都堪称专业，点击率一路攀升……

运用现代化手段学习文化知识的嫩芽，已开始长叶开花。我想，不远的将来，也许真的会有一位高科技人才从这里诞生。

3. 搭建通向世界的桥梁

在经济全球化时代，不加强全球化教育、不培养国民的国际素质，使我国现有的素质教育向新素质教育扩展，中国就会在 21 世纪的国际竞争中处于不利地位，影响我国全球开放战略的落实。所以，在我国课程的培养目标中，应明确提出对学生的国际素质要求。

学生的国际素质可以包括以下五方面：一是全球意识，诸如相互依赖意识、世界一体意识、和平发展意识、环境保护意识、国际正义意识等；二是全球知识，诸如世界地理、世界历史、国际时事、国际语言、国际经贸等；三是全球技能，诸如国际理解、国际交往、批判创新、信息处理、对话合作、终身学习等；四是全球价值观，诸如关心地球、维护人权、尊重生命、公正和睦等；五是全球行为，诸如参与一切有利于全球正义事业的行动等。以上目标虽然明确地提出，但却可以与传统的社会目标相结合，以期达到由近及远、由地方到全球的有序延伸。

"尽管拥有相似的肤色与外貌，尽管都是十几岁的小学生，但在大厦的自助餐厅里，你依然可以一眼辨别出哪些是中国孩子，哪些是韩国孩子。"至今，我依然会时常与老师们谈起中韩交流用餐时的那一幕：韩国学生用餐文明，吃多少取多少，而中国学生的餐盘里却小山似的堆满了食物，唯恐落后于人，用餐完毕后的盘里留下了不少的食物，杯盘狼藉。

一幕偶然的中韩学生友好交流活动的场景给我和我的同事们留下了更多的思索：如何以学生的可持续发展为根本，打造教育理念的国际化、教育手段的国际化、教育设施的国际化、教育内容的国际化的一流精品学校。这一目标的提出，揭开了学校发展史上新的一页。

中韩两校签署友好合作协议

（1）把国际化的文明作风带回学校。利用与韩国丽水市丽都初等学校、澳大利亚堪培拉莫森小学结成的伙伴关系，学校开始有意识地将"国际视野的公民教育"纳入学校的教育体系。

在友好交流方面，除了与两校在教学管理、教学理念、教材应用、教育资源等方面互通信息、取长补短、共同交流，每年暑假，学军小学与韩国丽都小学的学生都会进行相互友好考察访问，一般均在中外学生家庭住宿，组成临时家庭，一起学习、生活，在活动中体会异域文化。当来自不同国度、接受不同文化教育的孩子们走到一起，一种跨文化交流无处不在，老师与学生们亲身感受到地球另一端的脉搏，真正体会到了异国文化的内涵。

"当我看到随行的导游在车上吃起了那半个馒头时，我着实吃了一惊，这就是我们想象中的经济发达国家的工作人员的作风吗？"这是曾带领孩子们一起赴韩国交流访问的钱金林老师回国后，在学校内说得最多的一个故事：一个学军小学的学生在自助早餐时随手将半个馒头剩在餐盘里，随行的导游（一个韩国华侨）发现了，悄然用纸包住藏在包里。在旅游车上，导游拿出了那半个馒头把它吃了。导游的"节约"把孩子们自作主张的认为越发达的地区就越大手大脚的习惯顿时粉碎得荡然无存，面对车厢里学生们不解的神情和询问的眼神，他向孩子们谈起了韩国人痛恨浪费的现象，特别是自助餐，宁可少量多次，吃多少拿多少，否则很容易被韩国人看不起的。车厢里蓦地安静下来，孩子们惭愧的脸上写满了对自身行为的重新思考。

交流中，孩子们目睹着、经历着另一个国度人们的生活方式及道德准则。交流后，孩子们将这种国际化的文明作风带回了学校，带回了"中外文明行为对比"的思考，他们的言行感召了学校里更多的孩子们。

与香港小学语文教学研究会会长刘筱玲在一起

经历本身会影响人的视野、心态和对事物的看法。几次的海外交流活动对校园文化氛围、对学生的思维观念产生了很大影响。孩子们在各种对外交流活动中表现得热情好客，乐于助人，他们开始能尊重不同习俗和文化，体现出了良好的沟通与合作的技能。中韩交流活动已经成为孩子们了解世界、走向世界的一座桥梁，成为学校一门独特的交流多元文化的潜在课程。

（2）把国际视野公民教育融入课堂内外。立足校本，如何将学校的办学理念，教师的教学理念尽可能地向发达国家的教育理念靠拢。我这样思考着，也努力实践着。

学军小学的英语教学很早就有了，即使在"文化大革命"时期学校也从未停止过英语课的教学。时至今天，学校又是怎样努力创设良好的语言环境，变单纯的知识学习为丰富的价值运用的呢？项目丰富的英语节活动周里你就可以找寻到部分答案：

> 以餐厅为主题背景的对话活动中，孩子们以自制的钱币参加"拍卖""购买"物品等；在充满异国风情的"地球村"里，高年级的孩子们俨然一个精通异国文化的导游，如数家珍的英语表述令听众一个个心旌摇曳；演播室里孩子们用熟练的英语表达自己对环保、能源的见解与看法；英语专栏里是孩子们一份份制作精美、意蕴深长的英语明信片……英语活动周里，各项具有异国风情的活动，为学生造就了轻松愉快的学习氛围和真实的学习情景。英语终于成了学生掌握思想交流的工具，而不再是百宝阁中的珍藏器。

为了能让老师们得到更多的国际化人文提升，我先后派送吴幼春老师、沈丹莹老师到英国伦敦大学、澳大利亚昆士兰语言学院学习、进修。倪宗红老师、胡爱玉老师先后到美国、澳大利亚等地考察，这一举措扩大了老师的教育视野。倪宗红老师参观了休斯敦独立学区后，感慨地说："当国际上新的教育理念与教育方法纷至沓来的时候，我们一定要有大家风范，是好东西，就毫不犹豫地'拿来'，此所谓'洋为中用'。"

老师与学生们的视野开阔了，意识也自然得到了提升。外出游玩、对外交往，孩子们更愿把自己看作一个社会人与外界进行交往，表现出学军孩子特有的气质与风度……

（3）国际视野永续发展。我对于国际化品位下的学生培养制定了这样的成才目标：学生们应该尊重不同的文化，能对不同的文化形态都有宽容的态度；学生们能从不同的文化中汲取营养，并主动加强对外合作和交流、涵育自己的心灵……学军小学的学生应该是能融入国际社会的中国人。

现在当你漫步学军小学时，学校的一楼一物都昭示着学校的国际化办学品位：教室里与网络相联通的校园计算机网络系统、先进的红外线闭路监控系统，墙壁上孩子们充满童趣的绘画浸润着学校环保教育、交通教育的文化底蕴，世界科技长廊的壁画让人仿佛置身于自然与人性的融合、科技与人文交汇的教育风景中，友谊亭的楹联上写着"海内存知己，天涯若比邻"。学校的草坪上跳跃着学生灵动的身影，

与澳大利亚莫森小学互赠礼物

充满童趣的游乐园更是溢满了孩子们的笑声……

我一直在为学校勾画着未来国际化发展的蓝图：部分学科将实施双语教育，探究语言技能的学习与双文化浸润和谐统一的关系；与国外学校合作互换教师，让更多的教师与同学们有机会感受不同地域的文化，感受不同国家的教学风格与文化氛围，开阔眼界；设立国际班，让老师从国际视野下的跨文化角度去理解教育……

我相信，这一定是个不太遥远的期待。

（二）让课堂成为学生的精神家园

课堂教学是教学的主渠道，是素质教育的阵地。教师的教育教学任务主要通过课堂教学来完成。提倡教师要不断提高自己的教学艺术，上好每一堂课，使自己的课受学生欢迎。让学生在教师和谐的课堂经营中知识得到生成、个性得到发展。

在经营课堂的过程中，为了有效提高教学质量，我在如何追求课堂活力的教学中想了许多方法，尽了最大努力。

1. 以激情孕育课堂情感

苏联著名教育家赞可夫在《和教师的谈话》中说："在上课过程中，教师身上产生的那种高涨情绪，在很大程度上取决于教师与学生之间的精神交流。"而"教师要想得到儿童方面的生动活泼的反响，归根到底还要取决于他自己，取决于他对儿童的态度！"有人把教师的面部表情、体态、手势、步态等非言辞性思想和情感交流的手段，称为教师的"第二语言"或"体态语言"。心理学家艾特·莫比艾思列举了这样一个公式：感情的全部表达＝7％言辞＋38％声调＋55％面部表情。教师和蔼可亲的微笑、面部表情和诚恳的声调，会给课堂教学带来愉快的气氛。当然，教师的表情应该是真实性与教育性的统一。一方面，教师不能随意地不加节制地流露自己的感情；另一方面，教师也不能在学生面前矫揉造作、装腔作势、哗众取宠。总之，教师的情感应该是积极健康、自然真挚的，应该多一点儿微笑，多一点儿甜蜜。这就要求教师在经营课堂时，深刻理解教材，发掘教材蕴含着的人文精神，恰当地把握教材，设计教学流程，使课堂教学富有激情，让学生在情感、态度、价值观上有所收获。

有一次，我组织六年级学生写《游岳王庙》。我事先引导学生瞻仰岳飞塑像，收集有关岳飞的资料，了解岳飞被害的经过。课堂上，我和学生一起齐声朗诵岳飞的《满江红》，痛斥秦桧等人谋害岳飞的罪行。师生共同体会岳飞墓前那副对联"正邪自古同冰炭；毁誉于今判伪真"的含义，情深意切，爱憎分明。不少同学把原来的题目《游岳王庙》改成《岳飞墓前的思念》《精忠报国，千古流芳》等，同学们边思考边写，形成了满怀激情颂岳飞的课堂教学氛围，学生敬仰岳飞、仇恨秦桧的激情油然而生。

2. 以开放激发课堂活力

实施开放的课堂教学，并非放任自由，而需要教师以"开放"的思想，拓宽知识渠道，创设教学情境，优化教学过程，引导学生自始至终积极主动地参与课堂教学活动，促进其学科乃至人格素质全面提高。

以作文教学课来说明之。

首先是写作内容的开放。生活是写作的源泉，引导学生观察生活，发掘写作内容，把丰富、生动的写作素材引入课堂。比如，五年级学生的环保调查报告《西湖水的变化》，六年级的日记《在抗击"非典"的日子里》、游记《在新加坡夜间动物园》等内容，都是开放课堂以后，丰富的社会生活在课堂、在作文上的展现。又如把玩具带入课堂，教学生写《我喜爱的玩具》，全班同学带来了四十多件不同的玩具，教室里简直像开玩具展销会了，学生边玩耍、边观察、边写作，一堂作文课自始至终充满欢声笑语，学生玩得愉快，写得有趣。拓展写作范围，运用网络丰富写作素材，也是开放课堂的重要内容。学生写生活中常见的水果，有的写荔枝，有的写西瓜，有的写桃子，有的写杨梅，品种繁多，写《我爱吃荔枝》的学生，改变了过去只写色、香、味、形的状况，还写了荔枝的品种、产地、产量、保鲜办法、营养价值、药用价值、外销情况等，极大地丰富了写作内容，激发了课堂教学的活力。

其次是写作过程的开放。建构主义学习理论认为学习过程是可知的，可调控的。作文教学思路的既定性，会影响学生主体作用的发挥。为此，我倡导学军小学实行全程的自主合作的作文教学，将作文教学前伸和后延，为学生的写作提供足够的、自由的时间和空间，引导学生积极参与写作全过程。在我的要求下，学军小学教师上作文课经常事先向学生公布习作内容，要求学生事先确定写作对象，进而通过实地观察、收集整理资料、调查研究、人物专访等多种方法积累写作素材，积蓄创作情感。如写景，可收集关于该景点的传说、赞誉诗词、名人逸事等；写人，除观察其言行之外，还可以采访其本人和周边的亲朋好友。除了收集有关的知识信息、典型事例，还要有针对性地阅读、学习他人的表达和语言运用方法，积累丰富的语言素材。这样，习作时学生常处在储备丰厚、文思泉涌、有话可说的主动探求之中。我还主张，每次习作不应该是单一的封闭式的循环过程，而是要与日后的习作形成递进的无限延伸的关系。因此，应将这一环节看作既是本次习作的小结，更是下次习作的铺垫与准备。要求教师在作文教学中不应仅仅停留在让学生反复修改这一层面上，而是要积极推荐、引导学生在实践的基础上进行拓展阅读、比较阅读，促使学生自觉地更有针对性地探究他人的构思过程，逐渐领悟、积累一些写作的方法技能，形成从"阅读——写作——再阅读"的螺旋上升的态势。

再次是写作方法的开放。让学生自主选择题材，自主选择体裁，选择写法。通过尖子学生引路，学生在写作实践中学习、探究写作方法；通过做做写写、玩玩写写、读读写写、说说写写、演演写写、现场写作等方法，鼓励学生写观察日记，写童话，写儿歌，写自己熟悉的、喜欢写的文章，学生的写作积极性不断高涨。

同时，还有开放作文评价。这是开放课堂教学的重要内容。我要求教师尽量把作文评价的标准、评价的方法等向学生开放。提倡教师应尽量运用学生自评、学生互评、师生共同评等多种评价方式，改变了过去由教师单一评改作文的状况。不仅评价方法、评价过程开放了，而且，评价者的主体也开放了，由教师扩展到学生，每次作文讲评课学生自评、互评，非常认真，有时还争着评教师写的"下水文"。学生在评价中学习优秀习作的评价标准，学习写好文章的方法，提高了写作的积极性，使作文评价课充满生机与活力。

3. 以民主营造和谐课堂

在经营课堂教学中，让课堂充满活力，就必须营造和谐的课堂教学氛围，创设学生良好的学习心境。教师在经营课堂中应将教学常规由以教师为本的虚体设计变为以学生为本的实体设计。在经营课堂中，当课堂学习常规能够发扬民主、尊重学生，引导学生积极参与教学过程，使教学活动充满学生的激情，涌动着灵感，弥漫着人情味，成为一种具有生命意义的活动时，课堂就无疑成为有效发挥学生生命活力的场所。

某著名教育家曾说过："教育的奥秘不在传授，而在激励、唤起和鼓舞。"课堂上，学生有了兴趣，才有交流的动机；有了兴趣，思维才会活跃；而培养兴趣的重要途径就是"激励"。我校的袁晓萍老师在《百分数的认识》中就在教学中通过语言、情感和恰当的教学方式，不失时机地从不同角度给不同层次的学生以充分的肯定、鼓励和赞扬，使学生在心理上获得自新、自信和成功的体验，激发学生学习动机，诱发其学习兴趣，进而使学生积极主动地学习。

片段一：

师：政府打算在城市投入绿化，会考察哪些因素？（因借班上课，听课老师较多，又换了环境，学生有些怯场，教室内无一人举手，大约过了半分钟，一名学生举手）

生：大概会考虑种哪种树，经费多少，在哪些地方进行绿化……

师：很好！你是我们这节课第一个发言的人，真勇敢。

师：现有甲、乙、丙三家园林公司。甲公司负责的一号路段，现在成活的树苗有 23 棵，乙公司负责的二号路段，现在成活的树苗有 19 棵，丙公司负责的三号路段，现在成活的树苗有 47 棵。你会选哪家？

生 1：选丙公司。

生 2：不一定，不能光看成活的树苗有几棵来确定，总棵数不知道。

师：你听得很仔细，也很会思考。

师：同学们，你们同意哪一种意见？

生3：如果丙公司种了 100 棵，只活了 47 棵，乙公司种了 20 棵，活了19棵，我们还应该选乙公司比较好。

师：你举了例子来说明问题，这是学习的好方法，表达特别清楚，让大家一听就明白。

片段二：师出示学习情绪表达图示

愉快（　　　）％

紧张（　　　）％

遗憾（　　　）％

生1：愉快 90％，紧张 5％，遗憾 5％

师：不知什么使你留有遗憾，能让我们听听你的遗憾吗？

生2：愉快 100％，紧张没有，遗憾没有

师：谢谢你，这节课能带给你这么多的快乐，我很高兴，我们很想分享你的快乐。

生3：愉快 99.9％，紧张没有，遗憾 0.1％

师：真能干，你还知道有这样的百分数，不知这小小的遗憾是什么，我们能不能帮你补上？

……

教师运用情趣盎然的表达、精辟微妙的分析、入木三分的概括、恰到好处的点拨、独特创新地进行评价，把学生带进瑰丽的知识殿堂，调动学生积极主动参与课堂教学活动，创造了和谐民主的数学课堂。

让学校的每一位教师都成为追索创新的个性教师，打造教师成长的幸福感，让每位教师的教育生命都因创造与和谐而更精彩。

有人说，名师之名，不在于"名"，而在于"明"。"明"是智慧，更是一种美德。正所谓"大学之道，在明明德"。我经常与学校们的老师交流，教育的最终目标应该是"手中无剑，心中有剑"的上乘武功，当我们的学生为我们的一举手一投足、一颦一笑间所散发的品格魅力所征服时，我们的教育也会幸福起来。

学校的小张老师曾经这样写过："转眼间十四年过去了，自问职业的责任感一直督促我的工作，我还是那么努力，从未敢有过懈怠。但却总觉着少了最初的快乐：在学生面前开始'深沉一点''稳重一点''矜持一点'……就这样一点点地失去了激情，流失了梦想。在杨校长的提醒下，我才知道把投入、快乐、激情四射、兴味盎然作为工作的关键词，尽管小学教育不能避免单调、重复与琐碎，但拥有了这样的情怀，就一定能渲染出一种快乐氛围，让自己成为学生的'最爱'，让学生幸福了，也会让自己幸福。"

曾经，有个教师谈到一场即时生成的辩论会。那天，教师和学生一起学习了一篇课外阅读文《种植春天》。文章的篇幅简短，但是寓意深刻。由于是课外阅读，教师放手让学生自由地读课文，自由地说见解、思收获。就是在这样民主、和谐、轻松的氛围中，一场辩论会即时生成了。辩论会的起因是文中的一个词语"仅有"。一位学生谈道：老农太善良了，用自己"仅有"的粮食为少女做面包，这个"仅有"让人感动。听到这一发言，立即有学生附议："后来他还把这些食物和少女盖过的毯子都和少女一起埋葬了呢，这更说明老农太善良了！"教师正想为他们的感受鼓掌，没想到一个声音在耳边响起："人都死掉了，要埋下地里去了，没有必要把食物埋下去，还不如自己吃呢！"很快他得到了几位同学的赞同。于是，孩子们自发地形成了两派，开始了他们的辩论会。

"正因为老农的善良，所以他才会把食物、毯子和少女一起埋葬，他是希望少女死后也能得到温暖和食物。"

"老农自己家条件也不好，他就算不把这些食物埋葬下去，少女也会感激他的。"

"老农的这些食物本来就是为少女做的，当时他看到少女死了，一定伤心极了，肯定都没有想到自己的生活，就把食物和毯子埋下去了。这些都因为他的善良，所以后来他能得到春天呢！"

"老农自己家里条件这么差，失去了这些食物，他有可能也会死的，那少女也会难受的，所以我觉得他还是不要把食物埋下去好!"

……

在这场辩论中，学生们渐渐地体会到老农是那么善良和厚道。他的做法是发自内心的。教师也告诉每一位学生，你们的想法都是对的，只是思考的角度不同，老师说他自己不知道自己这样的处理是否得当。但是，这场辩论会留给他的思考却更深刻。只要能让孩子尽情地投入学习活动之中，民主和谐的气氛会带给大家富含深意的课堂。

4. 以探究培养学生灵气

通过探究学习，学生主体意识和个性发展在其间得到了促进，创新意识和创新能力也在潜移默化中得以扎实提高。

为了提高教学质量，在经营课堂中，我十分重视教科研管理。几年来，学军小学进行过许多课题的探究，全校形成浓厚的教科研氛围。如在"小学课堂环境中的探究性教学研究"课题研究中，取得教研、科研相结合的丰硕成果，有以下几方面。

（1）理解和把握了小学课堂环境中探究性教学的基本特性。具体分为以下内容。

探究任务的真实性。所设计的任务对学生来说具有实际意义，是真实的或接近真实的，而不只是"纯属虚构"的问题。这样的任务更能引发学生主动探索的欲望。如在设计小厨房中，向学生提出主题任务：装潢公司提出的各款厨房用具的实际尺寸如何？根据你的生活经验，你觉得这样的设计合理吗？根据测量结果，设计一款你最满意的厨房平面图。学生在这项主题任务中首先接触了常见的厨房设计的生活命题，在综合应用了比例尺的三个相关的数量关系式后，再结合生活经验对教师提供的设计图纸进行数学的反思，发现了平面图中厨房的使用死角太多、空间结构不合理、有火灾隐患等问题，从而结合生活经验与数学经验进行重新设计。

探究任务的整体性。任务太琐碎，学生就难以有探索的空间。一个好的主题任务要有利于学生把所要学的知识、技能结合起来。如探究立体图形的体积应用，学生在六年级立体图形的体积计算中，有一类题是学生在空间转换的理解中存在较大困难的。如"圆锥形谷堆底面半径6.28米，高1米，若把它装在一个底面半径为2米的圆柱形粮囤里，可以堆多高？"在一次练习课中，教师引导学生发现解题关键是"圆锥形谷堆的体积＝圆柱形粮囤内粮食的体积"后，便提出要求学生结合生活经验与解题经验，将"体积＝体积"这一结论进行造例演绎的主题任务。学生根据自己的生活常识与练习经验，对零星的习题进行了串联与归类，举了多个例子对这一结论进行了多角度地演绎与拓展。这样，当教师给予学生更完整的探究任务时，学生才可能以主人翁的态度积极主动地从其他角度审视：他们由结论而演绎出的生动例子中既有动态的等量，亦有多个立体间的叠加的等量，对原有的结论进行了极富生命活动的拓展，也对其中蕴含的"体积＝体积"的数学思维方法有了更为真切和系统的体验。

探究任务的开放性。一个模式、一个标准、千篇一律就不可能培养出有创造性的学生，也难以激发学生的兴趣和探索欲望。一个好任务要能涵盖所要学习的知识技能，同时完成任务的方式却可能是多种多样的，最后的产品也可能是多姿多彩的，如探究折线统计图，预测未来几年私人轿车的走势，从那些预测方案可以看出，学生们综合考虑了经济条件、世界贸易、环境保护等相关因素，权衡上下，用数学的表达方法提出了各自不同的"合理方案"。开放性的主题任务实现了个体对社会的参与和改造。

探究任务的层次性。一个主题的学习开始于一个完整任务。每个学生在主题任务中要能选择到适合自己探究水平的子任务，从而通过各个子任务的完成，分层推进大任务的完成。给学生一些完整的任务，它的更高层次是为了让学生去完成整体任务的精细化工作，让学生在更大的探究空间内去分析完成任务需要的知识、方法，需要先完成什么，再完成什么，操作的过程中需要注意些什么等。如探究圆的周长，经过学情调查，学生在学习《圆的周长》一课前已经对圆周长的计算公式、圆周率已经有了一些了解，特别是对神秘的"π"产生了极大的探究兴趣，于是，老师提供了一些实验工具（圆口纸杯、硬币、线、尺等），提出了验证性的主题任务："让我们自己进行实验，是否也能得到这个神秘的'π'呢？"学生在完成这个主题任务前，首先对于操作过程进行了设计：有的说："我们可以通过用线环绕、用圆周在直尺上滚动、将纸杯描在圆形纸片上，进行对折化曲为直等方法得到圆的周长，并借助不同圆的测量材料来帮助我们得到圆周长与直径的比值。"有的说："我们在操作时，要注意仔细、认真，反复检验，以便得到较为准确的数据，减少误差。"有的说："我们应该先设计一张表格，里面包括圆形材料的半径、直径、圆周长及圆周长与直径的比值等数据，帮助我们记录实验数据。"从对实验操作方法的设计、实验中需要注意的问题、实验数据的记录，直到对实验结果的反思，学生在整体化的主题任务的驱动中，甚至产生了将自己的实验过程与前人的探究过程进行对比的愿望，这样的任务精细化无疑使探究过程得到了最高境界的升华——探究性的操作不仅有助于对数学概念的理解，学生更加在探究反思中感受到了祖冲之千余年前创造的人间奇迹，教学目标中的德育教育也不再是蜻蜓点水式的点到为止了。

（2）形成了小学课堂环境中的探究性学习常规的基本内容与行为指标。

课题组在研究过程中，结合新课标中所倡导的学习方式，通过对本校及杭州市优秀学校各个年段、各个不同的教学内容的多个自主式学习案例的积累与客观分析，对学生在数学课堂学习中的学习方式进行了板块归类，并确定各方式下学习常规的行为指标，如下表所示：

学习板块	学习常规行为指标		
	一级指标	二级指标	三级指标
自主学习	选择合理的方式思考：用图表、列式、文字表述	能思考更多的解题角度，构想如何把个体思路更清楚地介绍给他人	遇到困难能及时翻阅书本和参阅资料，主动向就近的同学或老师咨询
小组合作	抓住主题，要有角色分配与互补（如担任发言者、补充者、再次补充者、小组协调者等），做到人人参与 讨论时声音不宜过大；准确判断发言的时机和表达的方式 善于提出不同的看法或新的观点	根据不同情况及时调整自己的发言 给别人有插话的机会，修改、补充自己的想法 向别人表明自己认真倾听的态度，对所听给予适当的反馈	整合小组同学的发言，整理成小组合作的成果，尽可能将小组内所提到的想法都记录下来，尝试得出结论性的意见
展示发布	用比较、举例、图表等形式强化自己的发言 适当汇报思考的过程：如何判断、推理或顿悟的 汇报小组交流的过程：主要争议或困惑	认真地去思考和自己的想法不完全一致的意见，善于吸取其正确的部分，补充修正自己的认识	积极响应，认真思考，通过点头、微笑、提问、质疑、解析、意译等方式作积极反应和意见反馈

表中的一级指标主要侧重于学生个体原始的学习行为；二级指标主要侧重于学生个体间产生互动中悦纳行为；三级指标主要侧重于学生在互动中进行思维活动再

调整的评价行为。需要强调的是，上面所制定的行为指标只能作为一个行为的大致指向，不宜定得过细、过全，更要有一定的灵活可变性，否则就会成为机械呆板的条例。

通过学习常规的落实，在对 1200 余名学生前测与后测的对比后发现，学军小学的学生对学习更充满活力，学生的学习主动性得到了极大的扩展。

（三）班级的风采来自你的精彩

就班级文化而言，班级文化建设是校园文化建设的重要组成部分，但班级文化终究有别于校园文化而具班级特色。班级文化是一种群体文化，是在班级这个特定范围内的小环境、小气候，是一种氛围，它会对生活在其中的学生产生潜移默化的影响。而班级文化的创造离不开教师的指导，教师本身的文化内涵极为重要。

班级教育活动是整体的。我们要把班级中的任何一项工作，任何一种活动，都看成文化的积累，都是一种创造文化的手段，以形成"事事可育人"的观念，把班级文化建设的诸项工作融于日常管理、谈话课、行为规范、课外阅读、教育教学等各个环节之中。在这个整体教育过程中，我重点引导班主任老师抓好以下四个层面。

一是中队名称命名体现文化。我们以弘扬雷锋精神为抓手，以创建雷锋特色中队为载体，围绕新时期发扬雷锋精神为主要目标，把班级文化建设和学校雷锋特色中队的创建统一在一起。我校 28 个班级都有自己班级创建的特色，在每一个教室门口，都有自己班级创建的特色中队的名称和奋斗目标，如"绿叶中队""螺丝钉中队""水滴中队"等，他们都富有自己深刻的内涵。

二是教室物资管理体现文化。开展给课桌穿新衣、美化教室墙壁等活动，使教室的黑板、桌子、凳子、卫生用品等都富有教育语言，使教室环境美化、净化、知识化，使学生感到教室特有的学习氛围和班级荣誉感，从而培养学生的环境保护意识以及正确处理集体和个人行为关系的能力。

三是组织制度建设体现文化。在班级目标的引导下，以学生的发展为本，发展人的潜能，焕发主体的能动性、积极性，激发他们向上的精神，唤起学生的内在需要，把动机与行为方式统一起来，学会自己当家做主。建立全体学生对班集体的奋斗目标，学习活动计划、班规、干部轮换等一些事情的讨论制度。建立小老师（相当于代理班主任）、班委、小组长三级管理制。小老师负责处理班级日常事务，班主任加强对他们的工作指导；班委负责管理班级的正常运转，包括行为规范的检查、评估、开展各项竞赛活动等；强化小组长（语文、数学小组长以及课代表）的工作职能，班级活动一般以小组为单位，在组长的带领下进行。

四是班风学风形成体现文化。健全班级宣传组织，以正确积极的舆论引导人，办好班级小报。在宣传委员、宣传干事的组织领导下，开展每周编小报的活动，慢慢地，小报的质量越来越好，宣传主题化、系列化、配合学校活动等，针对班级发生的各种现象以及某些"热点"进行争论，发表感想，体裁有诗歌、小故事、小评论、记叙文等，报头设计、插图美化日见精妙。从而形成健康的集体舆论，增强班集体建设的责任感，寓学于乐，寓学于实践体验中。

开展丰富多彩的中队团体活动，在活动中发展。结合学校、年级教育重点，结合各学科，围绕班级创建特色，做到班级活动主题化、系列化、个性化、针对化、主体化。让学生在各项实践活动中，明辨是非，培养情感，发现自我，展现自我。培养了学生关心社会的意识，形成了积极进取、互相合作的精神，增强了集体的责任感、荣誉感，使学生的身心得到了健康的发展。

开展丰富多彩的雏鹰假日小队活动，在社会实践中锻炼成长。体现"自我选择、自我服务、自我发展、自定队名、自选队长、自聘辅导员、自主活动"的特色。最大限度地发挥雏鹰假日小队活动中学生的主体作用，使它成为展现特色中队的重要窗口。在活动中将教育渗透于学生的内心世界，呼唤其真挚的情感；同时，给学生一个宽松的空间，给学生一个实践的机会，充分挖掘他们的潜能，激发他们积极向上的欲望。

通过这样的班级文化建设，大大锻炼了学生的实践能力，形成了积极进取、相互合作的精神，增强了集体的责任感、荣誉感，使学生的身心得到了健康的发展，使学生的生命在丰富多彩的生活中焕发出蓬勃的活力。

就学校文化而言，重视学校文化建设，其实就是弘扬传统，开创未来。我校的校风，对领导班子的要求是"团结、实干、民主、开拓"，对教师的要求是"教学严谨，为人师表"。这些几十年总结出来并坚持不懈的校风就是传统，要弘扬。至于教改的 16 字纲领，即整体观念、主体思想、个性发展、和谐关系，是新形势所要追求的未来，要奋斗，要开创。正是在这样的校园文化影响下，学校的领导班子成员，教职员工，都有明确的奋斗目标，都有自觉的奋斗动力。当校长的，努力为培养一批优秀教师而奋斗；当教师的，努力为培养一批优秀学生而奋斗；当学生的，当然要为自己成为优秀学生而努力了。也正是在这样的校园文化影响下，我校的全体师生才能够汇聚成一个共同的愿景——让学军小学成为教师发展的沃土、学生成长的乐园。

（四）没有终点的心灵远航

现代社会所理解和要求的健康，包括了健康教育以及能促进行为和环境改变的各种策略，要充分利用学校、社会、环境等资源，改造或消除不利于健康的各种因素，使学生掌握有关健康的知识，树立健康的意识，培养健康的行为，主动选择健康的生活方式。开展健康教育，促进学校工作，把健康促发展的理念根植于每个师生的心中。对于学校来说这是全面贯彻党的教育方针、实施素质教育的重要组成部分；对于国家来说这是强我民族、振兴中华的重大战略。

校长经营服务中，有一个神圣的责任，就是让每一个学生都具有健壮的体魄、健康的心理、健全的人格。我认为随着社会的发展，人类生活水平不断提高，人们对自身的生命及生活质量产生了更高的要求。儿童正处在生长发育的关键时刻，他们所形成的习惯与生活方式，所受到的性格陶冶、心理教育等将为其终身健康奠定基础，决定着他们的幸福。

为此，我们把开展健康教育活动，作为提升学校办学水平的重要手段来抓。实施具体的健康教育，培养积极的健康习惯，努力为学生提供完整的、积极的、促进健康的经验和知识结构并加以训练，在使学生形成良好的健康习惯和行为等方面做了很多工作。

1. 上好体育课、健康课、心理辅导课

在我校的课程表中，每天都有活动课或体育课，保证学生每天超过 1 小时的体育锻炼。全校各班都开设了卫生教育课，每年都认真执行《全国学校健康教育计划》方案，安排授课老师。为了解决学生教材问题，学军小学自编自印教材，健康课老师认真备课、写出教案，隔周上一节课，充分利用学校校园网络，如多媒体教学等设备进行现代化教学，做到每个学生都有学习成绩记录，教导处有成绩质量分析表。

我们学校是开展心理健康教育较早的学校之一，学校开设心理教育课程，设立心理咨询信箱、开通心理咨询热线、建立聊天屋，热情、负责地接待需要提供心理帮助的学生，尽可能地帮助他们克服心理障碍，早日走出心理误区，从而健康、愉快地成长。我们还聘请了著名的心理学专家对全体教职员工进行心理培训，要求每位教师每个学期都写一篇学生个案分析。学校开展"走进学生心灵"活动，要求全校教师"多一点微笑，多一点理解，多一点关爱"，让学生感到老师"可亲、可敬、可信"。

2. 开展专门的健康教育活动

口腔健康教育是我校参加的联合国教科文卫生组织的一个大课题，项目涉及的人群有学生、教师、家长等，教育面广，周期性长。要搞好口腔健康教育，关键是提高项目人群的口腔健康的行为意识（即态度），为此，学校必须首先加强口腔健康知识的宣传教育与培训工作。学校充分利用学校的广播、多媒体设施、宣传窗、黑板报、卫生角等对学生进行口腔健康知识宣传教育。一年来，我们专题播出有关口腔健康教育方面的碟片8次，刊出有关口腔健康知识方面的专题板报共15期，口腔健康知识宣传窗宣传画3期。创设了良好的口腔健康教育氛围，收到了很好的宣传效果，同时，还利用闭路电视在校会时间放专题录像片《青春期卫生教育》《保护视力》《做好眼保健操》《预防龋齿》《刷牙的正确方法》《真真牙防历险记》《小胖爱清洁》等动画片，受到了学生们的热烈欢迎。我校与广州宝洁公司配合，由其出资每年给一年级学生每人发放牙防用具，里面有小牙刷、牙膏、游戏旗子、每天带领爸爸妈妈刷牙的登记表、爱牙小尺子等，学生非常有兴趣，也非常愿意去做；在孩子的带领下家长积极参与，与孩子一起玩牙防游戏棋，通过互动加强相互间的交流，巩固口腔知识，并及时完成"健康好习惯记录表"。

3. 在教育全过程中渗透健康教育

每一位教师每一时间都承担着健康教育和训练的任务。站、走、坐姿时时伴随生活、学习之中，读书、写字姿势更需要每位教师不断纠正。在每一项学习活动中、在每一次出操过程中、在每一次课间休息中，都要进行检查评比。这样不仅使学生的站立、行走更加飒爽英姿，而且锻炼他们坚忍不拔的毅力，加强纪律性，培养了团队精神。学校还把这样的意识，落实到丰富多彩的少先队和班级活动中。

4. 为师生提供基本的健康服务

我校为每个学生建立了健康档案，并定期进行健康体检。我们对全体学生进行一年四次的视力检查、一年一次的体检。体检结束后作相应的统计分析，并对体检中发现异常或阳性体征、疾病的则及时通知教师或家长，并督促其及时治疗。每年请牙医来校对学生进行窝沟封闭治疗，治疗率达99％以上。对上一年窝沟封闭治疗的学生进行复查，发现有脱落情况的及时免费补做。我们遵循"预防为主，习惯培养为重"的原则，每年制订常见病的防治计划和措施，每年度确立重点监测的项目，家校联手，切实有效地开展常见病的防治工作。近几年，学生"六病"的发病率和因病缺课率等均低于全市平均水平。我们健全了学校传染病和食物中毒工作预案，切实保障师生的健康和安全，至今为止，学校未发生过传染病流行或食物中毒的事故。吃好，平衡膳食，对人的健康十分重要，对成长中的儿童就更显突出，为了让师生吃好，吃得卫生：我校对食堂进行了整体改造，扩大了操作间的面积，各项操作流程符合卫生要求，食堂从采购、储藏、保管、烹调到餐具洗刷均有严格管理制度，人员均经过培训上岗，定期进行体检，分工合理，校领导、校医随时检查食堂卫生，食品48小时留样。每周有平衡膳食食谱，在校园网上公布，经常性教育学生不挑食、不偏食。食堂一直以来受到上级部门、师生、家长的一致好评，被评为杭州市餐饮单位优等级食堂、食品卫生安全示范单位。

（五）寻找适合每个孩子的发展空间

除了常规课程之外，我校有各种各样的显性与隐性课程。学校还举办了丰富多彩的校园主题活动，让同学们尽情展示个人的才华。

我校利用兴趣小组广泛开设人文、科技、艺体、语言、制作类等多门课程，包括钢琴、武术、英语口语、辩论与演讲、研究性小课题等多项内容，大大促进了学生个性的充分发展。科技节活动普及了科学技术知识，增强了学生的科学观点、素养和精神，培养了学生爱科学、学科学、用科学的优良品质；艺术节活动增加了学生的美感体验，培养了学生欣赏美、创造美的能力；体育节活动丰富了学生的体育生活，提高了锻炼身体的意识，培养了学生的竞争意识、合作精神和坚强毅力，成就了一个个有着健康体魄、旺盛生命力的高素质的现代人。多样化的活动，让不同层次的学生在各种不同的成功中发现了自己的价值，找到了自尊和自信。

　　组织独具特色的学生社团活动，足球俱乐部、舞蹈训练中心、小燕子合唱队、民乐小组等，社团自发组织各种比赛，如小百灵卡拉OK比赛、舞蹈比赛、小品比赛以及其他趣味性体育比赛等，近十几年的探索与实践，成就了今天学校富有生命力的学生个性与学生群体。在学校的主题活动节里，教师们惊喜地发现，孩子们以不同的智慧类型参与着学校的各项活动：创新的策划、周密的组织、天才的展示、团体

师生在农村进行学农体验活动

的互动……在教室的作品陈列栏里，教师们欣喜地看到，孩子们以不同的优势项目展示着个人特长：巧夺天工的剪纸、形神兼备的漫画、文笔犀利的随笔、捕捉精彩瞬间的摄影……在互动的班队活动课上，教师们感受孩子们根据不同的生活背景、不同的家庭环境、不同的生活情趣，叙述着自己的不同理解……

　　少先队组织是学生成长的花园，锻炼能力的乐园，团结友爱的家园。走进我校的少先队大队部，就会感受到一所名校的魅力。进门首先看到的是光辉历程板块，你可以看见"无私奉献"的12块小镜框——从新中国成立初至今的17位辅导员用微笑和信任激励着21世纪的少先队员不断前进；"我们的资料"记录着近半个世纪的中国少年先锋队的光辉历程；"我们的荣誉"展示着少先队生生不息的生命活力；"我们的榜样"闪烁着一位位优秀的少先队员在校内外的动人光芒；"雏鹰展翅"记录着小雏鹰们八仙过海各显身手，水果拼盘、种植蔬菜、军训队列无所不能；"美好的回忆"记录着队员们在校外实践基地的欢声笑语……接着你将会看到快乐成长板块，你可以看见近年来少先队五块全新的内容——"我们的队伍""我为读书狂""我是小雷锋""我们是网络特种兵""我们是奋飞的雏鹰"。有传统活动、常规活动，还有围绕时事开展的大讨论、"焦点访谈"等活动。每年的"科技节""艺术节""体育节""数学节""英语节""三小"读书节是队员们欢乐的节日。

　　2005年4月的一天下午，科技教室非常热闹，这里正在举行学军小学第六届科技节的头脑奥林匹克竞赛，自1978年美国葛拉斯堡罗州立学院举行了首届头脑奥林匹克竞赛以来，越来越受到各国教育界的关注。头脑奥林匹克竞赛是一种完全新型

的创造力比赛，它要求动脑与动手相结合、社会科学与自然科学相结合，科学与艺术相结合，竞赛分长期题和即兴题两种形式。活动持续了几天，各班的科学小报、小制作、小发明、小论文等成果非常丰厚。这次科技节最大的不同点是将航模比赛纳入了学校运动会之中，并使之成为我校的一个特色项目。借助运动会场，在全校同学面前展示学生们的模型操作技术。

我认为，举办这样的科技节就是希望同学们能关注身边的科学问题，尝试着快乐的"做中学"活动。最值得学校骄傲的还是"三小"读书节活动。"三小"是指小摘记、小剪报、小书库，开展这项活动旨在加强队员的学习意识，通过活动培养队员良好的学习习惯。每年读书节上，队员积累的摘记本、制作的剪报本、编排书库的目录都让辅导员们惊讶不已，可见活动的力量是无穷的。

"三小"读书活动已开展了多年，前几次是以展示队员的摘记、剪报、书库的成果为主的，已使队员基本养成了平时开展积累性的小剪报、小摘记、小书库等学习习惯。2002学年学校少先队在集思广益的基础上，开展了"好书推荐"和"新书出版"活动。"好书推荐"是请队员推荐自己最爱读的一本书，将这本书读懂、读熟、读透后，将书最吸引自己的理由写下来，如书中精彩环节的摘抄、设置悬念吸引读者等，活动时通过展览，模拟购买，"购买率"最高的书将成为"好书推荐"活动的金奖获得者。本次活动不仅使每位队员都参加到了活动中来，而且还养成了队员多读书的好习惯。"新书出版"活动是针对部分已有较多积累的队员而进行的，旨在指导队员学会积累，体验成功。很多队员在学习了出书的基本常识后都跃跃欲试，出书的队员有500余人。许多队员在自己书的序或后记中写道："看着自己出的书有说不出的高兴。""自己竟然有那么多的作品！""自己也出书了！""我是小作家啦！"可见，一个好的活动对学生的触动、教育意义是多么大！

学军小学的学生常常被高一级学校所赞赏。他们都认为该校的学生学习习惯好、会学习、会思考，这与这个"三小"读书节的设立很有关系。

2004年下半年，学校以培养诚信师生为目标，举行了"说诚实话，做诚实事，当诚实人"为主题的第七届"三小"读书节活动。诚信主题与社会强调的做诚信人和培养孩子的诚信意识结合巧妙，同时，成果展示生动活泼，可以是自己出的"书"、做的剪报等，从中可知学校的读书节已经整合了很多知识，已经不仅仅是单纯地读几本书了。

我校的每一位少先队员都有自己的专长。有的是作文小能手，有的是烹饪小能手，有的是体育小能手，有的是文艺小行家。如学校六（1）中队的吴山同学在2004年10月11日结束的浙江省少先队员技能技巧比赛中获得了金奖。在大、中队辅导员和小干部们努力下，学校的各个中队都建立了特色中队档案，有水滴中队、七色花中队、小蜜蜂中队、螺丝钉中队等，各个中队申报的特色都是班级奋斗的目标。不仅如此每个学期各年级都会有一个中队开中队展示课，所有的中队委员们将有幸观摩他们的精彩展示。而平时大队干部们也会轮流对每周班队活动课进行广播反馈，让队员们不出教室就可以了解其他中队的最新动态。

（六）让美德与孩子结伴而行

学校文化的主体是学生。所以，学生的行为文化更能衡量学校文化的长短和高低，而班级文化是最为外显的。

班级活动是培养学生自主意识与独立能力的有效载体。班级活动中，学生在教师的指导下自主选择活动内容、设计活动方案、参与活动过程、评价活动效果，都会自觉、不自觉地感受着活动体现的魅力，有意识、无意识地体验着活动带来的感悟，因为班级活动立足于学生的内在需要和生成。因此，我常常督促班主任要想方设法指导、引领学生开展多姿多彩、内容健康的文化活动，自觉地、有意识地进行班级活动文化的建设，努力培养学生的自主探究精神。如学校语文教师结合学科教学开展"烛光里的微笑""月是故乡明""西湖文化传"等主题活动，让学生充分伸展想象的翅膀，尽情表现，既丰富了学生的学习生活，又能"玩中学，学中玩"，让全班学生在活动中增长知识，提高能力，培养兴趣，增强自信心，获得一技之长。又如结合"诚信教育"主题读书活动，各班根据年级、班级实际情况，师生共同精心设计相应的班级主题读书文化活动，侧重点各不雷同：有的读书主题是做个有责任心的孩子；有的读书主题是做个诚实守信的孩子；有的读书主题是做个心胸宽广的孩子；有的读书主题是做个不怕困难的孩子；有的读书主题是做个有毅力的孩子等。总之，在主体性班级活动文化研究过程中，要重点抓好以下层面。

1. 营造学习氛围

"学习活动是润泽人的一生中最积极、最有意义的生命过程"，"只有学习精彩，生命才会精彩；只有学习成功，生命才会成功"。学生的主要任务是学习，班级活动丰富多彩不能阻碍或影响学生的学习，而应想方设法让学生在班集体生活中感受到探索的乐趣、成功的乐趣，让学生逐步明确学习的目的意义，懂得学习的价值，树立学习的自觉性和主动性。为此，每个班主任都非常重视健全本班级的宣传组织，鼓励班干部以正确积极的舆论引导人，不少班级在宣传委员、宣传干事的组织下，开展每周编小报的活动，慢慢地，小报的质量越来越好，宣传逐渐走向主题化、系列化，还配合开展主题会、各项竞赛等。有的班级举行读好书好报交流会，于是孩子们知识面日渐宽阔，视野日趋开阔，还培养了静下心来读书的良好习惯。有的针对班级发生的各种现象以及某些"热点"进行争论，发表感想。体裁有诗歌、小故事、小评论、记叙文等，渐渐地，报头设计、插图美化日见精妙。在人人参与的主题活动中，形成了健康的集体舆论，增强班集体建设的责任感，寓学于乐，寓学于实践体验中。

2. 倡导同伴关爱

在学军小学，我非常重视创设宽松和谐的班级氛围，以促进学生个性的发展。如组织学生给班级文化建设提议案等，班级乐园在这种良性的"广开言路"中逐渐产生。通过这样的班级文化建设，大大锻炼了学生的实践能力，形成了积极进取、相互合作的精神，增强了集体的责任感、荣誉感，使学生的身心得到了健康的发展。有的班主任在平常的各项班级管理与对学生的教育活动中，注意用同伴互助和团体互动的形式，建立一个和谐发展的心理健康支持系统。如座位编排，"相似者相融"，把性格相近、脾气相融的同学编在一起；又如在小组讨论合作学习时，把性格互补、相互帮助的同学组合在一起。有的班主任在搭建各种平台让学生体验成长的幸福和学习的快乐，当每个学生都有一种幸福感时，都会对自己的状态感到满意，从而更加积极学习、工作和生活。如开展"课堂一分钟新闻、一分钟演讲""课间八分钟游戏创编""午间半小时书画、音乐欣赏、好书好报推荐"等，使学生的生命在丰富多彩的学习实践中焕发出蓬勃的活力。

3. 指导自主独立

学校十分重视在班级目标的引导下，启发学生把动机与行为方式统一起来，学会自己当家做主。如有的班级建立全体学生对班集体的奋斗目标、学习活动计划、

班规、干部轮换等一些事情的讨论制度，建立
小老师（相当于代理班主任）、班委、小组长
三级管理制。小老师负责处理班级日常事务，
班主任加强对他们的工作指导；班委负责管理
班级的正常运转，包括行为规范的检查、评
估、开展各项竞赛活动等；强化小组长（语
文、数学小组长以及其他学科课代表）的工作
职能，班级活动一般以小组为单位，在组长的
带领下进行。有的班级开展丰富多彩的雏鹰假

学生军训

日小队活动，在社会实践中锻炼成长。体现"自我选择、自我服务、自我发展、自
定队名、自选队长、自聘辅导员、自主活动"的特色。最大限度地发挥雏鹰假日小
队活动对学生的主体作用，使它成为展现特色中队的重要窗口。

　　通过班级行为文化的建设，我校的全体学生的精神面貌和行为风采确实不同一
般。如学生捡到手机、钱包自觉归还失主；参加运动会结束，全校学生自动捡废纸，
清理场地，以保证运动场的环境整洁；学校组织学生到少年军校军训时，晚上就寝
一片寂静，丝毫没有喧闹声，连军校管理教师都说，能这么安静，一定是学军小学
的人了；学生社会责任感很强，看到小店卖伪劣产品马上拨"96315"电话举报的行
动，更体现了我校学生先进的行为文化。

　　为了让孩子参与社会，走向生活，我校在每周二下午开设学校综合实践活动，
研究的内容从低年级我的家庭、班级、校园到中年级的社区活动，到高年级的整个
社会。让孩子用自己的眼睛来欣赏生活，观察社会。在老师的指导下，许多学生三
五个一群，六七个一组，开展社会调查，进行小课题研究，保护自己，服务社会。
如有的开展找错别字研究活动；有的调查西湖水质活动；有的研究杭州古建筑；有
的开展毕昇与活字印刷术的研究、饮料研究；还有的开展国庆节杭州市民出游调查
活动、学生的早餐问题的研究；小学生防火意识调查研究报告等。

　　其中，袁劲梅老师担任辅导员的五（4）班有一支粒莉果小队开展的活动丰富多
彩，很有意义。如她们到陈娟英敬老院看望老人，并送去水果和小礼物，受到那里
老人的热烈欢迎，纷纷夸奖她们，离开时，老人们都很感动，依依不舍地送她们到
很远。另外，她们还去西湖边取水，调查水质，倡议环保；去杭州市"六公园"采

访市民有关杭州的环境问题并征集建议；到德胜路的肯德基做实习服务生；把自制小物品，进行了义卖等；她们每周二放学后，帮助打扫美术教室，每周五还帮助二（4）班小同学打扫卫生呢！在实践活动中她们关注环境问题，进行爱心宣传活动等。

在这种健康的行为中，学生的主动性得到了充分的发展，学生维护社会、保护自我的意识也不断增强。他们在这些充满爱心的活动中，学会做人做事，参加社会实践活动，参加敬老爱幼、爱心募捐、社会公益劳动及社区志愿者服务等活动，并在实践活动中强化自主精神，使自己在实践活动中思想感情得到熏陶，精神生活得到充实，道德境界得到升华。

2007 年浙江省举行杨一青教育管理思想研讨会

和谐校长培训

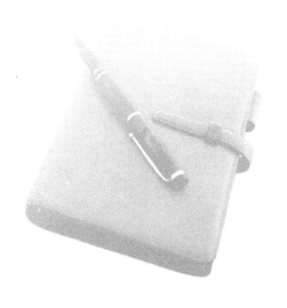

一、把提高校长和发展学校结合在一起

工作室的任务是要培养一批浙江的年轻的骨干校长，怎么培养？我认为要改变过去通行的坐在课堂里听专家讲座的惯用模式，尽量听取学员们的意见。这些校长已经参加过好多校长培训班了，不少人到北京师范大学、华东师范大学、浙江师范大学培训过。他们希望这次工作室的培训能切合小学教育实际，既要有高度，有深度，更要接地气，用得上。于是我通过调查问卷，征求意见，与学员一起制定培训方案。

（一）确定目标：促进校长提高，促进学校发展

我们把每个校长个人素质提高与促进所在学校的发展结合在一起，进行学习、研究、探讨，这是我们这个工作室的特色。年轻的校长们希望自己快速提高，也希望所在的学校快速发展，而校长的提高往往要通过所在学校的发展来反映，所以促进校长提高与促进学校发展是相辅相成的。

1. 学习时间

原则上一年半一期，也可以两年一期。设工作室办公室负责信息联络。

2. 学习方法

亦生、亦师、亦友：学员的身份是学生，也是导师；导师的身份是导师，也是学生。大家都是朋友。

读书自学：读中国当代教育家丛书《搭建飞翔的舞台》（杨一青著）、浙派名师丛书《杨一青探索名校经营之道》（言宏著）、教育家成长丛书《杨一青与和谐教育》（杨一青著）以及其他有关书籍。

专题研讨：确定"办学思想引领，教师队伍建设，中层干部培养，学校德育管理与班级文化建设，教学管理与学业评价改革，校舍建设与形象设计，学校危机处理与师生安全保障，'十二五规划'制订与学校发展，学校档案管理"等一批专题。

现场诊断。到学员所在学校考察，听取校长介绍，研究有关资料，提出该学校发展的建议。

撰写积累。每次集中学习后，把学习的收获体会写成文章。一年后认真总结自己的收获与提高，寻找下一步学校的发展点。

实践尝试。学习以后，对照学员自身实际与学校实际，对自身的提高与学校发展提出目标，进行实践，促进发展。

顾问指导：聘请李春玲教授、萧远军教授、何伟强博士等为本工作室顾问。

物化成果：每集中学习研讨一次后出一期《学员学习感受汇编》，已出 28 期，每期学习结业后出一本书，共出了两本：《为校长搭建飞翔的舞台》《为校长搭建飞翔的舞台二》均为吉林大学出版社出版。

（二）部分专题培训活动简介

1. 活动之一　主题：办学思想引领学校发展

地点：杭州市学军小学

了解学军小学百年历史，特别是改革开放 30 年以来的发展历程。我给大家解读《搭建飞翔的舞台》《杨一青与和谐教育》《杨一青探索名校经营之道》，作了"学校文化与品牌建设"的专题讲座。阐述学校 1988 年提出 1992 年确定的学校教改纲领，"整体观念，主体思想，个性发展，和谐关系"，1998 年提出"个性化、现代性、国际化"的培养目标，2003 年提出了学校师生的共同愿望："教师发展的沃土，学生成长的乐园"的内涵与实践成果。

学员们实地考察学军小学求智校区、紫金港校区。从办学理念的提炼到现代化学校设施设备建设和环境形象设计等方面，全面了解学军小学的情况，体悟到办学理念引领的重要性，看到了学校科学发展的轨迹。

2. 活动之二　主题：学校德育工作与班级文化建设

地点：杭州时代小学、杭州市学军小学、杭州市和睦小学

在时代小学主要考察、学习该校亲情教育的特点，家长工作的做法，该校是全国家长学校先进集体，大家感到很有特色。在和睦小学重点考察学习"习惯成就和睦"塔基学校发展研究，我们进行了分组研讨，强调小学习惯养成教育的意义与下

一步做法，给大家较大的启发。在学军小学主要考察学习"班级文化建设"的实施与研究，体会班级文化对学校德育工作、素质教育推进的意义。这一活动还插入了当时大家关心的"绩效工资方案制订"的交流研究，介绍学军小学方案的制定与实施情况，对大家很有启发。

3. 活动之三　主题：教学管理与学业评价改革

地点：嘉兴市实验小学、桐乡市实验学校教育集团、凤鸣小学

嘉兴市实验小学介绍了"建设以发展为本的教学管理机制"，该校还提供了学校三年发展规划，为学员们提供了抓教学管理的有效思路与做法。我作了"教学管理与学业评价改革"的讲座，学军小学袁晓萍老师作了教研组工作的专题讲座，很受大家欢迎，后来又应邀在杭州特地请袁老师为学员所在学校的教研组长作了一场讲座。学员们考察了嘉兴实验小学的学校环境，看到了大气开放的校舍建设和充满活力的学生，大家称赞是航母式的学校。

桐乡市凤鸣小学，向学员们介绍了润泽凤鸣雅文化，开展学业评价的特色。特别是丰子恺漫画传统教育，成为学校文化的一大亮点，大家对下一步如何发展提出了建议。

4. 活动之四　主题：教师队伍建设是学校发展的关键

地点：温州市瓯海区景山小学、平阳县中心小学

景山小学的"勤实文化"为教师搭建飞翔的舞台。提出了"融入团队，解决忧患，制度管理，提升质量"，落实"一个都不能少"的教师专业发展工作思路，受到了大家的好评。

平阳县中心小学是一所百年名校，曾经是著名数学家、教育家、全国政协原副主席苏步青的母校。活动采取主题学术报告、校长相互交流与校长论坛等形式举行，与浙江省教育学会教育管理分会活动

杨一青名校长工作室第四次专题研讨会

结合在一起，邀请华东师范大学博导李正涛教授做题为"转型变革背景下的'生命

自觉'与教师发展"的学术报告。

钟振斌、刘智松、周军夫、朱溯君、金英、王承根 6 位学员作了教师队伍建设的专题交流。李春玲教授作了点评。我做了"学校文化与教师职业修养"的专题讲座，对价值趋向多元化的社会背景下，教师队伍建设提出了一些新的值得思考的问题，值得大家去研究。

5. 活动之五　主题："十二五规划"制订与学校发展

地点：南京市行知小学、无锡市东林小学、长兴县第二实验小学

南宁市行知小学，一所二十几年前的农村五里村小学，通过杨瑞清校长的开拓坚持，成为南宁市的未成年人体验基地，成为国际汉语培训交流学校，大家参观了荷花园等学校实践基地，确实令人振奋。

南京浦口区行知小学

无锡市东林小学是一所百年名校，出了大批名人，如钱钟书、薛暮桥等，不大的校园充满文化气息。

长兴县第二实验小学的书香校园建设有声有色，以此成为促进学校新一轮发展的抓手与特色，给大家新的启发。

这些学校的校长在不断寻找学校的发展点，找准发展点学校就生机勃勃地向前发展。这为我们制订学校的"十二五规划"有积极的指导意义。

6. 活动之六　主题：学校中层干部队伍的培养与建设

地点：东阳市实验小学、义乌市青口小学

东阳市实验小学是一所市里的名校，中层干部队伍建设遇到新的发展期。义乌市青口小学下属有初中两所，小学5所，幼儿园30多所，加强中层干部队伍建设十分必要。

7. 活动之七　主题：社会实践活动与乡土文化教育

地点：杭州市求是教育集团、杭州市留下小学

求是小学教育集团是我国公办小学第一个集团化办学的学校，学校注重社会实践活动开展，形成良好的制度。留下小学挖掘乡土教育资源，开展西溪文化系列教育活动有声有色。

留下小学

8. 活动之八　主题：校园危机处理与师生安全保障

地点：丽水市遂昌县云峰镇中心小学、龙泉市绿谷教育集团、缙云县长坑小学

学员们考察了遂昌县云峰镇中心小学、龙泉市绿谷教育集团、缙云县长坑小学，开展学校安全教育和危机处理的情况。我做了"生命安全，责重如山"讲座，学员联系工作实际开展广泛交流危机处理的案例，生动感人，深受教育。提高安全意识，加强人防技防，妥善处理学校危机，确保师生安全，维护学校稳定。

9. 活动之九　主题：教育科研的管理与实施

地点：义乌市香山小学、永康市人民小学、武义县柳城镇中心小学

学员们考察三所学校。聘请特级教师徐锦生校长为本工作室兼职导师，请他做了题为"坚持开展教育科研工作"的讲座，介绍了他坚持20多年，进行非智力因素

长坑小学

的研究，给大家留下了深刻的印象。香山小学校长方蕾介绍学校科研工作体会。人民小学校长施佩佩向大家介绍了学校发展规划。大家就开展教育科研促进学校发展提出了建议，交流了体会与做法。

10. 活动之十　主题：社团活动与艺术教育

地点：杭州绿城育华小学、杭州大关小学

杭州绿城育华小学是一所民办小学，学校有 1000 多平方米的美术馆，有标准游泳池，有天文馆等，社团活动丰富多彩。杭州市大关小学是一所有着传统文艺特色的学校。学员们考察学生活动现场，听取校长介绍，着重研讨社团活动和艺术教育的开展。

11. 活动之十一　主题：少先队活动与传统文化教育

地点：台州温岭市温岭师范附小、临海市陶渚镇晓村小学、天台县平桥小学，路桥区螺洋小学

在温岭师范附小 81 岁高龄的全国少先队终身辅导员俞明德老师以"一条红领巾一个传奇"为题介绍了自己与红领巾事业相伴一生的历程。他多次受到党和国家领导人的接见，为我们树立了优秀儿童教育工作者的榜样。陶渚晓村小学的红色传统教育、螺洋小学、平桥小学的孝道文化教育，给大家以新的启示，大家也提出了深入开展的建议。

12. 活动之十二　主题：学校资料积累与档案管理

地点：慈溪市阳光实验学校、余姚市东风小学、宁波市鄞州区华泰小学

学员们考察了三所学校，阳光实验学校重视教育科研和教学资料的积累。东风小学抓节能环保教育坚持二十多年取得骄人的成绩，东风小学历史悠久，重视资料积累，校史陈列室内容丰富。华泰小学是所建校不久的新学校，管理有序，活动丰富，重视资料积累，给大家很大的启发。重视档案建设发挥档案作用的理念引起了大家的重视。

13. 活动之十三　主题：总结汇报，结业典礼

地点：临安衣锦小学、浙江省师干训中心、浙江外国语学院教育学院

学员们在衣锦小学交流了参加工作室活动的收获。在浙江教育学院举行结业典礼上，一期一班的结业典礼与一期二班的开班典礼是一起进行的。副班长张晓萍代表一班全班学员作了学习收获总结汇报。学员们激动地在会上打出一条横幅，上面写着："杨老师，我们爱您！"上面还签着学员的姓名，给我很大的教育与鼓励，我感谢省教育厅、省师干训中心举办这样受人欢迎的、人人要求"留级"的培训班。一班学员决定保留班委开展结业以后的活动。省师干训中心刘力教授、吴卫东教授等领导为学员们颁发结业证书，并做了热情洋溢的讲话，鼓励大家继续努力学习，提高自己办好学校，为浙江的教育改革与发展做出贡献。

（三）几点体会

1. 用心组织——调查入手，从实际出发

工作室应该是学习的平台、交流的平台、研究的平台、发展的平台。

应该充分考虑学员需求，充分考虑学校实际，充分考虑学员困难，才能受到学员们的欢迎。

2. 明确目标——促进校长提高、促进学校发展

开阔眼界，广泛吸收

相互学习，相互促进

这样的目标定位把学员学习与工作、自身提高与学校发展紧密联系在一起，容易看到学习的效果，有助于调动学员的积极性。

3. 选准内容——抓住重点，关注热点，主题引路，现场诊断

抓住重点：我们选择教育思想引领、教师队伍建设、德育工作、教学管理与学业评价改革、学校文化与品牌建设、校长的自身修养与人格魅力等学校管理中的一些重点内容。

关注热点：我们选择绩效工资改革，学校危机处理与校园安全，"十二五规划"制订等大家关注的内容。

落实学校，包括学员所在学校，省内外典型学校，进行专题学习、考察、研究、现场诊断分析，使学习内容案例化、具体化、校本化，大家感到这样的学习亲切有效。

4. 讲究方法——读读，议议，走走，看看，听听，想想，说说，写写，试试，做做

集中学习与分散学习结合。

自身学习提高与促进学校发展结合。

每次集中学习以后必须交一篇学习感悟文章，编印《杨一青工作室学员学习感受汇编》。回去以后要在自己的工作中试试、做做，学用结合，促进自身提高，促进学校发展。

二、"这个工作室是为我设计的"

第一期工作室学员张虹，是诸暨市滨江小学的校长，这位女校长清秀干练略带内向。她原是诸暨市实验小学的副校长，九月份新学年调任滨江小学校长。刚到校就遇上绩效工资改革。尽管上级教育行政部门对绩效工资改革有明确的要求，有具体的流程，但是张校长却遇到了从未遇到的困难。他们学校的工资改革方案按照上级规定制定，并得到教代会三分之二以上的代表通过。开始有的老师们并不重视，后来看到自己的绩效工资具体数字时就有意见了，而且联络了一些同事，联名要求推翻通过的方案。这一下使张校长傻了眼。她刚上任不久，连教职员工的名字只能叫出五分之一，面对如此困难怎么办？是啊，我做了二十多年的校长，深感遇到这样的困难多么希望有人伸出帮助之手。这时我来到滨江小学看望张校长，详细了解绩效工资改革的进展情况。张校长一脸无奈地向我详细诉说事情的经过。我还仔细查看了有关材料，觉得她按照上级有关程序办事，现在这样的情况使她很被动。要处理好这个问题必须得到教育局领导的理解与支持。于是，我和张校长一起找到他们的教育局局长。张校长向局长汇报了事情的经过。我说，从我了解的情况看，张校长这次学校绩效工资方案的制定是按照教育局要求的程序办事的，并没有错误，至于教师反映的个别地方可以在大方案不变的原则下进行微调。局长听了我们的反映，表示支持张校长的工作。后来我和工作室里的其他几位学员联系，希望他们这一段时间多关心张校长，多和她交流交流，多鼓励鼓励她，让她树立信心，看到希望！在工作室学员的关心鼓励下，张校长走出了阴影，走向自信，心情舒畅地工作，学校得到了很好的发展。

回忆工作室学习培训的日子，张校长写下了这样一篇感言：

两年的"杨一青工作室"学习过程，三年的"后工作室"实践过程，回想起来，"杨一青工作室"对我的帮助可以说是雪中送炭。

工作室给了我做校长的自信

2009 年 7 月，我离开工作了近二十年的实验小学，调到诸暨城区另一所小学担任校长。换了新单位，接了新岗位，我备感压力，我能做好一名校长吗？我能把原来就名声在外的好学校带到一个新的高点吗？整个暑假我忐忑不安。

9 月，教育局人事科通知我，我被局推荐为"杨一青工作室"学员，第二天必须赶到杭州参加面试。一时间，我又惊又喜，我能被选上吗？杨一青校长全国闻名，如果我有幸真的成为他的学生，对我将是一种多大的帮助，可是杨老师会收下我这个新手吗？这一晚，我辗转反侧。

当我赶到面试室的时候，已成最后一个面试对象了，那么清楚地记得，面试的题目是：你怎样认识家长委员会在学校中的作用。当我凭着一点有限的家校联系经验谈出我的观点时，杨一青老师、李春玲老师是如何点头微笑地听我叙述完毕。

然后，教育学院给我发来了录取通知；然后我得知，参加面试的校长共有七十多位，这次"杨一青工作室"录取了二十八位校长作为首期学员，我是其中的一位。

我何其有幸！我告诉自己，既然杨一青校长、李春玲博士能录取我，那么我一定具备某些做校长的素质，我需要的是自己努力！

工作室给了我做好一名校长的信心。

工作室扶我在挫折中成长

新任校长，工作中还是碰到了不少困难，经历了一些挫折，所幸有杨老师在。

新学期开学第二个月，就碰上了"绩效工资"改革，根据文件精神，我们按程序逐步展开这项工作，方案酝酿阶段、讨论阶段，风平浪静，老师们似乎觉得这都是学校领导的事，他们并不需要太关心具体内容。教代会上顺利地通过了方案。根据方案，每位老师应发的奖励性绩效工资的钱算了出来，差异一下子显现出来，加上外围环境讨伐绩效工资呼声一片，这下学校可热闹了。老师们联名否决教代会上通过的方案，扬言要静坐甚至罢课，还闹到教育局，各办公室派出教师代表要与校长"谈判"。我真正见识了什么叫集体无理性，而此时的我最多还只叫得出五分之一老师的名字，顿时感到了做校长的压力及从未有过的无助与无力。

就在这时杨老师来到了诸暨，来到了我的身边。他肯定了我的做法是合适的，并亲自陪我一起向局长汇报了我校绩效工资改革的整个过程，并特别提出我在处理这件事情时的理性与大度。

这事过去了，但杨老师对我的关心却更细致了，多次与我个别交流，告诉我建设和谐校园的种种方法，并悄悄与金英等其他校长打招呼，要多给我支持与鼓励。于是一次次的成长中碰到的挫折就在工作室的呵护下挺过去了。

工作室给了我许多优秀的同伴

工作室的活动方式使我拥有许多亦生亦师亦友的优秀同伴，在他们身上我不断地读懂了什么叫"校长"。

校长要脚踏实地，深入课堂，关注校园每个细节，才能真正当得起"校长负责制"——施国柱、林群校长们在告诉我。

校长要立足实际，凭智慧与勇气，凭坚持与理想，能重树低起点的学校师生信心，能打造新办学校为名校——金英、刘智松、赵成木、饶小丽校长们在告诉我。

校长要充分挖掘潜藏在教师身上的各种才华，依靠"三长"，策划各种活动来凝聚人心，建设和谐校园——张晓萍、高军玉、邵俊杰校长们在告诉我。

校长要能看得见自己学校独特的资源，发掘它、用好它、完善它——王耀丽、钟振斌、万银巨、方蕾校长们在告诉我。

校长要有自己的思想，读书、写作是校长应有的气质——章建平、朱溯君校长们在告诉我。

工作室集聚了那么多优秀的校长，一年多的高密度、高质量学习、交流让我在短时间内领悟了"校长"这一角色的内涵。

工作室给了我许多学习资源

工作室的学习有"办学思想引领、教师队伍建设、学校德育管理与班级文化建设等各种专题研讨，到学员所在学校考察听取校长介绍后由专家进行现场诊断，在每次集中学习后，每位校长都会把学习的收获体会写成文章，编印成册，因此短短一年多时间，我一下子拥有了丰富的学习资源。

工作室一年多的学习马上就要结束了，我惊奇地发现，当我参加完最后一次集训活动，发现大半年来长久萦绕着惶感与焦虑的心境已基本恢复平静，我终于又可以怀着平和愉悦的心情去上班了。

也许当年当杨老师决定录取我的时候就看到了我生理年龄最大，做校长年龄最小，知道我最需要帮助，这样想来工作室几乎为我而设，我何其有幸！

在我有幸跟随杨校长几年中，我充分体会了杨校长的魅力，深感杨校长心中有爱、眼中有人的博大情怀。

杨校长眼中有人，是指有完整的人。教师是一个完整的人，杨校长不只关注教师在学校里工作是否尽职，还关心教师在学校里有没有安全感、亲切感、成就感乃至幸福感。举几个细节。

细节一：教师用餐，坚持请好厨师给教师烧菜；坚持至少三荤四素，由教师自由选择；坚持给教师烧晚餐。

细节二：教师教学合作，备课组内教师以资源共享为荣，以班级教学成绩差异小为荣。

细节三：给新教师四天上岗培训时间，以集体的力量帮助新教师尽快熟悉新学校，拉近距离感。

细节四：不随便扣教师的钱，为防止"高职低聘"现象，冒风险再建一个学军新校区。

杨校长眼中有人，是既看到现在的人，也看到将来的人。

杨校长让儿童像个儿童，是看到了现在的学生。举一个例子：儿童天生爱玩，活动是小学生的权利。在寸土寸金的杭州，杨老师挤出教室给孩子活动与交流的宽走廊；保证有一百米直道的操场；把天然草坪换人工草坪；有室内篮球场、乒乓球场……这些活动场地的争取，本人想都不敢想，杨老师以锲而不舍的精神竟然一一实现。

看到将来的人，是杨校长想得远想得深想得全，比如允许有音乐天赋的学生半天在家弹琴，半天来校上学；比如，大投入让每间教室有一流的现代信息技术设备；比如，建设拥有几万册既可阅览又可借阅还可与班级图书角共通的大图书馆；比如，建地下车库等。

千言万语，汇于一句："杨一青工作室"仿佛就是为我设计的，我何其有幸！

三、"我知道了什么叫校长要有办学思想"

校长要有办学思想，我要求每一位校长一定要有办学思想。我在开班以前对学员的调查研究中发现，不少校长对自己的工作，只满足于完成教育局布置的任务，很少有自己的办学思想，于是我每一期都把"提炼办学思想，引领学校发展"作为第一个专题进行讲述研讨。第一次工作室学员活动就带大家到我工作了一辈子的学军小学参观考察。我给大家介绍解读 1986 年提出的学军小学的十六字教改纲领："整体观念、主体思想、个性发展、和谐关系"，1998 年提出的"个性化、现代化、国际化"的办学方向和 2003 年提出的学校师生发展的共同愿景："教师发展的沃土，学生成长的乐园。"学员们边参观，边思考，到底怎么当校长。

"当了多年的校长，参加了杨校长的工作室学习以后，才知道什么叫校长要有办学思想。"好几位学员这样说。我说，当年我是学习了系统论、信息论和控制论以后，通过教育科研提出了学军小学"整体观念、主体思想、个性发展、和谐关系"的教改纲领，1998 年我根据当时社会发展的形势，提出了"个性化、现代化、国际化"的办学方向，2003 年又提出了学校师生的共同愿景："教师发展的沃土，学生成长的乐园"。我把我们的办学思想不断地向教师宣传，让它渗透在教师的血液中，落实在他们的行动上。这是促进学校发展的思想保证。由于有一个明确的办学思想，使学军小学成为老百姓心目中杭州教育的品牌，使学校从杭州走向省内外，成为国际交流的窗口。

学员们认为，这样的学习培训使学员感到亲切，实在，好学，管用。

（一）十六字教改纲领，我被震撼

第一次听杨老师解读"整体观念，主体思想，个性发展，和谐关系"的十六字教改纲领，我就被深深地震撼了，震撼于杨老师对中国基础教育强烈而持久的特殊情结，震撼于杨老师在 20 世纪 80 年代就提出了如此富有前瞻的办学理念。如今，在杨老师谈教学管理与学业评价改革时，我再次领略了这十六字教改纲领的魅力，它不仅着眼于学校的宏观管理，也能直接指导教师的课堂教学实践，适用于对课堂教学的评价。当杨老师侃侃而谈如何运用教改纲领评价课堂教学时，我的内心又被强烈地震撼了，我感到这是教育的大智慧！

也许对每一个学军人来讲，十六字的教改纲领，"三化"办学方向早已根植于心灵深处，并在教育教学的每一个细节上散发着弥久的幽香。我们这些初学者虽然很难窥其真谛，但在杨老师一次次的阐释中也渐渐地听到了一些提示，找到了一种方向。先进的教育理念不但引领学校的发展方向，同样引领教师教学观念的转变。不但对学校现在的发展起作用，更对其未来的发展起作用。

跟着杨老师学习，听杨老师讲课，是一种幸福。杨老师富有激情和智慧的话语可以烛照我们的内心，让我们从对教育的懵懂理解走向深入，走向成熟。（武义县桃溪镇中心小学　李宏平）

（二）这一次，我踏上了幸福之旅

很早就想参加"杨一青名校长工作室"学习，盼着、盼着，在 2010 年第一场雪中终于如期而至了，参加第一次学习归来已近一周，学军小学的开放大气，杨校长大气、亲切，从容而不乏激情，成熟而难掩童真的拉家常似的讲座，却越发清晰，想想，能聆听杨校长这样一位智慧的老人现场实地讲教育理想、思想、教育理念，确实是一种福分，这一次，我真的踏上幸福之旅了。

这是思想的盛宴

杨校长是一位擅长理性思考且与实践紧密结合、拥有自己独特办学思想的智者，他早在 20 世纪 80 年代就提出了自己的十六字教改纲领，即"整体观念、主体思想、个性发展、和谐关系"。后来，杨校长又提出了"个性化、现代化、国际化"的"三化"办学目标，和"教师发展的沃土、学生成长的乐园"的学校共同发展愿景。"十六字教改纲领""三化"办学目标、学校的发展愿景这就是杨校长先进办学思想的精髓，虽是寥寥数语，却包含了丰富的前瞻的实用的教育内容，比如，现今个性教育正是我们所缺失的，杨校长早就看到这个问题，在办学目标中提到"个性化"，在"十六字教改纲领"中提到"个性发展"，这两者是相一致的，杨校长把"个性化"作为学军小学的整体办学特色，贯穿于学校工作的全过程，构建起立体的"个性化"育人模式，以满足每个孩子健康成长的需要。学生个性的张扬需要一个相对安全的环境，杨校长则为学生个性化的发展提供了一个广阔的空间。学军小学的学生无须担心在凸显个性的时候会受到来自教师的指责与批评。有家长提出自己的孩子上午在校学习，下午不来学校专门去学游泳，杨校长大力支持，所以在学军只要学生喜欢，对学生发展有好处，杨校长都一路绿灯，都可以大大方方地摆到课堂上进行分析、讨论。学生在课堂上之所以敢于"为所欲为"，是因为学校给他们提供了一种敢于"放肆"的环境。杨校长认为，使学生感到身处安全环境之中，让他们个性得到充分发挥，才算是优化的课堂教学。所以学军小学学生看似随意、"肆无忌惮"的行为，恰恰是淋漓尽致地诠释了教育个性化的美丽。也正是在杨校长个性教育思想的引领下，从学军走出了一大批杰出的人才。

研读杨校长的著作《搭建飞翔的舞台》，回想杨校长的讲座，给了我很多的思考，原来，思想无法复制，却是可以感染的，这真是思想的盛宴。

这是成长的乐园

杨校长在学校实际管理中很重要的一点就是坚持"以人为本"的人性化管理。杨校长指出：实施十六字教改纲领和"三化"办学目标，关键是人，人是学校可持续发展的最宝贵因素，学校里人、财、物、时间、信息五大板块管理中，最核心的是对人的管理，一个学校能否发展壮大，最关键的是看这所学校是否有一支高素质的教师队伍，因此要努力营造和谐的教育环境，给教师搭建奋飞的舞台，让他们展翅飞翔。只有这样，我们学校才能成为教师发展的沃土，学生成长的乐园。在以人为本的理念指引下，杨校长为每位教师提供了一种服务，一种适合每个教师发展的服务。从新教师入门即开始，就为优秀人才成才搭建了一个平台，杨校长"不拘一格'相'人才"，他有着"望尽天涯路"的追求，"衣带渐宽终不悔"的韧劲和"众里寻他千百度"的毅力。历经几番"千百度"的寻寻觅觅，一批又一批激情澎湃、颇具潜质的优秀青年走进杭州市学军小学的大门。新教师进入学校以后，杨校长便用制度引领，目标导航，给新教师定位。提出"特别的爱给特别的你"的职业规划理念，给有特殊需要的老师特别的规划，给学有特长的老师以特别的规划，为教师开拓了更广阔的天地。按照"学军小学培养新教师规划"，给新教师洗脑子——组织学习教育理论，进行自学与讨论，个人谈学习心得体会，撰写论文；结对子——抓备课、听课与评课；压担子——多给青年教师创造锻炼的机会；搭台子——开展教学评比。通过这种独特有效的新教师培养体系，每一位新教师的教学工作、班主任工作迸发出忘我的工作热情，水平得到迅速提高。接下来，通过丰富多彩的师德教育活动、健全有效的各项规章制度，不断提升新教师以及全体教师的思想境界。杨校长"严在当严处，爱在细微中"，他像爱护学生一样爱护教师，为教师营造家的氛围，因为他坚信——爱，往往能激发潜在的内力，创造出奇迹！杨校长把深入一线课堂听课、评课视为了解、亲近、规划、发展青年教师的最佳途径；杨校长亲切的"捧"是温和的"催化剂"，渴望成长、渴望成功、渴望自我实现的教师需要的就是赏识，杨校长这种亲切的"捧"呵护了一颗颗成长的心，也"捧"出了教师们的自信，帮助他们找到了事业努力的方向。学校在杨校长经营下，成为教师成长的乐园，造就了一大批高素质、有能力、有水平的教师，有了一大批有能力、讲奉献的老师，何愁学校不会成为我们学生成长的乐园呢？我想，在杨校长搭建的舞台中，构筑的这一乐园中，通过学习，我能成长多少呢？

短短的两天，在时间的长河只是美妙瞬间，却给我以深深的震撼，让我的教育心智从蒙昧走向觉悟。

感悟之一：出路，在理念

学校要有定位，思路决定出路，定位决定品位，学校的定位，来自于校长的定力和品位，一位好校长，带动和成就一个好学校，校长有定力，学校就有定位，就有灵魂和核心，才能明确办学思想和目标，才能打造出学校的品牌特色。杨校长有思想、善思考、勤学习、敢创新，有自己明确的办学理念、办学目标，所以这次学习首先给我的感悟就是，要真正办好一所学校，要有一位好校长，要有一位有自己清晰的办学理念、办学目标的好校长，我们完全有理由感叹，没有杨一青校长就没有杭州市学军小学。杭州归来，审视自己的学校，我们学校没理念吗？我们没目标吗？答案是否定的，我们都有，但我们缺乏远见卓识，没有先进的办学思想，我们的办学理念模糊不清晰，没有我们学校自己鲜明的特色，我们有目标，但我们缺乏把自己提出的学校发展目标转化为教师人人心中的目标，不能够做到把教师个人价值目标与学校发展目标有机地统一起来，成为教师努力的奋斗方向。我们也很想，甚至千方百计为老师搭建飞翔的舞台，为什么效果就不好呢？为什么和名校相比，我们的差距会这么大？原因当然很多，恐怕最多的是我们工作、学习理念的落后，我想我们农村学校，只要办学定位准确、理念先进、目标明确、因地制宜，也应该可以办出属于我们农村学校的特色。出路，就在理念，种得梧桐树，引得凤凰来，看来我们要学的还很多，要想的还很多，要走的路还很长。

感悟之二：收获，在坚持

一个人、一辈子，一所学校、一个目标、做一件事，满怀强烈的事业心，把职业当事业，而且满腔热情地爱着事业，这就是我们敬爱的杨校长，为什么杨校长能做到呢？源于他对教育的真爱，杨校长有很多次选择，有比当校长更有前途的机会，但他都放弃了，执着地坚守教坛，坚持做他自己认为应该做的事，他的坚持，他的执着劲值得我学习。自己当校长多年，也有过很多好的想法，很多想法也曾付诸了行动，可好景不长，过了一段时间就不了了之了，现在想明白了，一所学校要办出自己的特色，确定目标后，需要校长不懈地坚持，学军小学成功了，成功得绝非偶然。它来自于杨校长一贯以来的一种办学理念的坚持，并且让这种办学的理念深入每一位教师的内心之中，并让每一位教师都步调一致的运作起来。同样的，绿城育华学校的成功也来自于吴晨校长对小班化办学的一种坚持，世界上很多成功的取得，其实说白了很简单，那就是想、做、坚持，做和坚持，就是行动力。

感悟之三：成功，在细节

走进学军小学、绿城育华学校，我们感受到的是处处干净、整洁，时时规范、认真，学校没有一处卫生死角，没有一事无人过问，感觉学校就是一部自然和谐、高效运行的机器，这得益于他们精细化的管理。都说细节决定成败，学军小学有个性化、现代化、国际化的办学目标，绿城育华学校有"四化一型"的办学目标，目标是一种信念，目标是一种导向，目标是校园文化的核心。学军小学正是在杨校长制定的远大目标的引领下，走到了现在，两所学校因有理想而不简单，因不懈地坚持而成其典范，但目标的实现，精细地管理乃是成其不平凡的关键。两所学校精细化的管理，细化的养成教育，是有许多值得借鉴之处，比如学军小学班级学生的卫生管理，大课间活动的安排，学生在班级就餐，等等，在潜移默化中培养了学生的责任心、义务感、自主意识、团队意识和民主意识。我们学校也重视精细管理，注重养成教育，我们跟学军比差距就在没把小事做细、做实、做到位。我们也抓教室布置，就达不到规范、整洁而又温馨，处处透射出教育；我们也抓特长教育，但就没有学军与育华的广度与高度。细节中显现差距，成功在于细节的抓实，抓到位；成功在于保持一份激情，拥有一种实干精神。

笔行至此，还有许多的感悟从心头闪现，校园文化、办学的前瞻性，杨校长爱与教育的智慧，等等，繁多而厚重，足够我在今后很长一段时间里去沉静思考自己应该如何工作、如何当好校长……

（缙云县长坑小学 刘勇武）

（三）我是幸福的

当一个人能感受到自己的成长时，他是最幸福的。

成为"杨一青名校长工作室"学员是幸运的、幸福的。在这里有"亦师亦友"的当代著名教育家杨一青导师，有"亦友亦师"来自全省各地的钟情于学校管理的有为校长，有学校教育管理中前沿教育理念的解读，也有各地学校教育管理中鲜活生动案例的研讨。回想学习活动历程时，感受很多，感触很深，觉得自己在享受导师博大的教育思想，在享受学友们的鲜活灵动的管理策略，也在享受着自己成长的快乐与幸福。参加一次次活动就如同经历了一次次教育思想教育理念的洗礼、一次次管理策略管理层次的提升。过程中，我们的教育管理视野更开阔了，我们的办学思考更深入了，我们的教育引领更自信了……

亲和而激情的导师

还清晰地记得"名校长工作室"的首次活动，杨校长给学员们带来了自家最好的西湖龙井，他真情地给大家讲述着自己"名校长工作室"成立后的美好愿望……杨校长的平易近人让学员们感到了温暖，激情点燃了我们学员成长的渴望。到学军小学参观考察是首次活动的内容之一，记得那天杨校长已先于学员们早早在校门口相迎了，如同一位老师迎接自己亲爱的学生，一位长者迎接自己远到的客人。此后，我们一行随同杨校长游遍了校园的每个角落，杨校长犹如一位专职的导游员，讲解着校园的建筑与设计，描述着花草与树木，从中我们感受到了一位长者的治校情怀，读懂了一位智者的理校之道。在校园师生的一言一行里，在校园的一景一物中……我们感受着，品味着学军小学多年来所倡导的教改纲领："整体观念、主体思想、个性发展、和谐关系"，学校一直以来所坚持的"个性化、现代化、国际化"办学方向的核心文化精神！

在此后的"杭州时代·和睦、嘉兴·桐乡、温州·平阳、南京·无锡"等活动中，我们无不感受着杨校长的亲和与平易近人，大家也都喜欢跟随在杨老师左右，就如一群好学的同学担心走失了方向，生怕自己漏过了指点……我们的杨老师就是这样以其独特的人格魅力、超人的亲和力让大家追随着。在这样的"工作室"培训中尚且如此，那么，我们完全能想象得出杨校长一辈子在学军小学一所学校工作四十余年，当了二十多年校长的为人之道、治校之术了，也不难理解学军小学在国内外小学教育界赫赫有名的原因了。

在学习考察中，导师杨一青总是精神抖擞，激情满怀，善于从校园环境、学校日常运转等管理细节处捕捉一所学校的管理信息，并能即时点评并传授治校管理理念，难怪学员们都争先恐后相拥在杨校长跟前。在讲到温家宝同志对教育的关注，在深情高声朗读着他的《仰望星空》之时，杨校长认真严肃、激情的语调真是震撼人心，使大家深受感染。他以自己的激情点燃着大家的激情！

杨校长也时常谦和而又自豪地与大家说：自己一辈子在一所学校干了一件事。这"三个一"真是实在非同一般，这是生命的价值追求，是生活的态度责任的最简朴而最精美的表白。"一青一期一班"的学员是我们的骄傲，这"三个一"我们也将以自己的一腔豪情、一言一行全力注入其厚重的内涵，成长自己，成就事业！

航标加同伴的平台

培训给予大家的不仅仅是教育思想管理理念的刷新，还有各地特色教育特色管理的交流、碰撞与借鉴。它是一个学校管理者的学习场，它更是优秀教育思想的内涵辐射场。

研修过程，我们先后聆听了杨校长的"校园文化与品牌建设""教学管理与学业评价改革""学校文化与教师职业修养"等主题讲座，在走近杨校长的教育思想与实践成果路途中，越走越尊敬，越近越景仰。每一次的学习，皆能感受其教育思想强大的前瞻魅力与有效的指导价值。过程中，我们还有幸认识并得到了李春玲博士、李政涛博士以及学军小学汪培新校长、许宏书记、袁晓萍老师等指导，有幸参观了知名的南京行知小学及无锡东林小学，与另一位教育家杨瑞清校长实现了零距离的学习交流。同时，也现场参观了近十所各具特色的学员所在知名学校，重点剖析、深入研讨了"班级文化建设、社团活动组织的建设、'三长制'队伍的建设、书香校园建设"等多个领域管理工作……虽然工作室的每一次活动内容都是安排得十分紧密，但都没有削减学员们学习研讨的热情，可以说一次活动的经历，就是学员们一次管理水平提升的过程。

导师引航指向

突破瓶颈是一个人超越自己的里程碑。当历经五年快速发展的桥下小学处于发展瓶颈时，杨校长精彩的"校园文化与品牌建设"等主题讲座使自己有茅塞顿开的感受。句句浸润着独特的教育思想、理校理念的金玉良言常在脑海翻腾："校长要有理想、有激情，要打造校园文化品牌""学校在教师发展中造就辉煌业绩，教师在学校发展中成就灿烂人生""校长要三想：想得远、想得深、想得全""认识的高度、思维的深度、表达的强度是校长应有的素质""校长的人格魅力、教师的人格魅力是学校德育成功的保证""一个学校的发展，校长的精神面貌起着决定性的作用，校长必须要有工作的激情与豪情，信心，决心、恒心是校长最需要的精神面貌"……精辟的管理思想语录常催人奋发，使人热血沸腾，亦让人遐思无限。

"个性化"是杨校长教育思想的核心内容。每一所学校或学校的每一个阶段的发展都是有差异的，准确寻找并定位其新的发展点对学校管理者而言是极其重要的素质，也是职责所在。杨校长每到一所学校都会深入细致地了解该校的办学历史与发展现状，并能在客观而充分剖析的基础上，为学校新的发展点提出自己的思考与提升策略。可以说"个性化"的教育思想指导意义深远。学员们都希望杨校长能经常亲临各自的学校"把脉、点金、助力"。

当然，学员之间也会有悄悄地交流：我们要从杨校长身上学些什么呢？能从杨校长博大的管理思想中学到什么呢？是的，杨校长苦心经营的学军小学我们不可能复制，杨校长卓著的管理业绩我们不可能高攀……但我们全体学员真切感受到的杨校长对待工作的满怀激情，真实感受到的杨校长与时俱进的教育管理思想，真切体会到杨校长身上那浓浓的人情味及强大的亲和力，都是一个人最难能可贵的品质，是一位杰出学校管理者必备的品质与素养，我想这也是最值得我们学习与追求的东西。

基地示范助力

学军小学是"杨一青名校长工作室"培训学习的基地校，也是杨校长为之一生奉献、经营的国内外知名城市小学。其校园的精致大气，管理的先进理念，师生的敬业和谐等每一方面都是我们学员需要深入学习借鉴的。过程中，我们对该校"三长制"教学管理模式有了较全面的了解，"三长"是指备课组长、教研组长、年级组长。它把学校的管理、教学等工作重心下移并最大限度地赋予、发挥"三长"的管理职权与作用是"三长制"的最大特色，其教学思想与策略给大家留下诸多启示，值得学习借鉴。现在的学军小学办学思想、管理品牌等已不仅仅是我们学员景仰的殿堂，也已成为我们学习观摩与交流的"主课堂"。

（龙游县桥下小学　刘智松）

（四）知性疏导　厚德笃行

绍兴市稽山小学金华星校长学习以后说，杨校长提出校长要有办学思想的观点非常正确，他联系学校实际，通过课题研究的途径，提炼完善了学校的办学思想。

绍兴是历史文化名城，大禹治水的故事家喻户晓。后人对大禹的敬仰往往集中在"三过家门而不入"、身先士卒、吃苦耐劳等道德形象上，这是十分必要的。但进一步追问，大禹精神的核心价值在于"尊重规律，改堵为疏"。

坐落在大禹陵旁的绍兴市稽山小学，充分发掘和利用地域资源优势，建校伊始，就以"传承大禹精神，培育会稽精英"为己任。在不断的探索中，我们启迪于大禹治水遵循"水往低处流"的自然规律，"开沟挖渠、疏河导水，使千流归海"的成功实践；认为现代教育要遵从"人往高处走"的向上本能，"疏途架梯、导行导思，使人人成才"应该是教育工作者的自觉追求。从而提炼和确立了"知性疏导"的办学理念——凡事都以"知性"为前提和基础，以"疏导"为途径和方法。"知"，就是了解、研究、发现和掌握；"性"，就是规律、原理、真相和本源；"疏"，就是疏通渠道、畅通途径、搭建平台、设置载体和创造条件；"导"，就是引导、开导、指导和辅导。这是金校长主要的思想方法和思维模式。

大禹是中华立国第一帝，对中国历史的演进和发展有深远影响。作为华夏文明的始祖，万世敬仰的英雄，金校长认为，大禹精神的核心是"厚德笃行"。这同样应该成为稽山小学的学校精神——"厚德笃行"，就是既仰望星空，又脚踏实地。"厚德"，就是追求大德，厚积薄发，立意高远，崇尚卓越；"笃行"，就是勇创一流、躬身践行，刚毅坚卓、埋头实干，全心全意、善始善终。这是一种重要的行走方式和价值追求。

基于此，学校校训为："疏"——即

1. 学校层面"志于疏"：丰富机会、创设平台，实现条条道路通罗马，追求人无全才、人人成才。

2. 教师层面"善于疏"：疏字当头，善疏慎堵，以疏代堵，疏堵结合。

3. 学生层面"自我疏"：自我教育、自我激励、自我管理、自我疏导、自强不息、自主发展。

学校办学目标为"适合学生发展的品质学校"——即了解学生需求，顺应学生个性，疏通渠道，铺设路径，丰富资源，导航成长，引领学生多彩个性发展。

学生成长目标为"有厚德、肯笃行"——即勤勤恳恳、踏踏实实，一心一意、善始善终；向上向善、求真求实。

教师发展目标为"能知性、善疏导"——即理解教育本质，掌握教育规律，懂得学生需求，把握学科特点；因势利导，相机引导，精心指导，及时辅导，谆谆开导。

目前，金华星校长正以这样的办学思想引领嵇山小学师生，在改革发展的路上前行。

四、一个建议"把非洲大陆搬进校园"

2013年12月，我以浙派名校长培训班实践导师的身份，和20多位校长培训班的学员来到金华市经济开发区秋滨小学，现场诊断论证学校三年发展规划。2013年4月，13名非洲英语国家的中小学校长，曾访问了秋滨小学，滕闽军校长还给我们大家播放了当时非洲校长参观访问以及和学生活动的录像。非洲校长们参与的积极性极高，他们热情、自由的性格，活力、友好的特质给大家留下了深刻的印象。我边听边想，非洲是一块文明古老的大陆，中非人民有着传统的友谊。当下，党中央国务院在国际事务中，对非洲非常重视，浙江师范大学有着我国很有影响力的非洲研究院，地点就在金华，和秋滨小学只有15分钟的车程。秋滨小学有"有视野、有梦想、有活力"的办学理念，应该抓住这一教育资源，从了解非洲入手推进教育国际化，这是学校落实办学理念的一个发展的新亮点。

我查看了学校的整个环境，发现走进学校大门就看到左边有一片绿化区，于是我建议在这里建一个"中非友谊园"，让师生们了解非洲，熟悉非洲，让中非人民世代友好下去。从战略眼光来看，我们国家一直以来非常重视非洲。我们建中非友谊园，符合中央的精神，这件事一定会得到政府的支持。我还建议学校要向开发区社发局，向上级教育行政部门汇报，和浙江师范大学非洲研究院联系，向关工委的老同志汇报，争取社会各方面的支持，努力把这件事办好。

2014年5月18日我再一次来到了秋滨小学，了解我提出的建"中非友谊园"推进国际化教育的落实情况。滕校长与我交流前一段的工作，落实了建园的地址。我还提出要有校本教材介绍非洲，把这一教育发展点抓紧实施，真正落到实处。我说今后我还要跟踪了解促其落实，并提出 6 月份应该有个眉目。

从那以后，这件事有了突破性的进展，滕校长这样回忆着：

把非洲大陆"搬"进金华小学校园里

金华市秋滨小学将和非洲展开的一段传奇

"中国研究非洲第一人"刘鸿武盛赞不已，因为——

强大的中国需要孩子拥有健康快乐、开放包容的心灵世界

"偏见，会让我们失去很多"

为什么是非洲？为什么是秋滨小学？答案离不开秋滨小学"有视野、有梦想、有活力"的教育理念，离不开与学校近在咫尺的浙江师范大学非洲研究院。

事情缘起于 2013 年 4 月，当时秋滨小学接待了由商务部主办、浙江师范大学承办的"2013 年非洲英语国家中小学校长研修班"十余名学员。非洲校长们参与性极强，他们激情、自由的性格，活力、友好的特质给我们留下了深刻的印象。

2013 年 12 月，浙江省功勋教师杨一青带领浙派名校长专家团来秋滨小学论证三年发展规划，他敏锐地发现了秋小活力教育对接非洲文化的发展节点，并提出完全可以借助浙江师范大学非洲研究院的资源来展开非洲研究。

但是，此想法一直没有落地。因为价值取向、思维方式、情感接纳等原因，我们对非洲有一种大众化的偏见。据不完全统计，至今为止，在金华大市范围内甚至全省范围内还没有一所小学是面向非洲开展全面合作的。对接非洲文化，我们很犹豫。

直至 2014 年 5 月，杨一青校长再次访问秋滨小学，并帮助学校规划在操场的西南角建造"非洲园"。浙江师范大学教育学院张振新教授也认为结合秋小办学理念、校训和现有的办学特色，进行对接非洲文化是可行的。

于是，学校围绕着"有视野、有梦想、有活力"的校训展开对接非洲文化的深度思考，在分析中，我们渐渐确定，秋小与非洲完全可以对接。

第一个连接点是"有视野"，着眼点是非洲的教育模式，它在西方教育模式的基础上，结合本土的教育模式，兼收并蓄。"有视野"的连接点：着眼于世界，跳出东

西方的桎梏，把视野投向非洲。

第二个连接点是"有梦想"。有梦想，是非洲的特征：经过战争洗礼的非洲人民，追求和平，热爱生活，向往着美好的未来。非洲人民质朴、热情，对于人生的自信与乐观，值得全世界尊重和学习。这和秋滨小学的发展状态可以做个连接：提升价值，追求梦想人生。

第三个连接点是"有活力"。热情的非洲大地上，能歌善舞的非洲人民，歌唱着，舞蹈着，活力的他们展现对美好生活的热爱。所以在这里我们做个连接的话，是展现自我，积极向上。

而且，秋滨小学开设非洲文化教育项目，有着全国其他地方学校难有的便利条件。虽然非洲远隔重洋，但拥有全国高校中首家综合性非洲研究院的浙江师范大学，只在 15 分钟车程外。浙江师范大学非洲研究院是中国高等学校首个非洲研究院，在刘鸿武院长的带领下，按照"非洲情怀、中国特色、全球视野"的治学理念，以高起点、国际化的办学视野，开展系统全面的非洲研究、人才培养、国际交流、政策咨询工作，使这所位于江南小城的研究院成为国际国内知名的非洲研究与智库机构，吸引了来自世界各地的非洲研究交流学者，有力提升了中国非洲研究的国际影响力。

2014 年 6 月，我们正式开始对接浙江师范大学非洲研究院，参观研究院非洲博物馆，参加学院协同创新现场推进会，与刘鸿武院长多次深度交流……我们收获了满满的敬畏与尊重，坚守与执着，更收获了致力于普及非洲文化教育的信念与决心！

"教育的终极目的是培养健康快乐的心灵世界"

教育的目的是什么？是让孩子拥有快乐、健康、向上的心理，形成开阔的视野、心胸，锻炼出很强的动手能力。接触非洲文化，能同时从几方面达到这个目的。非洲文化较少受到现代工商文明的冲击，但不意味着愚昧、落后。相反，非洲文化熏陶下的孩子，更富有好奇心和想象力，更天真和快乐，对外部世界保持着更敏锐的感受能力。非洲音乐动感强烈，节奏明快，非洲人积极、开朗的性格与此密不可分。非洲绘画的色彩、线条、光线，都比较鲜艳、亮丽，更能激发孩子的创造力。非洲文化中保留了人类成长早期的本真质朴，在现今应试教育倾向严重的大环境下，孩子们的创造力被抑制，非洲文化能够帮助他们找回应有的童真。

了解非洲，秋滨小学选择了从"课程"入手。秋滨小学正在开发的校本教材较深地受此启发。目前，《活力非洲》教材研发组参照国家新课程标准，以学生生活实际和心理发展为依据，以"非洲文化"为课程核心，已架构出"探秘非洲""视觉非洲""动感非洲""指尖非洲""文学非洲"五大系列课程，内容涵盖地理介绍、音乐体验、艺术赏析、工艺品制作、文学鉴赏等相关学科或领域。我们采用了跨学科、主题单元呈现的编写模式，将五大主题（190课时）的教学内容螺旋式上升地分布在三个年段（低段、中段、高段）的实验教材中。在编写中，我们着眼于多视角、亲和力和趣味性，将非洲的质朴、本真、夸张、壮美等特质融汇于生灵、图腾、鼓乐、饰品和文学故事中，力求图文并茂、形式多样，既有知行、鉴赏，又有色彩、律动，更有体验与尝试。

为了让孩子们更直观地感受非洲，秋滨小学利用校园内的空地与围墙，委托浙江师范大学美术学院设计了一个"非洲园"，直接展现非洲的文化。"活力非洲园"由浙江师范大学美术学院副院长施俊天领衔设计，分为活力非洲、创意非洲、历史非洲、快乐非洲五个区域。其中，活力非洲区展示的是非洲动物雕塑，置身其中犹如来到非洲大草原；在创意非洲区，可以看到非洲的艺术壁画、非洲风景等；在历史非洲区，能看到非洲面具、非洲图腾柱、非洲文字等；快乐非洲区，最受孩子欢迎，因为那里有很多非洲鼓，既可以当凳子坐，还可以敲击出快乐的音符。2014年8月8日，秋滨小学"活力非洲园"开工建设。从孩子的视角出发去设计的这块迷你"非洲大陆"，注定会活力四射。

培养有活力的孩子是秋滨小学的始终追求，非洲文化进校园，必将让孩子在潜移默化中进一步增强孩子们对美好生活的热爱，培养他们展现自我、积极向上的品质。

"未来中国需要包容不同文化的开放胸怀"

在市关工委专职副主任陆品能看来，秋滨小学的校园文化中还有一个重要特色：包容。秋滨小学是一所外来务工子弟占比近半、处在秋滨工业园区的学校，但通过"手拉手活动"与51个学校社团活动的融合，"小新金华人"无论家庭环境、行为习惯与本地孩子有多大差异，都能与本地孩子融合成长，体现了包容、尊重、融合的文化。"在一次校园活动中，我看孩子们的眼睛，分不出哪个孩子是'小新金华人'，哪个是本地孩子。"他说，非洲文化进校园是"手拉手活动"的进一步延伸，"手拉手的双方是中国孩子与非洲孩子。"

对此，曾获"中非友好贡献奖""感动非洲的十位中国人"等荣誉的刘鸿武教授深有感触。"按照有关专家的预计，再过10年、20年，中国将成为世界上第一大经济体。从大国变成强国，最大的考验是我们对不同文化的接纳与认同能力，关键在于我们能否培养孩子开放、包容的胸怀，这将决定他们长大后能否避免西方人常犯的极端、偏执等错误。""从国家层面来说，非洲是中国最重要的伙伴。我们有信心与秋滨小学及相关部门一道，共同将这件事关国家未来、孩子未来的事情做好！"

因此，他对秋滨小学的非洲文化进校园项目寄予厚望。他透露，浙江师范大学非洲研究院还将帮助秋滨小学引入非洲优秀教师来任教，安排孩子及家长到非洲搞暑期夏令营，让孩子零距离接触非洲的自然与人文；同时，力争在秋滨小学开发和培养一批中国文化进非洲的师资力量与样本教材，使秋滨小学成为中非文化交流的重要纽带。

2014年8月8日，我再一次来到秋滨小学参加学校非洲教育基地建设论证会。滕闽军校长向我介绍了5月以来的工作进展情况，浙江师范大学美术学院副院长施俊天作了非洲园规划设计的详细介绍，拿出了效果图和施工图。秋滨小学《活力非洲》教材编写组的老师介绍了教材编写的情况，而且拿出了低、中、高编好的彩印的三本教材，一本教学设计。这使我非常感动，他们真的很重视，很抓紧了，拿出了质量很高的作品。

非洲园效果图

10月12日我再一次来到金华，浙江师范大学教师教育学院张振新院长高兴地告诉我，现在浙江师范大学非洲研究院、美术学院、文化创意学院和他所在的教师教育学院四家单位在帮助参与秋滨小学非洲教育项目的落实，秋滨小学成为我国中非教育的第一所小学教育基地，开发区社发局已批准拨款170万元，预算所需200万元估计不成问题。迷你"非洲大陆"——"活力非洲园"不久将破土动工。刘鸿武院长建议在编写《活力非洲》的基础上，编写一套《魅力中国》，用英、法、中文，到非洲发行，宣传中国。他还建议浙江师范大学教师教育学院开展对非洲教师的培训，同时开展师生交流互访活动，可见，中非教育合作前程广阔，意义深远，秋滨小学找准了学校教育的发展点。

五、山花烂漫惹人爱

浙江丽水市缙云县东渡镇长坑村长坑小学，是一所大山深处的学校，现有12个教学班，教师33人，学生575人，全部住校，而且老师和学生一起住校，是一所典型的山区农村寄宿制小学。校长刘勇武是我工作室第二期的学员。

浙江省教科院的一位领导说过：缙云县长坑小学是一所至今办学条件仍然十分艰苦的乡村小学，但就是这样一所小学，一改单调抑郁窒息的应试教育范式，在校园里营造了浓浓的文化气息，打造了自己显著的特色，并以长坑精神感动着数以万计的参观者，耐人寻味。在某种程度上，这所农村小学的成功探索也使我们感悟到学校推进素质教育的真谛。

2012年10月，我带领工作室的30多位校长来到这所学校，现场考察学习诊断。这次活动的主题是"校园危机处理和师生安全保障"。长坑小学是全国交通安全教育先进学校。我们发现安全教育只是该学校一个方面的成绩。印象更深刻的是多年来，学校注重校园文化建设，大力倡导生活即德育，德育即生活的理念，坚持"全员参与，全程管理，全面育人"的原则，实施课程改革，积淀德育规范，关怀孩子成长，以为学生营造"平安学园"建造"舒心家园"打造"成长乐园"为办学目标，以要让长坑的孩子因课程而更加全面发展；因活动而更加多元自信；因开放而更加大气明理；因寄宿而更加自强自立的办学理想。努力构建和谐、优雅、富有丰厚文化底蕴的"美丽校园"，办出了农村学校的特色。

学校建设"劳动阵地"，渗透自强精神

学校建有橘园 6 亩，种有 1000 多株特早橘；又采用租赁形式，在学校的周边开辟了 1.5 亩红领巾蔬菜基地，作为学校少先队种植园。开辟池塘 1 口约 70 立方米，养了 230 多尾各种各样的鱼。另外开辟养殖场 1 个，养有 18 头猪，45 只鸡，10 只鸽子。学校立足红领巾学农基地对学生进行生产劳动教育。橘园、池塘、蔬菜基地管理分中队包干，责任到人，学生定期参加除草松土、施肥、整枝；定时给鱼池换水，给鱼喂食；定时养猪、养鸡、养兔、养鸽子。在劳动体验过程中，他们注重对学生进行各类种养殖知识的教育渗透，并且专门聘请镇农技站专家、畜牧专家作为学校特约辅导员，引导广大农村少先队员、学生积极掌握农业科技的基础知识和基本生产技能。

同时学校还组织学生参加绿化校园、平整操场劳动，以及打扫街道、修补路面等公益劳动。通过各类劳动，促使学生们了解、学会了一些劳动的基础知识和基本技能，培养了学生吃苦耐劳、团结协作的精神和坚强的意志品质，同时也在劳动体验中渗透了自强自立的精神，从小培养了他们崇尚科学、勇于创造的思想和能力，为将来成为快乐生活的开拓者打好了知识和能力的基础。

结合农村学校实际，大力开展校外实践活动

文明小使者培养。长坑是一个山美、水美、人更美的好山村。随着社会的不断发展，在人们的生活中不断出现了许多白色垃圾，使往日的村庄、小溪、青山受到了不同程度的污染，时刻在威胁着人们的生存和发展，于是学校大队部首先开展"消除白色垃圾，从我们身边做起""走进大自然，我们该怎么办"等活动，针对这一现象和问题，结合学校实际，利用大会、小会、队会、板报等渠道对学生们进行环保知识的宣传教育。其次，还开展"小捡拾"的环保行动，分班组建环保行动小组，组织开展废品回收活动，有意识地引导学生从自己学习用品的废弃物整理回收入手，进而扩大到生活的方方面面，学会垃圾的分类整理。

同时，学校所有同学还利用节假日到村庄、小溪、青山、乡村道路上捡垃圾、搞卫生，向村民们做宣传，回家争做"爱我家乡讲卫生"的示范小公民，把卫生常识和环保好习惯带回家、带回村，大大地促进了所在村的卫生和环境保护工作，并且在一系列的活动过程中渗透环保意识教育，做到不随地乱丢垃圾，随手捡起可回收的垃圾，在保护环境的同时也为中队活动赢得了资金。与此同时，也以学生自己的实际行动感化周边村民，小手牵大手，共同美化我们的家园。使全体村民和学校的全体师生提高了对环境保护的认识，一个个学生成为爱护环境、宣传环保的"文明小使者"。小学生用自己的眼睛看环保，用自己的小手护环保，用自己的巧嘴讲环保，因而，也成为村民心中的"文明环保小使者"。学校校大队部组织的"还我清清长坑河"环保活动还曾获第十八届浙江省青少年科技创新大赛科技实践活动二等奖。

风采双休日活动。该校是一所全寄宿的学校，百分之九十五的学生全周住宿学校，为学校开展生活德育教育创造了很好的条件。为避免出现德育教育中"5+2=0"的现象，学校注重德育教育的校外延伸，每个双休日或节假日学生回家，和学校创建德育特色班级紧密结合，对每个学生都布置适量的德育作业，开展风采双休日活动。如一年级小朋友，要求他们在家生活自理，洗自己的衣服等；结合五年级孝敬中队建设，要求每位同学每周回去，向身边的每位亲人问声好，做一件能体现自己对长辈孝敬的事，等等，并建立联系册，请学生家长参与监督评价，形成家校教育合力，有效促进学生的德育体验，促进德育特色中队的建设。

"手拉手"互助活动。长期以来，大队部组织开展慰问高龄老人、孤寡老人和军烈属的"手拉手互助活动"，与本村及附近村的三类对象主动挂钩，定期组织学生到他们家送温暖，每年老人节，还请全村的高龄老人到学校做客。让学生在亲近老人、帮助别人的实际行动中，净化心灵，体验无私助人的快乐。此活动，该校学生二十年如一日，长期进行，多家媒体也陆续进行了专题报道。

打造"七彩童年"，发展学生个性特长

学校组织学生进行兴趣特长训练。学校组建民族乐器（二胡、笛子、古筝、扬琴、月琴、锣鼓、班级普及笛子）、乒乓球、篮球、围棋、中国象棋、国际象棋、书法（毛笔、硬笔）、美术、科技、鼓乐队、唱歌、舞蹈等若干个社团，每个社团下设若干个活动组，学生根据自己的特长和喜好全员参与，利用每周二、周四下午第三节兴趣活动课以及每天早、晚闲暇时间开展活动。学校建立评特长生制度，开展"全能小博士""优秀小班干部""小文学家""小书法家""小演说家""小歌唱家""小演奏家""自理小能手""小画家""小数学家""小发明家""体育明星""行为规范标兵""进步明星""优秀小记者"等优秀生评选活动，充分发挥了评价的指挥棒作用，有力促进了学生全面发展，推进了素质教育的实施。

这么一所学校竟然有一支40多人的民乐队，没有专业指导老师，其他教师就边学边教，学着指导。一位 40 多岁的语文教师，从来也没有拉过二胡，但是学校民乐队缺少一位二胡指导教师，刘校长就请她边学边教，她欣然答应，刻苦学习，成为一名出色的二胡指导教师。这是何等可贵的精神！正是这种可贵的长坑精神创造了长坑的特色与奇迹，难怪有人说到长坑小学时讲："苦不苦，问问校长刘勇武；累不累，看看他们的民乐队！"长坑的校长和老师们以这种苦为荣，以这种苦为乐，在艰苦的农村山区教育中做出了贡献。全校 500 多位学生中有一半多是外县市的，他们的家长慕名而来，很多原本在当地老师家长眼中比较调皮的孩子，在长坑小学学习生活一段时间后，都有长足进步。长坑小学现已成为缙云农村优质教育的品牌。

　　近几年来有 5 万多人次的参观考察者到这里考察学习，被大家誉为"一朵不凋谢的山花"。

　　工作室的学员们反映，这样的亦生、亦师、亦友的现场培训活动太好了，刘校长是学生也是老师，大家都是同学，都是朋友，非常亲切。大家看了，听了，亲身体验了，太受感动！长坑小学办学条件这么艰苦，能做出这样的教育成果，关键要有一个好校长，刘校长的办学理念正确，从农村山区学校实际出发，引领教师们在教育改革的路上奋发前行。在全校教师中培植一种精神，这就是艰苦奋斗、自强不息的精神。"山花灿烂惹人爱"，大家纷纷表示要向长坑这朵灿烂的山花学习。

山花无名也烂漫

　　是花朵，就要向天地绽放美丽；是花朵，就要向世界倾吐芬芳。"杨一青名校长工作室"第六次活动安排我们参观的缙云长坑小学恰似那无名的山花，尽管无名却也烂漫多姿。

　　长坑小学的总面积只有 5900 平方米，就是这么一点面积，却被乡村民居分隔成了 4 个校部，被人们戏称为有着 6 个"校门"的山村小学。学校无运动场、礼堂，一些寝室甚至还只能三人睡两铺。校区尽管简陋，办学条件尽管艰苦，但是在刘勇武校长的带领下，在全体教师们的努力下，自强不息，坚持走极具农村特色的办学道路，以精神的富足超越物质的匮乏，先后获得了全国教育系统先进集体，全国和谐校园，全国德育工作先进集体，浙江省首批文明学校，浙江首批和谐校园，浙江省艺术特色学校等荣誉称号。

　　全国有那么多的农村小学，农村学校都很艰苦。不得不佩服长坑小学的领导们，他们没有屈服于艰苦的条件，反而抓住了农村学校的特色来开展各项活动：

一、重视劳动体验教育。

学校建有种植实践基地，养猪、养鸡基地，让学生去亲近动植物，亲近大自然。

二、重视生活自理能力教育

因为住校，所以是学生生活自理能力培养的大好时机。自己刷牙、洗脸、叠被子，"勉强成习惯，习惯成自然"。

三、重视才艺特长教育

刘校长主张人一定得有事做，否则易生事。因为他们学生24小时在学校，要求每位学生至少会一种乐器，其中笛子是必修的，人手一根竖笛。主抓琴棋书画，四、五年级有红领巾乐队。其中，棋对人的意志力的培养、智力开发有一定作用。跳绳、踢毽子是为了取暖。每天20分钟的书法，每天晚上两节课的全校的兴趣活动。由于教师也是住校的，因此非常辛苦，调整他们的心态就非常重要。要求教师做到有服务意识，将学校当作企业一样去经营。要教师记住：金杯、银杯不如家长的口碑。

长坑小学之行，让我生出许多感动：长坑小学的"平安学园、舒心家园、成长乐园"；长坑小学的"我的寝室我的家"寝室管理方法；长坑小学的"人人会演奏一种乐器"特色教学，以及"德育即生活，生活即德育"的理念，"人人都管事，事事有人管"的学校管理原则；教师一日三餐吃住在校的奉献精神；等等。回过头来看看我们城市学校的校园环境、硬件条件优于长坑，但长坑小学教师的奉献精神，更胜于我们，长坑小学的管理工作更精、更细、更实，长坑小学的工作业绩更凸现，学生的特长更显现。

长坑小学之行，又让我生出许多感慨。在这样艰苦的条件下，长坑小学为什么会有这样的业绩？那得有一种精神来支撑，这种精神便是长坑精神。"求真务实"是长坑人的精神诉求，也是长坑人的鲜明个性。长坑人不为困难所慑服，能干常人不肯干的活，能吃常人不肯吃的苦，能做常人不起眼的事，长坑精神的核心就是坚韧不拔的创业精神、拼搏精神；长坑人身上有一股朝气、一股豪气、一股锐气；长坑人敢于向困难挑战的勇气和自力更生、敢打敢拼的胆略和气魄，造就了长坑先声夺人的态势。在长坑小学教师身上鲜明地传承着我们中华民族的传统美德。

此次长坑之行，使我见识大长。俗话说"天外有天，山外有山"，山里还有烂漫多姿的山花，真是不虚此行。我准备带我校的老师来参观一次，让教师们身临其境，使我们赶有目标，学有榜样，做有成效。

（杭州市紫阳小学　陆爱萍）

六、西溪乡土特色文化教育的启示

杭州市留下小学位于千年古镇留下镇。地处西溪湿地，浸润着千年西溪文化，丰富的人文和景观资源是学校教育的财富。留下小学校长陈伟泉充分认识到这一资源的价值，多年来带着师生走进西溪湿地，发掘教育文化内涵，在学校办起了湿地博物馆，展示湿地历史文化，把西溪十八般武艺的刀、叉，小竹篮，甚至小木船都搬进了学校，在学校长期展示。学校编写并出版了有关西溪文化的三本教材。每年举办西溪文化节，已形成制度。

为此我带领工作室学员来到留下小学，请学员陈伟泉校长现身说法，引导校长们在办学过程中重视乡土文化教育和校本教材的开发与实用。

（一）基于西溪文化背景下的学校特色文化建设

十多年来，留下小学组织师生走进西溪、体验生活，充分运用"西溪文化"资源将课堂教学、社团活动、节日文化、综合实践活动等载体有机整合，提出培育"雅趣少年"的目标，促使学生健康成长，开展了"雅趣教育"系列研究，并形成一定的成果。我们开发、撰写并由上海教育出版社发行的三册校本课程《留下足迹》《人文西溪》《西溪采风》在2012年浙江省优秀非物质文化遗产学校读本评比中荣获一等奖，是首批杭州市高质轻负联系学校、西湖区课改实验学校、首批西湖区德育精品工程学校。

1. 一个启示：20世纪30年代《毕业歌》和《远足歌》

毕业歌

佳气兮冲冲，春分广坐中，/吾曹进学来，学业修普通，/幸今朝毕业，谢我师长谢父兄。/学问泓无限，毕业研究未易穷，/譬如登高山，须至喜马第一峰，/又如

赴远行，须游地球遍西东。/原同学努力进取，易得毋自封，/今日桃李花，他年翠柏与苍松。/

远足歌

进！进！进！/抖擞起精神。/行！行！行！/体健身轻。

远足去，/有一个原因，/多走路，/多见多闻。

进行！进行！/努力前进，/登临胜地，/经历名城，/尽量采取，/野田动植。

携归收作新标本/集在远足/从今益信/校外果然有课程。

启示：

基础教育肩负传承中华优秀传统文化基因之责任。（责）

学生对身边世界不断探究是很有意义的学习活动。（意）

生活即教育、教育是生活，让学生体验到童年生活乐趣。（趣）

教育即德育，教育过程及教育目标需孩子"与生态和谐、助生命灵动"。（味）

2. 两种文化：从西溪文化到学校"雅趣教育"文化

一方水土养育一方人。富裕的西溪水土千百年来养育了"和谐、道义、风雅"的留下人。留下小学地处西溪这一地域环境，浸润在具有千年历史的西溪文化当中已经逾百年历史。在现实生活中西溪的核心精神文化影响着留下孩子的方方面面，在过去的时间里我们通过对西溪文化校本课程的研究，也在这些方面进行了一些实践探索，并提炼形成基于西溪文化的学校核心文化追寻："和谐、道义、雅趣、开放"。

（1）我的家：西溪

孩子们生活在西溪，这是学校教育教学活动的基点。在西溪的孩子应该认识我的家，认同家乡文化，才能热爱自己的家，长大了有精神寄托的有根的人，才能成为有担当的公民。

（2）课程资源：西溪文化

西溪且留下。自然生态西溪、人文西溪、科普西溪、开放的西溪是教育资源，可以作为课程资源开发利用。通过"走进西溪、体验生活、传承文明、主动发展"为行动纲领的"西溪文化"校本课程开发与实践研究。提出"传承西溪文化，培养具有科学和人文素养合格小公民"的特色培养目标。

（3）校园文化：道义、雅趣、和谐、开放

西溪文化的不断认识和利用过程中，我们感悟到西溪文化为中华民族优秀文化的典型与具体化，归纳提炼西溪文化核心价值，转换校园精神文化"道义、雅趣、和谐、开放"。将"西溪文化、代代相传"作为学校职责，提出"风雅西溪、人文校园、雅趣少年"特色教育建构目标。

3. 三条路径

一是雅趣课程建设；二是教学方式的变革；三是学生的项目活动，一种依托场馆的学生体验活动。

4. 多维目标

雅趣教育基于学生、学校实际，接西溪"地气"，对"西溪文化"的传承和发扬。雅，正也。雅趣，既是受过良好教育人透露出的文明优雅举止、乐观向上状态的内在气质；也是学生童趣、乐趣、趣味的外在表现。雅趣反映学生道德情操、品质素养、审美情趣以及价值观，从学生的学习过程看，雅趣是以乐与趣为基础的学习过程，归根结底是学生一种快乐愉悦的体验，是师生共同创造出有趣有味的教学场景。

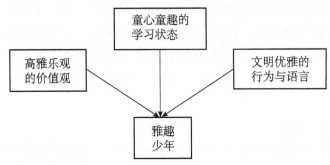

（1）通过儿童化、生活化、综合化的实践体验活动培养学生文明优雅的言行举止、乐观向上的精神面貌、高雅健康的审美情趣。

（2）共同参与"走进西溪"的实践活动，学会认同家乡文化，进一步培养学生成为有精神寄托、有根的人，成为有担当、有责任感的公民。

（3）通过研究，教师作为课程改革最直接的参与者，在研究的过程中发现问题并解决问题，发挥其内在动力，改变教师的角色行为，提高其专业发展，成为"五气"（扬正气、强底气、育才气、增灵气、聚人气）教师。

（4）通过"西溪文化少儿研究院"的升级建设及"雅趣课堂"的深入研究，营造雅趣校园文化氛围，全面提升教育品位，使其绽放独特的魅力，更具推广价值。

教育目的为育人，雅趣教育培育雅趣少年。学校将目标进行分解和落实，具体为：做一个讲文明、懂礼仪的人。做一个能自理、会合作的人。做一个爱运动、会锻炼的人。做一个勤动手、能创造的人。做一个爱读书、有梦想的人。做一个善思考、有智慧的人。做一个会欣赏、有情趣的人。做一个爱西溪、懂生活的人。

5. 五大举措

雅趣教育，即通过实践体验的形式开展一系列儿童化、趣味化、具有一定品位的教育教学活动，可以是发现美、欣赏美、创造美的过程；可以是环境体验、文化体验、生活体验、课堂体验、内心体验的过程；亦可以通过课堂教学、综合实践、社团活动、校本课程、少先队活动、学生评价体现。

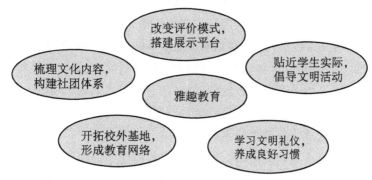

（1）梳理文化内容，构建社团体系

学校努力开发西溪文化资源，并将其转换成为适合学生发展需要的校本课程资源，关注学生的成长体验，尊重学生的兴趣选择，构建人人参与的社团体系。

结合西溪文化，打造"非遗"社团："西溪小花篮"社团秉承可持续发展理念，由学校老教师执教，再由青年教师延续接任，社团发展卓有实效。"十八般武艺"社团聘请西溪文化研究会武术分会胡金虎会长担任指导教练，学生们耍起改制的兵器，趣味盎然。作为"非遗"项目，两个社团从兴趣阶段进入到发展阶段，优秀传统文化得到有效传承。

注重地方特色，打造"实践"社团：花馍社团、西溪诗文诵读班、小太阳气象站等 24 个品牌社团，参与西溪文化综合实践活动，凸显乡情童趣。

依据年龄特点，打造"多维"社团：基于学生年龄特点，学校还组建了英语聊吧、软（硬）笔书法社团、七巧板、快乐阅读等近 40 个年级社团，并在尝试中不断完善。

（2）贴近学生实际，倡导文明活动

为使学生健康快乐地游戏，学校对游戏内容、形式、场地等进行了分析。首先是合理归类，如：趣味类游戏、民间小游戏、球类活动等；根据游戏特点，学校开发了各类相应活动场地。近年来，学校逐步形成特有节日文化，倡导学生大胆表现自我，文明参与活动。①西溪文化节定期开展：自 2003 年起，每年的"西溪文化节"以"书西溪、歌西溪、舞西溪、画西溪、赞西溪"等为主要形式，已成为学生个性展示的舞台。文化节分两个阶段进行：第一阶段为年级组、学科组层面的展示活动。如：美术组的人人画展，年级组的童谣创作展；第二阶段为文艺汇演。②游戏节内容花样不断：游戏节期间，首先各中队征集游戏项目，通过推选拟定本中队游戏方案；之后，各中队根据游戏内容，制作海报、布置教室、进行宣传；在游园阶段，请每位学生在游戏卡上填写最喜欢的游戏项目。游园结束后，各中队进行"游戏章"考章。根据活动开展情况，学校评选出单项奖："最佳人气奖""最佳文明奖""最佳海报奖"，综合奖："最佳游戏奖"。③其他节日逐步提升：棒棒体育节、快乐科技节、西溪伢儿读书节等节日逐年提升活动品质，得到学生喜爱。

（3）改变评价模式，搭建展示平台

依托"西溪文化少儿研究院"，建构具有学校特色的课程评价体系。每学期举办"西溪雅趣少年"的"才艺展示"，使竞赛活动学科综合化、游戏化，为学生搭建展示各种才能的平台。

（4）学习文明礼仪，养成良好习惯

扎实开展"养成一个好习惯、学习一项好礼仪"活动，每月末根据班主任推荐及值日老师、值日生的检查相结合进行评比，深化"展现雅趣少年风采，争做最美西湖少年"活动。目前已评出"光盘小明星""尊师孝亲好少年""守时之星""整洁之星"等。

（5）开拓校外基地，形成教育网络

为使每个学生都能在活动中有积极的体验，学校充分利用西溪的生态环境、独特的自然景观和深厚的文化积淀，让学生走进大自然，开展户外活动，建立校外实践基地：天堂伞厂及学校附近的军营等处不定期接受我校学生参观，留下历史古街也成为学生了解家乡文化的场所。

6. 三类成果

（1）学生学得快乐，喜得全面发展：学校吉祥物小笋娃体现"童心校园、雅趣少年"的校园文化和健康人格形象。学生在丰厚内涵的校园氛围中成长，每一个人都有拿得出手的特长，每一个人都在学习过程中找到属于自己的位置，逐渐成长为拥有文明优雅的行为语言、童心童趣的学习状态、高雅乐观的雅趣少年。2012 年 10 月，参加第三届中国小学校长大会第二论坛的 100 多位校长对我校学生社团及礼仪等各方面的表现给出很高的评价。（社团成员之感悟——邱亮：我不仅学习了武术，而且我还学到了中国礼仪，武术让我的身体强壮了；许鲲：这里让我学会了忍耐和坚强，再苦再累都要学会忍耐。我不再像之前那么急躁，我很喜欢这个社团和老师；才艺展示活动感受——张嘉航：这次活动，让我变得跟从前不一样了，现在，我可以在众目睽睽之下展现自信，秀出风采啦！蔡佳乐：在才艺展示会中，我们有欢笑声有叹气声还有尖叫声，虽然最后我们班没有取得最好的成绩，但我们还是为自己鼓掌。最后，我们获得了文明礼貌奖，我很开心，因为这个奖状里有着我们全班人的力量。）

（2）学校活动丰富，形成文化特色：少先队员成为宣扬、保护西溪文化小卫士；每年书法社团的"送春联、送祝福"活动，成为留下老街一景；"小伢儿科考站"考察西溪生态环境，寻找文化印记；"西溪文化节"是展示师生走进西溪实践成果的舞台，是师生享受西溪文化大餐的盛会，吸引了社会各界关注。

（3）团队齐心努力，收获丰硕成果：在团队的努力下，学校成为浙江本土民族民间艺术教学研究基地、浙江省书法教育研究实验基地；飞翔健美操社连续八年蝉联了市小学生健美操比赛六人操和啦啦操冠军；小太阳气象站社团被评为全国校园气象实践基地；西溪小花篮社团成为市明星社团；我们开发、撰写并由上海教育出版社发行的三册校本课程《留下足迹》《人文西溪》《西溪采风》在 2012 年浙江省优秀非物质文化遗产学校读本评比中荣获一等奖，是首批杭州市高质轻负联系学校、西湖区课改实验学校、首批西湖区德育精品工程学校。

7. 下阶段工作

（1）"西溪文化少儿研究院"的升级建设

西溪文化少儿研究院目前已有各类校级特色社团文化交流场所十余个，整体风格呈现一定的古典、本土气息，但各个活动室中相应物件（尤其是特色传统物件）的陈列还不够丰富，一些现代化教育设施设备还不够完备，特色"非遗"项目进校园活动可以进一步做大做强。因此，西溪文化少儿研究院的建设预计从三个维度着手：

加强体验场地的建设。包括：本地传统物件、现代化可触摸视频的购置和陈列等；

推进"非遗"项目的陆续进入。如：杭州纸马、刺绣、珠算等；

培养"西溪文化少儿研究院小院士"。致力于少儿视角的西溪文化研究，引导孩子用科学的方法认知周围的世界，爱护周围的环境。

（2）"雅趣课堂"的深入研究

各学科围绕一个点，通过趣味化的儿童实践活动体验开展"雅趣课堂"的有关课题研究，在研究过程中发现问题或是带着问题去发现和研究：

寻找问题的突破口，形成方案；

建立对话机制、活动组成结构；

发现"雅趣课堂"的形式路径，进一步提炼研究。

在研究过程中，着力探讨如何让孩子学得有趣味，活动过程及结束时如何展示，同伴间如何学习、如何运用新技能让教学更有实效（尝试翻转课堂的运用）等问题。

总结、提出推进"雅趣教育"的方法策略。

今后，学校将继续围绕"雅趣教育"，借助各方力量全面进行特色建设，深入开展课改研究，彰显学校办学特色魅力，为学生的终身发展奠定良好的基础。

（杭州市留下小学　陈伟泉）

（二）风景独好，客敬欢颜

留下小学创办于 1886 年，时称西溪私塾。学校坐落于西溪河畔，百年沧桑、几度兴衰、屡次改名，终成"千年古镇，百年名校"之美誉。

八百多年前宋高宗一句"西溪且留下"让小镇为世人所了解，西溪国家湿地公园的开发更让小镇名扬四海。

陈伟泉校长和他的团队，紧紧依托地域特色，充分挖掘西溪文化。以"和谐、道义、风雅"为核心，进行"自然西溪、人文西溪、发展西溪、我的西溪"系列活动设计和实践。经过几年努力，终把留下小学打造成一所个性鲜明、耐人寻味的学校。西溪山水、自然山水、人文山水，历史文化的悠久魅力让我们每一个参观者无端地感动，无端地赞叹。

民族的才是世界的，才是永恒的。留下小学留下了我们太多的赞叹，也留下了我们太多的回忆。

（宁波市北仑区柴桥小学　刘振宇）

留下小学是从农村中心小学和城郊接合部小学向城市化进程转型的学校，在陈校长的带领下，依托西溪文化打造学校地域文化特色，取得了令人瞩目的办学成效。4月17日下午，我们一行走进留下小学。"西溪私塾"古迹，"小农夫"菜园和路旁开得一派灿烂的油菜花、茶花、山楂花……童趣、质朴而富有西溪文化特色的校园文化布置和学生作品展示，让我感受到校园的丰富色彩和历史厚重感，把留下小学"道义、雅趣、和谐、开放"的办学理念和"花园、果园、科普园"校园韵味表现得淋漓尽致。在西溪文化少儿研究院，我们了解了西溪的风情民俗和西溪独特的"十八般武艺"。在校史室，我们聆听到了留下小学百年的沧桑历史和学校发展沿革，感受到留下小学深厚的文化底蕴。渗透到骨子里的"西溪文化"特色教育深深地吸引了我们。陈伟泉校长的《依托西溪文化　培育雅趣少年——基于地域文化的学校特色发展之路》讲座，从"学生——我们的理解，西溪文化——我们的认识，构建校本化课程体系——我们的实践"三个方面，"国家课程校本化、西溪文化校本化、校园文化特质化"三个途径，对西溪文化品牌的打造、校本课程的开发等进行了详细解读，使我茅塞顿开。原来，学校文化也可以这样做，也可以做成这样的。

（杭州夏衍小学　李安）

七、现场诊断：寻找学校的发展点

（一）把那幢房子拿过来

到学校现场诊断，帮助学校寻找下一步的发展点是我们工作室的一项任务。因为我们把校长的提高与学校的发展联系在一起。每一位学员既是学习者，又是诊断者，建议者。在杭州市时代小学，我们发现这所杭州市中心城区的老学校，占地面积只有 5 亩，建筑面积更是不足。校长高军玉是我们工作室的学员，她无奈地对我说："没办法，螺蛳壳里做道场，市中心寸土寸金啊！"当时，我发现学校操场南面有一幢高的楼房，我就对她说："那幢楼好像没有什么人住嘛？你去打听一下，产权单位是谁，可以的话把它租下来，或者买下来，甚至可以考虑把它拆掉，按照学校的需要重建，这样你的校舍不就扩大了吗？"这个建议，我还向上城区教育局局长提过，希望教育局支持。

这一建议的落实，促进了时代小学办学条件的明显改善。回忆这件事，高军玉校长在文章中写道：

> 由于我在担任校长岗位之前一直是担任教师、班主任和教研员，因此，我在担任副校长和校长期间，往往是比较注重课堂教育教学和教科研，对如何盘活社会资源办好教育这一块工作的重要性认识不足，总认为教育要固守自己的尊严和价值，没有必要太多社会化的东西，所以一不小心就躲在了自己建筑的象牙塔里，追寻着自己理想的纯粹的教育。但是，参加了"杨一青名校长工作室"后，我开始体悟到，教育不仅是学校象牙塔里的事，也是必须在和社会资源的有效互动中得到社会的最大支持。杨校长经常讲："校长常常需要跳出学校看学校，跳出教育看教育"，尤其应该懂得争取社会资源，办好教育也是校长分内该做的事情。记得杨校长第一次带领全体学员到时代小学来进行调研，杨校长就敏锐地发现了学校旁边的一幢房子可以租下来办学。其实这事之前我们局长已经在我面前提起多次，但因为种种原因一直还在商谈的过程中。杨校长的提醒再一次让我觉得这件事情办好对学校发展的重要性，所以我又加快了协商的力度。最后，在上城区教育局的支持下，这座原酱菜厂的仓库成了我们学校的艺术科技楼，命名为"馨艺阁"。

现在的馨艺阁里建了科学教室、科学走廊、美术教室、美术画廊、书法教室、音乐教室、成了学生能够个性发展的好场所，快乐成长的好平台。

时代小学新增书法教室　　　　　　　　　　时代小学新增音乐教室

（二）校园诸葛会；习惯成就和睦

我们到学校不仅是参观学习，更多的是为学校出谋划策，诊断"解剖"，帮助寻找新的发展点。

12 月 23 日，"杨一青名校长工作室"的专家和学员来到杭州市和睦小学，对该校的发展现状进行了全面深入的"解剖"和分析，并就如何进一步完善该校"习惯成就和睦"的办学理念和探索多年的"塔基学校"管理模式提出了很多意见和建议。这场被和睦小学校长金英称为"诸葛会"的现场诊断会，让她收获了不少学校发展的金点子。

身为"杨一青名校长工作室"的学员，金英坦诚介绍了该校的现状，即"校长普通、教师队伍普通、生源普通"，是不被关注但为数众多的"塔基学校"中的一所。她要求全校师生们坚信"我们很重要"，通过一点一点的、持续不断的改进和创新，不断提高教学质量，让学生们接受更优质的教育，就是一件"很有意义的事情"。她介绍说，如今学校在着力打造"十条和睦好习惯"，如"抽屉整理习惯""见到垃圾随手捡习惯""教师不拖堂习惯"等，把培养师生良好习惯的工作做细做深，带着研究态度去做，坚持不懈地做。针对生源的实际情况，该校成立"爸爸俱乐部"和"妈妈助理会"，创办《爸爸教育报》，开设"爸爸大讲堂"等，改进学生的家庭教育环境。

听完介绍后，一些来自普通学校的校长对和睦小学的办学实践感同身受，他们认为，和睦小学把自己定位为"塔基学校"非常真实，用心、用情、用行动来做好草根教育，探索"塔基学校"管理模式，真的很有价值。有些校长分析说，和睦小学从培养师生良好习惯入手打开办学局面，是基于生源实际的明智选择，也是做好其他工作的基础，学校可以根据所处地域的特点，把学校的口号总结为"习惯成就和睦，和谐始于和睦"，做好"和"文化这篇文章。

浙江教育学院政策与领导研究所所长"杨一青工作室"顾问李春玲博士认为，"塔基"这个词是本土原创的，很新鲜。她对塔基管理模式做了一个简单的总结，即用"四低"与"四高"来概括。"四低"即低起点、低支点、低重心、低姿态。低起点，就是基于比较薄弱与困难的办学基础；低支点是指实现学校发展的载体与途径不需要很高门槛，比如说习惯，容易抓得起来；低重心则是非常重视一线教师的实践智慧等；低姿态就是指学校的办学理念距离家长很近，很亲和，服务性很强。这样的"四低"达成的结果却不低，而是很高，即高目标、高要求、高水平、高质量。

考察了学校的环境，听取了金校长的介绍，我说，和睦小学抓习惯抓得准、抓得好。塔基的"基"，还应该指基础，打好学生的文化、道德、身体基础。学校应该研究具体要培养哪些师生习惯，要可操作、可检查。从一年级进来到小学毕业，什么阶段要强化哪些习惯，保障体系要跟上去，教师的习惯也要理清。身教重于言教，哪些教师的习惯直接影响孩子的，要细化。家长的哪些习惯直接影响到孩子习惯的养成的，也应通过指导"爸爸俱乐部"去改善和影响。学生习惯、教师习惯、家长习惯组成"习惯成就和睦"的三个板块，要做细做实，要持之以恒，才能打响品牌。在抓好习惯的同时，不要忽视良好教学质量的重要性，抓习惯的同时抓教学才会让同行信服。

现场诊断以后，和睦小学认真听取了大家的建议，制定或修订了学生良好习惯、家长良好习惯和教师良好习惯的内容，并且贯彻落实，取得了明显的效果，在上级综合考评中，从以前的 20 几位提高到前 4 位，有一次还得过第一位。当年来校学习参观考察者多达十几批。随后，和睦小学针对基础薄弱的所谓"塔基学校"发起成立"塔基学校联盟"，研究提高这些学校的办学质量，浙江全省有 20 多所学校积极参加，每年一次活动，对推进全省教育均衡发展有着积极的作用。

　　参加完诸葛会，我想借此机会大声说一句：我的兄弟姐妹们，你们太有才了！你们太可爱了！
　　王国维说美的超凡境界是眩晕，我想借用眩晕这个词可以概括诸葛会后那一两个小时里个人的感觉和感受，只记得无数的手拍拍我的肩膀鼓励我，只记得无数的人给了无数的好建议。除却杨校长和李博士的重量级发言，还有很多很多金玉良言：智慧又冷静的张晓萍校长举重若轻的发言一下子点中问题要害；老到热情的邵俊杰校长告诉我："和睦一定行，不行的话我们近三十个人把你抬也抬到！"真诚直率的赵成木校长俨然以和睦人自居地娓娓道来，给了我们整整半小时的宝贵建议，这些话语可能在其他任何公开场合都听不到。幽默机智的施国柱校长看出了"塔基模式"的实质……当天晚上，我打开录音文件，独自一遍一遍回放、记录时，总是忍不住微笑、叹息甚至眼眶发热。我听到周军夫校长大声地喊道："小金同志！我是方城的周军夫，你听好了——"我忍不住一个人哈哈大笑起来，我由衷地感到：晚上我在孤独地思考，但是那一刻我并不孤独，很幸福很享受很温暖："杨一青工作室"的全体同学，有你们真好！

（杭州市和睦小学　金英）

（三）现场诊断学校 点睛特色发展

桐乡市实验小学教育集团凤鸣小学　王耀丽

这个学期，很是幸运，一开学杨校长就带领省"杨一青名校长工作室"的全体成员莅临我校——桐乡市实验小学教育集团指导。杨校长对实小集团的特色均衡发展以及学生评价作了点评与指导，名校长工作室的同学们也就集团办学的困惑和难点作了热烈的讨论，为我们集团的后续发展提出了许多宝贵的建议。

集团把这次活动称为是润泽风雅文化，打造学校品牌的点睛之作。在杨校长的引领，同学们的鼓励下，我们正思考着，尝试着……

1. 以风雅为经纬，定制学校名片

杨校长语录：学校文化——学校品牌的精神

杨校长"风雅文化研讨会"点评：要学习研究，对风雅文化、对文人特质进行挖掘，建设好校本教材。

思考：学校文化是学校品牌的精神，润泽风雅文化的学校名片该如何定制？

立足风雅桐乡这一大背景，我们研究丰富的桐乡名人资源：茅盾的奇崛生平和文学创作，丰子恺的平和气质和艺术修养，金仲华的犀利眼光，以及钱君匋、徐肖

冰等前辈先贤对事业、对艺术、对文化不懈追求的人生历程和精神品质。他们通达、包容、平和，具有"通融天下"的风雅精神，同时具有宏大精深的艺术造诣。风雅之气自然形成。

研究学校原有的办学特色：北港小学是全国书法实验学校，几年来，自编系统的书法教材，录制电视书法教程，在书法教学上积累了很丰富的经验。振东小学已开始诗文诵读，整理诗文诵读内容，使其系统化，鼓励学生诗文创作，并与版画相结合。已初显特色。凤鸣小学是丰子恺漫画学校，在漫画教学与创作上已有一定的基础。城北小学是新办学校，正寻找着特色办学的方向。

我们以为：各校的名片制作要既润泽风雅文化，又结合学校原有办学特色。既有风雅文化的共性，又有不同文人的特质挖掘。于是我们打出了四张名片：

钱君匋——北港小学书法实验小学——书意北港

丰子恺——凤鸣小学漫画学校——漫画凤鸣

徐肖冰——城北小学新校崛起——影像城北

茅盾——振东小学——诗文振东

一种文化，四张名片，定位我们各校的研究方向，通过校本课程，打造不同的特色。正像学员们所讨论的那样，教育集团的办学既要注重集团的集合性，又要注重集团各校的独立性，把握好集团的统一和开放度。

2. 以和雅为标准，培养风雅教师

杨校长语录：教师——学校品牌的关键

杨校长"风雅文化研讨会"点评：要加强教师学习，让风雅文化熏陶人。从道德、审美能力等各个层面，从人开始，气质上感染与学校的评价考核等相结合。

思考：教师是学校品牌的关键，风雅教师的培养需要熏陶，需要感染，需要评价。

培训教师感受风雅，让老师们在气质上受到感染。我们围绕"润泽风雅文化"的集团办学理念，开展读书节活动，丰厚为人师者的文化底蕴，用阅读走进丰子恺精神世界，走进丰子恺的童心世界，用阅读浸润教师的工作，用阅读丰富教师的生活，用阅读滋养、回归、保持教师纯真的童心。让老师们感受丰老的"风雅"，我们又通过心理学培训让老师们体验风雅。风雅教师的培养不能仅仅停留在教师专业培训上，要渗透到人的修养深处。

评选活动推崇风雅，让老师们在审美上受到熏陶。本学期实小集团启动了首届"十佳风雅教师"的评选。"风雅教师"的标准是：包容——具有良好的师德，工作踏实，团结同志，处事大气；通达——即必须具有广博的知识、丰富的教学实践经验，有着对教育的独到见解、领悟与内化；平和——具有"亲和力"，即在身教、言教的过程中富于独特的人格魅力，能让我们的学生、家长感受到亲切和信赖。同时启动"风雅教师"系列评比。为了使不同年龄段的老师都有自身的发展和追求，本学年实小集团开展分年龄段的校级先进推优工作，具体设项为：崇实风采奖（年龄在30周岁以下的老师参加评选）：立足岗位，展现风采；崇实风华奖（年龄在30周岁至45周岁的老师参加评选）：奉献岗位，风华正茂；崇实风范奖（年龄在45周岁以上的老师参加评选）：坚守岗位，风范犹在。力争使每一位教师都在自己的工作岗位上熠熠生辉。同时集团成立以来，参与了校际流动的教师，他们克服各种困难，顾全大局，为集团教育均衡做出了贡献，特设崇实风尚奖。

在这些活动中，牢牢抓住风雅文化的实质，熏陶感染教师，促使教师以平和柔韧的性情和心态面对生活，才能有包容万象的度量与胸怀，从而拥有通达四海、融化天下的境界与目标，成就风雅教师。

3. 以雅致作基石，培育风雅学生

杨校长语录：学生——学校品牌的表现者

杨校长"风雅文化研讨会"点评：要形成风雅文化的氛围，开展好学生社团活动，形成节日和活动文化。

思考：学生是学校品牌的表现者，风雅学生的培育需要课程改革，需要活动载体，需要氛围的营造。

引入风雅课程。本学期，桐乡市实验小学教育集团推进单元整组教学，大刀阔斧地进行了语文教学改革。通过一系列的教材重组，提高了教学效率，节约了教学时间，减少了机械的作业，减轻了学生的负担。同时，大量地引进了课外阅读资源，从朗朗上口的《日有所诵》、值得细细品味的现代文学经典著作，到脍炙人口的文言文名篇，奉行"兴趣引路，经典奠基！"同时改变传统孤立的阅读考级制度，将阅读考级融入"单元整组教学"规划，与单元配套的拓展背诵篇目、与单元主题或程度相应的推荐阅读书目等都进行了细致地规划，合理地安排。还落实"不动笔墨不读

书"，《厚学笔记》每周一记，随时写下自己的收获或心得，分层要求可"摘"可"创"，正视阅读的差异性，完善过程性评价。让学生大量接触经典篇目，从小受到经典的熏陶，国学的浸润，风雅文化的熏陶。

开展风雅活动：在社团活动稳步推进的同时，开展了风雅主题月活动：如三月科技创作月，四月美术、书法月，五月音乐、英语月；六月……并推出"风雅文化活动超市"，由学生自主选择有吸引力的活动参加。

开始评价改革。杨校长说：学业评价一定要纳入校长的日常工作中去，贯彻落实、模范执行省《义务教育条例》，让评价落实、改革深入。根据我校改革的实际，我们向教育局递请了报告，希望能退出全市的统考，开展我们的学业评价改革。如语文课外阅读内容，学校特色项目的内容。学生免试制度的推行，免试学生的复习阶段活动组织。杨校长的鼓励与要求让我们在学生评价这一方面走出了勇敢的一步。

半天的指导活动，杨校长带领"名校长工作室"的同学给了我很多，参加"杨一青名校长工作室"，我相信会拥有更多……

（四）把中层干部队伍建设好

学校管理中，中层干部队伍的建设十分重要，于是我把质疑内容作为校长的必修课。学习以后，学员俞国栋，写下了如下感受。

赢在中层的思考与实践

东阳市实验小学　俞国栋

参加杨校长工作室集中学习活动，我印象很深的是第六次，杨校长和工作室的学员来到了我们东阳市实验小学，主题是学校中层干部队伍的建设和培养。杨老师和学员们听取我关于学校中层干部队伍建设情况的汇报。杨校长作了"赢在中层"的讲座。杨校长讲了中层干部的含义与作用，它承上启下，左右协调，是落实校长决策的关键，是联系教师的桥梁。从理论的高度，结合自己丰富的实践经验，概括了中层干部的八个特征，提出了中层干部需要具备七方面的基本素质，并一针见血地指出了中层干部中常见的七大问题。杨校长的讲座，学员们的发言，不仅启发了我的深层思考，更让我找到了我校中层干部培养的发展点。

　　中层干部是学校管理不可或缺的执行官和实践者；是校长的助手和参谋，有时甚至于是校长决策的完善者。因此，打造一支作风过硬、业务过硬的中层干部队伍，是学校作风建设的关键。听了杨校长的讲座，我联系学校实际，坚定我努力建设一支"肯干事、会干事、干成事、能共事、不出事"的中层管理队伍的信心。

　　学习活动使我深层次地思考了中层干部的培养和建设问题，有力地促进了我校中层干部队伍的建设。

　　1. 慎重选用中层

　　我的用人原则是唯贤、唯德、唯才。德才兼备者为首选，才微浅于德者次选，才高德浅者拒选。我用人主张是重内部提拔、竞争上岗。我的用人策略之一是"知人善任"。在了解清楚人才各自的特点和专长的基础上，因人制宜，把人才放到适合他发挥特长的岗位上，做到人尽其才、才尽其用，实现人才资源的最佳配置。我的用人策略之二是"用人不惧"。事前发扬民主，广泛听取群众意见，一旦考察、考虑充分，就要坚持原则。比如普通的教师A，他为人忠厚，以学校利益为上，不计较个人得失，任劳任怨且不打折扣，非常符合总务主任应有的素质。我们直接提拔为总务处副主任。几年来，学校的基建工程接二连三，他尽心尽责，无私奉献，使学校面貌得到了极大的改善，获得了老师们的一致好评。又如另一骨干老师B，他教学业务上乘，思维活跃，但过于注重自身利益，缺乏奉献和合作精神，这样的人就不考虑任用。

　　2. 引导准确定位

　　一个团队的战斗力，在很大程度上取决于各个成员能否找准自己的位置。首先，我向中层渗透两个观念：甘于平凡，学校干部不是官；管理即服务，为学校师生服务。既然是服务，就要把师生需求放在首位，积极主动，勤于反思并努力改善。其次引导中层树立六大意识：追求进步、团结协作、服务奉献、自主创新、自我反思、注重业务。提醒中层应该时刻保持忧患意识；应该努力成为本岗位的技术业务专家；应该时刻保持谦和的态度；再次强调中层要责任到位：要求各部门大胆想，大胆做，该管则管。要创新思维，要有清晰的思路和成熟的思考，对本部门的发展方向、长期目标、短期任务、管理措施等，中层干部要到位而不越位。

3. 巧提执行能力

毛泽东说:"政治路线确定之后,干部是决定因素。"干部的执行力是核心因素,没有执行力,一切皆是空谈。提高中层干部的执行能力,我从以下两个方面进行:一是中层修炼:理论实践相融。学校每学期为中层发放 200 元的书卡,要求中层积极阅读理论书籍,让先进的管理理念引领自己的实践工作。学校还为中层提供每学年至少一次外出实践考察活动,通过和先进管理者的思维碰撞,加深对理论的理解,使理论和实践融为一体。针对工作实际,甚至于不惜成本,送中层外出脱产培训一段时间。二是校长支持:授权"撑腰"并行。我授予中层足够的权力,放手让中层干部在各自相应的权力内大胆地闯,果断地干,甚至于让他们"说了算",让他们全权做主,全权负责。同时极力为他们"撑腰",他们决定了的事,坚决支持,力免推翻,以提高他们在教师中的威信。至于中层干部在工作中出现的问题和偏差,我都勇于担当,推功揽过。

4. 经营和谐团队

一个团队最怕的是不团结,搞内耗。我一直致力于创建"和而不同"的和谐文化,实施人性化管理,促使中层团队同频共振、群体优化。我努力做到和中层们思想上互相沟通,工作上互相协作,生活上互相关心,行动上互相协调。

学校的管理要获得成功,校长必须有威信,但校长的威信不是板起脸孔说教,也不是上级的一纸任命,而是在和教师的朝夕相处中,靠校长的坦诚相待、以心换心得来的。像教师这样的知识分子,往往把校长的信任视为对自己人格的尊重。因此,一次推心置腹的谈话、一个充满信任的眼神、一句支持体贴的问候,都是我激发中层积极性的小小策略。

实践告诉我:如果校长与班子成员之间在感情上有了一种亲切感,那么对方就会产生理解和信任,会全心全意地投入工作,创造力就会在充满亲密感的气氛中得到充分发挥。"士为知己者死",中层不可能为校长而死,但可以让他们在无形中更紧密地团结在校长的周围,形成一个无坚不摧的战斗集体,做到有情有感有效益。

只有充分具备伯乐相马的识才之智、海纳百川的容才之量、知人善任的用才之艺,才能培育出一支坚强的中层干部队伍,才能真正成就发展学校的宏图大业。

（五）把赵孟頫、沈尹默的书法传下去

传承湖笔文化　构建墨香校园

菱湖镇第三小学坐落于湖州水乡小镇下昂，小镇虽小，却有着得天独厚的书法底蕴。传元代书法家赵孟頫曾寓居于此，赵孟頫，字子昂，号松雪道人，下昂因此得名。

小镇至今还留有赵孟頫题名的"清远""众安""望晖""听月"四座石桥。

近代书画家沈尹默、沈迈士，祖籍下昂。时年94岁高龄的沈迈士曾回到故里，挥毫题写"下昂中心小学"六个大字，如今墨香依旧。深远的书法底蕴润泽了菱湖三小。校园内苍松翠柏，绿草成茵，"松雪楼""清远楼""众安楼""望晖楼""听月楼"等教学楼名，既富诗情画意，更具下昂人杰地灵之特色。"竹溪听月孕清远，松雪望晖享众安"。

现任校长沈玉民是我们工作室的学员，2013年5月我们来到了该校。

我们了解到书法教育，就在这所小学深远的书法渊源中萌芽。学校视传承古镇文化为己任，2000年，创办了"松雪书法班"，开始了书法教育的探索之路。

2002年，学校被确定为浙江省书法研究会实验基地。期间，学校师生书法作品和老师的论文纷纷发表、获奖。

2009年，学校成功立项"规范特色形成，构建墨香校园"的省规划课题，成立了书法教育领导小组，形成"校长分管、教导处负责、书画类教师实施，最终落实到学生"四级管理体系，设定普及→提高→特长的三级培养目标，书法教育从"飘逸墨香"、师资培养、课程建设、规范教学、活动开展"五个方面全面铺开。校园墨香氛围日趋浓厚。

飘逸墨香：首先让校园的每一个角落飘逸墨香。

学校有三个书法专用教室；校园内砌有10个大理石习字平台（命名：习字坊），学生可随时用水习字。

20米书法长廊展示师生优秀作品；书画陈列室不定期向师生、家长开放。

校园内还开辟名人墙、碑帖廊等，让师生随时接受书法艺术的熏陶。

飘逸墨香：学校必须建设一支与书法教育相适应的师资队伍。

以集中培训和自学两种形式进行。聘请书法专家对教师进行集中培训（民间书法家张昌达老师、市书协副主席王似锋老师）。

每周安排一节教师习字课。

图书馆开设"书法教育"书籍专架。

书法教育研讨是每学期教研活动的必修内容。

外派专职教师参加省、市书法培训活动。

他山之石，可以攻玉。为汲取先进学校的教育经验，学校曾组织教师到远近闻名的书法特色学校江苏吴江屯村实验小学和练市小学取经。

多管齐下，教师的书法水平得到大幅提高，教学能力增强，更珍贵的是教师对学校的书法特色发展达成了共识并为之而努力。

飘逸墨香：必须建设书法特色课程。这是书法教学的基础。

学校依据学生的年龄特征及课程的共性与个性，以"赵孟頫楷体书法"为主要内容，研发《书法教育校本课程指导纲要》、编写校本课程《翰墨馨香》三册。

飘逸墨香：必须规范教学，这是推进墨香校园建设的必要手段。

教学管理有三定：习字定时间（每周一节书法课；每天 20 分钟的习字短课），习字定类别（一二年级以描、摹为主，三—六年级以临帖为主），习字定规范（书法课由书法专职教师负责指导教授，书法短课由班主任负责巩固练习）。

特色的推动需要科学的考评来保障。制定了"菱湖三小墨香班级考核办法与标准"，并与绩效挂钩。

有学生书法考级制度。

"墨香班级"考核办法。

菱湖三小"墨香班级"书写考核标准。

飘逸墨香：必须开展活动，这是激发并持久学生兴趣的有效方式。

学校开展了班级、年级、学校、社团四个层面的活动。

班级有"书法展示角"。中队有书法特色章。

年级每月评出"书法之星"，制作"书法之星"展板。开展"书法社"成员选拔赛。

全校每学期至少举行一次大规模"书法比赛"。

举办艺术节、亲子书法赛、家长孩子同参观。

迈向校外：

"探根寻源"活动：走访民间书法家、探寻赵孟頫、沈尹默遗迹、参观博物馆等。

"书法下村"活动：为社区书写宣传标语，为群众写春联、画年画等。

"书法联谊"活动：与各界书法组织、兄弟学校进行联谊。

"书法比武"活动：举办各级书法赛，邀请兄弟学校书法特长生相互切磋等。

联动家庭：

家长开放周：组织家长参观书法陈列室、观摩书法课等活动。

亲子书法赛：邀请家长和孩子一起参加书法赛，观摩或合作完成作品等。

为更好地激励学生学习书法的兴趣，学校组织了一学期一次的书法考级活动。

学校有书法考级活动实施方案、办法。

2010年，学校成功承办了南浔区中小学生"松雪杯"现场书画赛。

多层面的活动不仅使学生趣味盎然，还赢得了家长的广泛赞同与支持。

在市图书馆举办的"松雪故地笔墨情"学生书画展作品水平得到市书协专家的肯定。

学校还和市书协达成协议，建立长期的合作关系，学校成为"市书协书法教学基地"这对以后学校工作的更高专业水平的开展带来了保障。

为学生颁发书画作品展入展证书。

"一分耕耘，一分收获"，在辛勤付出的同时，学校收获满满。学生漂亮的字迹就是最好的见证！

据不完全统计，近三年该校就有70余人在区级以上书法比赛中获奖、发表。

5篇书法教育论文《以"中国书画"为载体推进墨香校园文化建设的实践与研究》获市一等奖。

《中小学书画》《湖州晚报》专栏介绍该校的书法特色。

省电视台、市电视台、南浔电视台等媒体都做过相关报道。

2010年11月19日，省电视台摄制的纪录片《翰墨传承》更成了学校校书法教育成果的综合体现。

"翰墨馨香，丹青育人"入编《浙江特色学校风采》。

学员们积极提建议，出点子要把书法特色教育传承下去，做出更大成绩。

我在诊断交流会上充分肯定菱湖三小书法教育的成绩，结合学校正在搞校舍和学校园林环境建设。结合学员的建议提出几点希望：一是全校师生要不断明确书法教育的意义，书法是中华民族的瑰宝，必须继承。二是把书法教育的内涵充分发掘出来，书法育人。三是继续开展书法教育教学研究，提高书法教育质量。四是开展书法教育活动，发扬学校历史名人效应，保持和发扬学校书法特色。

秉承先人笔韵，传承湖笔文化。书法，已深深扎根于这样一所质朴的农村小学，扎根于菱湖三小每一位师生心里。展望未来，我们有理由相信，菱湖三小以书法养德、以书法启智、以书法品美。让菱湖三小在墨香的浸润下，在学校发展的长卷上添上浓墨重彩的一笔。

八、"我们要求集体留级"

（一）每个学员都想留级的培训班

在"杨一青工作室"一期结业二期开班仪式上，学员们打出横幅"杨老师，我们爱您！"

12月15日下午，窗外大雪飞舞寒冬凛冽。杭州外国语学院会议室里却暖意融融，现场洋溢的师生情、同学爱深深地感染着每一个人——这里正在举行省名师名校长工作站"杨一青工作室"一期结业及二期开班仪式。

14日下午开始，一期28名学员就从全省各地陆续来到临安衣锦小学——结业前的最后一站，齐聚一堂策划和组织毕业小结活动。"杨一青工作室"于2009年11月开班，至今一年又一个月，学员们在杨校长带领下进行了十次集中活动，听了杨校长与有关专家10多个专题讲座，考察了二十几所学校。在学习总结中，每位学员都满怀了深深的感恩与无尽的眷恋之情：有的学员写道："这个班级里我经历了生命历程的蜕变。"有的学员写道："我们班是一个最具温暖的教育情怀共同体。"有的学员由衷地感慨："这是我职业生涯中最幸福的一年!"虽然性格不同,表达方式不同,但希冀是完全一致的:"我们不想毕业,我们要求留级!"这可不是一句心血来潮的"场面话",而是全体师生的共同心声。在过去的一年中,如果有哪位学员稍有迟到,大家总会开玩笑要求杨老师用如期毕业来作为惩戒;而更多的学员希望得到的最高奖励就是"能被永远留级"……

不仅如此,"杨一青工作室"培训班是被省名师名校长工作站刘力主任用"有文化、有精神"来高度评价的班级;这是《中国小学教育》杂志用 7 千字专题和照片来报道的班级;不少学院来访问取经考察,希望能够回去复制干训模式的班级;这更是一个游学所到之处,当地教育领导纷纷提出插班要求的班级。这究竟是一个怎样奇异的培训班?它为什么独具魅力与光彩?

回顾工作室一年的培训,带给学员们太多的感触、感激、感动、感悟!特别是班级导师杨一青校长用自身巨大的人格魅力凝聚起每位学员,用心用爱带班,无私无己带班,把自己一生的智慧和全部的热情倾注在每位学员身上。才使得每次集中都是对学员的一次震撼,每一个活动就是全部学员的实践经验的碰撞与检测。在会议上、在讲座中、在饭桌上、在巴士前后座位间、在参观间小憩片刻、在卧室的茶几旁、在 QQ 群里甚至在回校后工作中某个问题的反刍时,学员们无时无刻不在讨论、在激辩、在思考、在建议、在感悟。很难概括出究竟有多少项学习成果诞生于这短短的一年里,更难统计出学员学校间衍生出多少项合作交流项目。正如杨老师事先预期的,校长们在班级里得到了思想的提升,价值的成型,学校在班级平台上得到了规划,得到了切实发展。这样的班级又有谁会嫌学习时间太长?谁又舍得离开毕业呢?班长施国柱说:"我们要求集体留级!"为了满足学员们的共同需求与心愿,工作室将在一期结业后长期保留班委机构,并将把全体学员吸纳和成立有关组织,在新的平台上组织学习与交流,让这个班级培训用另一种形式生生不息存在下去。

省干训处吴卫东老师在现场感悟到:"教育原本就是一颗心对另一颗心的唤醒。"

正是因为杨老师用无微不至的爱关心着每一位学员的成长，才唤醒了每位学员对学校对教育深深的热情与忠诚。在结业典礼上，学员们用 5 米多长的粉色横幅打出了一行大字："杨老师，我们爱您！"学员们在上面写着一句句感激和寄语。鲜花和拥抱围绕着恩师，问候和祝福怎么也道不完，眼眶一次又一次被湿润。15 日上午，虽然漫天雪花飞舞，但是 28 名学员仍旧依依不舍地陪着老师走在银装素裹的大地上再话师生情。

结业仪式上，学员代表朱溯君校长还向省名师名校长工作站呈送了书法作品表达学员们的谢意；紧接着第二期 32 名学员又会聚一堂开班了，新学员代表表达了二期学员对学习的殷殷期待，更表示会把"杨一青工作室"的班级文化继承和发扬，使工作室的培训工作踏上新的旅程。

一班的结业典礼上，学员们在"杨老师，我们爱您！——'杨一青工作室'一期学员"的横幅上纷纷写下了自己的感言，选摘如下几点个：

感谢恩师为我们搭建飞翔的舞台！（饶小丽）

你的魅力深深地影响着我。（施佩佩）

一年培训，终生铭记！（林群）

智慧激情是你的写照，导师，我们永远以你为荣，向你学习致敬！（方蕾）

浓浓的情，深深地爱，杨老师教导永不忘！（刘芳赟）

永远的导师。（朱溯君）

永远爱你！（金英）

青春永在！（赵成木）

一生有缘。（方利民）

我们是相亲相爱的一家人。（张晓萍）

我会想你的。（周军夫）

祝杨老师永远健康快乐！（王耀丽）

（二）感言在飞翔的舞台上

久慕杨一青校长的大名，他的语文教学造诣、学校管理艺术和人格魅力蜚声省内外。能成为杨校长的学生，聆听他的谆谆教诲，是我梦寐以求的。这一年多培训的时间里，我感觉站在了杨校长为我们搭建的飞翔的舞台上，使我对教育的前景看得更远，对学校管理的重点把得更准，对引领学校持续发展更有信心了。

1. 这是一次计划详尽，安排缜密的培训

2009 年 11 月 24 日开班仪式后，杨校长就将一年培训的构想发给了我们，征求全班学员的意见后形成了详细的活动计划。我们开展培训的形式主要有两种，一种是每月集中一次，一般为三天时间，按照确定的主题，到同在一个地市的两所学校实地考察。通过听取学员以及校内其他管理人员的系统介绍和实地查看，全体学员开诚布公地阐述自己的想法。肯定值得学习的做法，也提出需要改进的意见。最后由杨校长进行全面系统的总结和指导。集训后，每位学员结合自己学校的工作实际撰写一篇体会文章，编印结集每个人发放。另一种是分散进行的，主要是阅读有关杨校长的两本学校管理著作《搭建飞翔的舞台》和《杨一青：探索名校经营之道》。全体学员在为期一年里，充分领悟精神的基础上，将杨校长的管理经验运用到日常工作实践之中，并撰写出一篇不少于 5000 字的体会文章，至培训结束后编印出版。

2. 这是一次多边互动，收获颇丰的培训

参加"杨一青工作室"的培训才一年，但与杨校长以及 27 位同窗已经建立了深厚的感情。节日互相问候，遇事网上探讨。我参加过很多培训班的学习，但这种感觉是从来没有过的。每次培训总感到收获很大，并马上运用到学校管理实践之中，取得了较为理想的效果。这些启示有来自杨校长直接指导的，也有来自同学们的理智慧的。

如杨校长所说，企业要不断寻找经济增长点，校长要不断寻找学校教育发展点。并通过对一些办学较为成功的学校的案例剖析，说明寻找发展点的重要，以及找准发展点的途径和方法。使我感悟到，学校教育的发展点其实广泛存在，它可以从学校所处的环境优势中来，也可以从人文化传承中来，从师生需求中来，从技术革新中来，甚至可以从现实困境中寻求。

近年来，国家财政对教育投入不断加大，公办学校的硬件设施快速改善，教师待遇不断提高，尤其是 2009 年元月起绩效工资薪酬的到位，使得民办学校的原有优势迅速消失。不少教师纷纷打报告调离民办学校，一时找不到路子的也在想办法寻

求"突围"。杨老师说"教师第一"，动荡的教师队伍怎么能够保证学生的理想成长和学校的持续发展呢？我干是面对新的发展形势，重新审视阳光实验学校的办学优势。认为学校地处慈溪城区，仍然具有地域优势。教育质量受到社会各界的广泛肯定，社会美誉度高，教师有成就感。面临的问题是工作时间过长，严重影响了教师的生活质量和幸福指数。所以，稳定教师队伍的当务之急是缩短工作时间，减轻教师工作负担。于是在全校教师中发起了"为教师科学减负"大讨论活动。广大教师积极参与，共同反思延续了12年的作息方式。经过理性分析，提出了双休日休息，推迟上班时间，减少午自修管理人数等措施。我在教师大会上宣布了这些将要实施的举措，并且表示为教师"减负"，提高教师的工作生活质量是长期的事情，随着学生自主管理能力的提高，还将减少教师的晚自修管理次数。目标是将我校教师的工作时间尽可能地接近全日制学校，使阳光学校的教师工作成为"负担相对较轻，待遇相对较高，社会地位较高，令人羡慕的工作岗位"。会议室里掌声雷动，经久不息。教师们纷纷表示，学校是关心我们的，在阳光学校工作是幸福的。一个有可能影响学校发展的瓶颈问题就这样悄然突破了，并且为进一步减少管理学生的时间，引领教师想方设法提高学生自主管理的意识和能力，成为了学校教育的又一个发展点，将会对学生素质的提升产生持续的积极作用。

我们培训班的同学是在各县市区推荐选出来的，这些同学本身的素质相当好，学校也办得比较有起色，在当地都有一定的知名度，学习和借鉴他们的成功管理方式也是获得有效提高的途径。2009年12月，我们培训班的主题是"学校德育工作"，考察了杭州市拱墅区和睦小学。和睦小学校园不大，在校学生以民工子女为主，应该说办学起点不高。但是，在一天的考察中，我们被和睦小学环境布置的精致幽雅，学生言行的温文尔雅所深深地震撼了。

和睦小学以"习惯造就和睦"为办学主题口号，从学生一天学习、生活、交往中最普遍出现的行为中选择了10个点作为习惯养成的内容，从物质需要、习惯分解、监督措施等各个层面进行细致的分析，并从学生的角度出发提供全面的支持。他们对学生的教育是从教师自身做起的，要求学生做到的教师必先做到，处处通过统一的正面示范给学生做出表率。他们将这项活动延伸到了家庭，让家长也参与进来，除了宣传发动以外，最有效的是采用"父子契约"的形式，让家长既成为孩子的教育者，同时也是受教育者，即孩子的比较对象，为活动的开展普造起了浓厚的氛围。他们还将习惯养成教育扩展到教师的教学习惯和家长的育儿习惯，形成了全方位的习惯养成教育系统。通过持之以恒的训练和引导，学生的全面素质得到了较好的发展，教师的业务素质明显提升，学校认同感和工作热情也得到了有效激发，学校成为区域内公认度较高的特色学校。

我在培训结束后迅即与金英校长联系，带领小学部全体行政人员和班主任再次来到和睦小学，通过耳濡目染，使教师们感受到了习惯养成教育的强大震撼力。回校后，发动全体教师共同探讨，根据我校实际提炼了"十条阳光好习惯"，引导学生逐条养成、巩固，有效地促进了校园文明氛围的形成，为学生的健康和谐成长奠定了更加坚实的基础。

3. 这是一次组织务实、倾注真情的培训

工作室的培训周期尽管不长，但较为充分地激发了学员的参训热情，取得了超出预想的培训效果。我想，这次培训与以往相比有不少的独特之处，主要表现在以下三个方面：

（1）以个人命名的工作室能够有效激发培训双方的主观能动性

以往的培训往往以过程为重，强调学员的参与率，至于培训的实际成效却关注不多。而以个人命名的工作室培训却不同，全体学员本来就是冲着杨校长的高人气来的，确实想从他那里取得学校管理的真经。另外，如果参训态度不够端正也担心被视为对杨校长的不尊重。所以培训期间，有的学员尽管学校确有要事很难脱身，还是想方设法挤出时间前来参与。这就较好地变要我培训为我要培训，激发了学员参加培训提高自身素质的主观能动性。

杨校长毕生在学军小学工作，成为特级教师、名校长，以至公认的当代中国的教育家。他在古稀之年接受任务，一则通过这一途径宣传、推广自己的办学思想，为提升浙江小学的办学水平再做贡献。另外，培训的成效也将影响杨校长的已有形象，一名忠诚于教育事业一辈子的老同志是不可能应付了事的。也就是从工作室命名的那一天起，杨校长要做好培训工作的能动性也已经被充分地激发了。

（2）以解剖学员所在学校的培训方式能够直接提供学习的鲜活范例

我们的培训是按照计划、根据不同的专题逐个解剖学员所在学校相关工作的方式展开的。由于每次集中目标明确，各位学员都是在全面分析自己所在学校相应工作的基础上，带着问题去考察交流，求教于杨校长和其他学员的，所以针对性比较强。同学们每到一所学校，总能很快地找到自己所需要的东西，在随后的互动交流中畅谈自己的学习体会，寻求解决问题的方法。

活动结束后，在借鉴兄弟学校成功经验的同时，还可以根据需要与考察学校开展多边互动，为更广泛的学习交流搭建平台，让更多的教师得以有的放矢地接受培训。

（3）培训后的及时反思能够使培训的收获有效地融入日常管理之中

每次集中以后，杨校长都要求我们每人撰写一篇学习体会，促使我们在回校以后及时回顾集训时的所见、所闻、所思，并结合自己的学校管理实际形成体会文章，对改进学校管理具有直接的指导价值。杨校长还将全体学员的文章结集后发给我们人手一册，让我们得以了解其他同学对同一个案的不同看法，使自己的观点与二十几种思想进行碰撞，有效地提升了我们对相关管理工作的全面审视以及由表及里的能力。

每次碰到杨校长，总被他不知疲倦的身影和略带沙哑又高亢激昂的声音所感染，这是一个真正的专业人员，总会对自己的专业情有独钟，不放弃，不抛弃。每当在学校管理的实践中遇到疑难问题而埋怨消极时，眼前便浮现杨校长慈祥的笑脸，那深邃的目光中闪现的殷殷期盼，使我备感惭愧，迅即振作精神去迎接挑战。是啊，工作室的培训使我学到了不少的办学理念和成功的学校管理经验，更重要的是，一名年近古稀仍在为教育事业奔走劳作的老校长热爱事业倾情教育的激情时时感染着我，给我动力，催我奋进。

（慈溪阳光实验学校　施国柱）

（三）读您千遍也不厌倦

尊敬的恩师杨一青校长，尊敬的各位领导，亲爱的同学们：

2010 年的 12 月 15 日，在一个雪花飘飘的日子里，浙江名师"杨一青名校长工作室"一期二班在浙江教育学院隆重开班。我们非常幸运地遇到了我们的导师——敬爱的杨一青校长，在杨校长带领下我们一起走过一年 5 个月零七天，深入实践十次活动。我们的足迹踏遍了浙江的城市、农村，我们的身影走访在学员所在的各个学校。在会议上、在讲座中、在饭桌上、在巴士前后座位间、在参观间小憩片刻、在卧室的茶几旁、在 QQ 群里，甚至在回校后工作中某个问题的反刍时，学员们无时无刻不在讨论、在激辩、在思考、在建议、在感悟。很难概括出究竟有多少项学习成果诞生于这短短的一年半里，更难统计出学员学校间衍生出多少项合作交流项目。同学们在班级里得到了思想的提升，价值的成型，学校在班级平台上得到了规划，得到了切实发展。

敬爱的导师杨一青校长，一个睿智慈祥的长者；一个博学坚守的智者；一个前瞻无私的导师。用自身巨大的人格魅力凝聚起我们每位学员，用心用爱带班，无私无己带班，把自己一生的智慧和全部的热情倾注在我们每位学员身上。才使得每次集中都是对学员的一次震撼，每一个活动就是全部学员的实践经验的碰撞与检测。才使得我们懂得怎样用无私的奉献、真诚的爱心和一种庄严的使命感来教书育人。

今天我们光荣结业了，此刻我的心情和在座的同学们一样，纵然喜悦，却掩不住无限的留恋、深深的感恩！

是您，敬爱的杨校长，中国教育界的不老松、常青树，实践着一个人，一辈子，一所学校，一件事。您的睿智果断，给了我们展示自我的舞台。您的办学理念使我们终身受益；您的辛劳付出，换来了我们的收获与成长；您的体贴入微，使我们的班级充满了家的温暖；您独特的人格魅力更是令我们折服；您的磨炼与指导，在我们成长的道路上留下深深的印迹。

现在，我们即将离开，让我们认真保存好每张合影，因为合影上的灿烂笑容已经定格在记忆中；让我们用力拥抱每一个我们喜欢、我们欣赏或曾经帮助过我们的人，因为我们不想把友情的缺憾带入今后的生活；让我们再对每位老师工作室的专家、老师说声"谢谢"，因为你们的存在，我们才可以舒心地学习和生活；也让我们在送别的时候，不要泪水涟涟，因为我们应更多的记住彼此灿烂的笑脸！

最后，我想用一首歌曲来表达我们对敬爱的杨校长深深的感谢和眷恋。读您，读您千遍也不厌倦，读您的感觉像春天，十六字方针，"三化"目标，读您千遍也不厌倦。您的眉目之间，充满着睿智，你的唇齿之间，洋溢着亲情关爱。您的教育思想，左右我们的视线，您是我们的诗篇，您是我们的楷模！读您千遍也不厌倦。读您！

杨校长，我们永远爱您！

（宁波市海曙中心小学　周汉斌）

（四）杨老师教我怎样做人做事

在点点滴滴的小事中，我都深刻地觉悟到杨老师自身心性的魅力。第一天去工作室报到时，我忐忑地提早了 20 分钟准备去等老师学长。没想到年近古稀的杨老师已经在教室里独自排桌椅、发资料。看见我走进来，立刻抬头大声热情招呼："你是拱墅区的金英吧？和睦小学的校长对不对？你的学校办得很不错啊！"我的心一下子热乎乎的，从那刻起我就对"杨一青工作室"建立起了非同一般的深厚感情。而在这之前，杨老师仅仅在面试时见我一面而已。我们一边排桌椅，一边等待陆陆续续到来的其他学员。没想到，杨老师能够叫出每个学员的名字，了解每个学员来自的地区和学校。虽然没有隆重的仪式，可是同学们就在杨老师热乎乎的招呼声中迅速地熟络和亲热起来。我想杨老师又没有过目不忘的本领，在这之前他一定读了很多遍学员的材料，才能够做到这样熟记。心里有人，就是对人最大的尊重。心里有人，也是培训校长做管理最好的备课啊。

像这样感动人的情形还有很多。杨老师是知名特级教师、全国功勋教师，他的身份、年龄、地位都已经达到了尊崇的位置。但是在他心里，却没有这样的高下之分。去南京考察学习之行是我负责联络的，因为全班学员当中我的学校最小，工作相对没有同学们那么忙碌紧张。我为同学做了一点点分内小事：跑跑腿、打打电话、订订票。考察时，杨老师却给予了我高度的评价，让我觉得很不好意思。学习结束后的第三天，杨老师悄悄来到我的学校，一定要赠给我两盒茶叶，表示对我工作的感谢，怎么推都推不掉。望着杨老师离开时的背影，我内心的激动久久不能平息。杨老师就是这样待人的，难怪他可以得到那么多的尊重和爱戴！

还记得，结业典礼结束那天杭城下起鹅毛般的大雪，当学员们登上返程的车辆时，马路上已经堆起了一尺来厚的积雪。后来好多路远的同学都告诉我，那天晚上在家里接到了杨老师的问候电话！不仅如此，在过年的时候，在我去新单位工作的前夕，甚至是我取得了小小的工作成绩时，杨老师的电话乃至本人都会不期而至：真诚的问候，热情的鼓励，诚恳的赞美，有效的指导……都使我们学员们被一次次感激着、感染着、感动着！

的确，"杨一青工作室"在培训机制和培训内容上都有很多的创新，但是这些都还不及我在生活中不经意小细节里感受到更深——人说，街坊眼里无英雄。我却因为待在杨老师的身边，才真的看到了一个教育家是如何做人的。我懂得了：好校长要心中有他人，抓住一切机会肯定和赞美别人，由衷地关心着别人。这就是无声的教育，无形的管理。

杨老师还带领我们这个工作室，请进来，走出去，几乎跑遍了每位学员所在的学校，足迹印遍了浙江大地。边学习理论，边运用于学校。28所学校就是活生生的28个案例，在实战管理分析、诊断、改善中，我们看到了很多、收获了很多，这对我后来管理不同类型的学校都起到了举一反三的作用。每次集中学习都有一个主题，有的主题学员们耳熟能详。有的主题却是应学员的要求专门策划的。例如，在"学校危机处理与师生平安保障"主题中，学员们把自己学校的"伤心事""奇葩事"都晒出来，让同学师长帮助分析与建议。这对解决学员的工作难题具有重要意义，但这样的活动在其他同类培训中公开提及是不可想象的。当然这类主题培训得以顺利举行，也得归功于学员对老师和同学的无比信任。

在走进我所在的学校前，杨老师有些担心：因为我的学校又小，且名不见经传。他担心同学们作为窗口学校的校长，会对我和我的同事有压力。但是他还是信任我，给了我们机会。经过精心的准备，工作室的主题活动终于来我校了。效果非常好，既向全省的同学极好地推荐了我们学校，又得到了优秀同行的中肯建议。杨老师还当场拍板：要给金英一个机会，在全省的小学教管年会上，作为薄弱学校的转变典型经验进行发言。在杨老师的指导下，省教管会上我的发言又引发较好的反响。于是杨老师在赴中美教育高峰论坛的团队中也排了我的名字。来到美国学习，在圣地亚哥教育部交流时，我偶然得到了一个机会介绍我们学校。由于教育的实质是相同的，虽然学校很小，但是发生的教育故事赢得了所有异国同行久久的掌声。短短一年的时间，杨老师的工作室给我们学校带来"魔术"般的变化：全省诸多同行来我校学习交流，我和我的同事也因为肯定激发了更大的事业心，学校充满了机遇和活力。有一次，同学们开玩笑"批评"杨老师"偏心"，说他老爱帮金英。杨老师却认真地说明了他"偏心"的理由。他说，金英的学校那么小，生源大都是外来务工子弟。这样的学校得到实实在在的发展，对整个浙江教育都是好事啊。我们听后都为老师的教育情怀感动不已！

而我本人也在这一连串的机会中，真正地明白了杨老师常说的那句话："将学校变成飞翔的舞台"。杨老师用工作室给我和我的学校搭建了平台，我们才飞得更快、更高。我做校长不是也要为所有的干部、老师、学生搭建平台，才能让更多的人起舞飞翔吗？事情要踏踏实实地做，但舞台也要妙心巧意地搭。这是杨氏管理的精髓所在。

（杭州市和睦小学　金英）

（五）一个幸福的旅程

很激动，从 2013 年 3 月能成为杨一青校长的弟子，即"杨一青名校长工作室"的第三批学员。读师范的时候，我的班主任老师经常说起杨一青校长，说起时总是无比敬佩。从那时起杨一青名校长的名字已深深地印在了我的脑海中。如今，有幸成为杨一青校长的弟子，那份激动与忐忑，是无法言表的。一年半的学习，是一个幸福的旅程。每一次的主题，鲜明、突出，切合学校发展的需要；每一次的交流，丰富多元，碰撞冲击不断，回味无穷；每一次的总结，智慧，精准，画龙点睛；每一次活动的过程，快乐，意犹未尽，留下了无限的回忆。感谢杨一青校长精心组织十次主题丰满的活动，通过这十次活动，让我收获了五个"一"。

第一，收获一种精神。

"一个人要做成一件事，要有'愚公移山'般的精神"。杨一青校长，就是那"愚公"，将一生的心血奉献给了学军小学，用"一辈子待在一所学校，一生只干一件事"的职业精神震撼着我们的心灵。作为全国知名校长，在七十多岁高龄时，又义无反顾地承担起为中国教育、为教育未来培养学校管理者的重任。从"学校文化与品牌建设""学校规划与品牌发展""德育思考""教育管理""教师专业"等，多角度地为我们解读学校的管理与思考。每一次，活动的精心策划与准备，让我们汲取更多地成长阳光与雨露；每一次的讲座高屋建瓴、深入浅出，理论与实践紧密结合，引人深思。我想，正是杨一青校长这种执着不屈的办学精神、兼容并包的办学思想和锐意创新的态度，才会收获那么多的办学经验，才会让我受益终身。如果有人问我"幸福是什么"，我最想说的是"幸福就是跟着精神领袖走"，杨一青校长就是这么一位值得追随的校长。

第二，收获一种思想。

"思想有多远，人就能走多远"。从跟随杨校长学习起，我时刻感受着杨校长的教育思想与智慧。学军小学从 1988—1992 年开始提出"整体观念、主体思想、个性发展、和谐关系"的教改纲领；1998 年提出"个性化、现代化、国际化"9 字的办学方向；2003 年提出学校要成为"教师发展的沃土，学生成长的乐园"办学目标。每个阶段的办学思想的提出散发着杨一青校长对教育真谛、发展的理解与智慧。每次跟着杨校长到兄弟学校考察，杨校长经常提醒我，"晓良，学校发展要寻找适合学校发展的增长点和突破口"，"晓良，要坚持培育和经营学校特色教育品牌，重视研究地域文化与学校发展的关系，提炼并形成校园文化精神"。每一次的提醒，感觉杨校长的教育思想是一座富矿，取之不尽，用之不竭。但每取一次矿需要我们用心思考、体会和消化，也使我再一次明白，一所卓越发展的学校，校长必须有一份执着追求教育的心，必须要有自己的办学思想。

第三，收获一种分享。

"读万卷书，行万里路"，在杨校长的带领下，游学于浙江各地。26 位同学就是 26 所不同地域的学校，有 26 个生动、现实的学校发展和建设的蓝图。夏衍小学李安校长分享了九年坚守"尊重差异"的教育理念与学校的"种子文化"；九莲小学傅盈校长分享了构建了"清润九莲 童漫学园"为特征的漫学园的体会；温州百里路小学应晓华校长分享了构建校内教师资源、业余体校专业教练、社会办学机构资源、家长资源、社区资源五结合的整合模式的体会；温州城南小学陶晓迪校长分享了学校民乐课程开设后的坚守与创新，近五十人的民乐合奏让我们赞不绝口；宁波柴桥小学刘振宇校长以"享受花开的季节"分享了学校兰花文化的创建；余杭区乔司小学郑晓娟校长以《以爱育爱，成就大家》为主题，分享了"构筑'家文化'，乡镇小学教师成长新视点"的思考与实践；等等。每一所不同的学校，在参观校园、观看教育教学活动后，所在学校的同学会将自己治校、办学的思考与实践，创业过程的成功与失败的体验、工作上的得失等，全部分享给我们。

十次的主题分享，留给我们的是一路的惊喜与思考。杨一青校长不仅带领我们解析当代基础教育和学校管理热点、难点问题，还促进了我们建立深厚的同学友情，组建了一张省内兄弟学校互相交流、合作、探讨的网络。

第四，收获一个资源。

21 世纪，谁占有的资源越多，管理越好，研究越深入，利用越充分，谁的主动权就越大。"杨一青校长工作室"就是一个巨大的资源库，26 位同学都有各自对教育的理解与办学的特色，各自的差异就成了合作、交流的资源平台。一年半的相处，每个学员所在的学校间已经搭建起一个相互交流学习的平台，已经有部分学员带领自己学校的行政与老师去兄弟学校取经。导师杨校长也积极地鼓励我们学校间的交流，让我们充分地利用兄弟学校的平台，为学校发展、教师成长搭建舞台。更重要的是杨校长本身就是一个丰富的资源库，在杨校长热心的帮助下，邀请省级的专家、特级教师为我校的行政人员、教师作专题的培训，收获颇丰。

第五，收获一个使命。

跟随着杨一青校长，有机会学习了解最前沿的教育发展动态，有机会与各地名校长、专家一起学习研讨。每次活动，杨校长与我们亦师亦友，与我们一起思考在多元文化和社会转型背景下校长应当承担的责任，使我们更加明确作为当下校长所肩负的历史使命。一个个鲜活的责任摆在我们面前：如何加快构建现代化学校制度，努力使学校适应社会发展的需要；如果让课改理念落地，践行"轻负高质"，探索适合每个学生发展的育人方式，营造令人向往的育人环境；如何实现真正的优质均衡，让每一个孩子健康快乐成长；等等。这些都是在"杨一青校长工作室"学习后产生的历史命题与使命。杨一青校长作为教育的前辈，勇于实践与创新，完成了那个时代的历史使命，作为新生代的我们，更应该用实际的行动诠释杨一青校长"真爱、宽容、激情、坚守"的教育思想，真正实现中国梦是你我的梦。

杨一青校长，是我一辈子的导师！

（海宁市紫微小学　徐晓良）

九、结业后的延伸

工作室学员结业了，但是工作室学员的活动并没有结束，活动还在延伸。

（一）"杭龙常开"鲜花盛开

2010年10月29日，"杨一青名校长工作室"四位学员学校，即杭州市和睦小学、龙游县桥下小学、常山县新昌小学、开化县天地外国语学校四校 100 多位班主任齐聚杭城，开展了以"关注个体，案例剖析，优化管理"为主题的"杭龙常开"浙江省四校班主任工作论坛。

和睦小学位于杭州市拱墅区和睦新村内，学校提出"习惯成就和睦"的理念，通过习惯培养，产生了一批又一批"习惯好、成绩好、心情好"的和谐发展的学生。龙游县桥下小学是一所有近百年历史的县城小学，努力实践着"精致、和谐、发展"的办学之路。全力打造"争鸣文化"，致力于建设学生喜欢、家长放心、社会满意的学校。常山县新昌小学是一所向中心小学，位于县城西北面的大山深处，有 160 多年的历史，根据南宗孔庙在衢州的优势，学校围绕"弘扬传统文化，构建和谐校园"为基调打造儒家校园文化特色。开化县天地外国语学校，位于开化县城，学校坚持以"会学、会玩、能说、能干"为校训，以"实行寄宿制管理，实现小班化教学，提倡个性化发展"为特色的民办学校。四所各具特点的学校进行班主任工作交流与研讨，发挥着工作室结业以后促进城乡交流、教育资源共享互补的推进教育均衡发展的作用。

活动前一个月，四校提出了活动方案，建立了班主任工作 QQ 交流群，人人撰写班级管理案例，提出班级管理的成功经验与当前存在的问题，汇编了《"杭龙常开"四校班主任工作案例集》。然后全部班主任会聚杭州市和睦小学，四校班主任代表作主题发言，和睦小学方云娟的《我的班级我做主》、杜艳的《于细微处着手抓养成教育》，桥下小学胡建中的《构建书香班级，培养阅读习惯》，王利平的《刚柔并进：新课程背景下家校沟通艺术的探索与实践》，新昌小学余琅的《给学生一个自主的天地》，宁丽明的《优秀生的危机引发的思考》，天地外语学校徐彤立的《"无批评周"在我班的试行》，余美凤的《小助手，让我每天都微笑》等教师的发言给人以启发。会上还提出了行为习惯养成方面的困惑、特殊学生教育方面的困惑、师生关系方面的困惑、家校交流方面的困惑、其他方面的困惑五个方面。大家听介绍，谈感想，议困惑，找方法，互动交流，最后由杭州市教育专家点评。活动结束，班主任们参观了杭州市和睦小学、杭州市学军小学、新昌县实验小学三所学校班级管理、校园文化建设。这样的活动，既增进了四校班主任之间的友谊，又增长了班主任的见识，开阔了眼界，产生了碰撞，留下了思考，非常有意义。大家希望"杭龙常开"这样的活动能继续下去，让"杭龙常开"鲜花盛开。

工作室学员常山县新昌乡中心小学刘芳赟说：

其实，我们借助杨校长给我们搭建的平台，除了开展"杭龙常开"四校班主任工作论坛，我们学员校际还经常开展活动。如我们与龙游县桥下小学、遂昌县云峰学校开展了"聚焦学生，优化班级管理"三校班主任论坛；与龙游县桥下小学、开化县天地外国语学校开展了"分享名师风采，追寻飞翔足迹"三地教师专业成长论坛；等等。

杨校长为我们搭建的舞台，不仅校长们素质得到提升，办学理念得到更新，管理思路得到拓展，连自己所在的每一所学校、教师均得到长足发展，真是"促进校长提高，促进学校发展"的大舞台。我们要感谢工作室，感谢同学们，感谢杨校长，感谢一路陪伴我们成长、成熟的专家、领导。这样的情谊，这样的经历，我们终生难忘。

（二）乘着高铁去找杨老师

我和杨老师有缘，在我心中，杨老师既是恩师，又是父亲，还是朋友。工作室学习结业以后，当我在工作上、生活上碰到问题时，我总会第一个想到他。

2012年7月的一天下午，教育局领导找我谈话，让我到海曙中心小学担任校长。海小是一所百年名校，在宁波市乃至浙江省都有一定的影响力。我既感受到领导对我工作的信任和认同，同时深感压力重重，当天晚上我辗转反侧睡不好。第二天我就乘坐高铁来到杭州，来到敬爱的导师身边，寻求帮助和指导。杨老师非常高兴地接待了我。一方面肯定我的成绩，同时指出，这是组织上对我的信任，也为我的发展搭建了更大的平台，替我感到高兴。另一方面，循循善诱，耐心指导。杨老师说，到一所新学校，新官上任不要三把火，我要给你三盆水：第一盆水，洗洗你的头，做一个清醒、冷静的校长；第二盆水，洗洗你的手，做个廉洁的校长；第三盆水，脚要深入到水里去，做一名实干的校长。要深入到老师中去，学生中去，调查研究，了解情况，只有情况明，才能掌握领导的主动权。

一年后，教育局决定在海小原来的另一个校区办一个民办学校，由原来的老校长担任民办学校的校长，还要抽调个别骨干教师。我心里想不通，把这个思想疙瘩向恩师倾诉。杨老师意味深长地对我说，汉斌呀，教育局派遣老校长办民办学校你要支持，心胸放宽。教师可以培养，那么大的学校抽取几个教师没有问题的，输送人才是我们名校的责任和光荣。你好好办你的学校，没事！你肯定能办好海小，有问题我们共同商量解决。

当我在处理学校的人际关系遇到问题时，杨老师语重心长地跟我说，汉斌呀，校长要学会和教师既是"零距离"，又是"等距离"，零距离就是与教师心贴心，没有隔阂；"等距离"就是要平等对待每一位老师。这样学校老师心才会往一处想，劲儿才会往一处使，学校才会有凝聚力。

评上特级教师是我一个梦想，为了这个梦想，我一直努力着。杨老师既理解我，又支持我，总是不断地勉励我，"加油，汉斌你肯定行！"申报课题、课题论证时，杨老师不辞辛苦地来往于杭甬指导改进；当我出版专著时，他欣然为我写序；当我寂寞、苦恼、无奈时，他安慰、鼓励我、帮助我；当我圆了我的梦想，他却冷静地对我说，这才开始！

（宁波市海曙中心小学　周汉斌）

（三）杨一青教育思想引领桥下小学发展

在我的校长履职生涯中，2009 年是极不平凡的一年，这一年，自己有幸走近了杨老师，成了"一青一期一班"的学员，在为期一年"亦生亦师亦友"培训理念下的学习是幸福的，是享受的，更是受用终身的。此后，也参加了不少较高层次的培训班学习，但杨老师给予自己的成长是最有影响的。

参加"杨一青名校长工作室"虽已时隔多年，而其间的每一次丰富活动依然历历在目，杨老师的每一次精彩引领仍然记忆犹新，自己在每一次学习交流中的激动之情与成长喜悦尚能清晰浮现……

近年来，闪烁着杨老师教育思想的话语一直在影响着、引领着自己岗位履职：

校长要有理想、有激情，要打造校园文化品牌；

学校在教师发展中造就辉煌业绩，教师在学校发展中成就灿烂人生；

每一所学校或学校每一个阶段的发展都是有差异的，准确寻找新的发展点对学校管理者而言是极其重要的素质，也是职责所在。

自 2009 年参加杨一青名校长工作室以来，自己在校长岗位上不断成长与成熟起来，2012 年 9 月，被授予衢州市第三届名校长称号；2012 年 11 月，领衔成立了龙游县首个名校长工作室"刘智松名校长工作室"；2013 年 3 月，入选首届"浙派名校长"培养对象。

近年来，学校管理探索不断深入，逐渐成熟了"立足生态、促进生成、润泽生命"的教育理念，明晰了"质量立校，科研兴校，特色名校，文化理校"的治校方略，坚定了"以创建平台为抓手，以运作活动载体、以促进发展为根本"的工作策略，铸就了"踏实勤勉、敢于创新、追求卓越"的桥小精神，努力实践着"精致、和谐、发展"的办学之路。全力打造"争鸣文化"，致力于建设学生喜欢、家长放心、社会满意的学校。桥下小学更加显现出其强劲的发展态势，校园环境更加精致了、教师队伍更有活力了、办学绩效更受好评了，学校已成了龙游教育的窗口，学校先后被授予浙江省文明单位、浙江省教育科研百强学校、浙江省首批数字化校园示范校建设学校、衢州市美丽校园、衢州市劳动模范集体等多项省市级荣誉。2010 年 10 月与美国印第安纳州乡村草地小学结为姐妹学校，并于 2011 年 11 月赴美国教育考察，成为龙游首位赴美结对访问的校长；2012 年学校成为浙江画院在全省范围内首家结对助学的学校，创建了浙江画院桥下小学少儿书画基地，并设立有专项发展基金，2013 年"衢州市专家工作站"落户学校，为学校课改等工作注入了专项经费。

回顾近年来的校长履职经历，自己认为在学校管理实践中许多方面都在践行着杨一青校长的教育思想，这也是桥下小学得以持续快速发展的原因所在。而在杨老师的教育思想中，其"找新发展点，勇于领先一步""开放办学，互学共进"等精髓，让自己有了更深的学习体会与实践感悟。

1. 找发展点　领先一步

"找发展点，领先一步"即开拓创新，想他人所未想，做他校所未做之事。

在学校发展中寻找新发展点并领先一步，这需要校长、班子及老师们对学校对事业的发展有着强烈的感情与愿望，需要对教育形势及学校发展状况有着敏锐的研判与智慧，更需要对学校工作现状及将会面临的困难有着坚定的变革信念与勇气。

回想十年来桥下小学的发展历程，自己深深体会到寻找学校新的发展点，领先一步并非易事，但也深得其利。而杨一青校长的教育思想进一步坚定了我在学校管理中不断"寻找新发展点并领先一步"等信念。当前，桥小的数字化校园建设、课堂教学改革等诸多领域得到了各级领导的高度认可与良好评价，在省市县各区域内都享有较好的声誉。

争鸣课堂：一鸣惊艳。

2010年，我校率先在教师中开展郭思乐教授的"生本教育"理论学习，提出"理念先行，实践跟进，骨干先行，全体跟进"的课改实践策略，由此开启了"轻负高质课堂"的研究之路。

2011年，学校基于课改实践组织了课改沙龙活动，进一步明确了开展课堂改革的必要性，开始探索"生本理念"引领下的课堂建构实践。因校制宜，将我校教师研修的"争鸣"文化移植到课堂教学中去，并以课题研究的方式持续地开展"争鸣课堂"的实践与研究，也得到了王健敏教授等专家的指导与帮助。"基于先学后教的'争鸣课堂'实践与研究"是我县首批课改实践项目，也被列为浙江省2013年度一般规划课题。

基于"争鸣课堂"实践与研究的不断深入推进，学校课改工作取得了许多阶段成绩，积累了很多成功的经验，在区域内广受好评。

2012年9月22日，《浙江教育报》以《"争鸣"文化为教育梦想奠基》为题介绍了学校推进"争鸣"课堂的经验和做法；2013年5月7日，《衢州日报》以整版报道推广了学校"争鸣课堂"教学改革的推进情况。

2012年12月，由于我校一直都十分重视专家专业引领工作，经自主申请，各级考核评议，龙游县首家"衢州市专家工作站"在我校落户，为学校注入了30万元的课改基金，为学校实现可持续性发展注入了活力。

2013年9月，课改专著《争鸣在课堂》由东北师范大学出版社出版，有省内外20多所学校购阅，作为教师进行教改的重要参考资料。龙游教师进修学校将该书作为全县教改培训教材；"争鸣课堂"的教改经验先后在"全国塔式学校联盟""省校本研修现场会""县教学改革现场会"等大型活动上交流推广，赢得了广泛赞誉；全国教育核心期刊《中小学管理》《中国教师》《浙江教学研究》《教学月刊》等刊物上大篇幅刊登推广。

《衢州教育》2014年6月刊，将"争鸣课堂"的实践与探索作为"学在衢州"的重要成果推出，进行了6个版面的主题报道。多层面、多角度地展示了我校对课改的努力和创新。同时，市县教育网、龙游电视台、衢州日报、浙江教育报等报刊媒体都对相关活动进行过报道，"争鸣课堂"在我们的坚持和努力下，逐渐成长为新一轮教改的品牌课题。

王健敏教授在《争鸣在课堂》的序中写道："争鸣课堂"大大激发了学生的学习潜力、激活了学生学习状态、提升了学生的学习能力；争鸣课堂也焕发了教师的教学激情与专业智慧。学生与教师的这些变化，已经成了桥下小学的一大特色。多年来，刘智松校长以科研为引领，带领广大师生走出了一条可持续发展的绿色通道，可以毫无愧色地说，龙游桥下小学是一面旗帜，一面科研兴教、科研兴校的旗帜。在这面旗帜的引领下，桥下小学的学生快乐成长、教师幸福发展，学校成为富有生机活力、极具人文情怀的师生精神家园。

数字校园，一马当先。

近年来，学校顺应时代潮流与自身发展需求，加大投入，不断致力于现代化教学设施的建设与完善。同时，抓住发展机遇，使学校数字化校园建设始终走在县市前列，开创了区域内的数个第一。

近两年来，投入近 150 万元专项用于教育装备、信息技术、平台开发和资源库建立，先后改版和升级了学校校园数字化平台；建成了录播教室及校园电视台，七色花电视台，可以对在学校举行的大型活动进行现场直播，对于要求学校组织集体收看的电视节目也同样可以通过校园闭路电视系统进行统一转播。

每幢教学大楼里，电子查询阅读机开放式地陈列着，主页有"百度搜索""学校网站""电子图书馆"等板块，为孩子们的学习提供了方便。

学校所有的视频家长可以通过电信 IPTV 进行点播；每个教室和功能教室配备了交互式电子白板和备课仪设施，把备课仪与白板的书写、交互功能配合使用，成了老师们课堂教学中常态化运用；为每位教师配备了工作电脑，还增加移动工作终端；实现千兆进校园、百兆到点，无线网络覆盖学校每个角落。

目前，学校已成为衢州市数字校园建设的排头兵，被省厅确认为"浙江省首批数字示范校园建设学校"。2012 年 11 月 20 日，学校成功承办了浙江省数字化教育资源建设与应用现场会。

2. 开放办学　互学共进

坚持开放办学，搭建发展平台是杨老师极具有价值并有时代意义的办学思想。

当前的学校教育与社会联系密不可分，学校教育体现着社会的缩影，社会影响着学校的发展。近年来，依托"杨一青名校长工作室"的资源，学校更加主动地加强校际间的互动交流，不仅给老师们创设展示的舞台，增进了兄弟学校间的情谊，更重要的是使校际间取长补短，共同发展。

目前，桥下小学是龙游教育中对外交流十分活跃的学校之一，学校的社会知名度、美誉度越来越高。

联谊研讨　携手发展

走出去，与世界共舞；请进来，与名家对话。近年，学校先后派出百余人次教师走出校门，去北京、上海、江苏等地学习取经，不断聆听窗外声音，开阔教育视野。同时，学校依托"名师工作室"，借助活动平台，先后邀请了50余位教育名家来校讲座。

近年来，先后与杭州和睦小学、杭州滨兴学校、嘉兴实验小学、长兴实验小学、丽水青田实验小学、松阳实验小学等30余所学校开展了联谊交流活动，开阔了老师视野，引进优秀经验，激发工作激情，提高工作绩效。

同时，跨出了国门，有了国际化办学交流的经历，与美国印第安纳乡村草地小学结为姐妹学校，并开展多次成功的交流。

引智聚资　借力发展

机遇总是相伴有心人的。一个偶然机会得知浙江画院想在浙西地区寻找一所结对学校，以帮助学校扶持发展艺术教育。

为此，我们在很短时间内准备了全面反映学校办学现状，特别是书画艺术教育方面的基本信息材料呈交于浙江画院，以期得到画院的重视。没有想到，也许是我们的用心努力感动了浙江画院领导，也许我校的校情也正附和浙江画院的结对意愿，在几次交流并实地考察后，学校便有幸顺利地成了浙江画院在省内的首家结对单位。

2012年9月21日，浙江省文联党组成员、书记处书记高克明，浙江画院院长孙永，浙江画院副院长池沙鸿和浙江画院的专职画师、新闻媒体等一行40余人专程赴龙游县桥下小学参加在该校举行的"浙江画院与桥下小学结对助学仪式"。仪式上，浙江画院院长孙永代表浙江画院向桥下小学捐赠设立50万元的"浙江画院艺术教育基金"以支持该校的贫困学生继续学业和艺术教育事业的发展。

至今，依然能清晰地记得孙永院长在仪式上的讲话："浙江画院与桥下小学的结对，是浙江画院班子成员多次考察了该校的教育现状后的决定，我们画院的画师也有主动帮助的意愿，这次设立的浙江画院艺术教育基金即是我院画师主动捐画后由公益企业家购买、捐赠的。我们觉得，这个帮扶不仅仅是做一个简单的仪式、捐一笔数额可观的资金而已，我们愿意与桥下小学长期携手，在我们能力允许的条件下一直支持桥下小学的艺术教育发展。我相信在我们坚持公益、坚持艺术惠民的理念下，桥下小学未来在文化艺术教育上会有一个长足的发展。"

县委宣传部应敏部长曾对我说：能攀上浙江画院这门高亲是桥小的荣幸，是你的福气。是的，自与浙江画院结对以来，画院已两次共向学校捐助经费六十五万元现款，还数次向学校捐赠了大量的书画材料与书籍，为学校改善书画艺术硬件设施及开展艺术教育等提供了强有力的经费保障。同时，画院艺术家们还结对了学校 30位品学兼优的贫困学生，每年以每人 2000 元的爱心资助；学校先后有两批计 20 位结对学生受邀赴杭州参加画院的新年联欢会，大大开阔了孩子们的视野，让孩子们切身感受画家们给予他们的爱与社会大家庭的温暖。

浙江省"杨一青名校长工作室"第一期二班联欢会

另外，学校的第五届"丹青杯"校园文化节，也得到了画院的全力支持，不仅为活动出资解困，还联系了文联系统的艺术家志愿者来学校指导，并与孩子们同台表演，助力学校艺术教育发展。

杨一青教育思想就是一部活教材，闪烁着科学而富有时代特质的教育思想光芒，"杨一青名校长工作室"就是一个传播传承杨一青教育思想的独特载体。有幸成为杨老师的工作室学员是幸福的，传承实践杨一青教育思想是学校得以健康快速发展的法宝，更是"杨一青工作室"学员们的责任所在。

（龙游县桥下小学　刘智松）

（四）杨老师的"情""理"并举管理思想在我校的实践

记得第一次见到杨老师是在读师范的时候，杨老师给我们师范生做作文教学的讲座，全场都被杨老师激情洋溢的报告所吸引。那时我觉得杨老师教作文真有办法，做杨老师的学生真幸福，他对孩子是那样的热爱和信任。第二次见到杨老师是在刚做校长不久，参加了一个"素质提升工程的校长培训班"，走进了学军，杨老师还是那样激情洋溢，给我们作了学校发展的报告。我觉得杨老师管理学校真有办法，学军的师生真幸福，学军凝聚着杨老师所有的心血。2009 年，我从乌镇的植材小学调到了桐乡市实验小学教育集团凤鸣小学，离开了奋斗 20 年的工作单位，来到了新的耕耘地，陌生的环境陌生的文化，新的起点新的发展，该怎样做校长？这时浙江省名师名校长工作室建立"杨一青名校长工作室"，我有幸成为第一批学员，师从杨校长，内心的激动无法比拟，"我是杨老师的学生了！"

杨老师还是那么激情洋溢，不仅给我们做报告，还带我们到学员的各个学校现场诊断，专题研讨……小班化的培训，近距离的学习，杨老师不遗余力，手把手地教我们，不断地鼓励我们。我享受着做杨老师学生的幸福。我钦佩杨老师提出"十六字"教改纲领、"三化"办学目标、学校办学愿景的办学魄力，也被杨老师身上那独有的办学气质所折服，那就是一如既往的、无人不感受到的、无处不在的自然而然涌现出的"亲和力"。

杨老师的这种办学魄力、办学气质来源于他那"情""理"并举的学校管理思想。

杨老师管理学军，当然关注"理"治，处处闪耀着理性的光辉。

杨校长说："中国的校长要有与世界各国先进的学校比美的理想、志气。做校长一定要有理想！"所以杨校长提出"办世界一流的城市学校"的办学目标，创立学校品牌。杨校长"整体观念、主体思想、个体发展、和谐关系"的教改纲领；"教师发展的沃土，学生成长的乐园"的共同愿景；"个性化、现代化、国际化"的办学方向，应理想而生。有了教改纲领、共同愿景、办学方向，学校所有的工作都有了方向。一步一步地向目标迈进，从而实现自己的理想。

杨校长定规划时的超前思考，"几个领先"让我佩服不已：做校长一定要把土地拿过来，杨校长8次扩大学校土地。学军小学是杭州市第一家使用管道煤气做饭的小学。一走进学军的两个校区时，处处让你感受到设施的超前，电子白板与磁性黑板的完美结合，直饮水的运用，给孩子最大空间的学校设计，还有当初高瞻远瞩争取的地下车库。

杨老师的制度建设是一个充满生命力的创新过程，如《校本研修制度》根据社会发展的需要从整体结构、功能和内容形式等方面不断地进行定位和修改。善于发现，善于创造，根据时代与社会发展的要求求新求变，寻找新的管理机遇，让教育管理制度迸发出新的生命活力。

杨老师管理学军，更是倾注了"情"治，人人感受着"情"治的温暖。

杨老师的"情治"角色：他说："人生的舞台，多姿多彩；人生的角色，千变万化。为此，我愿意在某些场合某些时候，忘却校长的身份，走进教师的生活，成为他们软弱时能够依靠的臂膀、脊梁，克服困难的力量源泉，把蓄积在他们心中的所有悲伤、抑郁、哀痛驱尽，给他们送去一片蓝天，为他们的生活带来一缕清香。"

杨老师的"情治"制度："六必访"制度——住校教师生病，必到集体宿舍探病；外地教师家长初次来杭，必尽地主之谊；教师生病住院，必前去慰问；女教师生孩子，必上门看望……

杨老师的"情治"目标：提升每个教师的幸福指数：给教师安全感，给教师亲切感，给教师成就感，给教师幸福感。

杨老师的"情治"，实现了教师队伍建设以人为本，以心为本，校长与教师零距离、等距离！这完美地诠释了学校管理工作实际上是做好人心工作这一管理理念。大家都感受到了无比的"亲和力"。对于管理学校来说，一位平易近人的领导者比起一位始终声色俱厉的校长，更能令人尊敬、信服，也更具有凝聚力。杨校长的"亲和力"还使得领导班子成员之间、干群之间、师生之间、家校以及社会之间形成一种既温馨和谐、又融洽向上的氛围和作用力。

杨老师说：纵观当前学校管理的实际，我们就会发现，现在学校比较注重管理的科学化，强调制定完善、严密的规章制度，强调定量评价，但我们也不难发现，教师的积极性并未随规章制度的完善而提高，不少学校管理者只重视学校管理中的理性因素，只相信严密的组织结构、周密的计划方案、严格的规章制度和明确的责任分工，将理性作为学校的全部本质属性，进而人为地漠视非理性及其理性教育，因而学校管理的效能也大打折扣。在学校管理实践中，除了理性、科学之外，还有大量的非理性因素在发挥作用。理性的管理只能解决"不可这样做"，而不能解决"如何做得更好"的问题。这顿时让我豁然开朗。我即将管理的学校是一所实验小学，要解决的就是"如何做得更好"。带着杨老师教给我的"情""理"并举的学校管理秘诀，开始了我的管理新征途。对于刚刚来到新环境的我来说，"新官上任三把火"是万万要不得的，"至情至理"才是管理的上策。

首先我倾注感情，做好人心工作。做好人心工作才能激发教师的工作热情，教师有了热情才能促进学校发展。于是，也有了一些温暖的小故事：

寒冷的冬天到了，有一次到教师的办公室坐坐，硬硬的塑料凳，一股寒气直逼心田，我马上建议后勤处给每位老师送上一个暖暖的坐垫，不仅温暖了老师的身子，更温暖了老师的心。老师说："校长是多么细致，多么关心我们啊！"

又到了幼儿园报名的时间了，我们学校王老师的孩子被挤在了幼儿园门外，家门口的幼儿园都没得上了！万般无奈的王老师找到我，我找园主任沟通协商，最后终于解决了他的燃眉之急。孩子上幼儿园的第一天，王老师特意跑到我办公室说谢谢校长，还说孩子的奶奶交代：一家子都要谢谢我！

有个年轻的教师谈恋爱了，要和男朋友一起闯天下，写了辞职报告。我苦口婆心地劝，父母寻死觅活地拦都不能让她回头，我把辞职报告压了一段法定允许的时间，等待她的醒悟……她"醒"了，父母千恩万谢。

总之，我通过读书节修养学习、自主教研等活动让老师们工作上心，群团组织丰富的活动让老师顺心，做好精细的后勤工作让老师舒心。在对人对事的处理上始终怀着一颗自然至诚的心。我也有了"亲和力"，老师们能与我交心，并与我同心实现共同的目标。

我像杨老师一样理性地规划学校，凤鸣小学是丰子恺漫画学校，学校把"追求不息的童心"定为办学目标。教风就如丰子恺的画与散文"深入浅出，至情至理"。并鼓励学生像子恺爷爷那么学习——乐学、善学、博学、美学，形成优良的学风。学校致力培养"有童心、有特长、特别爱美"的孩子与"情趣、亲和、智慧"的老师。

　　自任总校长后，我引领集团全体教师追寻教育梦：传承"润泽风雅，和而不同"的集团办学思想，实实在在的实践校训——崇实、笃行、尚美、厚学，培养"雅言雅行　厚学博闻　阳光健康　学有特长"的国际小公民。

　　杨校长所教诲的"没有一种感动上帝的精神不能发展学校！"的信念给了我力量。我想方设法进行旧校改建，三年中争取七八百万元资金改建校门、综合楼、漫画楼、操场、道路，使得学校旧貌换新颜，凸显学校是子恺园、漫画园、童心园的校园文化特色。

　　我像杨老师那样实施民主化的管理。我尊重每一个人，人人参与学校管理。用教职员工会议代替教代会，人人享有平等的参与权和表决权。对老师的每一个提案，行政通过讨论后认真地给予答复和落实。对所有的提案进行"金点子"的评选。尊重每个群团组织，支持群团组织独立行使管理权力。同时全力协助家委会开展工作，并通过家长义工团参与学校的管理。认真地组织少代会召开，让孩子协助管理。

　　有"理"有"情"万事通，有"理"无"情"碰对碰。我的"至情至理"的管理风格得到大家的认可。我想，之所以能得到大家的认可，是杨老师榜样的力量，是杨老师授予了秘诀，是杨老师给予了信心。正是因为我能成为杨老师的学生，才有机会从他那儿学到了那么多的管理心得。

　　享受着做"杨老师学生"的幸福，所以我称呼"杨校长"为"杨老师"，师恩激励我前进。

（桐乡市实验小学教育集团
凤鸣小学　王耀丽）

社会评价

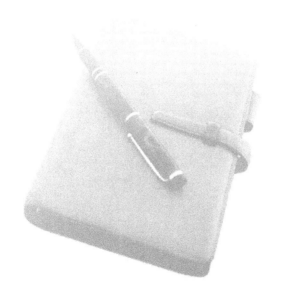

一、专家评价

（一）杨一青的名校经营之道

国家总督学顾问、亚太地区联合国教科文组织协会联合会主席、

中国教育学会副会长　　陶西平

初知杨一青校长是在 2004 年教育部教育发展研究中心牵头编辑"中国当代教育家"丛书时，我作为丛书顾问参加了有关会议，当时从全国各省推荐上来的校长、教师人选有几十个，最后定下的十个人选中，杨一青榜上有名。这很不容易。

2005 年全国共有小学 36.62 万所，但像杭州学军小学这样体现现代科学文明与深厚文化底蕴融合的中国城市小学，在全国范围内是不多见的。这离不开校长的努力。而像杨一青这样拒绝各种诱惑，一辈子在一个小学工作 40 多年，当了 20 多年校长，并培养出一大批优秀教师和优秀校长，有自己的教育思想、办学目标、学校愿景的小学校长，实属难得。他不仅拥有丰富的教育阅历，而且始终有着活跃的思维与先进的理念。

去年，杨一青《搭建飞翔的舞台》一书出版，书中展示的教师培养的教育思想与一套卓有成效的制度方法给读者很多启示。但因为主题所限，杨一青的很多教育思想没能展现出来，给人意犹未尽的感觉。

今天拿到《杨一青：探索名校经营之道》一书很是高兴。以往，人们大多是从学校行政管理的角度来探讨学校管理的问题，而很少从经营的理念来探索学校管理的问题。目前，学校管理，已经从强调由教务管理、总务管理、人事管理等"事务性"的静态管理，逐渐地转变为强调实践运用、资源分配、信息管理、专业发展、人际关系的"人际""资源"与"技术"等动态经营。

在这方面，杨一青领先了一步。他强调学校是一个动态组织，也是一个开放的系统。它必须适应社会环境的变迁，必须在达成绩效之外，引导前瞻性的发展策略。可以说，学校经营是以积极的理念来营造学校的形象和促进学校的发展，同时促使

每个师生发挥最高的效率、获得最大的成功。

与中国教育学会副会长陶西平先生在学军小学

《杨一青：探索名校经营之道》准确地抓住了杨一青最有特色的经营理念与实践，并做了精辟而完整的总结与阐述。全书以杨一青经营学校为主线，详细地展现了杨一青经营品牌、人才、课堂、服务和文化五方面的经营思想与经营实践，阅读本书，无论是教师还是校长都会得到启发。

（二）整体和谐　以人为本

——在浙江省"杨一青教育管理思想研讨会"上的讲话

浙江省教育厅副厅长　张绪培

浙江省作为中国相对发达的一个地区，又是文化积淀比较厚重的一个省份，我们的基础教育应该讲在全国有它的地位。我们基础教育在全国的地位，主要就是通过一个一个具体的学校，一个一个具体的校长，一个一个具体的教师的教育教学行为，由他们的集合所构成。所以这几年一直想做一件事情，就是把我们浙江省范围内，我感到比较有影响的一批功勋教师、特级教师，他们从教一辈子，他们的一些丰富的教育经验和他们的教学理念，这样一些精华的东西，进行总结、凝练，成为我们全省的财富，我想也一定是我们全国的财富。

我们现在的名称叫"浙派名师"，"浙派"就是具有浙江人的特点，很显然杨一青同志作为我们一个瞄准的对象，今天杨老师主要向大家汇报他的教育思想，明天大概讲具体的教育管理行为。杨一青的教育思想这张报纸上有，"教改纲领"就是他给大家讲的 16 个字："整体观念，主体思想，个性发展，和谐关系"，办学目标 9 个字："个性化、现代化、国际化"，内涵刚才杨老师已经为大家解读了。我想，杨老师的教育思想最最核心的有两个：第一，整体和谐。作为一个校长没有整体的理念是做不好事情的，杨老师要求他们学校每一个老师都要有整体理念。杨老师他对整体是很有感情的，20 世纪 80 年代初当时全国有一个中国教育学会下面的二级学会整体改革专业委员会，我记得杨老师是最早的成员之一。因为大家知道事物本身，它是以对立统一这样的形式存在于我们之中，矛盾是绝对的，由矛盾之间的对立统一，构成了我们现在的社会存在。杨老师这里的整体，我的理解：他指的是社会、学校、家庭，这三个作为一个整体。他不仅仅研究学校，还研究社会，因为学校是社会的一部分，因为家庭跟我们的教育息息相关，所以讲了跟家长怎样建立友善的关系，学校家长形成合力。我们有些学校对家长很感冒，跟家长很对立，他很耐心，欢迎他们继续关心学校。他这个整体还包括世界、中国、浙江、杭州，要用世界的眼光来看我们的教育，所以他提出国际化、现代化这样一个概念，这是我们所谓教育的国际视野，虽然我们这个学校在杭州西湖区占地面积不太大。他这里提的整体我感到还包括了教育、教学；硬件、软件；领导、教师、学生。站在这些概念的上位来看这些，来思考教育的问题，他这个整体可能还包含了时间上的整体，教育的过去、现在、将来。我们的教育是为将来培养人的，所以我们不但要了解教育的现在，还要了解教育的过去，在这样的时间轴上，来整体把握我们教育的发展方向，这一整体的观念是杨校长很核心的观念。那么整体里面有各个要素，我刚才讲的不同整体里面的要素，要让他存在一个统一体当中，那就得使他们的关系和谐，一个整体有序的存在是因为它的状态是和谐的，如果这个状态是不和谐的就会被分裂，力量就会分散，就没有合力，所以杨校长很注意和谐的力量，他今天关于和谐讲得最多。我感到这是杨校长一个核心思想，整体的力量，和谐的力量。第二，就是以人为本的理念，或者用杨校长的话来说，就是主体理念，班级的主体是谁？老师和学生，主体理念集中地反映在杨校长的教师观和学生观上。在杨校长看来，教师这个群体是多么好，他都没骂过老师，都说老师好。我看西湖区教育局局长的文章里说他有三大功劳，其中的一大功劳就是培养教师。为什么他看上去的老师和学生都是好的，而我们有些校长看上去的老师和学生都是差的呢，这就是很核心的一部分。杨校长把教师和学生首先当成人，刚才杨校长讲得很核心的一个理念：他们是人。人不是麻袋，人不是容器，人不是任人宰割的，他们是有情感的，他们是有主体意识的。调动人的积极性，我们现在用的很多的办法是靠管、卡、压，是靠外力，所以现在学生厌学，教师职业倦怠，为什么？因为他们在高压下面工作，是在心情不愉悦的情况下工作，是在很压抑的情况下工作，我们说同样调动人的积极性，我们可以换一种思路，就是我们唤醒教师和学生的这种自觉，发动他的内驱力，使他的内驱力产生作用，让他把这些东西作为一种需要，这就是本事，所以说杨老师是教育家，他有这个本事。他知道人的需求，他知道怎么去调动人的积极性，事实上有很多东西是值得我们去学的，而且是学得到手的，比如他对教师讲了几个层面的东西，要关心他们的生活，要支持他们的发展，要成就他们的事业，对年轻教师要鼓励他们成才，给他们挑担子并不惜工本，我看他更多的不是在用平均分管老师，在这样的学校里绝对不会因为两个老师平均分差个几分，说你是先进，他是落后。这就是我们所谓的软管理，而教育恰恰是需要软管理的。我们的工作是靠教师去贯彻，去落实，教师在国外更多的是把它作为自由职业，什么叫自由职业者呢？心情好了多干一点，心情差了少干一点，对校长有意见了就不干了，所以教师他必须要在愉悦的情形下面，他才可能去创造性地工作，才可能从一个教书匠变为教师。没有本事的校长老是去破解一部分所谓调皮捣蛋的教师给出的题目，而且总是应付不过来。以人为本不是一句空话，以人为本我看很值得研究，在我们的管理当中如何体现以人为本，从某种角度上来讲，现在一直在讲的建设学习型组织，它的核心是什么？它的核心就是让这个组织中的所有成员，包括老师和孩子，感到我在这个组织当中是有前途的，我是可能发展的，而且我每天有成功的愉悦，这就是学习型组织，所以学校就应该率先成为学习型组织。如果我们目中无人，"老子说了算，我讲出去的话没人敢反对"，有句名言"不在沉默中死亡，就在沉默中爆发"。在学校我感到民主进程、民主意识不是空话，我们现在讲创新型人才，教师没有创新型工作，哪儿来创新型学生。学校如果没有一个民主的氛围，哪儿来的创新，一个专制的国家不可能有创新的人才吧，所以以人为本，到底什么叫以人为本，大家可以去读杨老师这本书，何以那么多教师让他弄得这样心悦诚服，何以在他学校里一个又一个新的校长诞生，这个学校被派到外校当校长、副校长的有19个，教育局局长2个都是这所学校出去的，何以它可以出人才，要透过现象看本质，所以这本书是值得大家去研读的。

有人问我校长应该具有什么样的个性？我当时讲了三句话，第一，校长要有理想，校长没有理想，随波逐流那不是好校长，因为校长是引领整个学校发展的。第二，要有激情，如果没有激情这个学校就办不好了。第三，要脚踏实地。理想、激情和脚踏实地这应该是理想校长的个性。因为自己的教育思想反映了你要把大家带向何方，你要让教师成为怎么样的教师，你要把学生培养成怎么样的人？杨老师具有比较典型意义的是他46年做一样事情，搞小学教育，在一所学校当校长23年，是整个教师生涯的一半。如果没有一点理想，没有一点激情，我看不会到今天，现在他讲起来比我还有激情。是什么东西在支撑他，杨老师的个性特征里面有哪些东西，我想挖掘他。杨老师的个性，我认为是乐于苦干，刚才他讲了他的成长过程，什么活儿都干过，而且干一行爱一行，要他写文章就写文章，叫他管后勤就管后勤，再苦也愿意。其实干得越多，如果是有心人的话，你获得的财富越多，就看你怎么干。我们好多同志干工作挑三拣四，做校长要有阅历，阅历对一个人来讲是一个很重要的财富，所以我看这是他一个很好的性格，要我干什么就干，而且我还很高兴地去干，我还带着研究精神去干，非得干出点名堂，干出点乐趣来。报纸上有一张他拉二胡的照片，他不但二胡拉得好，笛子也吹得很好。随遇而安，我觉得有一句话，"不想当将军的士兵不是好士兵"，每个人都想当将军，每个人都是失败者，哪儿来那么多将军，要你干这件事情把它干好，这是最实在的。我们现在培养的人有一个误区，我们从小把孩子的期望值拉得太高。我这次到加拿大，那天晚上已经很晚了，看到路边有个老太太，大约60岁，背个邮包，体型很好，她每天走路当邮递员。后来导游告诉我们加拿大这样的人很多，一辈子干一样工作，把这当乐趣。我们现在问小孩子以后想干什么？"工程师。"工程师现在不太有人干了，科学家现在也不太有人干了，又问要干什么？要当官，要做老板，要挣大钱。一个社会当中普通劳动者总是绝大多数，所以会干的人他们把工作干得很出色，而且他会在最平凡的工作中体会到乐趣，成为他重要的生活阅历。我想老杨的个性特点就是这样的吧，我碰到好多校长都说累死了，第一，太苦；第二，没有钞票；第三，压力太大。我从来没听到杨校长如此的抱怨，每次碰到他都笑嘻嘻的，精神状态特别好，笑傲江湖很重要，这是乐观的心态。第二个性格特征是什么呢，不安分。他很不安分，如果他安分的话绝对不会在一个学校做二十几年校长，如果做也没味。因为他不安分，老是自己给自己找活儿干，自己给自己找下一个目标，当语文老师找一个切口作文，他去研究了，潜心研究而且卓有成效。杨老师语文教师评上特级教师就是因为他作文教得好，他研究出东西来了。叫他当干部，要办学校不是办一般的学校，要办一所好的学校，所以马上就投入到整个学校的规划中去。他这个学校我是看着它一点点大起来，一点点像样起来。他这个学校原先很小，而且他学校周边像狗咬过一样边不齐的，今天搞几分地，明天搞几分地，在这么一个城市中心位置，这个学校不但没有缩小，没有被蚕食，反而在变大，变得漂亮。他现在又不安分了，又要办一个新学校。办学校光有硬件不行，光有设备和房子不行，还要明确学校奋斗努力的方向，所以他1986年的时候就很自觉地加入到全国的整体改革的行列，找了一个课题，16个字的教改纲领就是在这个时候提出来的，一直用到现在不断给以新的内涵。到了21世纪，他又在琢磨，时代变了，家长变了，家长的文化层次、家长对孩子的期望都在变化，整个社会在发生变化，那我们学校应该怎么办？所以他老是有一种使命感。他现在又找到兴奋点，他老找得到兴奋点，而他把这兴奋点感染给副校长、中层干部，感染给全体老师，使全体老师觉得有了目标这个真的就不一样了。知识分子基本温饱这是一定要保证的，基本温饱保证了，基本小康以后，知识分子重要的是精神上面的需求，所以他是一个很不安分的人，永远有一个目标在等着他，永远会去找新的兴奋点。第三个性格特征是和为贵。杨一青就是善于调剂人际关系的人，跟社区关系，跟地方官的关系，跟兄弟学校的关系，跟教育局、教育厅的关系，跟周边高校的关系，他都处得很好。这里面很重要的就是心要大，我们有些人看事情就是眼前这一点蝇头小利。斗争哲学在革命战争年代是通行的，但是在现在和平年代和谐社会和为贵很重要。大家不要小看这个中庸，中庸是一种哲学思想，中庸不是和稀泥，而是强调双赢，不要老想自己得好处，所以他争取了一个比较好的社会环境，他是市、区人大代表，社会支持这很重要。国外很多校长是社会活动家，他与周边关系很好。我们是公办学校，公办学校经费基本有保障，国外私立学校校长的主要任务就是筹钱，他不是社会活动家这学校怎么运转。老杨不张扬，很低调，除了教学之外，他的人格、个性上面也有他的独到之处。我对他比较熟悉，听他这么全面地介绍自己的办学思想还是第一次。在这里，对杨一青同志从教46年，经营学校23年，表示崇高的敬意！

（三）着眼个性，促进和谐

——"个性化"杨一青教育思想的精髓

浙江省教育学会副会长　王炳仁

杨一青，这位至今耕耘在小学教育岗位的当代中国教育家，从1960年师范毕业后一直服务于杭州市学军小学，并从1984年起担任学军小学校长的重任整整21年。47年来，他在学军小学这个舞台上，创造了卓越的教育教学和学校经营管理成就，展示了自身的理想、睿智、卓识、勇气、毅力和独特的人格魅力，形成了自己特色鲜明的教育思想、教育艺术和管理艺术，成为当之无愧的当今浙江校长第一人。

怀着钦佩之心，翻阅杨一青的书籍，回忆20多年来与杨一青的交往，我深深感到杨一青的教育思想内涵丰富、价值很高。其中，他的"个性化"教育思想，即办个性化的学校、建设个性化的班集体、培养个性化的优质学生等思想，尤为宝贵，堪称杨一青教育思想的精髓。

20世纪80年代初，人们在为我国教育系统实现拨乱反正恢复正常教育教学秩序而感到欣喜之余，蓦然发现，我国教育正面临着沿着"以分为本""考分至上"的模式，还是走"育人为本、德育为首、全面发展"的素质教育道路的重大抉择。面对这一重大课题，杨一青不是人云亦云，亦步亦趋，而是在研究国内外先进教育发展趋势，自觉采取科学的态度，积极探索创新，成为当时我省基础教育界先觉先行的改革先行者之一。

他在20世纪80年代中期，就领导学军小学师生开展"小学班级管理整体优化综合实验"，后来拓展为整个学校的整体优化改革实验。通过6年实验，杨一青提出了学校的教改纲领："整体观念、主体思想、个性发展、和谐关系。"其中"个性发展"是指要使学生个性、品格和特长得到良好的发展，个性潜能得到充分的开发。

随着知识经济和经济全球化时代的到来，随着学军小学对个性化人才培养模式探索的深化，杨一青不仅深刻地认识到我们的教育应该培养有个性、有特色、发展着的充满活力的人，而且还应该清醒地意识到，应该把"个性化"作为学军小学的整体办学特色，贯穿于学校工作的全过程，构建起立体的"个性化"育人模式，以满足每个孩子健康成长的需要，促进学校与社会的和谐发展。于是他果断地在1999年把"个性化"列为学军小学"三化"办学目标之首，这标志着杨一青"个性化"教育思想已经形成。在我看来，杨一青"三化目标"中的"现代化"和"国际化"，在一定意义上可以理解为对"个性化"的具体阐释或进一步充实和扩展。

后来，杨一青受以人为本的科学发展观的启示，进一步清晰地认识到，办学校归根结底就是一个"人"字，即培养人、依靠人。培养人，就是培养好每位学生；依靠人，就是依靠以每位教师积极性和首创精神的充分发挥为基础的教师团队。在21世纪初杨一青又提出了学军小学的共同发展愿景："教师发展的沃土、学生成长的乐园。"

杨一青"个性化"教育思想的提出，并非心血来潮和追赶时髦之举，而是基于他对教育基本规律的深刻思考和把握，有着科学理论的支撑。

杨一青曾经说过："作为教育的对象——学生，个个都有自己的性格，个个都有自己的爱好，个个都有自己的特长，千万个学生有千万个个性，世界上没有两片相同的树叶，也没有两个个性相同的孩子。因此，只有学生在学校内的每一项活动都成为一种能动、充满个性的活动，才能凸显孩子们的个性特长。既然孩子都是有自己个性的人，那么育人为本的教育，就应该以生为本，以学生的个性为出发点，否认个性，抹杀差异，见分不见人的教育，自然称不上真正科学的、人性化的当代先进教育。"这番话告诉我们，杨一青的"个性化"教育思想符合唯物论、辩证法原理，正是教育与社会发展的关系、教育与人的发展关系两大基本教育规律的题中之义，同时也表明杨一青"个性化"教育思想符合当代心理学的研究新成果——多元智能理论的基本观点。

实践是检验真理的唯一标准，评价杨一青"个性化"教育思想的重要尺度，首先应该是学军小学的实践。

杨一青的"个性化"教育思想不但是学军小学教改纲领、办学目标、发展愿景的核心，贯穿于三者之中，而且还体现在学校教育教学、经营管理、后勤保障等方面。近20年来，学军小学在"个性化"教育思想的指导下，形成了培养个性全面发展的优质学生和建设特色鲜明的优秀班集体的个性化育人目标，确立了不拘一格选教师，帮助教师自主设计实现专业"错位发展"，让每位教师都成为思考者，引导大家把错误当资源、善于从错误中学习的个性化优质教师队伍建设策略。建构了个性化教育教学模式，包括创设有利于学生良好个性特长发展和潜能发挥的教育教学环境，改变"唯书""唯上""唯分"的学生观，实施鼓励探索创新、尊重学生独立见解的个性化课堂教学，开设多种多样独具特色的课外个性化教育课程，施行以尊重学生选择，着眼学生长项为特点的开放式的个性化考试评价制度，建设有个性特色的少先队和班集体等要素。不但使学校摆脱了以升学考试为中心的应试教育，完成了向素质教育的完美过渡，而且还使学校具有鲜明的个性化特色，而成为全省和全国闻名的、在国外有一定影响的、现代科学文明与深厚文化底蕴相融合的中国城市小学。

在这里，造就了一批师德高、有个性、有智慧、有灵气、有才华、勇于创新的优秀教师和学校领导骨干。为此，人们称誉学军小学为"西湖区的黄埔军校""小学校长的摇篮"。

在这里，建成了许多个性特色鲜明的学生班集体，培育了全国闻名的新时期学雷锋中队。有些学生出了自己的书，有些学生艺术才华出众，有些学生制造智能机器人在国内省内小有名气，有些学生一个人在省运动会连得 5 项冠军。良好的个性特长提高了学生的自信，促进了学生各方面的和谐发展。这里的学生普遍学习比较主动，成绩优良的比例高，受到中学欢迎，获得社会好评。

（四）西湖教育的一面旗帜

时任西湖区教育党委书记、局长，现任西湖区人大常委会副主任　吴吉春

1960 年，杨一青从参加工作开始就到了学军小学，今天无论是学军小学，还是他本人，都在西湖区的教育领域有着举足轻重的地位。杨一青同志是为我区教育系统做出重大贡献的人。

从他个人的发展轨迹来看，杨一青同志从事教育工作整整 47 年，在这四十多年中，他孜孜以求，凭着对教育工作的满腔热爱和无限激情，与时俱进、锐意进取、自尊自律、从严要求，始终保持满腔热情、执着追求、孜孜不倦地耕耘在教育第一线，可以说是"教育战线上的一棵常青树、不老松"。正是凭着他孜孜不倦的追求精

神，使他在从事语文教学中获得了丰硕的成果，成为浙江省小学语文教学和管理中的专家；正是凭着这种精神，他形成了自己独特的教育思想，成为知名的教育家；正是凭着这种精神，他先后被评为省劳动模范、省特级教师、全国教育系统劳动模范，并被市委、市政府授予市"十佳校长"，被省政府授予"功勋教师"荣誉称号，他的工作事迹，得到了党和政府、社会各界、人民群众、广大师生的高度肯定。得到的背后，是付出、是艰辛、是努力、是奉献。杨一青同志的 47 年，是刻苦钻研、锐意进取的 47 年，是不断探索、不懈追求的 47 年，也是为西湖教育无私奉献的 47 年。他用满腔的热情和无限的热爱在人生道路上书写了壮丽的诗篇。

从学校发展的里程来看，杨一青同志更是学军小学发展历程上举足轻重的人物。1990 年他率先提出了"整体观念，主体思想，个性发展，和谐关系"的 16 字教改纲领，1999 年他又适时提出了"个性化、现代化、国际化"的办学目标，正是在他的思想引领下，学校的教育教学改革走在了全市、全省乃至全国前列，学校迈上了和谐、快速的发展之路。1992 年学校被评为"省级文明单位"，1996 年被省教委命名为首批"省示范性实验学校"，1998 年被教育部确定为"全国现代教育技术实验学校"，2001 年被授予"浙江省绿色学校"，2002 年被授予"省教育科研百强学校"，2003 年被评为杭州市首批"文明学校"，并连续 4 年被评为杭州市"人民满意学校"。学军小学已成为全省高品质教育的标志性学校。学军小学的发展离不开杨一青同志的努力，正如有人说：一个好的校长就是一所好的学校。这话说得一点都不错，事实上，杨一青同志已经和学军小学紧紧联系在了一起。提起学军小学，人们马上会想到杨一青；提起杨一青，人们自然就联想到学军小学，杨一青和学军小学已经成为不能分割的一个整体，成为优质教育的"知名品牌"。

杨一青对西湖教育的贡献是巨大的。在他的努力下，学军小学的优质教育如一个标杆，在全区起着领跑作用，带动了全区小学教育的发展。在他的努力下，培养了一批又一批优秀的教师，为西湖教育输送了大量的人才，为西湖教育的快速发展奠定了坚实的基础。他如一个标杆，检验着我们的一举一动，他更如一面旗帜，激励着我们不断向前。2005 年，我们用了几个月的时间在全区系统开展了"杨一青教育思想研讨"活动，让全区教师都深刻体会了杨一青校长对教育的挚爱和追求。如果用几个词来概括杨一青的成就那就是：高超的教艺、高尚的师德、科学的管理。

高超的教艺——在教学实践中是有成就感的。一位优秀校长首先应该是一位好教师，是教育教学的专家，杨校长就是这样一位教师和专家。他对小学语文教学，特别是作文教学的研究是众人皆知的。

杨一青经常讲的一句话是：功夫要下在课外。他要求老师上课是这样，他自己更是这样。比如上一堂简单的作文课，杨校长会反复备课，并与每一个学生进行面谈，了解他们心中所思。同时，作为特级教师的他从不自满，总是亲自上讲台上示范课、观摩课，并在课后要求听课的老师向他提出意见，用他的话说，自己的课堂也要与时俱进。他的导师徐珊老师在回忆杨一青刚进校的情景时说：他特别勤奋好学，不时地可以发现，在他的教学中又冒出了一项新的创举。

从教这 47 年，也是杨一青小学语文教学艺术不断精进的 47 年，他出版了《杨一青作文教学探新》《小学多媒体网络环境教与学》《杨老师教作文》等专著，共 100 多万字。

高尚的师德——在教育生涯中是有幸福感的。教师没有高尚的师德是享受不到幸福感的，杨一青爱岗敬业，默默奉献，关爱师生，他在自己付出心血的同时，也享受到了学生、同事给他带来的幸福感。

教师的理想信念、道德情操、人格魅力会影响学生一生。就如 2003 年"非典"时期，杨一青每天都是第一个到校，在校门口迎接学生，学生无法到校的，他都要打一个电话及时沟通问候，叮嘱学生在家按时自学，让家长配合政府做好工作；并向家长承诺，一旦学生来校上课，学校将尽快地帮助孩子补课。又如一位生活条件较差的老师怀了三胞胎，杨校长从孩子的生产、生活、住房到上幼儿园全操上了心，让这位老师一次次感到生活在学军小学就是生活在无微不至的关怀中，这样的事例数不胜数。杨校长高尚而富有魅力的师德就是一部活的教科书。

科学的管理——有超强的管理才华。在学校管理中，杨一青是一个成熟的思想者，其超强的管理才华表现在：第一，有先进的办学思想，有特色意识和超前意识。他能立足学校实际，高屋建瓴、着眼未来制定办学的整体目标，既能出色地完成教育任务，又在整体上具有独特、稳定、优质的个性风貌。第二，在管理思想上，正确处理好"四对关系"：制度管理与人文关怀的关系、宏观设计与细节雕琢的关系、赏识管理与善意提醒的关系、满足学校总体目标与满足教师个人发展目标的关系。第三，有改革创新的精神和勇气。杨一青始终在讲：领先一步就是领先一个时代。

杨一青具有管人、用人的能力，较强的经济头脑和理财能力，较强的人际协调能力。这样的领头羊对学校的发展是至关重要的，他是学校真正意义上的灵魂人物。

对西湖区教育来说杨一青校长成就了一所名校。中国教育学会副会长陶西平先生说："2005 年全国共有小学 36.62 万所，但像杭州市学军小学这样体现现代科学文明与深厚文化底蕴融合的中国城市小学，在全国范围也不多见。"杨一青为学校在每个时期的发展都掌好了舵，学军小学也一直以社会影响力大、学校环境优美、教师素质好、教育质量高而享誉社会。

杨一青校长培养了一批名师。《维摩经》中有一个"无尽灯"的比喻：点燃自己的一盏灯，照明度是有限的；主动点燃别人的灯，则能灯灯相传相续，终使大家都能见到光明。杨一青就像那盏灯，不仅点亮了自己，也点亮了许多在学军小学工作的老师们，说得简单一点，他几十年来都在做一件事——培养人。

西湖区特级教师黄建明、汪培新、倪宗红、钱金林等都是他的徒弟，还有省府路小学、行知小学、育才教育集团、文三教育集团、翠苑二小的校长等几十人，他还培养了一大批优秀教师。

杨一青培养出来的众多管理者、优秀教师如今都成了西湖教育的中坚力量，他们都将续写杨一青对教育的理解和热爱。

杨一青校长教育了几代学生。学生喜欢上他的课，因为他的课堂充满了创意，总是那么的人性化，学生得到的是知识的充实，更是情感的熏陶，所以桃李满天下自不用说。杨一青感到最高兴的成就首先是培养了一批学生，学生一代代成长着，有的成了领导干部，有的在学术上出了成果，有的则在平凡的岗位上默默工作，他为此而感到自豪。

记得 2006 年的教师节，时任省委副书记夏宝龙到杨一青家慰问。参观完杨一青的书房，夏宝龙看到了客厅墙壁上挂着"人之师表人恒敬之"的书法。杨一青介绍说，这是 1962 年第一届学生任平所赠，现在他已经是浙江大学人文学院艺术学系教授、博导、著名硬笔书法家，想想，40 多年前是他教学生写字，40 年后的今天是学生送他书法作品，这真是做老师的幸福啊！

如今无论走到哪里，只要是学军小学毕业的学生，他们都会自豪地说，杨一青是我的老师。

（五）谈杨一青"和谐教育"思想

杭州青少年活动中心主任、特级教师　黄建明

杨一青老师从教 47 年来，从一个普通教师成长为一个具有 20 多年管理经验的优秀校长，纵观其教育教学改革和学校改革，"和谐"是其思想的精髓。因此，杨一青教育思想，实质就是"和谐教育"思想。

作为教师的"为师之道"，杨一青老师非常强调创设和谐的课堂教学氛围，注重构建民主平等的师生关系，营造宽松的课堂教学环境；强调做老师要受学生欢迎和爱戴，要让学生乐意把老师当作朋友；要重视对学生的关爱，要让学生感觉到"这个老师喜欢我、爱我"；认为老师要"三多三可"：给学生多一点微笑、多一点理解、多一点关爱，让学生感到老师可亲、可信、可敬，通过经常和学生谈话，或者拍一拍肩、递一个微笑的眼神等，让孩子感受到关爱。

在杨一青老师的作文教学课堂中，学生可以畅所欲言，学生可以评判老师的发言，也可以为老师的讲评作补充，还可以发表和老师不同的观点。"陈大炮"这样的外号，可以是全班同学在杨一青作文教学课堂上对一个经常喜欢对别人的文章发表不同见解的同学的"昵称"，学生可以因为有了这样的称号而感到自豪。对小学生来说，作文课常常是令人感到压力甚至有点恐惧的课，但是在杨一青老师的作文课堂上，几乎每堂课都会传出孩子们一阵阵的掌声和欢笑声，连在一起的两堂作文课，对孩子来说每次都是那样的短暂，显得那样的依依不舍。

作为校长的"管理之道"，杨一青非常强调和谐处理各种关系和矛盾，认为学校是培养人的场所，教育工作和学校的管理都是"面对人的工作"，就是"做人的工作"。这种工作必须以人与人之间的尊重互信为基础，必须有真心诚意的付出和体验；认为领导、教师、学生、家长之间要有"民主、平等、合作"的精神；认为教育工作只有建立在人际关系充分和谐的基础上，教育和管理才会深入人心，学生和教师的发展才会更加健康。

在 20 多年的管理生涯中，杨一青一直挂在嘴边的一句话就是："天时不如地利，地利不如人和。"他认为和谐关系是教育改革发展的重要保证，是营造学校和谐的教育环境，是学校的生命。

在 20 多年实际从事学校管理的过程中，杨一青非常强调构建学校管理的"七大和谐关系"。即学校领导班子之间的和谐、领导和教师的和谐、教师和教师的和谐、教师和学生的和谐、教师和家长的和谐、学生和学生之间的和谐以及学校发展和社会发展的和谐。强调班子成员要互相取长补短、分工不分家，遇到问题要互相"补台"，不留空白；强调领导要依靠自身权威、依靠专业引领、依靠深入细致的思想沟通做好管理工作，主张软管理、弹性管理，不主张用简单命令和强权进行管理；强调教师之间要互相尊重和理解，面对困难要争先、面对回报要谦让；强调发挥教师队伍的群体协作，提倡"一个好汉三个帮"，在新老教师业务传授上推崇中国传统的"师徒挂钩"的方式，所以学校很多教师之间除了一般的同事关系之外，还有很浓的师徒之情；强调教师和学生之间要以情感作为纽带，学生要爱老师，老师要爱学生，作为教师即使面对学困生，也要做到同等对待，提倡发挥师生亲情在教育中的作用等。

为了建立学校内部的和谐关系，杨一青在 1992 年提出"整体观念、主体思想、个性发展、和谐关系"的十六字纲领，强调教育改革和学校管理改革都要站在整体思考的角度，把握好各方面的权重，注意轻重缓急，注意在错综复杂的矛盾中解决关键问题。在建立教师和学生、家长和学生的和谐关系以及领导和教师的和谐关系中，强调"主体思想"，即教育过程中学生是学习的主体，学校教育和家庭教育都要围绕学生这个学习主体来开展，不把教师和家长的意志强加给学生，一切要根据学生的实际情况出发，尊重学生主体地位，尊重学生主体意愿。在学校管理中，教职员工是主体，办好学校要靠教师，把员工队伍的基本素质提高和岗位培养放到突出位置；强调放手实践，把教师和管理队伍放到实际工作中去磨炼，校长和学校要为教师搭建"飞翔的舞台"，让老师站到实践的大舞台上获得更快更好的专业化成长；强调"每一个人都是好人，都是想上进的人"；强调每一个人都是不同的人，对学生要允许个性化发展，要给每一个学生有展示自己良好个性发展的舞台。对教师也要根据不同的特点，量才使用，使每个教师在自己擅长和喜欢的岗位上发挥自己的作用。

为了让老师珍惜学校建立的和谐人际关系，杨一青校长还常常亲自或请退休的老教师给学校教师上历史课。几乎所有的教师都知道：在新中国成立之前的战乱时期，老师连自己的工作都不保，学校连安全的校舍都没有，学生连基本的生活都没有保障，教育事业是难以发展，老师也是难以成长的，这样的教育对学军小学的教师来说，一直都记忆深刻。作为小学教师，尤其是年轻的小学教师常常会克制不住自己，稍不注意，对学生的态度就会简单粗暴，影响师生之间的和谐关系。为了使年轻教师养成耐心细致的教育态度，杨一青校长让年轻教师到儿童福利院去见习和实习，体会福利院老师面对孤残儿童"虽非亲骨肉，依然父母心"的养育精神。凡是去过的老师都会刻骨铭心。

为了在和谐中求得更快发展，杨一青校长十分重视学校的文化管理，实践"超越制度"的人性化管理理念。他非常重视制定学校的长远发展规划，每个五年都要制定学校新一轮五年发展规划，提出"个性化、现代化、国际化"等阶段性发展目标，以此构筑学校师生的共同发展愿景。他强调教师的发展要建立在学生发展和学校发展的基础上，要把教师个人生命融入学校的事业发展中去，追求个人事业和学校事业的同步、和谐发展，他认为这样的发展才是和谐的发展，健康的发展。

而杨一青校长提出的学军小学"个性化、现代化、国际化"的发展目标，其实质也还是和谐教育思想的产物。其中，"个性化"强调的是学校、学生、教师在发展过程中，除了发展共性之外，还要积极发展其个性化的一面，此所谓"和而不同"；"现代化"强调的是学校发展要和现代社会发展相和谐、教育进步要和社会进步相和谐；"国际化"则是立足于中国教育和国际教育的相互学习、中国青少年和各国青少年的友好交往，以及中国文化和世界多元文化的相互了解、兼容并包的世界和谐发展视野基础上提出的。

应该说，杨一青"和谐教育"思想产生于学军小学这所名校的发展过程中，既是学军小学几十年办学和几代教师群体共同教育价值的结晶，反过来，也是杨一青校长 20 多年来带领学军教师群体，把根植于学军小学几十年的"和谐教育"思想，从萌芽浇灌成为今天学军小学这棵"和谐教育"的大树。

杨一青"和谐教育"思想也是杭州教育、浙江教育这块土壤的产物。在中国教育发展的历史上，浙江作为教育发展的一方沃土，教育发展一直受到重视，尤其是改革开放和国家实行义务教育法之后，浙江在全国率先实现了"普九"，又在国家发展"十五"期末率先实现了十五年的普及教育，可以说，浙江教育一直在追求和谐发展的教育目标。

在杭州，早在"十五"期间，杭州教育的现代化目标是"学前教育低龄化、义务教育公平化、高中教育普及化、高等教育大众化、成人教育终身化"。现今在杭州大力推行的教育集团化、城乡学校的互助结对等教育发展工程，也无不体现了教育和谐发展的思想价值。

杨一青"和谐教育"思想结出的硕果，也是中华传统教育思想成功应用于当今中国实现教育现代化进程的典型。中华文化历来强调"和谐"，历来以和谐文化著称于世界文化之林。中国教育几千年的发展也无不体现了和谐这种基本理念，即使在长达几千年的中国封建社会历史上，教育也常被用于改善统治阶级和被统治阶级关系、维护封建统治社会和谐的一种基本手段。在当今建设社会主义现代化的进程中，教育则是被用于传播人类文明、发展先进社会生产力的有效途径，是每一个社会公民追求自身价值发展、追求起点社会公平的基本手段。社会主义社会教育价值的根本目标是为建设社会主义和谐社会服务，杨一青"和谐教育"思想正是当前中国教育发展目标的具体体现。

党的十六届六中全会提出要构建社会主义和谐社会。胡锦涛同志指出：实现社会和谐，建设美好社会，始终是人类孜孜以求的一个社会理想，也是包括中国共产党在内的马克思主义政党不懈追求的一个社会理想。和谐社会的构建，需要发挥中国传统和谐文化的作用，把和谐文化作为构建和谐社会的思想基础和精神动力。

在当前，我国社会发展已经到了一个关键时期，在这个关键时期，发扬和谐文化作为社会道德基础文化的作用具有十分重要的意义。和谐是一种自然状态，是一种社会秩序，也是一种价值取向，人是社会的主体，人与人之间融洽相处是社会和谐的基础。和谐文化强调的是和而不同、以和为贵、主张人与人之间相互尊重、相互信任、相互帮助。在全社会大力倡导和谐理念、培育和谐精神的背景下，可以引导人们用和谐的思想认识事物，用和谐的态度对待问题，用和谐的方式处理矛盾，使崇尚和谐、维护和谐内化为人们的思维方式和行为习惯；就能够培育与人为善、乐于助人的道德情感和见利思义、顾全大局的处事准则，在处理利益关系和各种矛盾时，互谅互让、友好协商，形成我为人人、人人为我的社会风尚。

社会发展需要竞争，但竞争必须以和谐为基础，否则竞争带来的社会发展对人类幸福就失去意义，失去和谐道德基础的发展其本质是不道德的发展、非人性的发展。学校是社会文明的摇篮，教育是社会文明的起点，和谐的教育是促进社会和谐发展的基础，只有和谐的教育环境才能培养出有和谐思维、和谐行为习惯的人。

47 年来，杨一青老师在"和谐教育"思想指导下的教学实践和管理实践经验以及他本人和所带领的学校取得的巨大教育成就，已经充分证明和谐教育在当前教育改革中具有非常重要的价值。总结杨一青的"和谐教育"思想和实践经验，对指导我们今后发展和谐社会的教育事业、发展和谐的教育事业、建设和谐发展的现代化学校以及培养适应和谐社会的人才都具有十分重要的参考价值。

（六）学生在欢快的气氛中学会写作

浙江省教育科学研究所顾问　徐　珊

作文是学生认识水平和文字表达能力的体现，是字、词、句、篇的综合训练。作文教学是一项复杂的系统工程，如何有效地提高作文教学质量，是广大语文教师十分关注的课题。

由于种种原因，长期以来，学生害怕作文，教师也视作文教学为畏途。据调查，学生喜欢作文的只有 10％到 20％；对作文感到有困难的却占 80％到 90％，后者一是感到没有东西好写；二是感到有话，但是不知道该怎样写；三是辛辛苦苦写了作文，总是得不到好成绩，结果是越写越乏味，越到高年级越不想写作文。老师反映，教语文以教作文为最难，作文指导课最难上，作文批改负担又最重，作文教学质量最难提高。总之，不论是学生还是老师，对作文的心态可以概括为：精神负担最重，耗费精力最大，成绩最不理想。

杭州市学军小学特级教师杨一青的《作文教学探新》集中反映了他长时期在作文教学这一园地辛勤耕耘、不懈探索的丰硕成果。它的出版，无疑将为广大小学语文教师摆脱作文教学，特别是高年级作文教学的困境开拓思路，带来希望。

杨一青同志于 1960 年秋毕业于杭州师范学校，毕业后留在附小任教，是我的一位老同事。近 30 年来，他长期从事小学语文教学，当了校长以后仍然兼教作文。由于他学习刻苦、勤动脑子，又能勇于实践、善于总结，积累了丰富的教学经验，特别是在高年级作文教学方面，已经形成了一整套有自己特色的作文教学风格。党的十一届三中全会以后，改革的春风给杨一青同志带来了攻克作文教学难关的活力。他针对作文教学中的几个老大难问题，有计划、有目的地开始了新的探索，比如，他针对不少学生感到作文缺乏生活素材、无话可写、没有兴趣等现状，开展了"放宽题材，引导观察，乐于作文"的实验；他针对作文教学匆匆指导、空洞指导、孤立指导的通病，开展了"作文之前有指导，指导课中有讲评，讲评课中再指导"的实验；他针对作文批改劳而无功的弊端，开展了"更新评改观念，指导评改方法，调动评改积极性"的实验；他针对学生作文水平悬殊的实际，开展了"尖子引路，带动全体，进行多层次指导"的实验；他针对作文教学长期孤军作战的实际，开展了"作文与阅读结合、与生活结合、与做人结合、加强课外阅读指导"的实验；他针对学生作文千人一面、千篇一律的现实，开展了"写中求异，发展思维，进行多角度指导"的实验。以上这些实验，都已取得了可喜的成果，实践证明，这些都是成功的经验。

值得一提的是在作文教改的种种实验中，他还十分重视研究儿童心理、热爱学生，建立和谐民主的师生关系，创设良好的习作心境，培养良好的写作习惯。他认为了解学生，热爱学生，特别是热爱学习困难大的学生，进行具体地帮助指导，千方百计鼓励他们学好作文，这是语文教师应尽的责任。他认为只有热爱学生，建立了和谐民主的师生关系，各种教学方法才能收到良好的效果，否则就要大打折扣。这是他作文教学之所以卓有成效的重要原因之一。

正因为这样，杨一青同志所教班级的学生，几乎都对作文产生了浓厚的兴趣，十分喜欢上他的作文课，喜爱写作文，作文水平提高很快。我曾多次听过他的作文课，看到学生在欢快的气氛中学会了写作文，我也同时分享到了作文的欢乐。这说明他作文教学的成功。

这本集子还有一个显著的特色，那就是不是空讲道理，也不是堆砌实例，而是坚持就事论理，以大量教学实例，用教育学、心理学的原理进行深入浅出的分析，读后使人感到十分实际、具体。近几年来，杨一青同志曾多次应邀去省内外介绍作文教学的经验，所到之处受到广大语文教师的欢迎，老师们有的说，杨老师讲的作文教学中的问题我们都碰到过，听起来很亲切，好像就是在讲我自己；有的说，听杨老师讲课"是享受，是乐趣"，一位语文教研员多次听杨一青讲课，他十分形象地描绘说："听杨老师讲课，下面是一片寂静，一片笑声，一片掌声。"此话一点不假，因为我也曾听过他的多次讲课，的确是：具体，实在，亲切，管用。

1989 年 5 月于浙江省教科所

二、校长评价

（一）一位极具人格魅力的校长

杭州市西湖区文一街小学校长　潘国根

我于 1997 年 7 月到杭州市学军小学工作。在学军小学工作了整整三年，担任副校长，主要任务是协助杨一青校长分管学校教育科研和有关招生工作，指导开展教师培训和对外宣传接待工作。回顾在学军小学的三年，可以用忙碌而充实来形容。而今天对已在另一个学校做校长、书记的我来说，杨老师对学校教育的满腔热忱和忘我工作，对小学教育改革的前瞻性思考，以及他独特的人格魅力等都给予我很大的影响。特别是他关于"教育要找发展点""校长要学会把关""于细微处见精神""说有利于团结的话，做有利于团结的事""不是你的不能要，是你的也不能全要"……谆谆教诲仿佛就在眼前，那些难忘的日子至今让我记忆犹新。

20 世纪 90 年代中后期，随着市场经济的逐步推进，如何实现经济的快速增长，杭州市政府提出"经济要找增长点"，要大力发展高新技术产业，通过技术创新实现产品的更新换代。那么，学校教育要不要发展、靠什么发展呢？杨一青校长提出"教育要找发展点"的观点。1998 年春季，杨老师组织行政班子讨论：多年来，学军小学严谨教学，教学质量有保证、各项工作成绩突出，还要不要再发展？要发展，如何发展。同时组织行政班子成员到胜利小学、杭二中等校参观。在充分讨论酝酿的基础上，杨校长提出，要将"发展应用现代教育技术研究"作为学校教育的发展点，并于当年暑假投入近 80 万元，新建一个计算机房，组织人员大力开展计算机辅助教学研究。

早在 1996 年，杨校长就特别强调指出，电脑的出现给人类社会所带来的影响绝不亚于电的发明。在商店，各种技术创新、款式新颖的日常用品琳琅满目，而唯独我们的教育，几十年来沿袭落后的手段，变化不大。现代教育技术在教学中的小范围应用大大制约了教育本身的先进性，学校教育的落后面貌不改变，学校就无力承担起培养未来高素质公民的重要使命。教育要找发展点，同样要观念先行，要手段、技术革新。

从第一个计算机房（1995年）到第一个多媒体网络机房（1998年）和第一个多媒体教室的建立，从时间上看学军小学都算得上是省内最早的学校之一。这为学军小学以计算机技术为代表的现代教育技术应用研究在全省乃至全国发挥示范作用打下了基础。正是因为将"发展应用现代教育技术研究"作为学校教育的发展点，学军小学在计算机应用于学校管理、辅助教学、促进教学模式的

在浦江仙华山和老师一起活动

变革等方面的成果显得尤为突出。教育部的专家到学军小学考察后这样说，在全国范围来看，现代教育技术的投入大过学军小学的学校多得是，但是，从设备使用效益之高、研究成果之大，在全国的学校中十分罕见。学军小学2001年被教育部评为现代教育技术实验学校突出贡献奖。

他是一位小学语文特级教师，一位浙江省最负盛名的小学校长，他同时也是杭州市的资深人大代表、市长专家咨询组成员、浙江省义务教育小学语文教材的主编……平时，要不是事先预约，你一般很难找到杨校长。人们都说他是"杭州教育界的社会活动家"。他的工作领域十分广阔：除了教学研究、教材编写和学校管理，还包括在各级校长、教师培训班和大专院校授课，到街道社区调研考察，担任行风监督员，等等。也许有人会说，在学军小学很少见到杨校长的身影，会不会影响各项工作的开展呢？这种顾虑完全是多余的。首先，杨老师并没有存心"偷懒"，只要在杭州，他总是先到学校转一转；其次，从学军小学教师的工作自觉性来看，各项工作的开展离开了校长（包括其他校领导）的监督已经没问题；更重要的是，表面上看杨校长的确很少整天待在学校，但在我的感觉中，杨校长无时不在。

那一年学校开运动会，地点在省体校，学军小学到省体校要穿过两条马路，大约15分钟的路程。我们出发不久，正走在路上，我突然接到在温州讲学的杨校长打来的电话，问过马路护送学生的老师有没有安排到位，如果没有，要赶快安排。当我告诉他已经一切安排就绪时，他才放心地说："要特别注意安全，别的没什么。"

　　在关键时刻，紧要关头，杨校长危难之处显身手的故事数不胜数。杨校长对突发事件的反应速度之快，我常常自叹不如。在一个初冬的傍晚，学校组织全校学生在相隔近 20 分钟路程的杭商院会堂观看文艺演出。当我们回到学校时已经快下午 5 点了，这时天下起了蒙蒙细雨，接孩子放学回家的家长越来越多。我们正想通知各班抓紧放学时，杨校长的身影突然出现在大家面前，"小潘，马上通知各班进教室，听广播指挥一个班一个班放学，小钱（钱金林），你负责指挥校门口交通，请家长让出一条道让学生通行……"紧接着杨老师自己也加入到劝说家长的行列中："请家长配合，往后让一下，为了学生安全，请大家配合。"不一会儿，狭窄的求智巷内，带着雨伞、开着汽车、推着自行车，已将校门口围个水泄不通的家长开始往路的两边退去。要是早几分钟，1200 多名学生走出校门，要穿过如此拥挤的迎候人群，谁能保证不发生意外。当学生听着广播一个班一个班排着队，有秩序地走出校门时，大家都不由得为之庆幸。

　　在非常时期，在紧要关头，你总是可以见到杨校长。2003 年"非典"时期，虽然我已经不在学军小学工作，但听到老同事讲起杨校长的故事，同样让我感动。当杭州第一个疫情出现当天，他早早到校通知党员教师带头行动起来，此后每天早上 7 点整就能看到杨校长在校门口的身影，那是他在关心学生的晨检工作，他会仔细地检查、询问每一个班的到校情况，发现有缺勤的学生，他会一个不漏地打电话到家里，关心学生的身体状况，关心学生的学习进度，安慰学生的情绪。为此，许多家长纷纷打电话到学校致谢，一（2）班孟歆念家长特意送来了一盆鲜花，向杨校长表示感谢。每天，杨校长总是要在校园里转上好几圈，检查环境卫生与新教学楼的施工安全，杨校长时刻告诫广大老师："学生的安全是老师的天职。""在这场抗'非典'的战役中，一定要严防死守，狠抓落实。"每天，杨校长忙碌的身影总是要到晚上 6 点多以后才离去，老师们看在眼里，记在心里，在杨校长的带领下，认真细致地做好消毒工作，几乎每个老师的下班时间都要在 5：20 以后，但没有一位老师有怨言。

　　很多到这里工作过的人，都有一个深切的体会：这里的风气很好，大家一心一意工作，相处很融洽，人与人之间很少红过脸。这种良好的风气从何而来，当然主要靠大家的自身努力，身体力行地实践"说有利于团结的话，做有利于团结的事"。不要小看这句话，以为达到这句话的要求并不难，可是，一个人能够每时每刻以这句话要求自己，身体力行，哪怕受了挫折、委屈，都坚持说有利于团结的话，这是何等的境界。那么，如果有人说了不利于团结、不利于工作的话，情况又将如何呢？

1998年冬天学校组织参加无偿献血，老师们纷纷报名参加，学校有一位职工看到通知后，说了一句"献血，叫我给别人献血，献点给我还差不多"。这样的言论对组织者和报名的老师来说，无异于泼了一盆冷水，不久，这句话传到杨老师那里，在教师会上，杨老师专门就这位职工的话进行了近半小时的批驳，强调指出"此风不可长"。他从无偿献血的意义、从对作为省文明单位员工的要求、从维护支持学校工作等多个角度，指出这种言论的错误，当事人会后立即承认了错误。

人的行为改变并不太难，因为很多行为的改变是看得到的，但人的思想、灵魂的改变很难，它是深不可测的。但在杨老师的眼里，将人的思想工作放在了首要的位置。从反面的教材看，有"此风不可长"，从正面的教材看更有"于细微处见精神"。

在浙江、在杭州的小学教育界，特级教师杨一青作为学军小学的校长，一位小学的名校长，其知名度可谓家喻户晓。可是，在与杨校长共事的三年里，平日工作、生活中的他，一切是那么的平常，他的简朴、节约，他的平易近人，与他的知名度常常对不上号，他总是那么低调，以至闹出笑话。

刚到学军小学不久，为了让我尽快适应工作，杨校长常常带着我参加一些会议。有一次，我们到省教研室开会，那天天气很热，我和杨校长骑着自行车去开会，为了遮挡烈日，杨校长还戴了一顶草帽。到了教研室门口，我从传达室门口进去，回头不见杨校长。原来，传达室的师傅正拦着他盘问，无论杨校长怎么解释，大伯还是无法相信，眼前这个"老农民"会是大名鼎鼎的学军小学校长，我急忙上前解释，才免去尴尬，院子里已经停满了来自各地送校长开会的小汽车。等到杨校长入席的时候，各位校长纷纷起立，向杨校长问候，这与场外遭遇冷落的一幕形成了鲜明的对比。

在学军小学，无论男女老幼，我们总是习惯地称呼杨校长为"杨老师"，年长一点的干脆直呼其名。1998年暑假招生结束的那个傍晚，杨老师临时决定约汪培新和我一起聚一聚，表示庆祝。杨老师说下酒菜他买，一个烤鸡和几个热菜，地点在我家，那天我们谈了很久，也很尽兴。在杨老师眼里"自己的事再大也是小事，学校的事再小也是大事"。学校几次提议，给杨老师配个小汽车，都遭到了他的拒绝；儿子生病，发出了病危通知单，他每天下班后跑去照料，这些在学校里，他从来都没有说起；尽管在学校的账户上事业发展基金有数百万元，但在相当长的时间里，四位校级领导都挤在一个 20 多平方米的房间办公；近 20 年，他的校长办公桌用的是 20 世纪 50 年代建校时购置的旧桌子，即便是 1999 年教师办公室装修一新，教师们全都用上了新的办公桌，校长室依然不动。直到去年学校全面改造，才换了新桌子。连在他身边的我们也常常纳闷：现在一些新开办的学校，办学历史不长，知名度不高，可校长办公室一个比一个气派，是这些校长太铺张浪费，还是杨老师太小气、守旧呢？与他办公条件的简朴相反的是，在教育改革、现代教育技术研究上，他的大手笔一个接着一个。

杨一青校长和学军小学的办学思想，已经深深地印在我的脑海里，特别是"教师发展学校""制度内化为行动、文化发展学校""校长在学校发展中的引领作用"等将一直激励我在今后学校管理中努力耕耘、探索不息。

（二）和谐，用人格铸就的教育思想

——杨一青教育思想解读

杭州市西湖区教师进修学校副校长　王曜君

时任杭州市西湖区教师进修学校校长，现任文三教育集团正校级调研员　高荣法

杨一青校长 45 年为一所学校耕耘一辈子，从一个师范院校毕业的普通教师成长为浙江省特级教师、功勋教师，全国教育系统劳动模范。作为校长，他使一所学校成为省市教育改革的窗口、全国知名的学校，他已经把"自己的生命"融合在"学校的生命"之中，集中体现在对"整体观念、主体思想、个性发展、和谐关系"十六字教改纲领的不懈追求。

1. 个人魅力塑造了和谐理念

杨一青校长的"个人魅力"在哪里？在每一位教师的教育实践中，在教师的每一节课堂教学中，在学校工作的每一个环节中。杨校长的教育思想假如没有在每一位教师的教育实践中体现，假如没有在教师的每一节课堂教学中体现，假如不能在学校工作的每一个环节中表现出来，就不可能成为一个校长的教育思想。事实上这"两个体现和一个表现"已经在学军小学深入人心，这也正是杨校长个人魅力的体

现。杨校长把"整体观念、主体思想、个性发展、和谐关系"的十六字教改纲领在"两体现一表现"中相融。

006年教师节时任省委副书记夏宝龙代表省委省政府到杨一青家里慰问

杨校长如是说:"新教师有困难时,我愿意是一盏'灯',伸出援助之手点亮他们心中的希望;新教师有困惑时,我愿意是一盏'灯'……"指明他们前进的方向,因为这是他的个人魅力。

老师如是说:"他不仅是校长,在你遇到教育教学疑难时,他是导师;在你生活中遭遇困难时,他是慈父;在奔走解决或参与社会活动时,他是人民的知心人。"校长的个人魅力已深入每个教师的心中。

杨校长自己的感悟:"与老师们沟通着,会发现他们是一群涌动着无限活力的生命体;与老师们沟通着,会觉察到学校管理是温馨的,润物无声,沁人心脾;与老师们沟通着,学校管理涌现出无尽的智慧……"他实现了真正的"对等交流",并从"对等交流"中得到了幸福。

因此,给我们最深触发点的是:提升自己的个人魅力应该是我们不懈努力的目标。

2. 师魂丰富了和谐教育内涵

"我的眼里只有你"——杨校长的师魂在于读懂了教育的原典精神，教育的原典精神是什么？（是"教育"概念创制时人们所赋予它的意义）"以人为本"强调的是关注人作为人的生存及其意义，努力从内在方面"唤醒"人、"生成"人和"提升"人，"教育"不同于一般意义上的"服务"，"教育"意味着"规范""引导"和"干预"。

杨校长的师魂就在于懂得教育的原典精神，并把它作为一种追求，赋予了教育新的内涵。"以人为本，和谐发展"是杨校长的师魂。"教师发展学校""校长与教师应该心心相印，应该构成一种生命对话"是杨校长教育思想中新的教育内涵，他的教育内涵更体现在精神境界上的追求，通过关注人的内在生命实现教师的自我价值。

杨校长丰富了和谐教育的内涵。我们的吴局长曾给"和谐教育"下了一个很好的定义："成为满足社会发展需要和受教育者身心发展需要，使教育均衡发展，保证受教育者权利和教育机会均等，最终促使国民基本素质得到全面和谐充分的平衡、统一、融洽的良性循环生态整体。"杨校长在学军小学实现着这一和谐教育的内涵，杨校长所实现的内涵指向在于把外在的活动形式与内在教化过程达到统一，旨在促使师生内在的精神世界发生深刻的和自觉的转变过程，这种过程追求的是一种符合社会理想和人生理想的善的价值方向。

3. 经历形成了和谐的教育场

"学校是家"追求的是"中秋月圆情更浓""杯酒交错迎新年""雪中拜年意切切"的工作作风，这不仅是他的工作，也是他的情结。和谐的"教育场"就是由他的这种工作经历和情结形成的。

协调好学校教育、家庭教育和社会教育三者间的关系，使三方教育建构成"目标一致、内容衔接、功能互补、配合密切"的和谐教育场。杨校长关注到了这种和谐是实施教育不可或缺的基础条件，它有利于形成教育合力，把家庭教育、社会教育视为学校整体工作中不可忽视的重要教育资源之一。充分发挥家庭、社会所独具的优势，培养自理、自立的生活能力，形成学生心中有他人、关心他人的意识。在加强对学生教育的同时积极指导家庭、帮助家庭建立起有利于学生健康发展的教育环境，这也是杨校长教育思想的重要体现。

给我们的感悟切入点就在于："为师之道"是什么？从杨校长的实践中得到"为

师之道"重在严格要求，是和善可亲，是唯贤是举。我们将在现在的岗位上致力打造全区骨干教师队伍，以杨校长为榜样。让教师们切实感受到"人生得一知己足矣""要让教师有安全感、亲切感、成就感、幸福感"，我们将以此作为自己以后工作的追求。

4. 用心打造了"校园和谐"

"校园和谐"，不仅是杨一青校长独到的见解，而且付之于学校和谐的整体建设之中，集中表现在"七大和谐"上面：领导班子成员之间和谐、学校和教师和谐、学生与学生和谐、教师和教师和谐、教师和学生和谐、教师和家长和谐、学校和社会和谐。领导、教师、学生、家长间的和谐，体现了民主、平等、合作的精神，学校、家庭、社会间的和谐，配合默契，有利于形成教育合力。和谐既是杨一青教育思想的集中体现，也是学校教育教学的生命所在。

对教师，分层次、多维度、有规划地进行了构建，充分关注了教师的生命成长，每个教师的生活质量有了本质的提高，内心感受到了和谐，真正感受到了公平，借用我们吴局长的话来说，学军小学的教师确实有了一种"职业幸福感"。

因此说，"校园和谐"在学军小学不仅是一种"土壤"，而且是一种文化，更是杨一青教育思想的一种体现。

通过今天的校长学习日活动，收获的确很大，思考点也很多，越来越感到责任重大了。现在榜样已经有了，我们唯有尽心、静心、全心投身到推进全区教育教学改革之中，为提升教师的素养做出贡献，时时处处要以杨校长为自己的学习榜样，从而体现自己的生命价值。

（三）校本培训营造教师成长的基地

时任杭州市西湖高级中学校长，现任西湖区教育局副局长　周德生

认真学习了杨一青校长关于"营造新教师成长的基地"的文章，受益匪浅。是的，一个好的学校首先要有好的老师，"学校在教师的发展中造就辉煌的业绩，教师在学校的发展中成就灿烂的人生"，杨校长说得多好啊！学校管理中主要抓人、财、物、时间、信息五要素，其中人是决定因素。因此，作为校长，只要他有心于学校的发展，就必定关注教师的发展。作为一个学校的发展，从根本上说是教师的发展，

是教师素质的发展；而教师素质的发展除了教师自身的要求外，更是学校发展的要求。学校应当具有帮助教师发展的功能，应当也是教师发展的场所，当学校具有发展的功能时，才能成为优秀的教师和大学毕业生的心之向往。

教师专业化运动使教师越来越清楚地认识到学校不仅是培养学生的场所，更是教师专业成长和发展的基地。教师的专业发展不仅是教师提高教育教学质量的重要条件，同样是学校发展的重要目标。因此，我十分认同杨校长的校本培训，它带动了学校向学习型组织迈进，促进学校成为具有开放性、创新性、生成性的"教师发展学校"。

（四）努力使学校成为"教师发展的沃土，学生成长的乐园"

杭州市上泗中学　葛品松

杨校长的教育思想有些也许我一辈子也无法学懂，但其中的教育案例、教育故事却常常让我感动，感动之后不由地对杨校长的教育智慧感到敬佩。第一，他是一位有资格让人相信他是真正热爱小学教育工作的教师。因为在官本位的传统文化背景下，他能放弃行政要职，而热心于教师职业，这种难能可贵的选择，成就了他四十五年"从一而终"的动人故事。第二，佩服他担任二十年校长期间，以校为家，把教职工视作自己的亲人，对这个大家庭中的每一位成员，从优生、优育到优教，从不产生倦怠感，而是乐此不疲，传承了中华民族大家庭的文化。他把自己看作老师的亲人、朋友，甚至儿子、女婿、父亲，关怀备至，体现了民主、平等、合作的现代人文精神。更佩服的是在应对社会的变革中，在保护教师的利益中，能审时度势，乘势而上，把学校办成教师发展的沃土，学生成长的乐园，更加体现了他的大智。

（五）独上高楼，望尽天涯路

时任杭州市西湖第一实验学校校长，现任三墩中学党支部书记　俞　忠

凡认识杨一青校长的人都知道，他给人的感觉总是年轻的。他思想活跃、眼光敏锐、动作快捷，每次听他讲话总是那么干脆有力。他，像跳跃的火苗，不断地点燃着别人的热情；像海面上的轻风，让浪花不断地涌动；又像一首乐曲中最活跃的音符，让曲子激情昂扬。

　　我认为，他对教育有独到的见解，源自他对教育理想的不懈追求。他善于在实践中不断深化教育思想，不断丰富教育智慧，善于把学生的发展和教师的发展结合起来，能够在教师团队中发挥引领作用，是能够准确提出学校发展愿景目标的设计师，是能够打造精英教师团队的精神领袖。同时，他与时俱进，善于发现新情况、新问题、新趋势，不断更新思想观念，不断确立个人和学校发展的目标。他是人性丰富、人格完美、人品高尚的人，他为我们年轻校长树立了榜样，我也会朝这个方向去努力。

　　校长应当具有现代办学理念，不满足于现状，时时追求革新，有改革创新、民主竞争的氛围，才会有更多的优秀教师脱颖而出；有越来越多的好教师，才会有越来越多的有特色的、高质量的学校出现。

　　创新就是要有新思想、新观念，而管理思想的来源多种多样。综合杨校长的观点，主要是：理论学习、内化与借鉴；总结、提炼成功管理经验，上升为富有特色的管理思想；集思广益、走群众路线，形成学校管理思想，乃至学校办学理念。作为一所农村九年义务制学校，我们在今后将进一步学习、借鉴这种思想，提高学校的品位。

三、同事评价

（一）航程中，承载着师恩

钱金林

　　我在学军小学工作已经 18 年了。18 年，说短不短，说长不长。这是我成长的 18 年，更是我收获的 18 年。我收获了孩子们的那份真诚与渴望，收获了恩师的那份热情与期待，收获了社会的认可与尊重。

　　18 年风风雨雨，有些人和事总会令人终生难忘。教育生涯中，有缘与德高望重的杨老师相遇，是一种造化、一种福气。

　　初为人师的日子里，心头涌动的是不尽的新鲜感和兴奋感。我曾经迷茫，曾经沮丧，是我的导师——杨一青老师教育我学会做人，启迪我加强学习。他时常拿出厚厚的读书笔记说：时间是匹布，而生活却常常把它剪成零零碎碎的零头布，学习是要巧用"零头布"，善于学习的人必须学会利用这些零碎的时间，尽可能地多看一点、多学一点、多想一点。他时常提醒我："当初我从湖州师范学校百里挑一地将你选到杭州，因为你不仅仅是一个体育尖子，而且写得一手好文章，练得一手好字，希望我没有看错你！"他启发我：在教学工作中都会产生体会，或深刻，或肤浅，如果不去留心，则稍纵即逝；如果记录下来，就会带来日后冷静的思考。他时常用他的亲身经历点拨我：他的第一篇文章——《教儿童写好字》发表在1962年秋的《浙江日报》上，也是他日积月累自己进行写字教学的经验。从引导学生认识写毛笔字的意义，到掌握毛笔字的书写要领；从培养良好的写字习惯，到调动学生写字的积极性，点点滴滴，积少成多。有了第一篇，才有了第二篇、第三篇……只有厚积才能薄发，拿起手中的笔，善于思考，勤于笔耕，做教学的有心人。正是杨校长的引领和支持，我的第一本专著——《新课程视野中的小学体育教学》正式出版发行。

正如杨校长在书的序言中写道："学习活动是润泽人一生最积极、最有意义的生命活动，只有学习精彩，生命才会精彩；只有学习成功，生命才会成功。专著的过程，是钱金林老师学习新课程、感悟新课程、践行新课程，不断反思，不断成长的过程。学习如此，工作如此，生活更是如此。"

2000年5月，浙江与四川结成友好省份，杭州市与乐山市对口支援，学军小学与徐家扁小学结成友好学校。接到这个通知，杨校长左思右想，符合条件"男，40岁以下，小学高级教师"的，全校只有我一人。去吧，学校科研工作要处于"真空状态"（原来的科研室主任刚刚退休）；当时我的女儿只有三岁，爱人在医院上班，父母又不在身边。

杨校长在全校大会上宣读了这个文件，希望教师从学校和家庭实际出发，本着以大局为重的观念，自愿报名。抱着小小的女儿，望着辛勤劳作的妻子，我心潮澎湃。

第二周周二中午，在爱人的劝说下，我还是递交了申请报告。杨校长找我促膝相谈，谈到了学校、家庭和支教工作。当晚，杨校长特地来到我家，与我的爱人一起商量如何克服我支教以后面临的困难；并请工会出面，尽力解决家中如更换煤气等问题，以消除我的后顾之忧。9月14日，杨校长特意用校车亲自送我到浙江宾馆报到，我带着杨校长的嘱托，作为浙江省第一批教育使者赴四川支教半年。

11月21日，在我支教期间，杨校长带着全校老师的问候远赴乐山探望我。临去之前，杨校长还特地到我家看望了我的爱人和女儿，并带来了我女儿的一张照片，以解我思念之情。到了乐山，杨校长告诉我：家里一切都好，希望我放心，并激励我树立东部地区教师良好的形象，努力开展工作。杨校长的话温暖着我的心。不久，作为乐山市教委组织的优秀教师报告团成员，我赴乐山市边远山区进行交流，作了12场有关教育报告，充分体现了东部地区、浙江和杭州、西湖教育的风采，得到了支教学校和当地教育行政部门的赞赏。支教是对我人生的磨砺。

学军小学20世纪60年代建的老校舍

时间飞逝，转眼到了2006年8月8日，接到教育局通知，让我调离学军小学担任行知小学校长、书记。晚上我彻夜难眠，一事一景、一草一木，学军小学不断发展的过程历历在目，晚上10点多钟，杨校长给我打来了电话："小钱，没睡呀？""我睡不着！""教育局调离你的事，我也感觉到很突然，这么多年来，我看着你成长，你一年比一年成熟，我相信你一定能够胜任……"短短几句鼓励的话使我心里坦然了许多。

以后的日子里，杨校长又多次启迪我，开导我：在新的岗位上，不要心急，要学会继承，要看到前任甚至前几任领导办学的优点。每个人要根据自己的实际，对别人的经验，有所取舍，有所创新。同时要以谦和的态度向身边的教师学习，特别是年轻教师，他们在实践中创造了许许多多鲜活的教学方法和好的教学经验，这样不拒细流，才能海纳百川。

"每一所学校都有自己的办学特色，学校的传统不同，教师的素养也不同。从学军到行知，并不是管理方式的移植，而是管理理念科学有效的嫁接。"

"行知小学是浙江省陶行知研究学校，继承学校的优良传统，围绕师陶、学陶、研陶开展活动，对提升学校品牌会起到很好的效果。江苏南京是陶研的发源地，有空我带你们去取取经。"

每每听到杨校长的教诲，我心中总会荡起一阵阵暖意。在漫长的教育教学和学校管理生涯中，我不会再孤立无援。

（钱金林，特级教师，杭州市文三教育集团总校长。1988 年至 2006 年 7 月在杭州市学军小学任教，曾任杭州市学军小学科研室主任、副校长、行知小学校长等职）

（二）一种凝聚人心的力量

汪培新

非常幸运，1992 年我被杨校长"相中"到了学军小学，更幸运的是得到了他的悉心指导，学习如何做一名合格的小学教师，学习如何做好一名学校发展的引领人。确实，10 多年来，我从一名不懂事的毛头小伙，成为数学特级教师，并根据组织需要主持学校的工作。

有许多人和我开玩笑说："你这个关门弟子是得到老杨真传的。"也有人说："你和杨一青越来越像了。"我总是这样回答："可能是我和杨老师的个子差不多的原因吧。"这十几年来，我一直在杨校长的引领和指导下不断成长，趋向成熟。特别是 1995 年加入学校中层管理队伍后，杨校长对我的指导可以说是无处不在，相互之间的了解也越来越深，默契程度也越来越高，也许这是外人认为我和杨老师相像的重要原因吧。

实际上，在学军工作的老师，无一不感受到杨校长那无形的人格力量，这种力量引领着我们对事业的追求、对生活的理解。正如黄建明所说，我们都有一个理想，希望自己能做一个像杨校长那样的小学教师，都很想从杨老师身上获得他成功的秘诀。

在和杨老师交流的过程中，在追忆和研究学军的发展历史过程中，我越来越感受到杨校长所付出的辛劳和智慧。我曾多次向杨老师探询一个问题：和您同时代的教师不计其数，为什么只有您能成就一所名校、成就自己，形成自己富有个性的教育管理思想呢？杨老师总是谦虚地说，这是党的政策、是领导培养、是学军这个集体支撑了自己。杨老师也告诉我，一个人的发展过程是学习如何做人的过程，一个人的工作是不断学习思考实践的过程。在这个过程中，不会一帆风顺，顺利的时候不要得意，失意的时候不要气馁，要的是毅力和执着。回想起来，平时工作中，杨老师的言行不正是这样思考的真实写照吗？他也正是用一辈子的教育感悟指点着我们。

在学军小学的发展过程中，杨老师几次放弃从政机会，甘愿在学校做一名语文教师，做一个学校校长；杨老师不论刮风下雨，几乎每天早晨都在校门口迎接学生的到来……几十年如一日，实践自己最初的理想：办一所理想中的中国城市小学。由此看来，我们就不难理解一位从教 47 年的老师，会有那么充沛的精力，有时会让我们子侄辈的老师都自叹不如。

杨老师不但鼓励年轻人要学习，而且自己的学习也从不间断。他告诉我，要使自己不断进步，不落人后，就要每天学习，每天思考，要结合学习和实际进行面向未来的思辨。为了促进我们的学习和进步，杨老师经常会推荐一些文章让我们班子成员阅读，并组织大家讨论交流。从他推荐的文章和内容，可见他涉猎很广。看到了这些，我们也不难理解，一位从教 47 年的老师，为什么思维那么敏锐，观念那么超前。

杨老师对学校的教师，总是用一种赏识的眼光去发现，去鼓励。年轻教师成长过程中总会产生思想上矛盾、为难的情绪。面对社会转型期的学校教育，家长和社会对学校教育要求越来越高，教师和学生的民主意识越来越强，社会矛盾不断凸显，校长往往处在这些矛盾的中心。我经常会有退缩的思想，经常和杨老师讲：我真怀念当时做副校长的日子。杨老师感觉到我的畏难情绪，总会结合他的经历和阅历分析现状，然后提出解决方法。但最后总不忘鼓励一句：没有问题，你能干好，肯定会比我干得好！所以我们也不难理解，一位从教 47 年的老师，为什么有那么多的年轻人和他成为忘年交，喜欢和他共事。

杨老师是长者，因为他具有高尚的人格、宽广的胸怀；他是智者，因为他开拓进取，因为他著书立说，留下了一部部激荡思维的论著……

（汪培新，特级教师，现任杭州市学军小学校长，1992 年进入学军小学，历任教导处主任、副校长、校长、校长兼党总支书记）

（三）终生难忘的三次谈话

倪宗红

第一次谈话

一提到杨老师——我儿时的语文老师，顿时会在心中默念起他手执粉笔教授的第一首小诗《夜宿山寺》，在脑海里浮现出他神采飞扬地读自己写的《游三潭印月》"下水文"的情景，在耳畔回响起毕业数年大街邂逅的亲切询问……回想起我重返母校后他与我的第一次工作谈话，一种亲切感由心底涌起。

　　报到的第二天，我便急急赶到熟悉而又陌生的母校。来到校长室，杨老师正在狭小的办公室里伏案办公呢——桌子上堆满了文件、书籍之类的东西，桌子前后各是一排高高的书柜，杨老师似乎快要埋在其中。

　　"杨——校——"

　　"还是像过去一样，叫我杨老师吧！校长也是老师嘛，我们学校互相之间都是称老师，这样更自然，更亲切。"

　　"哎，杨老师！"时间设置的障碍一下子冲破，我在杨老师的面前落座。从师生情谊的叙旧到学校新况的介绍，一番畅谈之后，杨老师的谈话逐渐切入正题。他详细分析了中国社会师资队伍面临的青黄不接、呼唤新人的局势，重点介绍了学校目前正在开展的"小学班级综合管理实验"科研课题的实验构想与进展。

　　"宗红，你这方面的情况，我非常熟悉。所以，我把你召回母校，想安排你担任这个课题第二轮实验班的班主任和语文教师。课题的目标是出质量——全面提高实验班的教育教学质量，出人才——培养几个优秀的青年教师，出经验——总结出一套科学的学校教育科研管理以及青年教师培养的经验。第一轮实验班起步一年，应该说总结出一点经验和不足，所以第二轮实验至关重要。实验的关键取决于'人'，而实验班的班主任可以说是关键，你要好好规划这六年呀！"

　　即将踏上工作岗位的我，犹如一只出笼的小鸟，对未来的憧憬更多的是自由、浪漫，却缺乏一个明晰的梦想，即对自己的人生和事业没有一种设计，"好好规划这六年"似乎在提醒我规划自己的人生和事业的重要性，就像将军筹划一场战役、足球教练筹划一场重要比赛。

　　"我给你提出几个奋斗目标，供你参考吧。一年之内，你的班级管理工作要能独当一面地开展。学校为你找了一个优秀的班主任做你的师傅，与你搭班；教学上，有困难多请教韩群老师，她的低段教学很有特色。三年之内要争取评上区教坛新秀，五年之内要评上市教坛新秀。能否成才，这是关键的六年，趁年轻集中精力学习，多积累……"

　　从校长室走出来，我的手上多了三本书：《青年教师50问》《儿童心理学研究》

《拼音教学集萃》；肩头多了一副沉甸甸的担子——教好这个实验班，不辜负领导的信任与期望。

第一次评课

工作不久的一天，我匆匆走进教室，刚做好一切准备，上课铃便响起。

我打开讲台的备课笔记和教材，习惯性地抬起头，环视了一下教室。我的目光停留在教室的最后一排——杨校长正手执钢笔，打开听课本，神情专注地端坐在那张属于他专用的破藤椅上，我的心忽地提到了嗓子眼，虽说仅仅执教几天，科研室主任、课题组的指导顾问已经先后随堂听过课了，可是校长听课，我是毫无思想准备。

那节课是上"iuü"的四声。由于是拼音起步阶段，为让学生们准确、熟练地掌握四声发音，我特意编了个小故事，准备了不少带声调的字母卡片，还设计了一些诸如"辨音拍手、抢做小老师"的趣味练习活动。学生学得兴致勃勃，杨老师也时不时微笑点头，我很快进入了轻松、愉快的课堂气氛，甚至忘却了杨老师坐在课堂里听课。下课之后，我怀着忐忑不安的心情，跟着杨老师来到校长室听取意见。"不错，你的素质很好，上得不错！"一个满是肯定的开场白之后，杨老师习惯性地捋了捋散落在额前的头发，打开听课笔记本。思考良久，杨老师再次开口："你的课有这样几个优点。首先是课前准备充分，该写的板书、卡片，都事先写好了。这样上课才能做到不慌不忙，才能提高课堂效率。其次，你有两次用'这个小组举手最多，请他们开火车''他听得可专心了，我请他发言'这样的语言组织课堂教学，说明你能注意学生的学习状态，关注学生是否在你的引导下积极主动地参与到学习活动中。新老师最容易犯的错误往往是只关心自己的教案是不是上得完，而忽视了学生的情绪反应……"

从课前准备到作业指导，从有声语言到肢体语言，从教材分析到目标确定，杨老师事无巨细地逐一点评了足足两节课。听着听着，我豁然开朗起来。杨老师与其说在表扬我这堂课的几个优点，不如说是在对我进行教学思想和方法的指导；是在给我精神上的支持，增强我上好语文课的信心；是在向我指明日后教学的努力方向……

看"小"自己，做"大"自己

在我评上特级教师的那一天，杨老师又与我进行了一次对于"特级"品质的交流谈话。

一见面，杨老师就冲着我喊："恭喜你啊，小倪！成长为学校最年轻的特级教师了！"我的眼睛有点模糊，回忆那一段激情岁月，感慨地说："可真不容易啊！"

杨老师从我的口气中听出了一种如释重负的快感，他顿了顿，对我说："首先，我希望你成为名师之后，依然有当初奋斗与拼搏的精神与风格。同时，你特别需要的是以平实的甚至是平视的视线去看周围的普通教师，而绝不是俯视。要记住，做了特级教师，更要'夹着尾巴做人！'"

最后那句"夹着尾巴做人"，一下子把我弥漫在"诗情画意"中的情绪拉回了现实，看着我眼睛里流露出来的不解，杨老师接着说道："在你的前一个阶段中，你的努力、付出与天赋都得到了外界的认可，特级教师就是你劳动获得的回报。荣誉与名声像缥缈的云雾，的确很美，但不能沉醉于其中。真正的名师绝不是以名声获利，而应该潜心于学术，潜心于教学。评上特级教师，绝不是你事业的终点，而是一个更高的起点。记住，要看'小'自己，才能做'大'自己。"

的确如此，唯有对自己不满足，才能不断创新。在名师光环下看"小"自己，做"大"自己，意味着一切重新开始。

（倪宗红，特级教师，曾任杭州市学军小学科研室主任，现任西湖区教师进修学校教研室语文教研员）

（四）我眼中的杨校长

王亚芳

"一个在我学生时代就久闻大名，工作时代深受指导，而未来时代必定影响我一生的教育先驱；

一个拥有丰富学识、开拓精神、改革魅力、超前意识的教育改革家；

一个可以不顾儿子病中安危，却可以以自己的影响奔走造福于社会各界的人大代表。

在你遇到教育教学疑难时，他是导师；

在你生活中遇到困难时，他是慈父；

在奔走解决或参与社会活动时，他也是人民的知心人；

他是一个让你感到跟着他干就有希望的校长。"

（王亚芳　时任学军小学教导处副主任，现任行知小学科研室主任）

（五）杨校长那亲切的笑容

李　勤

一说起杨校长，首先浮现在我脑海的就是他那亲切的笑容。

1992年我在学军小学实习，见到了大名鼎鼎的杨校长，第一感觉他是一位亲切平和的校长，他带着亲切的笑容领着我们参观校园。非常幸运，杨校长担任了我的语文课指导老师，那时的他已是有名的教育活动家，每天有很多的事情会议要处理，但到了晚上他总是要过来与我们聊一聊，谈谈教案，谈谈学生，言语中充满启发和鼓励。也因为此，我的初试讲台的实习生涯变得格外的美好，在学军小学我上了教师生涯中的第一堂公开课，有了第一批学生，体验到了教师工作的美好与价值。

实习工作虽然短暂，但我与杨校长建立了深厚的友谊，我的工作收获与心得总想向校长报告，节日来临不忘寄上一张问候的贺卡，杨校长每每收悉定会回复问候贺卡，前几日整理书架又看到了杨校长写来的贺卡，脑海里依旧是闪现出他那亲切的笑容。

2000年我与钱金林老师一起在四川支教，杨校长带队来看望支教老师，杨校长对我关怀备至，期望有佳，细心地询问我的工作生活情况，勉励我要克服困难，大胆工作。身处他乡的我感觉格外的温暖，那次探望也成了我心中美好的回忆。此后，每每遇见杨校长，他总会带着亲切笑容叫我李勤同志，然后就自然地聊起了四川支教的工作。

此后，每次有机会遇见杨校长我都要讨教几句，杨校长总忘不了对我的鼓励："嗯，看到你的论文了，你思考的问题很有价值。"……记得2007年年末，与校长一起去桐乡参加了浙江省实验学校年会，杨校长语重心长地鼓励我："你很善于思考，勤于写作有很好的基础，你还要向着特级教师的更高目标努力。优秀教师要有优秀的人品，要能与人合作，要谦虚，要不断学习。哦，你是教美术的，我一直认为美术老师要是半个画家，我也教过八年美术，你要多提高美术专业的修养，自己要多拿画笔。"这些鼓励时时激励着我，让我的工作充满目标。

2008年9月，我来到了学军小学工作，看到杨校长的脸上依旧是那亲切的笑容，并热情地找出二十几年前的工作计划总结，告诉我学校发展历史，告诉我学校的理念是怎样一步步地形成的，告诉我学校科研成果是怎样提炼出来的……那种殷切的期望真是难以言表。

今天，杨校长每天依旧早早地到校迎接老师和学生，带着孩子一起晨跑，给老师们作专题讲座，忙着参加各种会议，依旧精力充沛，充满激情。

（李勤　学军小学特级教师、副校长）

（六）走进"学军"，感受名校名家风范

上海静安区龙南小学　卫　慧

来到学军小学，大家首先在校办主任张老师的带领下参观了校园。宽敞、整洁、漂亮的校舍，先进优越的现代化办学条件，浓郁的校园文化建设，每一堵"会说话"的墙面，每一个细节化的校园设施，无一不使学员们对这所名校发出感叹，感叹杨校长在20世纪末就坚持建车库的前瞻性思维，并最后通过努力将地下车库建成，为教师的幸福指数的提高办了大实事；感叹杨校长的学校管理本着一切为学生发展的原则，小小篮球架的安装有高有低，让不同年龄的孩子都有适合自己的活动设施；大家在配置了大彩电并连接多媒体电脑的教室外感叹教学设备的现代化；在科技画廊、西湖十景画廊前感叹环境设计的科学化；在教室过道的雨伞钩前大家感叹学校管理的细致周到……

随后，学员们与杨一青校长座谈，亲耳聆听了杨校长对学军小学办学理念、培养目标的阐述，既有具体实例，又有理论高度。他思维活跃，侃侃而谈，从学军谈到杭州，从国内谈到国际，从现在谈到将来，既真切深刻，又不乏幽默风趣，谈话间多次传出学员们的阵阵笑声。学员们也抓住这难得的机会，就阅读书籍后的疑惑和听了介绍后的体会频频向杨校长发问，杨校长都一一详细解答。当学员卫慧提问老校长退休后给后任校长留下些什么时，杨校长毫不迟疑地回答："办学的理念，团

结合作的团队，学校运作的机制，设备现代化的校舍，还要加上一个银行（校长的意思是足够发展的资金）。"学员赵萍又问："在学校中怎么让教师们做到和睦友好而又不失竞争机制？"杨校长赞赏这个问题提得到位，他毫不隐瞒自己对合作和竞争的认识，他认为我们现在的竞争太多而合作太少，这不利于和谐学校、和谐社会的建设，好的学校氛围应该是人和人亲如兄弟姐妹，互帮互助，为别人的进步欣喜。

讨论交流在轻松愉快的氛围中进行，既有对以往去学军小学实地考察感受的介绍，又有对照杨校长管理理念联系实际的学习心得，更有感悟教育家人格魅力激起的阵阵涟漪。

落实管理重在"以人为本"。杨校长提出的"整体观念、主体思想、个性发展、和谐关系"，虽只有短短的16字，但让我们看到了他在管理中以人为主体的理念，更钦佩的是他作为一校之长，每时每刻都关注着人的价值所在。例如，谢静如校长在讨论中感慨地说："作为资源基地，杨校长并不把教师作为普通劳动力，而是要注重发展。在培养青年教师时，我非常认同他'造血要比输血更重要'等成就教师的理念。其中的一个个管理案例，让我感到他对教师确实爱在细微处，严在当危处。"蔡利群校长说："为老师勾画适合他们发展的蓝图，很值得借鉴，要做到'特别的规划给特别的你'……"大家你一言，我一语，对如何给予教师充分发展空间产生共鸣：每位教师有自己的特长与个性，作为校长，要善于赏识老师，做好规划，发展教师，发展学校。

学会跳出教育看教育。在讨论中，大家觉得，杨校长之所以能成为一位教育大家，是因为他把教育放在个性化、现代化、国际化的大背景中去勾勒学校育人的发展，而不是从自身学校这个教育点出发去单项规划。从这里，学员们学到了从不同的切入点来看待学校发展，思考教师发展，探索对学生的教育。同时，在交流中，大家还非常认可杨校长的"大家"风范。什么是大家"风范"？腾平校长的话语让每位学员都受到了启发："我认为首先应该是大器的。其次应该要站得高，看得远。第三要看得深，做得实。对照杨校长，我觉得当前学校管理应该将思想观念化为可操作的方法，立足细节……"

不断塑造自身的人格魅力。校长的人格魅力应该从哪儿塑造呢？在交流中，学员们纷纷发表了自己的看法。有的认为要至"情"至"理"，对人性要充分理解，在关怀、赏识、激励、鼓励中提升；有的认为要有成就别人的心胸与气度；有的认为要有职业追求，有强烈的教育使命感；有的则认为要塑造实干的精神，要有做事的魄力等。

教育党校徐顺成副校长对本次"走进名校，走近名校长"的参观学习活动进行了总结，并以一首即兴创作的小诗表达了大家对杨校长的敬佩和仰慕："一青当代教育家，雄才大略育奇葩。明珠闪耀西湖畔，桃李芬芳遍天下。"

四、学生评价

（一）难忘的启程

——杭师附小的片断回忆

1958 级学生　任　平（著名书法家、教授、博士生导师）

如果说人生中有许多镜头是难以抹去的，那么 1958 年 9 月 1 日我第一次挎着书包去上小学，就是一个永远铭刻在心头的印象。杭师附小离我家住的文三街杭大宿舍并不远，先由东往西，再由南往北，正好一个直角，但这不远的路似乎让我走了好久，现在想来这其实是一种心路，心路是很难计算长度的。我知道父亲的目光一直在凝望着，追随着，虽然他只将我送到家门口。他不送我到学校的原因是很复杂的，其中包括对我独立进取的期望。我还记得，除了书包，我还拿着一把和我的身躯并不相称的油布伞……

要说对我的一生兴趣爱好和后来的事业产生很大影响的，是杨一青老师的教诲。四年级开始，杨一青担任我们的语文老师，其实他也才刚刚走上工作岗位。有点蓬乱的头发，一条灰色的围巾圈在脖子上，有时还遮住部分嘴巴——初出茅庐的小伙子，充满建功立业的激情和丰富不竭的想象力。虽然当时我不清楚他的脑子里在构想什么，但能够感受得到他讲课时带来的一股新意，对于课文的讲解和对于作文的分析，有着不同一般的新鲜见解，我们听了会思绪飞扬，会得到各种启示。现在想来，杨老师后来在语文教学尤其是作文辅导上有如此耀眼成果，跟他的创造才能和艺术气质是有关系的，当然更重要的是他对这项工作的兴趣和始终不渝的努力。他早就注意开发学生的学习潜能，并善于用各种办法加以激励。当时还没有哪个小学开设书法课，更没有统一的教材，杨一青老师率先结合语文课给大家讲书法知识，虽然都是最浅显的常识，但对于小学生来说，是开启了一扇丰富多彩、灿烂无比的汉字艺术之门啊。他知道，最终能够走上书法艺术之路的可能只是少数，但中国传统文化的种子总是播下去了，它会在所有孩子心里悄悄地生长。这是一种民族文化的认同和自信。一段时间下来，班上不少同学对练习毛笔字有了兴趣，课间也在兴致勃勃地临写；有的还得到家里的支持，我父亲是行家，因此我能受到很好的点拨，进步比较快。杨老师发现，练毛笔字大大促进了同学的学习热情并培养了好的学习习惯，应该总结推广，他在《浙江日报》上发表了一篇《教儿童写好字》的文章，还特地让我写了幅"勤学苦练　提高成绩——杭师附小五丙班　任平"，作为这篇文章的附图，这对一个小学四年级的孩子来说，是多大的鼓舞啊。文章里面提到，由于练字，原来特别调皮的苏凤翔同学变得爱学习、求上进了，而原来就不错的施小红同学，成绩更出色了。我不知道苏凤翔现在哪里，那时我们是玩友；施小红前几年遇到过，是一名科研很有成绩的军医，说话的神态还是那么认真。不管怎么说，我们是一起"见报"过的呀，这也是缘分，而这人生的第一次在媒体"亮相"，是杨一青老师的那篇文章"造就"的。或许杨老师登了我的那幅字，只是对我那段时间学习的一个认可，但在我心目中，是对我潜能的一种认可，在没有像现在铺天盖地的竞赛、嘉奖的20世纪60年代初，这样的一次登报就够"出人头地"了。于是不管想法是否荒诞，就会认定自己是学书法的"材料"，也就在后来的日子里比别的同学有更大的干劲，常常不知疲倦地练习、临摹。前几年遇到杨老师，我说虽然我的书法作品现在已经出版发行到几十万册，但最早的一张"作品"还是您给我送到《浙江日报》发表的，他笑着说，那篇文章也是他最早发表的"作品"，当时投了稿还心怀忐忑。看来，我们都因为这件事，在心里树起了一块美丽的里程碑。

（二）老校长杨一青

1989级学生　汪　元（浙江教育报刊总社《中学生天地》杂志编辑）

小时候，我的家在学军小学旁，长大后，我的单位在学军小学附近。对我来说，这不仅仅是我的母校，更是陪我一路成长的朋友。

现在，我每天都能见到来来往往的小朋友再现着我的童年，这场面温馨又亲切。老校长杨一青这张熟悉的面孔只要在附近一带出现，就能享受到"族长"般的待遇，路人无论男女老少都会尊敬地喊一声"杨校长"。有外地的工作伙伴来我的单位办事，途经学军小学时，我都会自豪地告诉他们，正因为有了这所小学，这周围任何一幢居民楼里走出来的居民，哪怕是外表再平凡不过的老太太，都是百万富翁，因为这里是学区房，一个平方的房价达两万元左右……当然，一所百年名校的生命内涵又岂是一两句话能表达清楚的？

祝一百岁的学军小学越来越辉煌。愿我的子子孙孙都能成为学军小学的学生。

（三）杨老师的作文课

1967 级学生　陈三平（加拿大国家统计局高级专家）

回忆自己的小学生活，杨一青老师是我的班主任兼语文老师。杨老师作文课的最大特色是严格要求和谆谆教导。我现在可以坦白承认：个人一生中得到的最低作文成绩，是杨老师课上的第一篇作业，只得到 80 分。这对于习惯 95 分作文成绩的我来说，是个很大的"下马威"。可是也正是通过这样的严格要求，我们学到作文不是华丽辞藻的堆砌，或者空洞的豪言壮语，而首先是准确有效地讲述事实和表达自己的意见。一言以蔽之，言之有物。

另一件记忆深刻的事，是在"文化大革命"中，杨老师依然会娓娓动听地向学生们讲述《儒林外史》中范进中举的故事，无形中教育了我们去阅读中文经典著作，来扩大自己的语文知识面。

多年以后，作为海内外若干报刊的专栏作家，"言之有物"于是一直是我的座右铭，而长年累月的广泛阅读，则为自己的写作积累了扎实的知识基础。今天自己能够建立海内外的读者群，杨老师严格的作文训练功不可没。

注重语言和作文能力，也延伸到自己下一代的教育上。我的儿子在海外出生长大，在国内访问居住的时间累计不到两个月。我们一面抓紧他的中文教育，使得他在美国 SAT "高考"所有项目满分的成绩中，包括了 SAT2 中文试卷；一面注重他的作文教育和训练。他在高中时就在加拿大全国大报《国家邮报》上发表政治评论，并且在进入哈佛大学的第一年就获得学校的法语作文大奖。他的莎士比亚评论则被

与加拿大教育专家交流小学作文教学

选入哈佛大学的优秀英语作文年刊（每年 1600 多名哈佛新生中只有大约前十名获此殊荣）。从二年级开始，他担任了哈佛大学日报 Crimson 的社论版编辑。

这些事例说明 40 多年前，杨老师的作文课就已经是现代精英教育的先声。

（四）杨校长，向您致敬！

三（3）班学生　薛逸歌

校长，那可是学校里的大人物，他会是怎么样的呢？看见学生就皱起眉头吗？学生一犯错就大发雷霆吗？我们的杨校长可不是这样！

我们的校长每天清晨都站在校门口，就像站在家门口一样，笑眯眯地迎接每一个同学，就像看着自己的孩子一样，虽然杨校长不可能知道我们每个同学的名字，但他那温柔的目光，总让我们感到十分温暖。

记得我刚入学时，非常不适应，不喜欢上学，觉得在学校里没有安全感，没有认识的人，不认识厕所在哪儿，不知道教室该怎么走，上课铃声早就打响了，我却还在花坛边转来转去，找了老半天，才发现教室原来在身后，可是这时已经快下课了。一天早上，我又要去上学了，想起这些可怕的事我哭得上气不接下气，但妈妈还是把我送进了学校。我站在校门口，不肯进去，杨校长走过来，摸摸我的头，笑眯眯地看着我，把我送进了学校，杨校长还和蔼可亲地教我去教室的路该怎么走，看着像爷爷一样的杨校长，我突然不害怕上学了。

三年级的时候，妈妈决定让我报考音乐学院。为保证练琴时间，爸爸去学校与杨校长商量是否能只上半天课，杨校长十分愉快地同意了，还幽默地说："以后成了钢琴家，得了奖可要告诉我一声哦！"知道了这件事后，我心里非常感动，更加努力练琴了。

我喜欢杨校长，如果将来有一天，我也成了一位校长。每天清晨，我一定会站在校门口，带着微笑像迎接自己的孩子一样迎接每一位学生。我一定会记得摸摸那些因为害怕上学而哭鼻子的小朋友的头。如果将来我真的成了钢琴家，或在比赛中得了奖，我一定会给杨校长打一个电话，不管我在世界的哪一个角落……

向杨校长致敬！

（该生 2011 年获第十六届香港亚洲钢琴公开赛儿童 A 组第一名，2012 年被奥地利莫扎特音乐学院破格录取为少年大学生）

五、教育思想研讨会

（一）西湖区杨一青教育思想研讨会

品读"杨一青教育思想"全面打造名师沃土

2005 年 11 月 6 日下午，在浙江省人民大会堂，杭州市西湖区教育系统"杨一青教育思想"学习研讨活动正式启动。全区各中小学的班主任、学科带头人，以及学校的中层干部等 1000 余名教师参加了这个启动仪式。会上，袁振国教授作了关于"教师队伍建设"的学术报告，并举行了《搭建飞翔的舞台》作者赠书活动。

学军小学校长杨一青从教 45 年，从全国教育系统劳动模范、省特级教师、省功勋教师到杭州市"十佳校长"，所获荣誉无数。有人说，杨一青同志是一本书，一本博大精深的书。四十年磨一剑，在历经几十年的教学实践后，"杨一青教育思想"也渐渐明晰，2005 年 9 月，"杨一青教育思想"凝结成一本《搭建飞翔的舞台》（中国当代教育丛书）正式出版发行了，30万字，字字珠玑。此次启动"杨一青教育思想"研讨活动，旨在让全区教师共同解读杨校长独特的管理理念，学习他高超的管理艺术，进一步打造西湖区的名师名校，并最终提升全区的整体办学水平。

据悉，此次专题学习讨论活动将持续一个半月左右。期间，西湖区将通过校长学习日、校长论坛等形式研讨杨一青教育思想；通过学科带头人培训班，把研讨杨一青教育思想作为培训内容之一，《搭建飞翔的舞台》一书作为指定的培训班教材，深入开展研读活动；各校还将在不同层面如中层干部、教研组长、年级组长、广大教师中研读《搭建飞翔的舞台》一书，并开展相应的研讨活动。12月中旬，将召开全区性"杨一青教育思想"学习总结大会，认真总结各校开展研讨活动的情况，交流学习体会，在各校组织交流活动的基础上，区教师进修学校将组织全区性的交流活动。此次深入品读"杨一青教育思想"，是区教育局进一步深化教师队伍培养、全面实现"人才立校"的又一重要举措。多年来，我区一直十分重视教师队伍的培养，主要通过提升优秀教师的影响力、竞争力、综合实力、后续力、生命活力，努力铺设人才快速成长和发展的双轨道。

近年来，西湖区以培养名校长为龙头，建立科学的干部管理制度，提升名校长的影响力；以政策为导向，抓好学科带头人工程，提升优秀教师的竞争力；以动态管理为手段，抓好"星级教师评比工作"，提升名师的综合实力；以充实后备管理人才资源库为抓手，健全管理人才的培养、选拔制度，提升后备管理人才的后续力；以人事制度改革为机制，激发教师的生命活力。

今后，西湖区还将不断开展品读身边的名师等教育活动，在积极引进潜在人才的同时，不断优化现有人才。在"十一五"发展规划中，西湖区教育局提出了"人才立校"的发展观，致力于打造名师的沃土。到2010年，在整体提升西湖区教师专业化水平的基础上，努力打造一支400人左右的省市区中青年学科带头人和骨干教师队伍，培养20名左右在省市有一定知名度的优秀校长群体。

（二）浙江省杨一青教育管理思想研讨会

整体和谐、以人为本是杨一青教育管理思想的核心

2007年1月15日至17日，杨一青教育管理思想研讨会在浙江省委党校大礼堂

隆重举行。

"'整体和谐、以人为本'是杨一青教育管理思想的核心。"在聆听了杭州市学军小学党总支书记、原校长杨一青关于办学思想的报告后，省教育厅副厅长张绪培有感而发。当天，来自全省各中小学的400余名校长参加了杨一青教育管理思想研讨会。研讨会是由浙江省教育学会、省教育厅基教处、省教育科学研究院和西湖区教育局等单位联合主办，中国教育学会副会长陶西平应邀参加研讨会。

张绪培说，我省基础教育在全国有一定的知名度和美誉度，这主要是通过一所所具体的学校，通过校长和教师的教育教学行为集合而形成的。我们拥有很多像杨一青这样的浙派名师，他们中有功勋教师、特级教师，这些来自教育第一线的教育家们，具有广博的教育智慧、丰富的教学经验，教育行政及研究部门今后要多举办类似的思想研讨活动，一起总结和挖掘他们的教育思想和经验，为他们搭建一个展示教育理念的舞台。《教育信息报》等专业媒体也要加强宣传和报道浙江的名师、名校长，他们不仅是浙江的财富，也是全国的财富。

张绪培在谈及杨一青教育管理思想的核心时表示，杨一青在办学过程中不仅研究学校的发展，还研究社会和家庭，强调学校的整体和谐发展，由他提出并实践的16字教改纲领：整体观念、主体思想、个性发展、和谐关系，充分体现了他在和谐校园建设过程中的超前性。此外，他提出的以学生、教师为主体的思想其实就是"以人为本"的思想，张绪培说，学习型组织的核心是"以人为本"，即让每个人都看到发展的前途，有成功发展的可能，同时体验到成功的喜悦，学校应该率先成为学习型组织。杨一青工作了46年的学军小学正是这一学习型组织的样板。

（三）杭州市杨一青和谐教育思想研讨会

"和谐"浙派名师的精气神：解读杨一青教育思想

杨一青教育思想研讨会已经不止开了一次。每一次研讨会上，教育界人士总能总结出不少杨一青教育思想的精华。2007年1月25日，一场名为"杨一青和谐教育思想"的研讨会，在杭州市青少年活动中心举行。

杨一青，杭州市学军小学原校长、浙江省功勋教师，从教46年来，打造了一所个性化、现代化、国际化的中国城市小学，培养了众多优秀教师和校长，为浙江基础教育做出了突出的贡献。他是浙派名师的杰出代表，被浙江省教育学会副会长王炳仁教授称为"当之无愧的当今浙江校长第一人"。早在 1992 年，杨一青提出了学军小学的 16 字教改纲领："整体观念、主体思想、个性发展、和谐关系"，搭建了杨一青教育思想的主要框架。作为本次研讨会的主持者，浙江省特级教师、杭州市青少年活动中心主任黄建明，将会议的主题确定为"发扬和谐文化，发展和谐教育，构建和谐社会"，并开宗明义地指出，"杨一青教育思想的实质就是'和谐教育'思想，'和谐'是其思想的精髓"。

杨一青一直挂在嘴边的一句话就是："天时不如地利，地利不如人和。"他认为和谐关系是教育改革发展的重要保证。营造学校和谐的教育环境，是学校的生命。

杨一青认为，学校是培养人的场所，教育工作和学校管理都是"面对人的工作"，就是"做人的工作"。这种工作必须以人与人之间的尊重互信为基础，必须有真心诚意的付出和体验。

与友好学校的代表为国际友谊园揭碑

为了让老师珍惜学校建立的和谐人际关系，杨一青校长还常常亲自或者请退休的老教师给学校教师上历史课，让年轻的老师去儿童福利院实习，体会福利院老师面对孤残儿童"虽非亲骨肉，依然父母心"的养育精神。

杨一青在学军小学的发展规划中，提出了"个性化、现代化、国际化"的阶段性发展目标，构筑全校师生的发展愿景。他强调教师的发展要建立在学生发展和学校发展的基础上，要把教师的个人生命融入学校的教育事业发展中去，追求个人和学校事业发展同步、和谐发展，他认为这样的发展才是和谐发展、健康发展。

黄建明说，"和谐"是杨一青作为教师的"为师之道"，他非常强调创设和谐宽松的课堂教学氛围，注重民主平等的师生关系；强调做老师要受学生欢迎和爱戴，要让学生乐意把老师当作朋友，让学生感受到老师的关爱。杨一青的作文课体现了和谐理念，孩子们可以在课堂上向老师质疑、问难、评判和补充，课堂里也总是充满了阵阵掌声和欢笑。这样的小学作文课堂，不仅在20世纪80年代，甚至在现今都难得一见。

"和谐"也是杨一青作为校长的"管理之道"，他提出构建学校管理的"七大和谐关系"，即：学校领导班子之间的和谐、领导和教师的和谐、教师和教师的和谐、教师和学生的和谐、教师和家长的和谐、学生和学生之间的和谐以及学校发展和社会发展的和谐。

中华文化历来强调"和谐"，"和谐教育"思想根植于浙江教育的土壤，也是对中国传统教育的发扬光大。学习和发扬"和谐教育"思想对构建社会主义和谐社会、发展社会主义和谐教育具有重大意义。

黄建明的发言引起了在座来宾的共鸣，杭州市西湖区教师进修学校教师严定安建议："浙江的教育应该有一个拳头产品，把杨一青作为一个典型推出来最合适。"这一观点也已在国内达成共识：教育部教育发展研究中心为全国百位优秀校长每人编一部著作，该书将杨一青作为浙江教育家的代表；华东师范大学出版社出版的《16位教育家的智慧档案》，其中包括魏书生、李吉林、李镇西、顾泠沅等全国一流名师，杨一青也在其中。

话匣子一打开就关不上了，大家对"和谐教育"的概念作了进一步探讨。杭州翠苑第二小学校长石卫东回忆，杨一青的"和谐"理念十几年前就提出来了，"和谐"包括了和谐关系与和谐发展两层含义。翠苑二小校园小、人数少、名气小，但该校在杨校长的关心和点拨下，把"和谐"放在核心位置，提出"精致、和谐、开放"的办学宗旨。"对！既要讲和谐更要讲发展，应该努力创造条件，让每个人都有发展的机会。"杭州市滨江区闻涛小学校长虞文华接过话茬。虞校长深受杨一青和谐

学军小学新校舍

教育思想的启发，1992 年他刚到杭州市长河小学接任校长时，杨校长为他指明了方向：从抓教师队伍建设入手，逐步改变学校的办学面貌。经过几年发展，现在长河小学已经成为浙江省示范学校，黄建明对此深表赞同，他总结道："和谐不是妥协，而是一种强强合作，是向上的和谐，发展的和谐。社会发展需要竞争，但竞争必须以和谐为基础，失去和谐基础的发展其本质是不道德的发展、非人性的发展。学校是社会文明的摇篮，教育是社会文明的起点，和谐的教育是促进社会和谐发展的基础，只有和谐的教育环境才能培养出具备和谐思维与和谐行为习惯的人。"

当天参加发言的还有杭州市学军小学校长汪培新、杭州市行知小学校长钱金林、杭州求是教育集团总校长马冬娟、浙江教育学院副教授李春玲、富阳市实验小学校长杨平儿、杭州市上城区教育局局长蒋莉、《教育信息报》副主编周维强等，他们或在学军小学与杨一青共过事，或在成长道路上受到杨一青的栽培，或在办学过程中得到杨一青的指导和帮助，或间接地受到杨一青教育思想的熏陶和人格魅力的感染……正如钱金林所说，杨一青校长就像星系中的恒星，而他培养出的教育人才就像许多行星，他们按照自己固定的轨道，有条不紊地和谐生存在共同的空间里，享受着恒星带来的光芒。

附　录

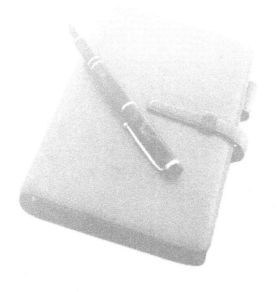

主要教育著作与媒体报道

独　著

1. 《杨一青作文教学探新》，浙江教育出版社，1989 年。
2. 《小学作文五十题》，浙江教育出版社，1995 年。
3. 《搭建飞翔的舞台》，高等教育出版社，2005 年。
4. 《杨老师教作文》（VCD 光盘 8 张），江西电子音像出版社，1999 年。

合　著

1. 《小学管理工作讲话》，上海教育出版社，1986 年。
2. 《小学语文教学理论与实践》，浙江大学出版社，1992 年。
3. 《中师见习期继续教育》，浙江大学出版社，1992 年。
4. 《小学生学写好作文》，浙江教育出版社，1993 年。
5. 《教子成人才》，浙江教育出版社，1996 年。
6. 《小学主要学科语文》，浙江教育出版社，1997 年。
7. 《名师精品录》，杭州大学出版社，1998 年。
8. 《怎样写好课堂作文》，浙江少儿出版社，1992 年。

主　编

1. 义务教育浙江省小学语文教材（修订版）六年制 12 册、五年制 10 册，浙江教育出版社，1998 年开始。
2. 《小学生家长手册》，中国卓越出版公司，1991 年。
3. 《师范生实习指导》，浙江教育出版社，1997 年。
4. "老爸教作文"丛书，浙江文艺出版社，1999 年。
5. 《小学多媒体网络环境教与学》，浙江教育出版社，2001 年。

6. 《青少年标准书法教材〈标准楷书〉》，中国美院出版社，2002 年。

7. 《青少年标准书法教材〈标准行书〉》，中国美院出版社，2002 年。

8. "小学生看图想象作文"丛书，浙江古籍出版社，2002 年。

9. "新课标语文学习丛书"，浙江美术出版社，2003 年。

10. 《小学生成语故事》，浙江人民出版社，2005 年。

11. 《小学生古诗词必读》，浙江人民出版社，2005 年。

12. "小学生旅游作文"丛书，浙江古籍出版社，2003 年。

13. 《为校长搭建飞翔的舞台》，吉林大学出版社，2012 年。

14. 《为校长搭建飞翔的舞台（二）》，吉林大学出版社，2013 年。

发表文章

1. 《活跃思维，培养兴趣》，《语文学习》，上海教育出版社，1980 年 5 月。

2. 《培养良好的写作习惯》，《教学研究与教案举例》，北京师范大学出版社，1983 年 1 月。

3. 《从儿童实际出发进行思想教育》，《浙江教育》，1983 年 3 月。

4. 《读写结合与片断训练》，《教学月刊》，1983 年 6 月。

5. 《写中求异，练有兴味》，《浙江教育》，1986 年 5、6 月合刊。

6. 《培养学生自己评改作文的能力》，《浙江教育》，1987 年 5 月、6 月。

7. 《引导观察，启发联想》，《教学月刊》，1989 年 11 月。

8. 《坚持"四个到位"形成"五个系统"》，《浙江教育》，1997 年 3 月。

9. 《学校管理中的行为科学》，收入国家教委人事司编的《中国中小学校长群英集》，1991 年。

10. 《小学如何执行教学计划教学大纲》，收入国家教委基教司编的《中小学教学常规管理》，1991 年。

11. 《信任的力量》，收入《教育一个小学生的故事》，北京师范大学出版社，1991 年。

12. 《儿童口头作文与书面作文差异研究》，《浙江教育科学》，1992 年。

13. 《创设愉快的课堂教学气氛》，收入《全国小学语文特级教师课堂教学艺术集萃》，山东教育出版社，1992 年。

14. 《切实推进小学语文教材改革》，《浙江教育报》，1998 年 10 月 31 日。

15. 《一辈子在一所小学工作 45 年的感受》，收入《16 位教育家的智慧档案》，华东师范大学出版社，2006 年。

16. 《校本培训与教师专业化发展》，《教学月刊》，2003 年 10 月。

17. 《为孩子的成长创设和谐的环境》，收入《文澜听涛》，浙江古籍出版社，2001 年。

18. 《为教师搭建飞翔的舞台》，《中国小学教育》，2008 年 9 月。

19. 《融入学校发展的人生》，《人民教育》，2011 年 8 月。

20. 《杨一青管理札记》，专栏撰文，《教育信息报》。

21. 《危机考验校长智慧》，2010 年 4 月 10 日。

22. 《零距离和等距离》，2010 年 5 月 15 日。

23. 《规划要找准学校的发展点》，2010 年 6 月 19 日。

24. 《引领新教师迈好工作的第一步》，2010 年 7 月 24 日。

25. 《为优秀教师规划第二起跑线》，2010 年 9 月 17 日。

26. 《校长教学业务不能丢》，2010 年 10 月 23 日。

27. 《坚持人才校本制造》，2010 年 11 月 20 日。

媒体报道

1. 《一片冰心在玉壶》，李敏，《杭州日报》，2004 年 3 月 23 日。

2. 《他心中装着群众》，姜惠芳、徐志远，《人民政权报》，2000 年 5 月 5 日。

3. 《点亮心灯的人》，言宏，《教育信息报》，2004 年 9 月 4 日。

4. 《小学校长中的常青树——访"中国当代教育家"杭州学军小学校长杨一青》，上海《文汇报》，2005 年 6 月 22 日。

5. 《不得不读的杨一青经典教育故事》，王倩，《杭州日报》，2005 年 10 月。

6. 《从教 45 年，栽培了 20 余位校长》，任斌、劳国强、张文华，《今日早报》，2005 年 11 月 5 日。

7. 《要让学生感到老师喜欢我》，史巧云，《青年时报》，2005 年 11 月 7 日。

8. 《一个校长送出 20 多个校长》，梁建伟，《钱江晚报》，2005 年 11 月 8 日。

9. 《校长是怎样"炼成"的》，朱寅传，《现代教育报》，2005 年 11 月 23 日特别报道。

10.《杨一青的"相马经"》，朱寅传，《现代教育报》，2005 年 11 月 23 日。

11.《师生生命发展的引领者》，陶继新，《现代教育导报》，2006 年 2 月 13 日。

12.《经营学校，让师生增值》，言宏，《中国教师报》，2007 年 2 月 7 日。

13.《杨一青从名师到名校长》，张莺，《教育信息报》，2007 年 1 月 13 日。

14.《杨一青：培养校长的校长》，季松俊，《长三角教育》，2008 年 11 月。

15.《为校长搭建飞翔的舞台——杨一青工作室二三事》，张莺，《教育信息报》，2010 年 3 月 20 日。

专著介绍

《杨一青探索名校经营之道》，言宏，浙江教育出版社，2006 年。